Liliana Ruth Feierstein

Von Schwelle zu Schwelle:

Einblicke in den didaktisch-historischen Umgang mit dem Anderen aus der Perspektive jüdischen Denkens

*Para Vittoria
con cariño e
infinito agradecimiento
Liliana
Mayo 2010*

edition lumière

Die jüdische Presse – Kommunikationsgeschichte
im Europäischen Raum
The European Jewish Press – Studies in History
and Language

Herausgegeben von Susanne Marten-Finnis
und Michael Nagel

Band 9

Liliana Ruth Feierstein

Von Schwelle zu Schwelle:

Einblicke in den didaktisch-historischen
Umgang mit dem Anderen
aus der Perspektive
jüdischen Denkens

edition lumière bremen
2010

Bibliographische Information der Deutschen Bibliothek

Die Deutsche Bibliothek verzeichnet diese Publikation in der Deutschen Nationalbibliographie; detaillierte bibliographische Daten sind im Internet über http://dnb.ddb.de abrufbar.

Das vorliegende Werk wurde angenommen als Inaugural Dissertation zur Erlangung des akademisches Grades eines Doktors der Philosophie (Dr.phil.) durch die Philosophische Fakultät der Heinrich-Heine-Universität Düsseldorf (Juni 2007) und erhielt den Augsburger Wissenschaftspreis für Interkulturelle Studien 2008.

Gedruckt mit Unterstützung des Deutschen Akademischen Austauschdienstes.

Titelentwurf: Rubén Longas

Gesamtherstellung in der
Bundesrepublik Deutschland
© edition lumière Bremen 2010
ISBN: 978-3-934686-77-9

Ricardo y Susana,
mis padres.
Por su amor incondicional
y su paciencia infinita
para soportar las distancias
Lejos en la geografía,
cerca en el corazón

A la memoria de mi zeide Isaac Feierstein z'l, quien me enseñó a amar mi judaísmo
Y a la de mi maestro Dieter Adelmann z'l, quien me enseñó a leer a Hermann Cohen.

Er ist einer, der hat, was ich sagte.
Er trägt unterm Arm wie ein Bündel.
Er trägt wie die Uhr ihre schlechteste Stunde.
Er trägt es von Schwelle zu Schwelle, er wirft es nicht fort.

  Der gewinnt nicht.
    Der verliert.
      Der tritt an das Fenster.
Der nennt ihren Namen zuerst.
Der wird mit den Tulpen geköpft.

          Paul Celan

Inhaltsverzeichnis

Danksagung   15

VorWort: Von den Rändern aus denken, an den Rändern   17
schreiben

Teil A. RANDGÄNGE(R) DER MODERNE

I. Pforte. Die jüdische Tradition: Die Quellen   29

1. Große Philosophen über kleine Kinder: Jüdische Begriffe von   33
   Bildung und Erziehung

2. Der „Andere": Negativität, Ver**Antwort**ung und Differenz   39

3. Die Motive   54

a. Das Buch als „portatives Vaterland"   55
b. Die Grenze   56
c. Die Brücke   59

4. Exkurs über die Methode   61

a. Die symbolischen Gesten   61
b. Talmud oder Encyclopédie   64

**II. Pforte: Zur Kritik an der deutschen *kanonischen*   71
          Philosophie**

TOR   73

1. Ein Tor, das nicht ins *Rosenthal* führte: Moses Mendelssohn   75

a. Sokrates in Berlin: Der Schreiber 79
b. Das bucklicht Männlein 84
c. Disputatio 90
α. Zwischen Silhouetten und Schatten: Die Aufforderungen zur Konversion 90
β. Nathan, der Fremde 95
γ. Kritik der (Vor)Urteilskraft: Kant 100

SCHWELLE 107

2. Kant vom Rand aus gedacht: Hermann Cohen 109
a. Der Prozeß 109
b. Die väterliche Stimme 115
c. Platon in Marburg: Der Schmuggler 118
α. Panim: Das/die Antlitz(e) des Anderen 124
β. Der letzte Prophet: Immanuel 129
d. Die belagerte jüdische Enklave 133
e. Der verfluchte Text 137
f. Das systematische Vergessen 140

SCHUTZGRAB

3. Hegel vom Rand aus gedacht: Franz Rosenzweig 145
a. Postkarten 145
b. Der totale Staat 146
c. Stern 153
d. Dekonstruktion des Idealismus anhand von Indizien 158
e. Hegel in Frankfurt: Der Übersetzer 165
f. Magen David: Der Schild Davids 170

BRIEF 173

FRONT 175

MAUER 177

GRENZE 179

TOR 181

ÜBERGANG 183

4. Athen von Jerusalem aus gedacht: Emmanuel Levinas 185

a. Denker zwischen den Welten 185
b. Die Wunde Davos 186
c. Der Palimpsest 188
d. Die Spuren 189
e. Die Gesten: Die *Mizwot* 192
z'l. *Talit*, Buchstabe und Abwesenheit 192
SPUR 193

Teil B: ÜBER DIE GESTEN

III. Pforte: Die Schulbücher auf der Couch 195

1. Einleitung 197

a. Die „großen Erzählungen" der Schulbücher: Autobiographie und Projektion der Nation 197
b. Deutsche Märchen: Darstellungen von Juden sowie Sinti und Roma in deutschen Schulbüchern 198
c. Quellenkorpus und Methodologie 201

2. Symbolische Gesten und Mechanismen 203

A) Ausradierung 205

1. Die (ost-)Deutsche Ideologie 206
a. Echos aus der Bastille 206
b. Die *Camera obscura* des Sozialismus 207
c. Das Monopol des Widerstandes 213
d. Der nationale Mythos im Zeitalter seiner institutionellen Reproduzierbarkeit 215
e. Geschichte und Klassen-(Un)Bewusstsein 217

2. Verleugnung: Die „Amnesie" des Westens 217
a. Im Schatten des Horrors: Die „Entnazifizierung" und das „Reeducation Program" 218
b. Aufhebung der Zensur und die Wiederkehr des Verdrängten seit 1950 220

B) Projektion 225

1. Ignoranz, Exotismus und Instrumentalisierung 225

a. Über Hähne und Parodien: Die Konstruktion der Fremdheit 226
b. Projekt(ions)-Woche Israel 227

2. Verschiebung der „Schuld": Über Genealogie und Sündenböcke 229

C) Verdinglichung 231

1. Sezieren 233

a. Aufklärungszwang 234

2. Austauschbarkeit 235

3. Die Verdinglichung der Opfer durch die Entwirklichung der Shoa 237

a. Die Enteignung der Namen 237
b. Negation des Subjekt-Status: Widerstand gegenüber dem Widerstand 239
c. Musealisierung 241

4. Die Beharrlichkeit der Vergangenheit: Freud'sche Fehler 244

a. Lingua Tertii Imperii: Unkritische Benutzung des Nazi-Jargons 244
b. Rochade 246

d) Identifizierung 249

1. Das Wilkomirski-Syndrom. Eingebildete Erinnerung, oder *Von der Sehnsucht, Opfer zu sein* 250

2. Vereinnahmung 251

3. „Ich bin der Andere": Ein fragwürdiges Spiel 253

Fazit: Wie erziehen die Deutschen heute ihre Kinder? 256

1. Eine Angst ohne Grenzen: Variationen über die Identität 256

a. Die „Reise nach Jerusalem": Die Beharrlichkeit der „Blut- und-Boden"-Ideologie 258

b. Die territoriale Dimension der Identität im Osten 260

2. Nationale Homogenität: Der ausgeschlossene Dritte 261

3. Die Geschichte einer Taubheit 263

4. Mal d'Archive 265

NachWort. Odradek: Der lachende Dritte 267

Literaturverzeichnis 271

Schulbuchanalyse und wissenschaftliche Materialien 291

Quellen 294

DANKSAGUNG

Es ist bekannt, dass der jüdischen Tradition zufolge mindestens ein *Minjan* – eine Gruppe von zehn Erwachsenen – zugegen sein muss, um mit den wichtigsten religiösen Ritualen beginnen zu können. Eine Arbeit wie diese zu schreiben, setzt viel mehr voraus. Ohne die Unterstützung und die großzügige Hilfe von so vielen Menschen hätte dieser Text nicht Gestalt annehmen können.

Ich danke Prof. Dieter Birnbacher und Prof. Vittoria Borsò für das Vertrauen, das sie stets in meine Arbeit hatten, für die Freiheit, die sie mir gaben, um meinen eigenen Weg zu finden, und für die Hilfe, die sie mir wann immer nötig zuteil werden ließen. Sabine Peveling ist eine Ärztin, die nicht nur dem hippokratischen Eid, sondern darüber hinaus dem Eid Maimonides' alle Ehre macht: Ihre Betreuung war mir in den ganzen letzten Jahren eine unverzichtbare Stütze. Ein Doktorandenstipendium des DAAD und ein Kurz-Stipendium des Neuberger Fund (Department for German History, Universität Tel Aviv) haben es mir erlaubt, die Recherchen duchzuführen. Ein Aufenthaltsstipendium des Georg-Eckert-Instituts für Schulbuchforschung in Braunschweig hat es mir ermöglicht, die Schulbücher zu studieren. Prof. Ute Fendler hat mir in der Endphase meiner Arbeit großen Freiraum gegeben.

Ein wahrer Chor der Stimmen ist zwischen den Zeilen dieses Textes zu hören: Dieter Adelmann *z'l* hat großzügig ganze Nachmittage mit mir verbracht, um die Ecken und Kanten des deutsch-jüdischen Denkens mit mir zu diskutieren. Er hat mich gelehrt, diese vergessenen Denker zu lieben und sie in meiner Tradition wiederzufinden. Prof. Daniel Hoffmann, Rabbinerin Elisa Klapheck, Rabbiner Jonathan Magonet, Prof. Itzhok Niborski, Prof. Gabrielle Oberhänsli-Widmer und Prof. Reiner Wiehl haben mit ihrer konstruktiven Kritik meinen Blick für neue Perspektiven geöffnet. Schmuel Stokvis kam extra aus Zürich angereist, damit wir gemeinsam einige zentrale Passagen besprechen konnten. Anna Bohn, Paul Barié, Mario Ber, Urs Espeel, Liliana Furman, Andreas Hoffmann-Richter, Ian Leveson, Sascha Rossberg, Estela Schindel, Renate Schindler, Wiebke Sievers, Diana Sperling und Jakob von Mujinck haben Teile des Manuskriptes gelesen und es durch ihre scharfsichtigen Kritiken und Kommentare bereichert. Carmen Colinas, Christina Dieterle, Sonja Fink, Fátima Gallego, Vera Gerling, Kathleen Luft, Monika Sokol, Arnold Spitta und Inga Witt halfen mir oft, meine Stimme in einer mir immer noch fremden Sprache zu finden. Nina Belovska und Markus Vetter sind meine Glücksfeen. Marianne Brentzel, Hanna Dalby, Olaf Kistenmacher, Verena Radkau, Hartwig Wiedebach und Nadya Yesakova sendeten mir wichtige Dokumente. Mein Bruder

Daniel und meine Schwägerin Fabiana haben nie aufgehört, mich zu unterstützen, und ihre Kinder Ezequiel und Tamara haben immer gewusst, wie sie mir trotz der großen Entfernung, trotz der schmerzvollen Abwesenheit Freude bereiten konnten. Ein besonderer Dank geht an Ulrike Pütter, die mit großer Geduld das Manuskript ein ums andere Mal gelesen und dem Text mit außergewöhnlicher Hingabe den letzten Schliff gegeben hat. Ohne ihre Unterstützung und Freundschaft hätte ich diese Arbeit nicht beenden können. Mein herzlicher Dank geht auch an Prof. Holger Böning und Prof. Michael Nagel für ihre großzügige und liebevolle Betreuung der Publikation. Die tagtägliche Liebe und die grenzenlose Unterstützung meines Ehemannes Egon lassen sich nicht in Worte fassen. Como un lucero ilumina con magia y luz cada despertar.

Alle Fehler und Ungenauigkeiten sind selbstverständlich nur mir zuzuschreiben. Viele Ergebnisse und Erkenntnisse sind die Frucht der gemeinsamen Arbeit mit allen hier Erwähnten, denen ich unendlich dankbar bin für die Zeit, die sie mir gewidmet haben, um mit mir das Abenteuer des Denkens zu teilen.

Zur Schreibung der hebräischen Begriffe und zu den Übersetzungen

Die Sprachwissenschaft hat inzwischen sehr komplexe Methoden entwickelt, um hebräische Buchstaben ins Deutsche zu transkribieren. Da die Benutzung eines dieser Systeme den Leser eines philosophischen Buches eher verwirren würde, habe ich mich entschieden, alle Begriffe nach dem Transkriptionssystem des *Jüdischen Lexikons* von Herlitz und Kirschner (Berlin 1927–1930) zu übertragen. Dieses Lexikon kann als Summe der Erfahrungen des deutsch-jüdischen Erbes seit der Aufklärung angesehen werden. Diesem Erbe trägt meine Entscheidung Rechnung. Aus dem gleichen Grund habe ich auch die Tora-Zitate der ersten deutsch-jüdischen Übersetzung, d.h. dem *Pentateuch* von Moses Mendelssohn entnommen.

VorWort: Von den Rändern aus denken, an den Rändern schreiben

Seite des Buches mit ihren Rändern, begehrte Heimstatt.
(Edmond Jabès)

Als ich nach Deutschland kam, um mit den Studien für meine Doktorarbeit zu beginnen, war eines der ersten Bücher, auf das ich stieß, die Faksimile-Ausgabe eines Tagebuches, das ein Jugendlicher 1944 im Ghetto von Lodz verfasst hat.[1] Das Leid, das von diesen Notizen ausgeht, hat tiefe Spuren in mir hinterlassen. Aber auch die Form hat mich sehr beunruhigt. Die Tagebucheinträge waren nicht nur in vier verschiedenen Sprachen geschrieben (Jiddisch, Hebräisch, Englisch und Polnisch), sondern an der einzig möglichen Stelle: an den Seitenrändern eines gedruckten Buches, in gewisser Weise dem einzigen freien Raum für die eigene Schrift und den Versuch, sie überleben zu lassen. Die Assoziation mit der grafischen Seitengestaltung des Talmud und der dazugehörigen Kommentare war unvermeidbar: Der Autor „umfasst" den gedruckten Text mit seiner Handschrift. Doch dieses Mal handelt es sich nicht um Diskussionen und Auslegungen eines überlieferten Textes, sondern um den minimalen Raum, der noch verfügbar ist, um Zeugnis über einen unbeschreiblichen Schmerz abzulegen. Die Spuren des Verfassers wie auch sein Name verlieren sich in Auschwitz; nur dieses Dokument der Verzweiflung und des Horrors hat überlebt.

Seitdem hat mir die Idee von *Rändern*, *Schwellen* und *Grenzen* keine Ruhe gelassen. Und dies umso mehr, als ich angefangen hatte, sowohl die Erfahrungen jüdischer Intellektueller in Deutschland seit der *Haskala* (der jüdischen Aufklärung) zu erforschen als auch über den für kulturelle Minderheiten vorgesehenen Platz nachzudenken, wie er mir in medialen Darstellungen (Fernsehen, Zeitungen, Schulbücher u.a.) erkennbar wurde. Ich lernte, nachdem ich erneut in das Tintenmeer der jüdischen Tradition eingetaucht war, dass diese Orte auch eine positive Bedeutung haben können: Ränder können unentbehrlich sein, und Grenze kann auch Respekt bedeuten. Es ging darum, auf der Grundlage veränderter Prämissen zu denken. Es ging darum, sich von eben jenem trügerischen Wahnsinn einer Einheit zu verabschieden, die den Denkbo-

---

[1] *Les Vrais Riches. Notizen am Rand. Ein Tagebuch aus dem Ghetto Lodz (Mai bis August 1944)*, Hrg. von Hanno Loewy, Leipzig 1997.

den und damit eine der Bedingungen für den schrecklichsten Völkermord der Geschichte geliefert hatte, und ihm die Vorstellung von einer dem Leben inhärenten Diversität entgegenzustellen.

Der Prozess der Trennung und Vernichtung lässt sich vor diesem Hintergrund als eine Antwort verstehen, und zwar als eine Antwort auf die an verschiedenen Orten und zu unterschiedlichen Zeiten in bestimmten Momenten einsetzenden Entwicklungen, bei denen die Ränder und Grenzen zwischen der jüdischen Welt und der sie umgebenden Gesellschaft aufgrund einer langsamen, aber erfolgreichen Integration zu verschwimmen begannen.

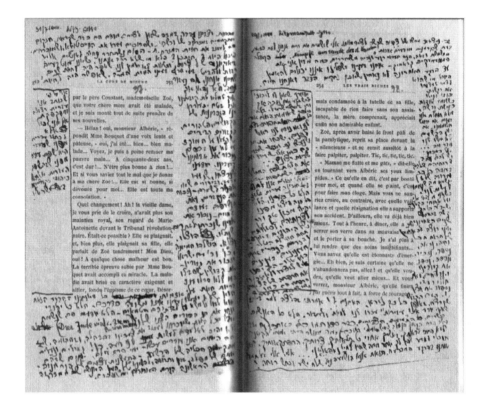

Les Vrais Riches. Notizen am Rand. Ein Tagebuch aus dem Ghetto Lodz
(Mai bis August 1944)

Eine Seite aus dem Talmud Bavli

In der Geschichte von *Aschkĕnas* und *Sĕfarad*, den virtuellen Territorien jüdischer Erinnerung, gab es Zeiten herausragender kultureller Produktion (die *Convivencia* in *Sĕfarad*, die jüdische Blüte im SCHUM[2] und Jahrhunderte später die Bewegung der *Haskala* in *Aschkĕnas*). Auf diese folgten allerdings jeweils Katastrophen – die Vertreibung der *Sĕfardim* von der iberischen Halbinsel; die Pogrome und Kreuzzüge in *Aschkĕnas* sowie, jenseits jeglicher Vergleichbarkeit, die *Shoa*.[3] Der Moment der Integration ist in der Beschreibung

---

[2] SCHUM: Ein Akronym für das „jüdische Herz" Europas im Hochmittelalter, das sich in den Städten Speyer, Worms und Mainz befand.

[3] Siehe dazu Feierstein 2005.

des sefardischen goldenen Zeitalters von Yerushalmi durch die Dialektik von Exil und Heimat geprägt: „Man lebte in religiöser Hinsicht im Exil, aber in existentieller Hinsicht zu Hause."[4] Dies ließe sich vielleicht auch auf das „lange Jahrhundert" der jüdischen Blüte in Deutschland (1783–1933) übertragen. Alle diese Kontexte brachten ausgezeichnete Beiträge sowohl zur eigenen Kultur (Maimonides, Raschi, Mendelssohn u.v.a.) als auch zur Mehrheitsgesellschaft (ebenfalls Mendelssohn, Hermann Cohen, Einstein, Freud u.v.a.) mit sich. Die unglaubliche Produktivität, die sich für diese Glanzzeiten beobachten lässt, ist ein schwer verständliches Phänomen – Marcel Reich-Ranicki nannte es ein Mysterium:

> Es gibt da eine sehr schwierige Frage, die ich nur stellen, nicht beantworten kann. Die Grundlage der modernen Literatur hat Franz Kafka geschaffen. Die Grundlage der modernen Physik Albert Einstein. Die Grundlagen der modernen Musik Gustav Mahler und Arnold Schönberg. Die Grundlage der modernen Soziologie Karl Marx und die Grundlage der modernen Psychologie Sigmund Freud. Alle waren sie Juden. Jetzt kommt das Mysterium, das ich nicht erklären kann. Alle waren deutschsprachige Juden. Nur diese Verbindung hat diese Genies erzeugt. Weder die französische Juden haben solche Genies hervorgebracht noch die italienischen oder die russischen.[5]

Wie gesagt, folgten jedoch gerade auf diese Blütezeiten jeweils Wellen extremer Gewalt gegen jüdische Menschen und ihre Kultur, die von der Angst vor Differenz ausgelöst und von einer generellen Ideologie der Homogenisierung getragen wurden.

Angesichts dieses Musters stellt sich der Umgang mit Differenz, wie er sich im jüdischen Denken epochenübergreifend nachweisen lässt, als eine mögliche Alternative zu jener Ideologie dar. Wie zu zeigen sein wird, wird darin gerade die Schwelle als interessanter Ort fokussiert, als Ort des Übergangs, von dem aus verschiedene Kulturen überhaupt nur als solche verstanden werden können.

Die drei Pforten

In der jüdischen Tradition wird der/die Buchstabe/Figur ד, die Tür, auch als Eingangstor zum Text verstanden. Meine Arbeit beinhaltet **drei Pforten**, drei Kapitel, die uns einladen, durch die Geschichte und die Texte auf schmalen und wenig bekannten Pfaden zu wandeln – denen des jüdischen Denkens. Unser Weg führt uns dabei vorzugsweise an Ränder und Schwellen. Das heißt jedoch nicht, dass wir ziellos umherirren. Vielmehr eröffnet uns dieser Weg die Möglichkeit, die Beziehung zum Anderen neu zu denken: als Ethik des Respekts und Zuhörens. Deswegen führt er uns von den jüdischen Quellen über ihre schmerzvolle Negation hin zu einem möglichen anderen Blickwinkel auf die Gegenwart.

---

[4] Yerushalmi 1993.
[5] Reich-Ranicki 1993:202.

Die erste Pforte bzw. das erste Kapitel führt zum PaRDeS, zu einem Garten der Interpretationen, in dem wir die Quellen finden, aus denen deutschjüdische Autoren schöpften. Es basiert auf der **kritischen Funktion des Kommentars** – der Text ist als ein Gewebe zu verstehen, immer offen für neue Auslegungen und Gegenmeinungen: Randbemerkungen und neue Lektüren sind darin konstitutiv, um den Text neues Leben zu geben.

Die jüdischen Wurzeln wurden vom westlichen philosophischen Diskurs, der sich bis vor kurzem fast ausschließlich als Erbe der griechischen Denker verstanden hat, oft verdrängt. Doch ohne das „verborgene Gedächtnis des Westens"[6] wären die abendländische Philosophie und insbesondere unsere Ethik nicht denkbar. Diana Sperling beschreibt es folgendermaßen: „Das Jüdische und seine Verneinung, das Jüdische und seine Ablehnung durchlaufen parallel, wie eine doppelte Naht, die westliche Geschichte. Jedoch reißt der Faden manchmal ab. [...] Wenn wir Kinder Platons sind, so sind wir zweifellos in gleicher Weise Enkel Awrahams und Moses."[7]

Aus dieser Tradition heraus haben jüdische Autoren die kanonisierten Texte der abendländischen Philosophie gelesen. Man könnte eine Geschichte dieser Randkommentare schreiben: von Philon von Alexandrias Platon-Lektüre, von Maimonides' Interpretation des Aristoteles, Spinozas Descartes-Lektüre usw. Kaum ein anderer kennt z B. das Werk Immanuel Kants besser als Hermann Cohen, der ihn aber zugleich mit talmudischen Augen liest. Hier liegen gerade das Rätsel und die Schwierigkeit der westlichen Philosophie mit der jüdischen Lektüre: in der nicht-differenten Differenz des Judentums.

Die **Motive**, die ich hier mit Begriffen wie **portatives Vaterland, Grenze** und **Brücke** fasse und die sich in verschiedenen Ausprägungen im Sinne eines symphonischen Zusammenspiels in der jüdischen Kultur immer wieder manifestieren, ermöglichen eine wichtige Unterscheidung, nämlich die zwischen einer zerstörerischen Absonderung aller Andersheit und einer Differenz, die in der Diversität das Wunder des Lebens wahrzunehmen gelernt hat und zu bewahren trachtet. Diese Unterscheidung erstreckt sich auch auf den Bereich der Wahrnehmung des Anderen, der nach der Tradition des jüdischen Denkens seit jeher über Begriffe und Konzepte wie **Antlitz**, der **Andere, Mitleid und Gerechtigkeit** gefasst wurde. Diese Motive sind bereits in der Tora häufig zu finden und später von jüdischen Intellektuellen in die abendländische Ethik übersetzt worden – die bekannteste Fassung stammt von Emmanuel Levinas.

Im zweiten Teil der Arbeit sollen dann diese alternativen Konzeptionen als Folie dienen, vor der die Darstellungen von Juden sowie Sinti und Roma in deutschen pädagogischen Materialien analysiert werden. Wie zu zeigen sein wird, lassen sich Spuren eines sehr spezifischen Bildes des Anderen und eine damit verbundene symbolische **Gestik der Alterität** nicht nur in der deutsch-jüdischen Geschichte, sondern epistemologisch bis in die Diktion zeitgenössi-

---

[6] Reyes Mate 1997.
[7] Sperling 1995:27.

scher Schulbücher verfolgen. Die Freilegung dieser Kontinuität soll helfen, den in den Texten anzutreffenden einseitigen Blick um die jüdische Perspektive auf den Anderen und das Andere zu ergänzen und damit eine Brücke von der Theorie zur Praxis – die Erziehung der neuen Generationen – zu schlagen. Es geht also darum, Elemente der Hermeneutik, der Psychoanalyse und der Ethik für eine Reorientierung in entsprechenden pädagogischen Materialien fruchtbar zu machen. Es geht also nicht nur um epistemologische Beschreibungen, sondern vielmehr darum, ins Gedächtnis zu rufen, dass es bei der Erziehung immer auch um ethische Verantwortung geht. Oder um es mit den Worten des brillanten Pädagogen Janusz Korczak zu sagen: „So beschaffen wir den Kindern [...] eine Kindergärtnerin, Lehrer und Lehrerinnen, Lehrer für Kunsterziehung, sie lernen Fremdsprachen, Geschichte, Algebra, Musik, Zeichnen, Singen, Tanzen [...]. Lehren wir die Kinder, wie man ... leben soll?"[8]

Insofern bietet es sich an, die jüdische Philosophie auch als eine Art praktisches Kompendium zu benutzen, da sie der Ethik einen festen Platz einräumt und deswegen ihre Entwürfe oft auch eine Übersetzbarkeit in die Praxis formuliert haben. Maimonides drückt die Idee der Handlungsethik z.B. mit der Unmöglichkeit der Existenz des „passiven Wissens" aus: Wenn man den Begriff des Guten verstanden hat, dann muss man es auch „üben". Eine solche Vorgehensweise, die Texte auch in ihrem konkreten Umgang mit dem Anderen untersucht, erlaubt es nicht nur, originelle Fragen an die Forschung über die vorhandenen Schulbücher heranzutragen, sondern auch, eine Diskussion anzuregen, die neue Perspektiven sowohl für die Entwicklung künftigen Unterrichtsmaterials wie für die philosophische Alteritätsdebatte zu eröffnen vermag.

Die zweite Pforte, das zweite Kapitel lädt zu einem Gang durch die komplexe und schmerzvolle Topographie der deutsch-jüdischen Geschichte ein. Diese beginnt mit der Ankunft Mendelssohns am Rosenthaler Tor in Berlin und endet am Tor von Auschwitz. Die frühe Kritik jüdischer Philosophen am westlichen Universalitätsbegriff und seiner Verleugnung der Differenz wurde in der bisherigen philosophischen Diskussion, v.a. in ihrer Anwendung in der alltäglichen pädagogischen Praxis, vernachlässigt. Die deutsch-jüdische Tradition wird hier als historischer Hintergrund und als Denkbeitrag für die Analyse pädagogischer Materialien vorgeschlagen.

Bereits auf den ersten Blick präsentiert sich das Judentum als eine Kultur der ‚Einheit in' oder sogar der ‚Einheit über Vielfalt', umfasst also sehr viele unterschiedliche Richtungen. Kennzeichnend ist, dass ein immer weiter tradierter Kern gemeinsamer Inhalte je unterschiedliche Interpretationen erfährt. Jüdisches Denken manifestiert sich also nicht dialektisch, d.h. nach dem Denkmuster des konfrontativen Bruchs und der individuellen Innovation, sondern nach dem der Variation und organischen Weiterentwicklung im Sinne von Versionen. Im Zentrum meiner Untersuchung stehen die Versionen der rationalen jüdischen Tradition, wie sie sich in Deutschland mit Mendelssohn und

---

[8] Korczak 2000:9.

den *Maskilim* über Hermann Cohen und die Wissenschaft des Judentums bis zu Franz Rosenzweig entwickelt hat. Ein Exkurs über Emmanuel Levinas interpretiert diesen als Erben dieser Denktradition. Damit sollen natürlich die vielen Unterschiede zwischen den diskutierten Autoren keinesfalls negiert oder nivelliert werden. Gleichwohl wird ein bisher kaum thematisierter roter Faden herauszuarbeiten sein, und zwar insbesondere für den in dieser Arbeit im Fokus stehenden Bereich des ethischen Denkens als Teil der philosophischen Arbeit. Ganz bewusst wurden deshalb andere deutsch-jüdische Autoren, wie z.b. Martin Buber, nicht einbezogen, da sie sich m.E. nicht in diesem Traditionsstrang bewegen. Schriftsteller wie Heinrich Heine und Franz Kafka wurden hingegen berücksichtigt, da sich in deren Arbeiten Spuren dieser Tradition finden, auch wenn man dazu immer auch zwischen den Zeilen lesen muss. An sich müsste der Ausgriff auf Schriftsteller nicht eigens gerechtfertigt werden, da im Judentum bekanntermaßen keine scharfe Grenze zwischen Literatur und Philosophie gezogen wird – eine Position, die vor allem Walter Benjamin und Jacques Derrida zu verteidigen wussten.

Das Schreiben und Tun dieser Denker wird in den Figuren des **Schreibers**, des **kulturellen Schmugglers und** des **Übersetzers** zusammengefasst. Dadurch soll die theoretische Auseinandersetzung dieser jüdischen Autoren mit den kanonischen Texten der deutschen Philosophie unter besonderer Berücksichtigung der Konzeption des Anderen und der Differenz sichtbar werden. Es handelt sich vor allem um die Dekonstruktion[9] der vernichtenden Momente der westlichen Philosophie (die Vereinnahmung der Differenz auf verschiedene Art und Weise) – gleichzeitig aber wird diese durch Denkweisen und Methoden aus den Quellen des Judentums bereichert. Denn aus diesen Quellen haben alle jüdischen Denker mehr oder weniger explizit geschöpft, wenn es darum ging, ihre Kritik zu formulieren oder eine Ethik aufzustellen, die in ihren unterschiedlichen Facetten immer (gemäß dem Pakt am Berg Sinai) *vor* der Ontologie ist und die Differenz bewahrt.

Obwohl der Text für ausgewiesene Kenner der deutsch-jüdischen Geschichte einiges Bekanntes enthalten mag, wird die Einbeziehung von Fakten aus dem Leben der behandelten Autoren für unumgänglich erachtet, da sich diese Studie an einen breiten Leserkreis richtet und zudem die Absicht verfolgt, jene Lebensgeschichten perspektivisch in der Kontinuität der „symbolischen Gestualität" zu betrachten. Ausgewählte Abschnitte der Autoren-Biographien dienen dem besseren Verständnis ihrer Werke und ihres Denkens. Darüber hinaus lenken sie den Blick darauf, wie sehr die deutsche Geschichte generell von dieser Gestualität dem Anderen gegenüber durchzogen ist, die nicht nur jene jüdischen Philosophen konkret betroffen hat, sondern sich auch in pädagogischen Materialien wiederfindet, die nach der Shoa und bis in die Gegenwart hinein verfasst wurden.

---

[9] Es muss erwähnt werden, dass trotz der starken Anlehnung Derridas an die jüdischen Quellen die jüdischen und postmodernen Prämissen der dekonstruktiven Interpretation sich in vielen zentralen Punkten unterscheiden.

Die letzte Pforte eröffnet die Frage nach einer Zukunft, die im Sinne Walter Benjamins die Vergangenheit und die Opfer nicht vergisst. Die Erziehung der neuen Generationen und ihre Haltungen dem Anderen gegenüber werden anhand der Darstellungen der Juden, der Sinti und Roma sowie ihrer Geschichten und Kulturen in deutschen Schulbüchern analysiert.

Seit mindestens drei Jahrzehnten wird im Rahmen der Geisteswissenschaften – insbesondere in der Philosophie – das Problem des Anderen diskutiert. Meistens findet diese Debatte jedoch nur in Wissenschaftskreisen statt und weist kaum eine Bedeutung für die Praxis der alltäglichen (Nicht-)Begegnung mit dem Anderen auf. Die aktuelle politische Lage zeigt allerdings deutlich die Notwendigkeit, in allen gesellschaftlichen Bereichen und Beziehungsverhältnissen das moralische Bewusstsein für den Anderen einzuüben und zu stärken.[10]

Seit der Aufklärung in Deutschland, also seit der Zeit, in der das Judentum erstmals das reale oder symbolische Ghetto verließ und sich in die deutsche Gesellschaft zu integrieren begann, haben sich bestimmte Interaktionsmuster verfestigt, die ich als Formen symbolischer Gestualität im Umgang mit Differenz betrachte und herausarbeiten möchte. Auf dieser Grundlage soll der Versuch unternommen werden, eine neue vergleichende Perspektive auf Schulbücher der drei deutschen Staaten (DDR, alte und neue Bundesrepublik) zu entwickeln, die sensibel ist für bestimmte Formen symbolischer Gestik. Dadurch wird gezeigt, wie sich aus der gemeinsamen nationalsozialistischen Vergangenheit unterschiedliche Narrative entwickelten. Darin werden das Judentum und die Kultur der Sinti und Roma meistens entweder *verdinglicht* oder als *abwesend* gedacht. Unterschwellig tradieren die Narrative dabei vier Muster im Sinne **symbolischer Gestualität**, die es ermöglichen, die Perspektive der Minderheiten zu vermeiden bzw. nicht zu integrieren, sondern vielmehr ausschließlich die Strategien gegenüber dem separierten Anderen zu repräsentieren. Diese vier Muster im Sinne symbolischer Gesten treten natürlich in der Regel nicht isoliert, sondern kombiniert auf:

a) Ausradierung (Fokussierung einer angeblichen Nicht-Existenz des „Anderen"),

b) Verdinglichung (Behandlung des Anderen als Objekt des Wissens statt als Subjekt des Dialogs),

c) Projektion (Exteriorisierung von etwas, das man in sich selbst nicht sehen oder haben will, also ganz im klassisch freudschen Sinne),

d) Identifizierung (Leugnung der Andersheit durch die Illusion der Identifikation).

---

[10] Die rechte Gewalt wächst weiterhin, der Bericht des Bundeskriminalamts von 2006 gibt eine Steigerung von 20% gegenüber 2005 an – mehr als 8000 Straftaten. Siehe *Rechte Gewalt dramatisch gestiegen* in *Zukunft* 10/2006. 2008 waren für die erste Hälte des Jahres 459 Verletzte und 7000 Straftaten gemeldet.

Damit eröffnet sich eine qualitative Methode für die Schulbuchanalyse, die sich dem theoretischen Hintergrund und den kulturellen Erfahrungen von Minderheiten verpflichtet sieht und diese damit vom epistemologischen Platz eines Objekts in den eines Subjekts rückt. Es geht mir dabei auch um eine entsprechende Verschiebung des Blicks in der Analyse pädagogischer Werke, deren Diskurs über den „Anderen" sich ebenfalls zu oft ausschließlich auf epistemologischer und nur selten auf ethischer Ebene bewegt. Nach Hermann Cohen sollte die grundsätzliche Frage auch in diesem Fall nicht wie bei Kant lauten „Was kann ich wissen?" oder „Was soll ich tun?", sondern „Wer leidet?" Oder nicht etwa wie bei Leibniz „Warum gibt es etwas und nicht nichts?", sondern wie bei Levinas „Warum existiert das Böse? Was könnte man machen, damit das Gute sich durchsetzt?". Den Anderen besser zu kennen bedeutet nämlich nicht automatisch, ihn zu respektieren, und auf dieses Grundproblem wird im Folgenden wieder zurückzukommen sein.

Die Bedeutung der Frage nach dem Anderen, die all diesen Autoren trotz der verschiedenen Strömungen ihres Denkens gemeinsam ist, ist verständlich für eine Kultur, die ständig als Minderheit gelebt hat und die dem Anderen und der Verantwortung ihm gegenüber einen besonderen Platz einräumt. Nicht nur die hier besprochenen Denker, sondern die meisten, die unter dem *Stern der Erlösung* geboren sind, haben diese zwiespältige Erfahrung, gleichzeitig im Zentrum und am Rand der Gesellschaft zu leben, am eigenen Leibe erfahren. Es genügt daran zu erinnern, unter welchen Umständen viele der in dieser Arbeit zitierten Texte entstanden sind. *Die Nächstenliebe im Talmud* von Hermann Cohen erschien 1888 aufgrund eines Prozesses gegen das „jüdische Denken". *Der Stern der Erlösung*, Rosenzweigs Hauptwerk, wurde auf dem Schlachtfeld und unter dem Schock des Ersten Weltkrieges entworfen. Levinas' *De l'existence à l'existant* ist in einem Gefangenenlager in Deutschland während des Zweiten Weltkrieges geschrieben worden, und *Autrement qu'être ou au-delà de l'essence* ist seiner von den Nazis ermordeten Familie gewidmet.[11] Zu der hebräischen Widmung schrieb Levinas noch eine französische hinzu, welche an alle Opfer des Hasses gerichtet ist.[12] Auf der einen Seite signalisiert die jüdische Tradition die Gefahr und das destruktive Potenzial des Universalitätsbegriffs der abendländischen Philosophie, auf der anderen Seite widersetzt sich die schmerzliche Erfahrung als Anderer den Lehren der abendländischen Philosophie.

In den letzten zwanzig Jahren hat die Rezeption des jüdischen Denkens in Deutschland einen starken Aufschwung genommen. Einige der hier genannten Autoren werden, wenn auch zögernd, wieder gelesen – obwohl das Lehrangebot an deutschen Universitäten zu jüdischen Philosophen äußerst begrenzt ist. Aber die Kernfrage dieses Denkens, d.h. seine Anwendung auf das konkrete

---

[11] Siehe dazu Gibbs 1992, Einleitung.

[12] Elizabeth Weber (1990) weist auf die Bedeutsamkeit der Geste der doppelten Widmung hin. Das Partikuläre (die hebräische Widmung an die Familie) und das Universelle (französische Widmung) stehen nebeneinander, jedes auf seine eigene Weise.

Handeln von Menschen und auf die Ausbildung der neuen Generationen, dieser Praxisbezug ist meines Erachtens noch nicht entschieden genug diskutiert worden. Ein ethisch-politischer Gestus dieser Arbeit besteht somit auch darin, die Narrative der deutschen Schulbücher mit Begrifflichkeiten zu analysieren, die einer Tradition angehören, die zu einem großen Teil in Deutschland entwickelt wurde und die auch durch die Shoa nicht zerstört werden konnte: einer Tradition, die lehrt, dem Anderen zuzuhören und dass selbst die kleinste Geste immer bedeutungsvoll ist – und dass Schwellen und Ränder manchmal die einzige mögliche Heimat werden können.

TEIL A.

RANDGÄNGE(R) DER MODERNE

Die talmudische Denkweise kann ja nicht plötzlich aus uns verschwunden sein!

Karl Abraham in einem Brief an Sigmund Freud, 1908

I. PFORTE:

DIE JÜDISCHE TRADITION: DIE QUELLEN

Zwar ist's mit der Gedankenfabrik wie mit einem Webermeisterstück, wo ein Tritt tausend Fäden regt, die Schifflein herüber, hinüber schießen, die Fäden ungesehen fließen, ein Schlag tausend Verbindungen schlägt. (Heinrich Heine)

Ein Text gespannt über eine Tradition – die Saiten über das Holz einer Violine.
(Emmanuel Levinas)

Den Ausdruck „vom Rand her schreiben" kennen wir von Derridas *Marges de la Philosophie*. Doch das konkrete Konzept, das seinem Zugang zur Philosophie zugrunde liegt, ist weitaus älter. „Auf dem Rand schreiben" geht auf jene jüdischen Gelehrten zurück, deren Kommentare, die sie „auf den Rändern" der Schriften formulierten[1], einen integralen Bestandteil des Talmud bilden – der zusammen mit dem Těnach[2] der wichtigste Text des Judentums ist. Der Talmud beinhaltet das mündliche Gesetz sowie die dazugehörigen Auslegungen, Diskussionen und Interpretationen aus mehreren Jahrhunderten.[3]

Der [/die] Talmud[im] enstand[en] zwischen dem 2. Jhd. n.d.Z. (Mischna) und dem 5. Jhd. n.d.Z. (Gěmara). Später wurden noch Kommentare u.a. von Raschi und die *Tossafot* (Randkommentare, Glossen der Gelehrten) hinzugefügt. León Dujovne (1980:10) hat den Talmud treffend als ein Meisterwerk der Weltliteratur beschrieben, „das *alle* Themen umfasst". Die Methode der Diskussion und Interpretation ist einzigartig: In der Originalfassung der zahlreichen Abhandlungen, die *Massechtot* (Gewebe) genannt werden, gibt es keinerlei Zeichensetzung, weder Anfang noch Ende. Sie werden zu Recht als „gewebeartig" bezeichnet, denn der Text ist buchstäblich „Textur". Diese Textkonzeption enthält Elemente, die heute eher aus der dekonstruktivistischen Theorie bekannt sind. Das heißt aber nicht, dass diese Theorien „talmudisch" sind, sondern dass gewisse Ideen, wie etwa eben die des Textes als Textur oder die der Zentralität der Ränder, schon auf eine andere Weise im Talmud zu finden sind.

Zur Rezeptionsgeschichte des Talmud im christlichen Europa gehören Gerichtsprozesse, Verbote und Bücherverbrennungen. Dieser Hass lässt sich u.a. dadurch erklären, dass der Talmud für die Existenz eines Judentums steht, das sich nach der Entstehung des Christentums weiterentwickelte. Jedoch nicht reaktiv, sondern in einer neuen Form, die mit der Vorstellung einer „aufgeho-

---

[1] Obwohl dieses Randdenken schon früh entstanden ist, wird es erst in der Talmud-Edition der Drucker-Familie Soncino in Italien im 15 Jh. bei der konkreten Gestaltung der Seiten umgesetzt.

[2] *Těnach*: jüdische Bezeichnung der Bibel. Abkürzung aus den drei Anfangsbuchstaben der Titel der Hauptteile, in die sie traditionell zerfällt, nämlich Tora (Pentateuch), *Něwi-im* (Propheten) und *Kětuwim* (Schriften).

[3] Es gibt zwei Talmud*im*, d.h. zwei verschiedene Auslegungen des mündliches Gesetzes: Talmud Yerushalmi (in Jerusalem verfasst) und Talmud Bavli (in Babylonien entstanden). Beide bestehen aus 1. der Mischna, d.i. die nach der Überlieferung von Moses auf dem Sinai empfangene und fortan weiter übermittelte mündliche Lehre, kodifiziert um 200 n.d.Z., 2. der jerusalemer und der babylonischen Gemara, d.i. den Auslegungen und Diskussionen der Mischna in den jüdischen Gelehrtenschulen zu Jerusalem und Babylon.

benen" Religion⁴ sowie mit der Zusammensetzung einer „jüdisch-christlichen" Tradition – einem ideologieanfälligen Konstrukt – bricht. Das „Gemeinsame" beider Religionen ist eher beschränkt, denn während sich das Judentum nach der Zerstörung des Zweiten Tempels im Jahr 70 n.d.Z. mit dem Talmud allmählich eine neue Richtung gibt, vermischt sich das Christentum mit heidnischen, römischen und griechischen Elementen (z.b. Bilderverehrung statt Bilderverbot)⁵. Levinas schreibt:

> Le judaïsme ayant une réalité historique – le judaïsme tout court – est rabbinique. Les voies qui mènent à D-eu dans ce judaïsme ne traversent pas les mêmes paysages que les voies chrétiennes. Si vous deviez en être choqués ou étonnés, vous seriez choqués ou étonnés que nous soyons encore juifs devant vous.⁶

Die Kommentare des Talmud sind jedoch keineswegs eine ‚Rand'erscheinung, denn in einer Tradition, in der die interpretatorische Aufgabe unendlich ist, ist jede einzelne Stimme wichtig und wertvoll.⁷ Folglich stellt das Layout der Talmud-Seiten eine Form der Textdemokratie dar, weil es die unterschiedlichen Stimmen gleichzeitig und gleichwertig präsentiert. Sogar das Wort *Ränder* existierte in den talmudischen Zeiten nur als Kollektivform *Schulaim*.⁸ So wie auch im Laufe des Textes noch weitere Beispiele auftauchen werden (Antlitz, Leben), die es im Hebräischen nur im Plural gibt: Sie sind von der Diversität beseelt. Die Vielfalt der Interpretationen beruht auf dem Gedanken, dass es weder einen Ursprungstext noch einen Ursprungssinn gibt, oder treffender gesagt, dass es unmöglich ist, ihn aufzuspüren und zu rekonstruieren.⁹ Die auf der Wurzel basierende Struktur der hebräischen Schrift macht es fast unmöglich, anders als *interpretatorisch* zu lesen: Sie kann als eine Einladung oder

---

⁴ Die folgende, oft zitierte Aussage von Schleiermacher vermittelt einen Eindruck von dieser Ansicht: „Der Judaismus ist schon lange eine tote Religion, und diejenigen, welche jetzt noch seine Farbe tragen, sitzen eigentlich klagend bei der unverweslichen Mumie und weinen über sein Hinscheiden und seine traurige Hinterlassenschaft." Zitiert in Brumlik 2000:147.

⁵ Die Reformation wird viele Jahrhunderte danach die Bilderverehrung abschwächen. In diesen und anderen abstrakten Merkmalen sahen einige jüdische Denker, vor allem Hermann Cohen, eine gewisse „Verwandtschaft" zum Judentum – trotzdem sind erhebliche Differenzen zwischen den Religionen geblieben.

6 Levinas 1976:28. „Das Judentum als historische Realität – kurz, das Judentum – ist rabbinisch. Die Wege, die in diesem Judentum zu G-tt führen, verlaufen nicht durch dieselben Landschaften wie die christlichen Wege. Sollte Sie das schockieren oder verwundern, dann wären Sie schockiert oder verwundert, dass wir vor Ihnen immer noch Juden sind." Übersetzung von Eva Moldenhauer.

7 Haddad schreibt in Bezug auf die Zensur, die die meisten Religionen gegenüber ihren heiligen Schriften ausübten: „Die Verfasser der Mischna, die die Versionen in den Ergänzungen, die ihren eigenen Kommentaren widersprachen, trotzdem erhalten haben, verdienen unsere Hochachtung." Vgl. Haddad 1990a:27, m.Ü. Jedoch muss gesagt werden, dass bestimmte Richtungen innerhalb des Judentums zensiert oder isoliert worden sind (z.B. die Karäer). Ihre Texte wurden aber in der Regel nicht vernichtet.

⁸ Siehe dazu Eben Shoshan 1997:1791, der auch eine andere Bedeutung des Wortes für diese Zeit gibt, und zwar „Boden" – damit wäre auch die Tiefe und Bedeutsamkeit der Ränder mit ausgedrückt. Ich bin Liliana Furman für ihre Hilfe bei der etymologischen Recherche dankbar.

⁹ Echos dieser Tradition sind in Benjamins Text *Die Aufgabe des Übersetzers* nicht zu überhören. Siehe dazu auch Goodman-Thau 1995.

eine Aufforderung verstanden werden, da jeder jedes Wort für sich auslegen muss. In den Worten von Rabbi Ouaknin: „The Hebrew language thus dwells in the infinite realm of the incomplete that will forever remain incomplete and incompleteable. Word, therefore, becomes promise."[10]

Vom Rand der europäischen Philosophie aus, auf dieser Schwelle, auf der ihr Jüdisch-Sein sie verortet – zugleich inner- und außerhalb der Mehrheitskultur –, in der Dunkelheit des Ghettos oder in der Helligkeit der Salons, in der Universität oder in einem Gefangenenlager, schrieben jüdische Intellektuelle jahrhundertelang eine beträchtliche Anzahl von „Randkommentaren" zu den Schlüsseltexten der europäischen Philosophie.[11] Auch wenn sie damit sämtliche Epochen und große Namen abdeckten, konzentriert sich diese Arbeit hier vor allem auf die Kritik an zwei großen deutschen Philosophen und ihrem Denken: Kant und Hegel.[12] Die Auseinandersetzung mit den kritischen Kommentaren dient dabei als Grundlage für die anschließende Schulbuchanalyse: Sie sind das Prisma, durch das die Diskurse über den Anderen – in diesem Fall kulturelle Minderheiten – in den deutschen Schulbüchern der letzten fünfzig Jahre gelesen werden. Auf diese Weise werden der Gestus und die Denkweisen, die diesen zugrunde liegen, sichtbar. Wie bei jeder Lesart werden einige Aspekte der Diskurse erhellt, andere aber bleiben zwangsläufig im Dunkel.

1. Große Philosophen über kleine Kinder. Jüdische Begriffe von Bildung und Erziehung

Die Welt besteht nur durch den Hauch der kleinen Kinder in der Schule.
(Talmud Bavli, Schabbat 119b)

Unzählige Stellen im Talmud, aber auch schon in der Tora beschäftigen sich mit dem Gebot, die nachkommende Generation zu unterrichten. Kinder sind Träger der Zukunft und haben in der jüdischen Kultur einen besonderen Platz. Ihre Erziehung ist eine *Mizwa*, also ein religiöses Gebot, und kommt einer heiligen Arbeit gleich. So steht schon im talmudischen Traktat *Awoda sara*: „Was tut G-tt[13] in der vierten Stunde? Er sitzt und unterrichtet die kleinen Schulkinder."

---

[10] Ouaknin 1995.

[11] Auch andere Schlüsseltexte wurden, mitunter ebenfalls in Extremsituationen, von jüdischen Denkern geschrieben – hier sei nur an die mathematische Arbeit von Wolfgang Döblin erinnert. Siehe dazu Petit (2005).

[12] Gelegentlich wird, besonders bei Levinas, die Kritik an Heidegger mit einbezogen.

[13] Der Name G-ttes wird in dieser Arbeit, der jüdischen Tradition folgend, nicht komplett ausgeschrieben. Damit wird *für mich* jedoch keine orthodoxe Einstellung zum Ausdruck gebracht, vielmehr wird diese Schreibweise im Sinne Derridas als eine jüdische Art des Schreibens interpretiert, um damit die

In diesem Sinne soll die eher außergewöhnliche Vorgehensweise dieser Arbeit verstanden werden: Da die Frage der Erziehung der Kinder so wichtig und komplex ist, ist es daher sinnvoll, sie grundlegend philosophisch durchzudenken. In diesem Spannungsfeld zwischen Erziehung und Philosophie spielen die pädagogischen Materialien eine bedeutsame Rolle. Ein nicht-jüdischer Autor, Pierre Bourdieu, hat dies treffend ausgedrückt: „Die Rolle der Lehrbücher ist zweifellos enorm. Natürlich gibt es Leute, die die Lehrbücher studieren, aber sie studieren sie auf der Ebene der Geschichte der Pädagogik und nicht auf der Ebene der Geschichte der Philosophie."[14] Nach dem Krieg hat auch Karl Jaspers die Wichtigkeit der Schulbücher signalisiert: „Für die Erziehung zur Teilnahme an diesem Reich des Geistes, an Ethos, an der Politik bedarf es der Lehrbücher, die die Wege des Zugangs öffnen. Solche Bücher zu schaffen ist eine schöpferische geistige Leistung. Sie sind selten [...]. Wir können besorgt fragen: Ist ein solcher Erziehungsgehalt in der Bundesrepublik noch da?"[15]

Die jüdischen Gemeinden haben sich schon sehr früh mit der Frage der Kindererziehung beschäftigt. Sie haben Begriffe von Pädagogik, Kind bzw. Kindheit entwickelt, die in einer autonomen Form neben, aber nicht ganz abgekoppelt von der Mehrheitsgesellschaft bestanden. Um nur ein Beispiel zu nennen: Zu den allgemein akzeptierten Aussagen von Philippe Ariès (1960), dass die Idee der Kindheit in Europa sich erst gegen Ende des 15. bzw. Anfang des 16. Jhs. herausbildete, wissen wir aus jüdischen Quellen, dass schon im 13. Jh. spezielle Materialien für das Lernen der Kinder in den Gemeinden angefertigt wurden, um ihre besonderen Denkarten „kindgerecht" zu berücksichtigen. Simha Goldin erinnert an die Entstehung solcher Texte:

> Considerable efforts were made to introduce the children to the group's sacred texts, to create an intimate experiential connection between the children and the texts. [...] it is possible to define these efforts as „writing for children", which can be seen as a sort of prelude to „children's literature". [...] In Jewish sources we find the unique period of childhood defined in the term „the way of children".[16]

Schon zu dieser Zeit hatten die Rabbinen den Gedanken entwickelt, dass jedes Kind in seiner Differenz wahrgenommen werden sollte, denn: „As it is said everywhere, everyone is not equal, rather each to his own."[17] Diese Pädagogik liegt seitdem den verschiedenen Erziehungsebenen zugrunde. Sie fordert aktive Schüler: Stillsitzen war keine Tugend, denn schon im Talmud steht nicht nur:

---

philosophische Unvollständigkeit (oder die Unendlichkeit, die die Totalität bricht, um mit Levinas zu sprechen) schriftlich zu verdeutlichen.

[14] Bourdieu 2001:135.

[15] Jaspers 1967:100.

[16] Goldin, in:Gilman/Zipes 1997:37. Siehe auch dazu ders. *Juden und die Welt der Bücher in den Jahren 1100–1700: ‚Schriften für Kinder' und ‚Kinderbücher' bei den Juden in Deutschland*, in:Völpel/Shavit 2002:6-23.

[17] Ebenda.

„Ein schüchterner Mensch lernt nichts", sondern vielmehr: „Ein jeder lernt nur da, wo er will, von dem, den er will, das, was er will." Dementsprechend galt: „Jeder Schüler der Prager *Jeschiwa* [Talmudschule] sollte denjenigen Talmud-Traktat studieren, der ihn am meisten herausforderte."[18]

In der *Pessach Haggada*, die eine zentrale Rolle im kulturellen Gedächtnis des Judentums spielt, ist die pädagogische Frage stets präsent. Am eindrucksvollsten vielleicht in dem bekannten Teil der vier Söhne („Über vier Söhne redet die Tora: ein Kluger, ein Böser, ein Einfältiger und einer, der nicht zu fragen weiß."). Es ist nicht nur so, dass in der Festordnung des *Seder* (eigentlich übersetzt: „Ordnung") Kinder Fragen stellen sollen, sondern es wird auch suggeriert, wie die Eltern den Kindern je nach Persönlichkeit, Alter und Verständnismöglichkeiten antworten sollen. Die frühe Berücksichtigung der Differenz in der Erziehung macht diese Passage der *Haggada* zu einem wunderbaren Grundstein der jüdischen Pädagogik. Die Idee, dass Menschen auf verschiedenen Wegen lernen (ebenfalls vier) findet sich auch in *Pirke Awot* (Sprüche der Väter 5:15).

Eine andere Besonderheit, die sich an der *Pessach Haggada* zeigen lässt: Das Judentum vermeidet Heldenerzählungen[19] – dies hängt mit dem Bilderverbot sowie mit der Erschaffung eines kollektiven Subjekts zusammen.[20] In der ganzen Erzählung wird Moses nur einmal beiläufig genannt, obwohl er der „Hauptprotagonist" des Auszugs aus Ägypten war. Dies ist schon im *Tĕnach* zu finden: Die Propheten machen Fehler, diskutieren mit G-tt, verstecken sich, machen nicht, was von ihnen verlangt wird.[21] Diese Merkmale der jüdischen Pädagogik wurden interessanterweise schon Anfang des 20. Jahrhunderts dadurch hervorgehoben, dass die deutsche Großloge des Ordens *Bne Briss*[22] in der Überzeugung, dass die damaligen Kinderbücher voller Magie und Helden nicht das Richtige für jüdische Kinder seien, 1905 einen literarischen Wettbewerb für jüdische Kindererzählungen auslobte.[23] Für diesen schrieb die später berühmte Schriftstellerin Else Ury (Autorin der Bestsellerserie *Nesthäkchen*)

---

[18] Wilke 2003:7.

[19] Die einleitenden Bemerkungen Victor Klemperers in *LTI* über die „Benutzung" des Heroismus durch die nationalsozialistische Propaganda können als ein Gegenbeispiel zu dieser Konzeption gelesen werden. Siehe Klemperer 1957:9ff.: „Statt eines Vorwortes". Auch in pädagogischen Narrativen wurden und werden Helden in der Mittelpunkt gestellt, und zwar nicht nur im Nationalsozialismus, sondern auch in anderen Diktaturen. Siehe dazu Teistler 2006.

[20] Im Judentum gibt es eine gewisse „Gedächtniskonkurrenz" zwischen den mosaischen und den makkabäischen Erzählungen. Wie schon Levinas bemerkte, haben die Rabbinen die heroischen Episoden des Makkabäeraufstandes durch das „Wunder des Öls" re-interpretiert. Erst viel später, mit der Entstehung der zionistischen Bewegung und danach mit der Gründung des Staates Israel, haben die menschlichen „Helden" wieder einen Platz im jüdischen Gedächtnis gewonnen. Siehe dazu Levinas *The Light and the Dark*, in:ders. 1983.

[21] Siehe dazu z.B. Ernst Simon *Jonas flieht vor Gott*, in:ders. 1965:437–444.

[22] *Bne Briss*: Eine um die Hebung von Sittlichkeit, Wohlfahrt und Wissenschaft bemühte länderübergreifende jüdische Vereinigung.

[23] Aus diesem Wettbewerb entstand das Buch *Sammlung preisgekrönter Märchen und Sagen*, herausgegeben von der Jugendschriftenkommission der Loge *Bne Briss*.

ihren einzigen bekannten jüdischen Text (*Im Trödelkeller*), der einen Preis gewann.[24] Einige Jahre später, 1924, widmete Salomo Friedlaender seinem Sohn und mit ihm allen Kindern eine Kuriosität in der Geschichte der pädagogischen Materialien: *Kant für Kinder* – ein als Dialog verfasster Text, dessen Titel schon eindeutig zeigt, wie ernst die Kinder genommen wurden.

Erziehung, und zwar die Erziehung aller Kinder, ist im Judentum auch eine soziale Frage und als solche eine gemeinsame Verantwortung der Gemeinde. Eine besondere Figur konstituiert das Waisenkind – nicht nur in der Tora und im Talmud als metaphorische Repräsentation der Hilflosen (zusammen mit der Witwe und dem Fremden), sondern ganz konkret im Rechtssystem, in dem Gesetze für diese Kinder und für die Verpflichtungen der Gemeinde ihnen gegenüber detailliert beschrieben sind. Eigentlich geht es um eine soziale Verantwortung für die Allgemeinbildung. So werden schon ab dem 1. Jahrhundert n.d.Z. Schulen für arme Kinder gegründet: eine unabdingbare soziale und ethische Aufgabe der Gemeinde. So erhob z.B. Rabbi Jehoschua ben Gamla, wie Hermann Cohen uns erinnert, in der talmudischen Zeit die Forderung, Lehrer in jeder Provinz und Stadt anzustellen, um so den Tora-Unterricht für alle Kinder gewährleisten zu können, also auch für diejenigen, die ohne Vater aufwachsen (Talmud Bavli, *Baba batra* 21a).[25]

Diese Idee und Praxis der Erziehung haben die jüdischen Gemeinden sehr geprägt. Cohen schreibt dazu:

> Analphabeten hat es bei uns nur ausnahmsweise aus individuellen Motiven gegeben, Analphabeten nicht nur zum Beten, sondern auch, wie der charakteristische Ausdruck lautet, zum „Lernen". [...] So wunderte man sich auch darüber, daß es unter uns kein Proletariat gibt, und der Volkshaß zieht daraus die angenehme Folgerung, daß alle Juden reich seien. Was unterscheidet das Proletariat von der Armuth? Die Anteilnahme an der Cultur macht den Unterschied. Der arme Jude war nicht sozial von der Wissenschaft geschieden, darum konnte er nicht zum Proletarier werden. Ohne Gleichheit des Antheiles an der Cultur keine Gleichheit der Menschen.[26]

Nach der traditionellen jüdischen „Entwicklungspsychologie" sollte das Kind schon ab dem dritten Lebensjahr, sobald es die Sprache beherrschte, mit dem Lernen im Cheder[27] anfangen. Zur Aufnahme dort sprach der Lehrer in einer feierlichen Zeremonie Buchstaben und Bibelverse vor, die er mit Honig auf die Tafel geschrieben hatte. Das Kind leckte den Honig ab, um sinnbildlich die Süße der Lehre zu kosten. Die Zeremonie des *Upsherin*, das erste Haareschneiden (im gleichen Alter), kann auch psychoanalytisch und sozialtheoretisch gedeutet werden als symbolische „Abtrennung" von der Mutter und Beginn des sozialen Lebens in der Gemeinde und somit des Lernens.

---

[24] Siehe dazu Asper/Brüggemann 1994. Diese Information verdanke ich Marianne Brentzel.

[25] H. Cohen *Deutschtum und Judentum* (1915), in:ders. *GS* Band 16:517.

[26] H. Cohen *Das Judentum als* Weltanschauung (Vortrag 1888:17), zitiert nach der Manuskriptvorlage.

[27] *Cheder*: übers. „Zimmer", d.i. die Elementarschule

Schrift und Lesen bedeuten für die jüdische Kultur einen konstitutiven Teil des Menschseins. Auf der Grundlage dieses Paradigmas haben die jüdischen Philosophen sich stets mit der Erziehungsfrage auseinandergesetzt – einem Gebiet, das viele andere Denker als „banal" ansahen. Dieser Tradition, die das Denken mit der Praxis zu verbinden versucht, widmeten sich viele auch ganz konkrete Bildungsprojekte. Im deutschsprachigen Judentum engagierte sich schon zu Beginn der *Haskala* 1778 Moses Mendelssohn mit David Friedländer und Isaak Daniel Itzig für die Eröffnung der ersten Jüdischen Freischule in Berlin. Er schrieb zusammen mit Friedländer das erste Schulbuch für jüdische Kinder (*Lesebuch für jüdische Kinder*, 1779).[28] Er war auch ein Vorreiter der Kritik an der Pädagogik Rousseaus: Während ein jüdisches Kind mit 13 Jahren seine *Bar Mizwa* feiern soll und nicht nur aus der Tora lesen muss, sondern hermeneutisch (talmudisch) interpretieren soll, heißt es bei Rousseau:

> Indem ich also alle Pflichten von den Kindern fernhalte, nehme ich auch die Werkzeuge ihres größten Elends, nämlich die Bücher, weg. Das Lesen ist die Geißel der Kindheit und dennoch fast die einzige Beschäftigung, die man ihr zu geben weiß. Kaum wird Emile im zwölften Jahre wissen, was ein Buch ist.

Keine Vorstellung ist den Juden fremder, als zur Natur zurückzukehren und die Schrift als „Geißel" zu bezeichnen.

Wenn wir auf das von Reich-Ranicki erwähnte „Mysterium" der deutschjüdischen Geburt der Moderne zurückkommen und weder Hammans Theorie des Genies noch an eine genetische Veranlagung glauben, dann haben wir ein interessantes Feld von soziologischen Thesen, das vielleicht sogar etwas „aufklären" kann. Eine davon wäre, dass die außergewöhnlichen Leistungen dieser Wissenschaftler, Literaten und Künstler die Früchte einer bikulturellen Erziehung sind. Es gibt historische Momente, in denen Subjekte die Werkzeuge mehrerer Kulturen erben dürfen. Sie leben zwischen den Welten, gleichzeitig drinnen und draußen: auf der Schwelle. Von dort, aus einer oft schmerzvollen Position heraus, können sie auf beide Seiten anders blicken. Wenn diese These stimmt, dann wäre das Mysterium der Grundlage der Moderne ohne die Existenz der *Maskilim* (der jüdischen Aufklärer) und ihre Arbeit an der Erziehungsreform des Judentums nicht zu denken – denn sie haben die Basis für diese doppelte kulturelle Zugehörigkeit geschaffen.

Ende des 18. Jhs. entsteht in Mitteleuropa eine wahre Welle von den *Maskilim* gegründeter jüdischer Schulen: 1782 deutsch-jüdische Hauptschule in Prag; 1784 Triest; 1786 Wolfenbüttel; 1791 Breslau, 1801 Industrieschule für israelitische Mädchen in Breslau; 1804 Philanthropin (Frankfurt); 1805 Talmud-Tora-Schule Hamburg u.v.a. Die wichtige Rolle der Bildung im 19. Jh. als *kulturelles Kapital* (Bourdieu) und die originelle Vorgehensweise der deutschen Juden bei der Verwirklichung von Bildungsprojekten hat Simone Lässig

---

[28] Bekannt ist die Aussage Itzigs: „Mendelssohn, der Du unsere Wiegenjahre gepflegt und unsere kindlichen Tritte geleitet hast!" (Itzig 1803). Siehe dazu Dietrich/Lohmann 1994 sowie von Glasenapp/Nagel 1996.

(2004) deutlich gezeigt. Diese einzigartige Bildungsgeschichte hält genügend Material bereit, um die Geschichte der deutschen Pädagogik von diesen Rändern her und in vergleichender Weise neu zu denken.

Die Verwirklichung dieser Reformen war nicht gerade leicht, und das kulturelle Gedächtnis daran ist nicht ganz gerecht. Als „Assimilationisten" und Kultur-Zerstörer beschimpft, sind die meisten der *Maskilim* in Vergessenheit geraten. Von dem ganzen Kollektiv ist fast nur die Figur Mendelssohn in Erinnerung geblieben, aber selbst innerhalb des Judentums gilt dieser zwar als eine politisch interessante Erscheinung, jedoch nicht als „lesenswerter" Philosoph.

Als Erbe der *Maskilim* hat Hermann Cohen nicht nur die *Wissenschaft des Judentums* mitbegründet, sondern sich politisch für die Übersetzung des jüdisch-aufklärerischen Bildungsbegriffs in der deutschen Öffentlichkeit eingesetzt:

> Der soziale Klassenbegriff der Volksschule muß verschwinden. Die Universität muß die wahrhafte Volksschule werden. [...] Nur durch die nationale Pädagogik kann soziale Gerechtigkeit und wahrhaftige nationale Einheit begründet und befestigt werden. [...] Jeder deutsche Mensch muß seinen Schiller und seinen Goethe bis zur Innigkeit der Liebe kennen und in Geist und Herz tragen. Diese Innigkeit aber hat zur Voraussetzung, daß er auch von seinem Kant eine volkswissenschaftliche Einsicht und Erkenntnis gewonnen hat.[29]

Sein Schüler Franz Rosenzweig hat mit dem Jüdischen Lehrhaus ein äußerst erfolgreiches Institut der Volkserziehung in Frankfurt geschaffen. Walter Benjamin hat in den 20er Jahren eine Reihe von Radiosendungen für Kinder geschrieben und sich tiefgehend mit der Geschichte von Kindheit, Erziehung, Spielzeug und Kinderliteratur beschäftigt.[30] Emmanuel Levinas übernahm nach der Shoa die Leitung der wichtigsten École Normale Supérieure, um jüdisch-sephardische Lehrer auszubilden.

Viele jüdische Autoren haben praktisch und theoretisch darüber gearbeitet: Hier seien Moritz Güdemann,[31] David Émile Durkheim, Georg Simmel, Sigmund Freud, Walter Benjamin, Ludwig Wittgenstein, Janusz Korczak[32], Hans Weil, Ernst Simon und Jean-François Lyotard[33] genannt.

Diejenigen, die nach dem Zivilisationsbruch der Shoa schrieben, sahen die Erziehung als Möglichkeit, nach der Barbarei weiterzuleben. Während Eva G. Reichmann schon 1950 Schulbücher analysiert, entwickeln u.a. Theodor W. Adorno (*Erziehung nach Auschwitz*) und Hannah Arendt (*Die Krise der Erziehung*) Radiosendungen und Texte, in denen sie versuchen, Fragen der Er-

---

[29] H. Cohen *Deutschtum und Judentum* 1915:535ff., m.H.

[30] Siehe dazu Benjamin *Aufklärung für Kinder. Rundfunkvorträge*, in:ders. 1985.

[31] Moritz Güdemann war der erste Absolvent des Breslauer Rabbiner-Seminars. Er hat sich intensiv der Geschichte der jüdischen Erziehung gewidmet und 277 Artikel dazu publiziert.

[32] Janusz Korczak (Henryk Goldszmidt) ist vor allem bekannt geworden durch seine mutige Entscheidung, die Kinder seines Waisenhauses in die Gaskammer zu begleiten. Seine brillanten, aus der Praxis entwickelten pädagogischen Theorien und seine Stücke für Kinder haben dagegen kein großes Gehör gefunden. Zu seinen Werken siehe Naranjo 2001.

[33] Zu Lyotard siehe Christopher Fynsk *Jean-Francois's Infancy*, in:*Yale French Studies* 99/2001: 44-61.

ziehung nach der Shoa einem breiten Publikum zugänglich zu machen. Allen diesen Denkern war klar, dass Bildung der Schlüssel zur Zukunft ist, nicht nur der jüdischen, sondern der allgemeinen.

Ohne Kinder wäre Nacht war die prägnante Wendung Janusz Korczaks. Seitdem geht es darum, gegen die Dunkelheit zu arbeiten.

2. Der „Andere": Negativität[34], VerAntwortung und Differenz

> *Was dir verhasst ist, das füge auch deinem Mitmenschen nicht zu. Dies ist die gesamte Tora, der Rest nur ein Kommentar dazu. Geh hin und lerne es.*
> (Hillel, Talmud Bavli, Schabbat 31a)

Nach Mendelssohn versteht sich das Judentum vornehmlich als ein **ethisches Regelwerk**, als eine Handlungsethik. Dies geht am augenfälligsten aus den Zehn Geboten hervor. Schon im Ersten Gebot steht die Handlung im Vordergrund: „Ich [bin] der Ewige, dein G-tt, *der dich aus dem Lande Mizrajim [Ägypten] geführt, aus der Sklaverei befreit hat.*"[35] Damit legitimiert G-tt seine Autorität durch seine Handlung den Anderen gegenüber.[36] In der rabbinischen Interpretation dieses Gedankens hat dies sogar Auswirkungen auf die verschiedenen Namen G-ttes:

> Der Heilige, gepriesen sei sein Name, sagte zu Moses: Willst du meinen Namen wissen? Ich nenne mich nach meinen Taten. Manchmal nenne ich mich El Shadai, andere Male Zevaot, andere Male Elohim, andere Male Adonai. Wenn ich über meine Kreaturen richte, nenne ich mich Elohim. Wenn ich den G-ttlosen den Krieg erkläre, nenne ich mich Zevaot. Wenn ich warte, dass der Mensch seine Sünden bereut, nenne ich mich Shadai, und wenn ich Mitleid mit meiner Welt habe, nenne ich mich Adonai. Dies ist „Ich bin, der ich bin"; ich nenne mich nach meinen Taten (Schemot Rabba 3,6).[37]

Die Kraft des Handelns ist damit entscheidend, so führt schon Mendelssohn aus: „Unter allen Vorschriften und Verordnungen des Mosaischen Gesetzes lautet kein Einziges: Du sollst glauben! Oder nicht glauben; sondern alle heißen: Du sollst thun oder nicht thun!"[38]

---

[34] Die Bezeichnungen „Negativität" bzw. „negativ" werden hier und im weiteren Verlauf als philosophische Begriffe benutzt („Negation" als Verneinung einer „Positivität") und nicht als Wert verstanden. Meine Konzeption und Verteidigung der Negativität beruht v.a. auf Adornos *Negativer Dialektik*.

[35] Siehe Mendelssohn 1783:174.

[36] Vgl. Yerushalmi 1982:22 und Sperling 1995:101. Jehuda Halevi schrieb, dass gerade dies den Anfang des ethischen Monotheismus markiert – denn es geht nicht nur um den *einen* G-tt, sondern darum, dass er ein Gesetz festlegt und ein *ethisches Handeln* fordert.

[37] Zitiert in:Sucasas 2001, m.H.

[38] Mendelssohn 1783:54.

Aufschlussreich ist in diesem Zusammenhang die Rezeption der Zehn Gebote durch die christliche Kirche in den verschiedenen Versionen, denn:
* beim ersten jüdischen Gebot (das in der christlichen Version zur Präambel wird) fällt meistens das Prädikat (*der dich aus dem Lande Mizrajim geführt, aus der Sklaverei befreit hat*) in den christlichen Versionen weg, womit der „reformierte" G-tt seine Autorität nicht auf ein Tun, sondern prinzipiell auf sein Sein baut („Ich [*bin*] der Herr, dein G-tt.").[39]
* das Zweite Gebot (Bilderverbot) wird im Christentum verdrängt bzw. (je nach Übersetzung) „ausradiert".[40] Nur G-ttesbilder sind weiterhin verboten, Bilder werden im G-ttesdienstraum erlaubt, sind sogar erwünscht.
* das christliche Dritte Gebot ersetzt das jüdische Vierte Gebot (Heiligung und Observanz des Schabbats) durch „Du sollst den Tag des Herrn heiligen" derart, dass damit die Dialektik zwischen Erinnern und Handeln, die traditionell in der Einhaltung des Schabbats zu finden ist, wegfällt.[41]

Diese erste frühe Geste der Ausradierung (des Prädikats) erklärt viele der bedeutenden Unterschiede zwischen den Denkweisen: **Die jüdische Ethik wird damit zur (christlichen) Ontologie.** Diese erste Differenz ist grundlegend und durchkreuzt die philosophische Diskussion bis heute – man denke nur an Levinas' Kritik an Heidegger. Die Tiefe dieses Unterschieds zeigt sich schon in der Sprache, da das Hebräische über eine „nicht-ontologische" Grammatik verfügt. Anders als im Griechischen oder im Lateinischen gibt es darin kein Verb für *sein* im Präsens: schon strukturell zählt, was *getan* wird.[42]

Sowohl das Bilderverbot als auch der Auszug aus Ägypten sind nicht nur wesentlich für die jüdische Kultur, sondern auch mit dem Anderen verbunden, denn: Es gibt kein Sein, das nicht durch das Handeln existiert. Und: Der An-

---

[39] Mendelssohn wird in seinem Buch *Jerusalem* ganz bewusst erinnern: „Die Stimme, die sich an jenem großen Tage auf Sinai hören ließ, rief nicht: ‚Ich bin der Ewige, dein G-tt!' [sondern] ‚*Ich bin der Ewige, dein G-tt! Der Dich aus dem lande Mizrajim geführt, aus der Sklaverei befreit hat, usw.*' Eine Geschichtswahrheit, auf die sich die Gesetzgebung *dieses* Volkes gründen sollte, und Gesetze sollten hier geoffenbaret werden, Gebote, Verordnungen, keine ewigen Religionswahrheiten." Mendelssohn 1783:48ff.

[40] Urs Espeel hat mir zu bedenken gegeben, dass die Verdeckung des Zweiten Gebotes eine Metonymie nach Lacan sein könnte, d.h. es wird nicht gestrichen, sondern unter ein anderes subsumiert und damit verdrängt.

[41] Siehe dazu Berinstein 2006. Die Zehn Gebote sind, wie alles im Judentum, nicht so einfach – denn es gibt zwei verschiedene Versionen (wie die zwei verschiedenen *Talmudim* und so viele andere Beispiele der Pluralität). Die Zehn Gebote entstehen aus der Kombination beider Versionen des 2. und 5. Buch Mose. Auch Kant hat den kategorischen Imperativ in verschiedene „Versionen" gefasst – vielleicht einer ähnlichen Logik folgend, um die Komplexität der Maxime zu unterstreichen. Berinstein erinnert an die Bemerkung Maimonides', die die Einzigartigkeit der jüdischen Wochenkonzeption hervorhebt. Darin ist der *Schabbat* der einzige Tag, der einen *Eigennamen* trägt – und alle anderen als erster Tag, zweiter Tag usw. werden als Schritte zum *Schabbat* verstanden und bilden somit eine Konstellation. In der christlichen Konzeption dagegen – mit aus der griechischen Welt angenommenen Wochentagen, in der jeder Tag seinen Eigennamen und damit individuelle Eigenschaften hat – besteht keine besondere Beziehung zwischen den Tagen, wodurch der Unterschied zwischen profaner und heiliger Zeit verloren geht.

[42] Sperling 1995.

dere wird eher durch sein Handeln als durch sein Bild erkannt.[43] Das zeigt sich Bruno Zevi zufolge deutlich in den verschiedenen Konzeptionen des Raumes. Während für das griechische bzw. abendländische Denken das Wesentliche eines Raumes das Sein ist, egal wie rigide und unbeweglich er ist, ist für die israelitische Mentalität ein solches Sein eine „Nicht-Entität", da ein Sein ohne Bewegung nicht existiert. So ist beispielsweise für die Griechen der Tempel das *Objekt*, wohingegen bei den Juden das Bethaus ein Ort des Zusammentreffens ist, an dem etwas *passiert*: Die Synagoge heißt auf Hebräisch *Beit Midrasch* (Haus der Lehre/des Studiums) bzw. *Beit Knesset* (Haus der Zusammenkunft). So wird etwa ein Raum auch nicht jüdisch durch seine ihm immanenten Eigenschaften, sondern durch das Anbringen einer *Měsusa*[44] am Türpfosten, die signalisiert bzw. daran erinnert, dass hier die jüdischen Gesetze eingehalten werden. „Für das Judentum wird die Welt durch ein menschliches Antlitz intelligibel und nicht, wie für einen großen zeitgenössischen Philosophen, der einen wichtigen Aspekt des Abendlands resümiert, durch Häuser, Tempel und Brücken."[45] Tun statt Sein, Text statt Raum.

Besonders wichtig ist, dass beide zensierten Teile der Zehn Gebote (Bilderverbot und Elision des Auszuges aus Ägypten) zwei Inhalte gemeinsam haben: **Abstraktion** und **Negativität**. Für Freud bedeutet das Bilderverbot eine „Wendung von der Mutter zum Vater: [...] einen Triumph der Geistigkeit über die Sinnlichkeit".[46] Im Gegensatz dazu ist die Verkörperung der christlichen G-ttesidee in der Jesus-Figur eine Art Abkehr von dieser Abstraktion, so wie Hermann Cohen es beschreibt:

> In der G-ttesidee ist nun aber der Widerspruch zwischen Judentum und Christentum unversöhnlich. Die jüdische G-ttesidee hat zu ihrem ausschließlichen Inhalte die Sittlichkeit des Menschen. Diese Ausschließlichkeit des Inhalts kann, bei günstigster Interpretation, der christlichen Idee nicht zugesprochen werden [...] so müssen Complicationen dieser Glaubenslehre mit der Mythologie unausweichlich werden. [...] Daher [durch die prophetische Idee G-ttes] entsteht der eigene, ewige Wert der jüdischen G-ttesidee: dass sie keine Vermischung mit dem Menschen eingeht. Der Grund des Menschen, des sittlichen Menschen liegt in G-tt. Darum kann G-tt nicht zugleich Mensch sein.[47]

---

[43] Das Bilderverbot ist einer der Kernpunkte der philosophischen Theorien Horkheimers und ist bei Adorno sowie den meisten der anderen Mitglieder der Frankfurter Schule ein unverzichtbares Element ihrer Analyse geworden. Ferner hat Deuber-Mankowsky (2007) das Bilderverbot in enger Beziehung zu einer Machtkritik, die sich letztlich auch der Repräsentationskritik verpflichtet fühlt, ausgelegt.

[44] Kleine von einem *Sofer* (Schreiber) handgeschriebene Schriftrolle aus Pergament in einem schmalen Behälter, der am Türpfosten befestigt wird, um die Lehre der Tora „auf die Pfosten deines Hauses, und an deine Thore" einzuschreiben. (5. Buch Mose 9,6 und 11,20) Sie „markiert" den Raum als jüdisch.

[45] Levinas 1983:36.

[46] Freud 2000, Band XVI:221.

[47] H. Cohen 1904:14ff.

Berinstein erinnert an einen Midrasch, in dem geschrieben steht, dass den ersten zwei (jüdischen) Geboten alle 613 *Mizwot*[48] implizit sind: im ersten „Ich [bin] Adonai ..." die 248 positiven *Ge*bote und im (in der christlichen Version verschwundenen) zweiten „Du sollst Dir kein Bildnis machen" die 365 negativen *Ver*bote. Dies zeigt nicht nur, dass die Mehrheit der *Mizwot* negativ ist, sondern dass – und diese These bildet einen der unsichtbaren Fäden dieser Arbeit – die Ausradierung des Bilderverbots im Christentum **die Negativität der Lehre verschwinden lässt.**[49] Während in der jüdischen Überlieferung Positivität und Negativität in einem komplexen Wechselspiel stehen (und nicht selten, wie im Fall der *Mizwot*, der Akzent auf die Negativität gesetzt wird), wird sie in der vom Römischen Reich beeinflussten neuen Religion fast spurlos „verloren gehen". Diese Negativität lässt sich mit Adornos Negativer Dialektik sowie mit der Levinas'schen Unendlichkeit, die die Totalität zerbricht, denken: Nach Levinas geht Odysseus nur auf die Reise, um wieder nach Ithaka (zu sich selbst) zurückzukehren (anders als Awraham, der „zu den anderen hingeht").[50]

Als Awram dem g-ttlichen Imperativ folgt, bricht er gleichzeitig mit zwei miteinander verbundenen Prinzipien: dem Götzendienst und dem konkreten Vater-Land, denn ein Bild braucht als Trägermaterie einen Raum.[51] Anders als Odysseus geht der Hebräer nicht nach Hause, sondern folgt dem Wort, dem Versprechen zum Gesetz, zur Abstraktion hin – allerdings nicht zur platonischen Abstraktion, denn diese impliziert einen Unterschied zwischen Idee und Ding: eine Differenz, die im Hebräischen so nicht immer existiert: *Davar* bedeutet gleichzeitig Ding und Wort.[52]

Ohne Ontologie und mit Bilderverbot zurück zu Mendelssohn: Die Tora ist mehr als ein „ethischer Code" – sie ist auch eine Lehre, und zwar eine Lehre (wie schon Maimonides vor ihm erklärte) der Vernunft.

> Ob nun dieses göttliche Buch, das wir durch Moses empfangen haben, eigentlich ein Gesetzbuch seyn, und Verordnungen, Lebensregeln und Vorschriften enthalten soll; so schließt es gleichwohl, wie bekannt, einen unergründlichen Schatz von Vernunftwahrheiten und Religionslehren mit ein, die mit den Gesetzen so innigst verbunden sind, dass sie nur Eins machen. Alle Gesetze beziehen,

---

[48] Die 613 Ge- und Verbote der Tora, die einer der zentralen Bezugspunkte des jüdischen Lebens sind, da sie sowohl den Charakter von Gesetzen als auch von moralischen Verpflichtungen haben, sind letztlich meistens konkrete Handlungsanweisungen.

[49] Ein deutliches Beispiel für die Bedeutung dieser Negativität ist das Werk von Maimonides, in dem er u.a. eine monumentale *negative* Theologie entwickelt. Natürlich gibt es auch im Christentum eine Strömung der negativen Theologie, die jedoch die Idee der Negativität anders auffasst als hier dargestellt. Eine Vertiefung dieses interessanten Themas würde den Rahmen dieser Arbeit jedoch sprengen.

[50] Levinas 1972. Mit der Figur des Odysseus „eröffnen" Adorno und Horkheimer (1998, Bd. 3, 61ff.) 1947, also fast dreißig Jahre zuvor, den ersten Exkurs der *Dialektik der Aufklärung*, jedoch mit einer etwas „dialektischeren" Interpretation: „Das Epos zeigt, zumal in seiner ältesten Schicht, an den Mythos sich gebunden. [...] Aber indem der homerische Geist der Mythen sich bemächtigt, sie ‚organisiert', tritt er in Widerspruch zu ihnen."

[51] Eine radikale Verabsolutierung des Raumes wird sich Jahrhunderte später in der „Blut und Boden"-Ideologie finden.

[52] Sperling 1995:105.

oder gründen sich auf ewige Vernunftwahrheiten, oder erinnern und erwecken zum Nachdenken über dieselben; so dass unsere Rabbiner mit Recht sagen: die Gesetze und Lehren verhalten sich gegen einander, wie Körper und Seele.[53]

Daraus folgt auch die Bedeutung der *Mizwot*. Deren Erfüllung ist so zentral, dass ein Knabe erst als vollwertiges und erwachsenes Mitglied der Gemeinde gilt, wenn er mit dreizehn Jahren seine *Bar Mizwa* feiert und damit ein „Sohn der Pflicht" wird. Dann ist er selbst dafür verantwortlich, die Gebote und Verbote zu erfüllen, er trägt die Verantwortung für sich und die anderen.

Auf die Nähe der Aussagen der *Mizwot* und der „goldenen Regel", der Maxime Hillels zu Kants kategorischem Imperativ – nur mit einer Negation ausgedrückt – ist bereits vielfach hingewiesen worden.[54] In diesem Zusammenhang wird oft Hillels Spruch genannt, da er „in seinem Aphorismus das Judentum auf ein ethisches Postulat reduziert hatte, anstatt es auf ein religiöses Prinzip zu stellen".[55] Jedoch, wie im Lexikon von Herlitz und Kirschner schon früh signalisiert, ist die Maxime Kants „nicht wie im Judentum aus menschlichen Lebensnotwendigkeiten und -zwecken begründet, sondern entspringt seinem System der reinen Vernunft". Die Autoren heben auch hervor, dass Jesus in der Bergpredigt die negative Mahnung in eine positive Aussage wandelt: „Alles nun, das ihr wollt, daß euch die Leute tun, das tuet ihr ihnen!" (Matth. 7,12, Luk. 6,31).[56]

Diese Verwandtschaft und die Zentralität des Gesetzes bei dem Königsberger Philosophen könnte jedoch auch den Erfolg von Kants Gedankengut unter jüdischen Intellektuellen erklären (Niewöhner 1977). Herausragende Beispiele hierfür sind die *Maskilim* (u.a. Salomon Maimon, Markus Herz, Isaak Euchel, Saul Ascher, Lazarus Bendavid), einige Schüler Mendelssohns und anerkannte Kantianer wie auch später Hermann Cohen, der dem Ruf Zellers und Liebmanns folgte, auf Kant „zurückzugehen", und nicht zuletzt Ernst Cassirer.

Wenn das Judentum also prinzipiell auf dem Handeln und nicht auf dem Sein basiert, lassen sich aus dieser Perspektive Mendelssohns im Alltag praktiziertes Judentum, die radikale Ethik Levinas' sowie Adornos und Wittgensteins Konzeption der *Philosophie als Tätigkeit* vielleicht verstehen. Die Handlung ist eng mit den Konzepten Gesetz und Gerechtigkeit verknüpft – „Gerechtigkeit, Gerechtigkeit sollst Du nachtrachten" (5. Buch Mose 16,20) –, und beide durchziehen die Texte der hier besprochenen Autoren in unterschiedlichen Spielarten. Sie nehmen zum Beispiel in Cohens Theorie des Mitleids oder in Freuds Konstruktion des Gesetzes eine wichtige Rolle ein.

---

[53] Mendelssohn 1783:52, m.H.

[54] Im Folgenden wird ausführlicher auf die Bedeutung der „negativen Beschreibung" im Judentum eingegangen, von den Zehn Geboten über das Bilderverbot bis zum Verbot, den Namen G-ttes zu schreiben und auszusprechen, sowie auf den Unterschied zu Kants „positivem" Imperativ („Handle so, dass dein Wille durch seine Maxime sich selbst zugleich als allgemein gesetzgebend betrachten könne").

[55] Ze'ev Levy 1997:165.

[56] Herlitz/Kirschner 1927, Band II:1183.

Von dieser Ethik leitet sich ein weiterer fundamentaler Begriff ab: die **Verantwortung**. Jeder Mensch ist für seine Handlungen verantwortlich – aber auch für den Anderen, für das Leben des Anderen und dafür, seine Leiden zu lindern. Sie ist unumgänglich und nicht übertragbar; sie beruht auf der Priorität des Anderen über das Eigene. Levinas verdanken wir die Übersetzung der radikalsten Auslegung dieser Verantwortung in die Terminologie der westlichen Philosophie.[57] Ihren Ursprung hat sie in der Antwort Awrahams auf die Frage G-ttes: *„ayeka?"* („Wo bist du?"). Die Frage „Wo bist du?" kommt in der Tora mehrmals vor. Levinas (basierend auf Rosenzweig) weist darauf hin, dass G-tt sie zum ersten Mal Adam stellt (1. Buch Mose 3,9), der aber, statt zu antworten, schweigt und sich versteckt. Awraham antwortet *„hineni"* („Hier bin ich", 1. Buch Mose 22,1) – ich bin für den Anderen hier, dem gegenüber ich eine unendliche Verantwortung habe. Awraham ist der Erste, der „Hier bin ich" antwortet und damit die Ver**Antwort**ung gegenüber dem Anderen auf sich nimmt. Dadurch wird er der erste Patriarch des jüdischen Volkes.[58]

Die Verantwortung entsteht folglich nicht im Subjekt, sondern durch eine Frage, eine Anrufung von außen. Das bedeutet, dass sich im Judentum nicht nur die Ver**Antwort**ung, sondern auch das Ich vom Anderen ausgehend konstituiert.[59]

Der Schritt vom Anderen zum Ich, der auch mit der Bedeutung des Gesetzes zusammenhängt (das im Außen ist und dem Ich vorausgeht), ist prinzipiell heteronom. Dies verdeutlicht die *Běrit Mila* (Bund der Beschneidung), bei der nicht das Subjekt autonom entscheidet, den Bund mit G-tt einzugehen, sondern dieser schon besteht – vom Anderen, von außen ausgehend –, nicht rückgängig gemacht werden kann und vom Subjekt als Identität angenommen werden muss (die Muttersprache ist gewissermaßen ein ähnliches Phänomen, sie ist ein

---

[57] Jedoch wird oft nicht wahrgenommen, dass Levinas' Einstellung viel radikaler als die Positionen in den talmudischen Diskussionen ist: Dort wird an einigen Stellen dem Selbst die *Möglichkeit* der eigenen Verteidigung eingeräumt (z.B. in *Baba mětzia* 62a). Die Deutung Levinas', die manchmal fast als eine Märtyrer-Ethik verstanden werden könnte, stilisiert sehr stark jene jüdischen Quellen, die ein Recht des Selbst je nach Situation für legitim halten.

[58] Rosenzweig 1921:195ff., Levinas 1989:128ff. Rabbiner Jonathan Magonet hat mich darauf aufmerksam gemacht, dass Awraham diese Antwort G-tt gibt und sie nicht automatisch als Verantwortung für den anderen Menschen übersetzt werden kann. Obwohl dieser Unterschied, rabbinisch gesehen, eine Diskussion wert wäre, wird in dieser Arbeit darauf verzichtet, denn relevant ist hier nicht die Diskussion über die Quellen, sondern wie diese von den hier besprochenen jüdischen Philosophen interpretiert und in ihren Argumentationen benutzt werden. In diesem Fall ist klar, wie Rosenzweig und Levinas die Formulierung *„hineni"* auslegen.

[59] Es wäre durchaus interessant, einen Vergleich der Konzeption des Anderen und der daran geknüpften Ich-Konstituierung mit anderen philosophischen Systemen anzustellen, zum Beispiel mit Fichtes Philosophie, in der die Bewegungsrichtung genau umgekehrt ist: Sie geht vom Ich zum Anderen, von innen nach außen (siehe dazu Gibbs 1992). Das hat nicht nur auf der epistemologischen, sondern auch auf der politischen und ethischen Ebene Folgen. In Cohens Worten: „Die Ich-Philosophie Fichtes ist ein theoretischer Rückschritt gegen Kant" (*Deutschtum und Judentum* 1916:534). Ähnlich wie Fichte argumentiert auch Heidegger: In seinem Text *Identität und Differenz* (1957) geht schon aus dem Titel die Argumentation (von der Identität zur Differenz) hervor. In der jüdischen Tradition dagegen ist die Differenz der eigentliche Anfang oder Ursprung – und das ist z.B. in Arbeiten wie der Ursprungstheorie Cohens zu finden.

System, welches das Subjekt sich nicht frei wählt, sondern das bereits besteht und es formt).[60] Esther Cohen erinnert an die These Abulafias: Wenn man bedenkt, dass die Beschneidung *Bĕrit Mila* genannt wird, dann kann man durch den ähnlichen Klang von *Mila* (geschriebenes Wort)[61] die Beschneidung als einen Bund des Wortes interpretieren. So gesehen wäre die Schrift schon in der ersten *Mizwa*, dem ersten Gebot präsent, das Awraham auferlegt wurde.[62] Daher ist die Schrift als Element und Medium des Bundes, den das jüdische Volk einging, ebenso im Jüdisch-Sein der Patriarchen versteckt.[63] Awram und Sarai wurden durch die Inskription eines stummen Buchstabens in ihren Namen jüdisch: AwraHam (1. Buch Mose 17,5) und SaraH (1. Buch Mose 17,15).[64] Dem *Sohar* zufolge (in der Interpretation von Abraham ben Samuel Abulafia) ist der Buchstabe auch das Merkmal des ersten Paktes, der Beschneidung, der von G-tt nach der Namensänderung eingeführt wird (1. Buch Mose 17,10–14).[65] Traditionell findet die Namensgebung der Knaben in der *Bĕrit Mila*-Zeremonie statt.

Genauso heteronom war der Bund am Sinai, denn es gab fast keine Möglichkeit, sich ihm zu entziehen.[66] Diese Heteronomie des Gesetzes stellt einen Reibungspunkt mit den philosophischen Diskursen seit der Aufklärung dar, in denen der Mensch (das Ich) im Zentrum steht und die Autonomie – vor allem seit Kant – den Ausgangspunkt der Ethik bildet.[67] Im Unterschied zu Kants Philosophie ist der zentrale Begriff der jüdischen Ethik nicht die Freiheit, sondern die Verantwortung für den Anderen. Diese findet Ausdruck in der Rolle, die G-tt selber dem Menschen gibt: Er ist ein *Partner* in der Arbeit für die Gerechtigkeit: nicht Knecht und nicht Lobender, sondern *Mitwirkender*.

Die Distanz zu den Diskursen der Moderne, von Kant über die Neukantianer bis hin zu Rawls und Habermas' Kommunikationstheorie, erklärt sich nicht nur durch die Spannung Autonomie–Heteronomie, sondern vor allem durch die

---

[60] Siehe dazu Derrida u.a.1996.

[61] *Mila* (Beschneidung) und *Mila* (geschriebenes Wort) sind im Hebräischen Homophone; der orthographische Unterschied ist in der Transkription in lateinischen Buchstaben jedoch nicht erkennbar. Die Benutzung der Homophonie ist eine traditionelle Auslegungsmethode der jüdischen Hermeneutik.

[62] Siehe Esther Cohen „*Derramar la sangre de las lenguas". La circuncisión como figura del lenguaje en la cábala de Abraham Abulafia*, in:dies. 1999 sowie Derrida *Circonfession* (1991).

[63] Es sei an dieser Stelle an eine deutsch-askenasische Tradition der *Mappot* erinnert, in der die Mütter die Beschneidungswimpel aufbewahren und mit hebräischen Sprüchen besticken. Aus ihnen wurden Torawimpel gemacht, die am Tag der *Bar Mizwa* und der *Chuppa* (Trauungszelt für die Eheschließung) in der Synagoge benutzt wurden. Dadurch, durch diese gestickten Buchstaben, haben die Mütter ihren Knaben buchstäblich mit dieser Tradition und dem Bund verbunden. Siehe dazu Annette Weber et al. 1997.

[64] Der Anklang an Derridas Theorie der Differenz und den Begriff der *différance*, welche eine nur geschriebene, nicht hörbare, jedoch buchstäbliche Unterscheidung darstellt, ist nicht zufällig.

[65] *Sohar*: Die Beschneidung Awrahams. Spanische Übersetzung von Esther Cohen (1994:83ff.).

[66] Siehe dazu Walzer et al. 2000, Band 1, Kapitel I: *Covenant*.

[67] Für viele jüdische Philosophen, die sich auf Kant beziehen, bedeutete der Gegensatz Autonomie–Heteronomie ein unlösbares Problem. Vgl. hierzu auch Ze'ev Levy 1997 und Chalier 2002.

Haltung gegenüber dem Anderen: Sie ist eben nicht symmetrisch oder „gegenseitig" (mit all den Konnotationen, die dieser Begriff im Gleichheits-Diskurs nach der Französischen Revolution hat), sondern **asymmetrisch** – und zwar in beide Richtungen. Der Andere wird in der Tora und danach auch im Talmud durch die Figur der Witwe, des Waisen und des Fremden, aber auch durch G-tt repräsentiert. Hermann Cohen fügt hinzu:

> Der Fremdling steht ja selten allein bei der Liebe G-ttes, sondern meistens sind ihm beigestellt die Waise und die Witwe. Sie sind die Typen, die Vertreter der Armut, und der Anruf geht von ihnen noch konkreter aus als von dem Armen, der doch immer nur eine ökonomische Abstraktion ist. Indessen werden wir sehen, daß auch diese Abstraktion lebendig wird. Das soziale Gewissen wird immer klarer und kräftiger.[68]

Ein Dialog etabliert sich also stets über diese grundlegende Asymmetrie, weshalb das erste Wort des Anderen „Töte (mich) nicht" in Levinas' Interpretation gleichzeitig ein Flehen und ein Gebot ist. Der Andere, der mich aus seiner völligen Verletzlichkeit heraus anruft, trägt damit die Kraft und die Spur des ethischen Gebots in sich.

Die unendliche Verantwortung für den Anderen impliziert die Idee der Gerechtigkeit, die in der jüdischen Ethik zentral ist. Einige *Mizwot* (Ge-/Verbote) betreffen die konkrete Anwendung dieses Konzeptes: für den Anderen handeln, für die Gerechtigkeit. Es ist wichtig, den subtilen, aber grundsätzlichen Unterschied zur christlichen Lehre oder anderen klassischen philosophischen Theorien der Gerechtigkeit hervorzuheben: Ich helfe dem Anderen nicht, um *meine* ethische Pflicht zu erfüllen, ein „guter Mensch" zu sein und ins Paradies zu kommen oder – wie bei Rawls (1971) –, weil ich mich in jedem Augenblick wegen des „Veil of Ignorance" ebenfalls in seiner Position befinden könnte. All diese Beweggründe haben letztlich das Ich als Ausgangspunkt. Im Judentum dagegen helfe ich dem Anderen, **weil der Andere leidet und ich** *sein* **Leiden beenden will**. Die Motive des Ichs sind weder spekulativ („ich könnte an seiner Stelle sein") noch berechnend, weil eine Belohnung winkt: Mit seiner Tat gewinnt das Ich nichts, das Ich hat durch sie keinen Vorteil.

Der traditionelle jüdische Gerechtigkeitsbegriff bezieht sich auf die Gegenwart, schließt aber die Vergangenheit mit ein[69]: „Ist dem so, dann besteht eine geheime Verabredung zwischen den gewesenen Geschlechtern und unserem. Dann sind wir auf der Erde erwartet worden."[70] Der Grund dafür ist nicht nur das Gebot *Zachor!* (Erinnere dich!)[71], die Mahnung, der Ungerechtigkeiten der Vergangenheit zu gedenken („In jeder Generation soll sich jeder Mensch fühlen, als sei er selbst aus Ägypten ausgezogen"),[72] sondern vor allem der

---

[68] H. Cohen 1919:171.

[69] Daran knüpft Michael Loewy (1988) in seiner Interpretation des Einflusses der messianischen Idee der Gerechtigkeit auf die politisch-philosophischen Werke der jüdischen Revolutionäre an.

[70] Benjamin *Über den Begriff der Geschichte*, These II,, in:ders. 1991, Band I-2:694.

[71] Für eine ausführliche Erklärung des Gebots *Zachor!* siehe Yerushalmi 1982.

[72] Hagadda schel Pessach, mischna pessachim 10,5.

Anspruch, sich die vergangenen Generationen und ihr Leiden in aktuellen Konfrontationen zu vergegenwärtigen.

Diesem Zeitverständnis ist die Idee des geschichtlichen Fortschritts fremd, da der messianische Blick gleichzeitig auf die Vergangenheit und die Zukunft gerichtet ist, wie im Fall des *Angelus Novus*: „Wo eine Kette von Begebenheiten *vor uns* erscheint, da sieht er eine einzige Katastrophe, die unablässig Trümmer auf Trümmer häuft und sie ihm vor die Füße schleudert."[73] Dieses besondere, nicht-chronologische Verständnis der Zeit ist für den westlich Denkenden irritierend und beunruhigend. Wie Yerushalmi bemerkt: „Die Rabbinen [scheinen] mit der Zeit zu spielen, als wäre sie ein Akkordeon, das sich nach Belieben auseinander- und zusammenziehen lässt. [...] wir stoßen hier ständig auf völlig unbefangene Anachronismen."[74] Ernst Simon erklärt dies folgendermaßen:

> Wenn der Midrasch, und nach ihm Raschi [...] wenn man sich dem Lehrhause von Schem und Eber näherte, so weiß auch er, daß es zu Jizchaks Zeit noch keine Lehrhäuser und keine Torah gab. Der Anachronismus ist also nicht jener naiv-fabulierende auf mittelalterlichen Bildern, die Jesus im Gewande ihrer Zeit und die Apostel als Kreuzritter zeigen, sondern er beruht auf einer metaphysisch wohl begründeten Vorannahme: auf dem Glauben an die Präexistenz der Torah und des Torahlernens.[75]

Auch die Mehrheit der zitierten Autoren (Mendelssohn, Rosenzweig, Benjamin, Adorno) setzt sich mit der Idee des chronologisch gedachten, geschichtlichen Fortschritts in ihren unterschiedlichen Ausprägungen auseinander – von Comte über Hegel und Marx bis hin (oder zurück) zu Kant. Die besondere Bedeutung der Zeit zeigt sich auch darin, dass das Judentum eine zeitliche Wahrnehmung der Realität (im Unterschied zur räumlichen) privilegiert. Der viel zitierte Satz von Abraham Joschua Heschel „Die *Schabbatot* sind unsere großen Kathedralen" drückt dies mit aller Kraft aus. Diese Wahrnehmung erlaubt es, uns dem Anderen zu öffnen, denn wie Levinas formuliert: „Die Zeit ist der Andere."[76] Durch diese Öffnung gelingt es dem Anderen, die Totalität aufzubrechen und sie in die Unendlichkeit zu überführen. Aus diesem Grund ist die Figur des Anderen von großer Bedeutung, nicht nur weil sie das Ich konstituiert, sondern weil sie ihm erlaubt, den Totalitarismus der Totalität zu durchbrechen.[77]

Jeder Mensch trägt nicht nur die Verantwortung für die Gerechtigkeit, also für die Linderung der Leiden des Anderen, sondern auch dafür, die **Differenz** zu wahren, die das Anderssein bedingt. Es handelt sich hierbei um einen Re-

---

[73] Benjamin *Über den Begriff der Geschichte*, These IX,, in:ders. 1991, Band I-2:697.

[74] Yerushalmi 1982:30.

[75] Simon 1965:395.

[76] Zur unterschiedlichen Auffassung des geschichtlichen Fortschritts bei Kant und Mendelssohn vgl. *infra* II.1.c.γ. Trotzdem ist bei einigen jüdischen Autoren, vor allem bei Hermann Cohen und unter den *Maskilim*, der Fortschrittsgedanke zu finden.

[77] Vgl. Levinas 1961.

spekt, dessen Grenzen in mehrerer Hinsicht fragil sind, vor allem im Bereich der Wissenschaften. Mit dem Aufstieg des Positivismus in der westlichen Philosophie nach 1850 rückt Kants Konzept der reinen Vernunft ins Zentrum, während sein Konzept der praktischen Vernunft marginalisiert wurde. Dadurch übernahm das Epistemologische zu Ungunsten der Ethik die hegemoniale Position. Hiermit wird einer der Knotenpunkte des talmudischen Gewebes verdrängt: der Respekt vor dem Anderen und den Grenzen der Erkenntnis. Der Begriff *kadosch,* der sowohl „heilig" als auch „getrennt" bedeutet, drückt die nötige Distanz zum Anderen und die Heiligkeit dieser Trennung aus. Er ist eine Warnung vor dem, was Rosenzweig später in seiner Kritik das Moment der „Aufhebung" in der Hegel'schen Dialektik, „die Metabolisierung der Differenz" nannte oder was Adorno mit dem Begriff der „Bewahrung des negativen Elements" zu vermeiden suchte. Auch Derrida wies schließlich mit der kritischen Analyse des ins Französische übersetzten Begriffes *relève* darauf hin, wie durch diese „Aufhebung" die Negativität und die Dissimilation unterdrückt werden.[78] Ebenso mied Cohen oft den Begriff „Aufhebung" und verwandte statt dessen den Begriff „Korrelation".[79] Dieser ermöglicht es, eine Relation zwischen zwei Elementen zu beschreiben, ohne sie in einer Synthese, die jeden Unterschied zunichte macht, aufzuheben. Die Differenz ist folglich heilig[80] und verschließt sich der Aneignung, was bedeutet, dass auch die Erkenntnis begrenzt ist, vor allem die Erkenntnis des Anderen. Die westliche Wissenschaft hat jedoch stets versucht, diese Grenze zu überschreiten.

Die Haltung, die sich aus dem Judentum ableiten lässt, ist also noch radikaler als Kants Maxime „Behandele den Anderen stets als Zweck und nie als Mittel." Denn dieses Denken verhindert nicht nur die Verdinglichung[81] des Anderen auf epistemologischer Ebene (mit Cohen gesagt: „Du bist nicht Er. Er wäre der Andere. *Er kommt in Gefahr, auch als Es behandelt zu werden.*").[82] Der Widerstand gegen die Verdinglichung kommt häufig in den Quellen vor, z.B. in der Beschreibung der Sklaven. Cohen schreibt: „Demgemäß ist die ganze Gesetzgebung über den Sklaven der monotheistischen Menschenliebe gemäß. *Er kann niemals eine Sache (mancipium) werden, sondern er muß immer Person und Mensch bleiben.*"[83] Die Bewegung der Emanzipation (*mancipium*) wird gegen die modernen Formen der Versklavung durch die VerDinglichung antreten.

---

[78] Derrida (1998) hat ebenfalls diese Problematik der Aufhebung dargelegt. Siehe dazu auch Sievers 2007, Chapter I.

[79] Siehe dazu R. Munk 1997 und *infra* II.2.c.α.

[80] Auch innerhalb des jüdischen Rituals gibt es die Tradition, Differenzen zu respektieren und beizubehalten: So wird nicht nur das *eigene Tempo* beim Beten respektiert, sondern es werden auch die *Minhagim*, d.h. die spezifischen unterschiedlichen Bräuche in den verschiedenen Gemeinden, anerkannt.

[81] Zur Entstehung des Begriffs der *Verdinglichung* (bei Lúkacs 1925) siehe Honneth 2005.

[82] H. Cohen *Ethik des reinen Willens*, in:ders. *Werke*, Band 7:248.

[83] H. Cohen 1919:179, m.H.

Diese Haltung gegenüber den Anderen vermeidet jede Abstraktion, die zur Bildung eines „universellen Subjekts" oder anderer Kategorien führt, deren Konstruktionsprozess die Differenz – also das Einzigartige – jedes Individuums negiert. Deshalb sind verschiedene Stimmen, Meinungen und Gegenmeinungen im Talmud erhalten, und deshalb hat eine Philosophie wie die von Cohen den Anspruch, „die Pluralität in der Allheit und die Allheit in der Pluralität zu bewahren". In Levinas' Position zu Differenz und Alterität findet sich eine radikale Fortführung dieses Gedankens.

Dennoch bedeutet das nahezu heilige Respektieren der Differenz keine Gleichgültigkeit und kein Desinteresse. Im Gegenteil: Es geht darum, auf den Anderen zuzugehen, zuzulassen, dass sein Blick mich anruft, und darum, dem Anderen *zuzuhören*. Zwischen dem hebräischen Zuhören und dem griechischen Blick besteht eine bedeutsame Differenz. Während die westliche Philosophie eine Welt-*Anschauung* entwirft, bei der der Blick auf den Anderen im Mittelpunkt steht, entwickelte sich in der jüdischen Tradition mit dem Bilderverbot das Zuhören, das Dem-Anderen-Zuhören[84], auf dem die dialogische Tradition des Judentums beruht.[85] Schon bei der Offenbarung am Sinai spielt das Ohr eine privilegierte Rolle:

> "And all the people witnessed [literally, saw] the thunder [kolot] and lightning, the blare [kol] of the shofar, and the mountain smoking; and when the people saw it, they fell back and stood at a distance." (Sch'mot 20:15) The people paradoxically "see" the sound; the experience is so intense and mysterious that it cannot be described by the ordinary language of the senses. And in awe and terror, the people step back.[86]

Dieses Zuhören ist bereits im wichtigsten Gebet enthalten, dessen Anfang *Sch'ma Israel* („Höre, Israel ...")[87] lautet und damit an Rosenzweigs *„mit den*

---

[84] In diesem Sinne ist auch die Psychoanalyse zu verstehen. Haddad hat schon darauf aufmerksam gemacht, dass sich aus talmudischen Quellen eine jüdische Medizin entwickelte, die vor allem darauf basiert, dem Anderen in seinem Schmerz *zuzuhören*. Ab einem bestimmten Zeitpunkt hat sich die griechische Sichtweise in der Medizin durchgesetzt, und die Entwicklung der anderen Linie, die sich in gewisser Weise später in der Psychoanalyse wiederfindet, wurde unterbrochen. Siehe dazu Haddad 1990b und Preuss 1911.

[85] Jedoch bedeutet dieser Vorrang des Zuhörens keine einfache binäre Konstruktion, denn die anderen Sinne werden in den Quellen ebenfalls berücksichtigt. Es ist eher eine gegenseitige Beeinflussung, wobei das Ohr eine privilegierte Stellung hat. Siehe dazu David Kaufmann 1884. Elliot Wolfson (1994) seinerseits hat die Bedeutung des Sehens im Judentum herausgearbeitet. Der Blick spielt auch in dem Antlitz (*Panim*) eine wichtige Rolle als Haltung für das Ich. Siehe dazu *infra* 2.α.*Panim: Das/die Antlitz(e) des Anderen* sowie das Referat von Léon Wurmser *Das „böse Auge" und das „leuchtende Antlitz"* (Jena, 22. Sept. 2005). Ich danke Sascha Rossberg für dieses Material.

[86] Jewish Heritage Online Magazine *Kol: Thunder, Shofar and the Voice of G-d*, in:: http://jhom.com/topics/voice/sinai.htm

[87] Hermann Cohen schrieb dem *Sch'ma Israel* eine so bedeutsame Stellung im Judentum zu, dass es in sich die ganze Lehre beinhalte: „Was ‚Höre, Israel, der Ewige unser G-tt, der ewig ist einzig' für das Innenleben und den Fortbestand des Judentums bedeutet, das wird außerhalb desselben, man darf es nicht sagen, gar nicht verstanden. [...] Diese Formel ist der Sammelbegriff, ist der Einheitsbegriff des Judentums." H. Cohen 1919:36.

Ohren lesen" bzw. Adornos Ausdruck *„mit den Ohren denken"* erinnert.[88] Daraus folgt, dass auch die Schriften so gelesen werden sollten, denn es gilt: *„Lesen ist Denken mit den Ohren."*[89]

Eine alte jüdische Geschichte[90] erinnert daran, dass derjenige Mensch Jude ist, der nicht nur G-tt, sondern auch G-ttes *Stummheit* hören kann, seinen Hauch, welcher in dem stillen Buchstaben א versteckt ist.[91] Die Tatsache, dass während des jüdischen Gebets der Name G-ttes in seiner puren Schrift *stumm* bleibt und durch einen anderen (Adonai) ersetzt wird, gibt einen ersten Eindruck nicht nur von der Komplexität der Differenz und différance (Derrida) zwischen dem rein buchstäblichen stummen Wort und seinem laut gesungenen Ersatz, sondern auch von der verborgenen Dialektik zwischen Stimme und Stummheit.

Levinas seinerseits erinnert in *Exigentes Judentum* an das Problem der „Taubheit" gegenüber den Menschenrechten, wie sie in der talmudischen Interpretation des Gesetzes metaphorisch diskutiert werden (Traktat Kiduschim 22b). Danach wird einem Sklaven, der nach sieben Jahren auf seine Freiheit verzichtet, vor dem Gericht das Ohr markiert, um zu signalisieren, dass es „notwendig ist, ein Ohr zu kennzeichnen, das taub war, als die gute Nachricht aus Vers 55, Kapitel XXV vom Ende der Knechtschaft des Menschen am Fuße des Sinais verkündet wurde".

Dagegen signalisiert Haddad, dass im Talmud oft etwas in der Dimension des Blickes gefasst wird, das mit dem Dämonischen in Verbindung steht: Der Todesengel wird gelegentlich als eine Figur „aus Augen" beschrieben.[92] Dieses Bevorzugen des Hörens gegenüber dem Sehen ist in den meisten Schriften der jüdischen Autoren zu finden, sporadisch auf sehr originelle Weise, wie bei Hermann Cohen, der die platonische Idee gemäß Adelmann wie folgt entwickelt:

> In seiner allererster Schrift bereits entwickelt H. Cohen den platonischen Begriff der „Idee", der für seinen Begriff der Philosophie dann konstitutiv wird, als eine korrelative Ausformung *des prophetischen Sehens, das Cohen auf das Hören zurückführt.* Der Gedanke dabei ist: Wenn Immanuel Kant annimmt, inso-

---

[88] Adorno *GS*, Band 10,1:9. Nicht zufällig gab Adorno der Zusammenfassung seiner literarischen Essays (*GS*, Band 11) den Titel **Noten zur Literatur**.

[89] Jabès zitiert in Goodman-Thau 1995. Ein ähnlicher Textbau ist in der Prosa von Kafka zu finden: „Offenbar hatte Kafka stets den Klang der eigenen, innerlichen Rede im Ohr, als sich diese unter seiner Hand in Schriftzüge verwandelte; eben darum wollen seine Texte mit Hilfe des Ohrs gelesen werden. Manche Schreibung, die er wählt, manches Zeichen, das er setzt oder auch ausspart, markiert Rhythmus und Tonfall der Stimme, die hier zu uns spricht." Pasley 1990:28.

[90] Es handelt sich um eine mündliche Überlieferung aus meiner Kindheit – deswegen kann hier keine Quelle angegeben werden.

[91] Elisabeth Weber erinnert wie auch Scholem an die Interpretation von Rabbi Mendel von Rymanów, dass das Volk Israels nichts vernommen hätte als „jenes Aleph, mit dem im hebräischen Text der Bibel das erste Gebot beginnt, das *Aleph* des Wortes *anochi*, ‚Ich'. Dieses *Aleph* stellt, wie Scholem schreibt, „im Hebräischen nichts anderes dar als den laryngalen Stimmeneinsatz [...]. Das *Aleph* zu hören ist eigentlich so gut wie nichts, es stellt den Übergang zu aller vernehmbaren Sprache dar." Weber 1994:161.

[92] Siehe dazu Haddad 1990b:163.

fern die reine Vernunft allein verbunden mit einer Anschauung Erkenntnis zu gewinnen vermag, so denkt Hermann Cohen die mit der Vernunft zu verbindende Anschauung als die *des prophetischen Sehens, die ihrerseits auf das bildlose Hören zurückführt.*[93]

Das *prophetische* Sehen, die Prophetie als bildloses Hören, hat Cohen von seinem Lehrer Manuel Joël übernommen, der es wiederum aus der jüdischen mittelalterlichen Philosophie hatte: von Maimonides und insbesondere von Gersonides.[94] Letzterer beschreibt die Augenkraft dieses Sehens, wobei in seiner Beschreibung und Levinas' Schilderung des Antlitzes dahingehend Ähnlichkeiten zu finden sind, dass beide Autoren das bildlose bzw. immaterielle Element – sei es des prophetischen Sehens, sei es des Antlitzes – hervorheben. Levinas bemerkt: „Inwiefern das Sehen des Antlitzes nicht mehr Sehen ist, sondern Hören und Sprechen [...] dies sind Themen, die sich aus diesem Protest gegen den Primat der Ontologie ergeben."[95] Die Perspektive beider Autoren drückt damit die spezifisch jüdische Betrachtungsweise aus, in der nicht per se eine Dualität zwischen Körper und Seele besteht. Aus diesem Blickwinkel kann Levinas mit einer Beschreibung des Nackens das Wesen des Antlitzes erkennbar machen: „Der Nacken ist kein Antlitz, aber darin liest man die ganze Schwäche, die nackte, entwaffnete Sterblichkeit des Anderen [...] das Antlitz kann einen Sinn bekommen gerade durch sein ‚Gegen-Teil'. Antlitz, also, ist nicht die Farbe der Augen, die Form der Nase oder die Frische der Wangen."[96]

Das Zuhören wird auch als eine „Reise zum Anderen hin" verstanden. Rosenzweig und Levinas exemplifizieren diese „Öffnung", die im Judentum allgegenwärtig ist, anhand des Vergleichs von Odysseus mit Awram. Letzterer folgt dem Befehl G-ttes – „*lech lecha*" („Geh fort!", 1. Buch Mose 12,1) –, das Land und das Eigene zu verlassen und in die Fremde dem Anderen entgegen-

---

[93] Mit Dieter Adelmann ist am 30. September 2008 einer der ausgezeichneten Experten zu Hermann Cohen gestorben. Vor einigen Jahren hat er mir Kopien von einigen seiner unveröffentlichten Manuskripte gegeben. Er wollte unbedingt diese Arbeiten publizieren – es ist leider nicht mehr dazu gekommen. So kann ich nur aus den Manuskripten zitieren, die mir zugänglich sind. Dass seine Arbeit zentral für meine Schriften ist, lässt sich schon durch die vielen Zitate erkennen. Seine großzügige Freundschaft hinterlässt eine unersetzbare Lücke.

[94] Zu Abhandlungen der Prophetie bei Gersonides siehe ders.: *Milchamot ha schem* (Die Kämpfe G-ttes), II. Traktat, sowie Joël 1862, insbesondere 44ff. Cohen hat seinen Schüler Benzion Kellermann gebeten, Gersonides ins Deutsche zu übersetzen und zu kommentieren. Siehe ders. 1914, Vorwort: „Die ausschließlich wortgetreue Übersetzung, so sehr sie die allgemeine Norm bleiben müsste, wäre jedoch bei der gewaltigen Subtilität dieses mittelalterlichen Philosophen, Mathematikers und Astronomen schlechthin ein Unding. Aber anstatt die Übersetzung zur Paraphrase zu machen, hat Kellermann mit hellem Licht diese ganze Übersetzung mittels Erklärungen durchdrungen." Die rationalistische jüdische Philosophie des Mittelalters (u.a. Saadja, Bachja, Maimonides, Gersonides) wird zur Hauptsäule der Wissenschaft des Judentums.

[95] Levinas 1983:119.

[96] Levinas 1995, m.Ü. Dagegen verkörpert die „Vermessung" der Sinti und Roma durch die sog. „Rassenforscher" während des Nationalsozialismus das absolute Gegenteil der Anerkennung des Anderen. Diese grausame Entmenschlichung beachtet keine *Blicke*, sie zerstört das Antlitz. Die Verdinglichung sieht eben nur die Formen und die Farbe der Augen, die Nase: Rassenwahn, Todesurteil.

zuziehen.[97] Weitere Auszüge prägen die jüdische Geschichte: Ägypten, Babylonien. Es gibt kein festes Zentrum mehr, der Hebräer ist immer auf dem Weg: ein alternativer Begriff von Zeit und Raum. Und der Weg ist die *Halacha*, das Gesetz. Der Jude, der Exilierte, der Fremde, hat seinen Weg für immer eingeschlagen. Durch sein Wandern zeichnet er den Raum, der im gleichen Augenblick entsteht, die Karte, die die menschliche Reiseroute definiert. Es gibt also keine Niederlassung und keine Zentralität mehr. Die konkreten Räume sind größtenteils nicht mehr auffindbar. Roberto Blatt legt dies wie folgt aus: Um die Idolatrie des Raumes zu verhindern, hat das Judentum die Spuren der Orte, wo die grundlegenden Ereignisse des Bundes stattfanden, ausradiert: vom Platz am Sinai, wo die Tora übergeben wurde, bis zum Grab Moses.[98] Es gibt keine heiligen Räume, wo die „Gefahr" einer Pilgerschaft entstehen könnte.[99]

Auf diese Weise versucht das Judentum der Mythenbildung vorzubeugen, für die Bild und Raum grundlegend und konstitutiv sind. Somit entsteht ein alternativer Begriff der Kultur, der gegen die traditionellen Auffassungen der Nachbarvölker verstößt. „Zwischen Ding und Wort, imaginärer und symbolischer Ordnung, Repräsentation und Interpretation, Sehen und Zuhören, Bild und Gesetz erscheint ein Konflikt, der in Korrelation steht zu dem zwischen Mythos und Geschichte, Raum und Zeit und, letztlich, zu dem Konflikt zwischen dem Körper der Mutter und der Stimme des Vaters."[100]

Awrahams Auszug impliziert aber noch vielfältige andere Bedeutungen. Eine, die vor allem für die hier durchgeführte Untersuchung bedeutend sein wird, ist das Konzept der **Gastfreundlichkeit**. Rosenzweig hat diesen Gedanken im *Stern der Erlösung* als einer der Ersten ausgeführt: Die Geschichte aller Völker beginnt mit der Eroberung eines Territoriums, die Geschichte Israels dagegen mit dem Auszug. Bei der Ankunft im Gelobten Land eröffnet G-tt seinem Volk, dass es auch hier nur Gast ist, denn „das Land ist mein. Ihr seid nur Fremdlinge und Geduldete auf meinem Boden" (3. Buch Mose 25,23).[101] Levinas fügt hinzu:

> Jedes Wort ist entwurzelt. […] Das Heidentum ist die Verwurzelung, fast im etymologischen Sinne des Terminus. Das Aufkommen der Schrift ist nicht die Unterordnung des Geistes unter den Buchstaben, sondern der Ersatz des Bodens durch den Buchstaben. Der Geist ist im Buchstaben frei und gefesselt an die

---

[97] Siehe dazu Rosenzweig *Geist und Epochen der Jüdischen Geschichte,*, in:*GS*, Band III:527–538 und Levinas 1989:99.

[98] Natürlich impliziert auch eine solche Handlung die Geste der Ausradierung, nur wendet sie sich nicht gegen den Anderen, sondern gegen Räume.

[99] Sperling 1995:119ff. Obwohl es die Klagemauer als historisch wichtigen Ort gibt, muss dabei der Fakt berücksichtigt werden, dass dieser heilige Ort eine *Ruine* ist.

[100] Ebenda:127.

[101] Dieses Zitat und die Begriffe der Gastfreundlichkeit sowie der Unmöglichkeit der territorialen Verortung, die sich daraus ableiten, wurden später u.a. von Rosenzweig 1921, Levinas 1989 und Derrida 1997a aufgegriffen. Cohen (1919:135) seinerseits sieht gerade in der griechischen Gastfreundlichkeit, in dem Zeus der G-tt von *Xenos* wird, das „hebräische Moment" der griechischen Kultur.

Wurzel. Auf dem trockenen Boden der Wüste, wo sich nichts halten kann, kam der wahrhaftige Geist in einem Text hinab, um sich universal zu erfüllen.[102]

Die Gesetze geben nicht nur dem Fremden, sondern auch dem Armen ein Recht auf das Land, vor allem auf seine Früchte. Nach den sozialen Gesetzen (3. Buch Mose 23,22 und 19,9–10) sollten die Ecken des Landes nicht bearbeitet werden, es ist verboten zu ernten, was vergessen wurde, oder zu nehmen, was heruntergefallen ist. All das gehört denjenigen, die es brauchen. Sogar die Erde hat ein Recht. Jedes siebte Jahr ist *Schmitta* (2. Buch Mose 23,10ff.): Es ist verboten zu pflanzen, die Erde muss sich ausruhen.[103] Damit wird ethisch ganz konkret an den Anderen gedacht, wobei diese Verbote, an den letzten Rest zu rühren, philosophisch ein Gebot gegen die Totalität bedeuten. Die Wichtigkeit dieser Aufbewahrung des Restes kommt auch an vielen anderen Stellen der Lehre zum Ausdruck. So kommt etwa *Peies* (Schläfenlocken) von *Pea* bzw. *plural Pe'ot* (Seite, Rand, Ecke): Nicht alles darf weggeschnitten werden. **Der Rest ist der Widerstand gegen den Totalitarismus.**

Dieselbe Logik findet sich umgekehrt in der Beschneidung wieder: Nichts soll sich als Ganzes, als Totalität begreifen. Dies stellt letztendlich den Lacan'schen *Nom-du-Père* (väterliche Funktion) symbolisch dar. Diesem Gedanken folgend wird der nicht-beschnittene Mann als unvollkommen angesehen – vollkommen wird er nur durch die Öffnung, d.h. durch den „Bruch" der Totalität: „Das Unbeschnittensein ist ein Bild der mangelnden Vollkommenheit; so spricht man auch von unbeschnittenen Lippen (Ex. 6,12), Ohren (Jes. 6,12) und Herzen (Lev. 26,41), und so fordert Mose auf, ‚die Vorhaut des Herzens zu beschneiden' (Dt. 10,16)."[104]

Es gilt also, den Anderen aufzunehmen, mit ihm die Früchte der Erde zu teilen, wobei auch der Gastgeber selbst nur ein Gast in seinem Haus ist. Die **Gastfreundlichkeit** ist damit der Ausgangspunkt jeder Ethik, sie ist die eigentliche Sittlichkeit.[105] Die Kultur ist nicht territorial verortbar: **Buch statt Boden.** Und in diesem Territorium, dem Buch, existiert auch der Andere, der Fremde. Es beinhaltet darüber hinaus zahlreiche Gebote für den Umgang mit ihm[106]: „Einen Fremden sollst Du nicht (mit Worten) kränken, und nicht unterdrücken. Denn ihr ward selbst Fremde, im Lande Mizrajim" (2. Buch Mose 22,20). Es ist kein Zufall, dass die agrarsozialen Gebote im *Buch Ruth* eine besondere Rolle spielen. Denn insbesondere Ruth verkörpert das Fremde, da sie als Moabiterin, als von außen Kommende, schließlich nicht nur dazugehört, sondern sogar Stammutter Davids wird. Damit gehört sie zum Geschlecht des

---

[102] Levinas 1976:194ff., m.Ü.

[103] Damit verbunden ist das Erlassen von Schulden (5. Buch Mose 15,1f.) und das Gesetz *Jobel*, dem zufolge das Eigentumsrecht an Landsitz (theoretisch) nach 50 Jahren erlischt. Dieses Gesetz soll – wie auch andere Gesetze – gegen die Logik der Akkumulation wirken. Zu den Agrar- und Sozialgesetzen siehe Cohen 1919:117ff.

[104] Preuss 1911:288.

[105] Vgl. Levinas 1989 und Derrida 1997.

[106] Cohen beschreibt diese Gebote detailliert in dem Artikel *Die Nächstenliebe im Talmud* (EA 1888).

Messias, und der Andere findet somit in den Wurzeln (David) und in der Hoffnung (Messias) der Tradition seine Heimat.[107]

3. Die Motive[108]

Es ist wohl nicht zufällig, daß ich, zum Teil um meine finanziell unsichere Existenz abzustützen, aber zum Teil auch aus tiefer Überzeugung, öfters Vorträge hielt in jüdischen Gemeinden und auch in Synagogen über diese weltlichen Gestalten [Mendelssohn, Heine, Cohen], um meiner Überzeugung von dem jüdischen Element im utopisch gerichteten Sozialismus Tribut zu zollen. So sehr ich Martin Jay auszureden versucht habe, daß jüdische Motive bei uns im Institut überhaupt vorhanden gewesen seien – jetzt nach reifer Überlegung im höheren Alter muß ich doch zugeben, daß der untergründige Einfluß der jüdischen Tradition mitbestimmend gewesen ist.

(Leo Löwenthal)[109]

Die jüdischen Quellen haben das Denken der deutsch-jüdischen Philosophen durchaus *mitbestimmt*, auch wenn es bei vielen nicht auf den ersten Blick erkennbar scheint – wie es etwa Löwenthal für die Frankfurter Schule beschreibt. Obwohl die in dieser Arbeit behandelten Autoren explizit auf diese Quellen verweisen, sind sie für den Leser, der mit der Tradition nicht vertraut ist, manchmal schwierig zu erkennen – umso mehr, als sie von anderen Denkströmungen, z.B. der christlichen Theologie, bisweilen vereinnahmt werden.

Hier wird eine Konstellation von in der Tradition immer wieder vorkommenden Motiven herausgearbeitet, die helfen soll, die Positionen und die Kritiken der jüdischen Autoren besser einzuordnen und nachzuvollziehen. Einige davon sind schon bekannt bzw. sind im vorherigen Abschnitt genannt worden: Antlitz, Gastfreundlichkeit, Gerechtigkeit, Gebot, usw. Andere werden im Folgenden kurz dargestellt.

Es handelt sich um eine Kultur, die im Buch lebt, in einem gemeinsamen Territorium aus Buchstaben, in dem die Grenzen heilig sind. Gleichzeitig aber weist sie über die Grenzen hinaus und fordert auf, Brücken zu den Anderen zu bauen. Ein Territorium, das ein messianisches Versprechen beinhaltet und somit einen besonderen Schwerpunkt auf die Erziehung der neuen Generationen legt. Ein Domizil, schließlich, das ein Text ist und sich buchstäblich als Gewebe (Textur) begreift: immer offen für neue Interpretationen. Dabei ist zu beachten, dass diese Darstellung nicht vollständig sein kann, denn die jüdische Tradition ist so reich und komplex, dass sie sich nicht auf einigen Seiten erfassen lässt. Die genannten Motive sollten vielmehr einen ersten kleinen, fragmentarischen Einblick in diese Welt ermöglichen: Sie sind keine Beschreibung, sondern eine Einladung.

---

[107] Siehe dazu die schöne Interpretation Kristevas 1990:85.
[108] Dieser Abschnitt basiert auf früheren Arbeiten der Autorin, u.a. Feierstein 2006a, 2006b und 2007.
[109] Löwenthal im Gespräch mit Helmut Dubiel, in:Löwenthal 1990:272.

a. Das Buch als „portatives Vaterland"[110]

Ich habe diesen Namen, der mir so lieb ist, an den Eingangspfosten meines Buches angeschlagen, und es ist mir dadurch wohnlicher und gesicherter geworden. Auch unsere Bücher müssen ihre Mesuse haben. (Heinrich Heine)

Den Buchstaben bewohnen. Das Judentum ist *auf* und *um* Texte *herum* gebaut: Von der Übergabe der Zehn Gebote auf dem Berg Sinai über die „mit schwarzem Feuer über weißes Feuer geschriebene" Tora (Talmud Jĕruschalmi Schekalim 25b) bis zum Talmud. Dieser ersetzte den Raum des Zweiten Tempels und baute auf den Trümmern eine Landschaft aus Buchstaben, die dem im Exil verstreuten Volk ein Zugehörigkeitsgefühl bot. Nach der Zerstörung des Zweiten Tempels im Jahr 70 n.d.Z. entsteht ein neues Konzept des Judentums: Rabbi Jochanan ben Sakkai bat den Römischen Kaiser um Erlaubnis, in Javne eine Schule für das Studium der Tora eröffnen zu dürfen, die niemals geschlossen werden sollte; *nicht einmal für den Wiederaufbau des Tempels*. Sigmund Freud erkannte die Bedeutung dieser Geste: Seitdem – so schrieb er einmal – konnte das *unsichtbare Gebäude* des Judentums erbaut werden.[111] Das Buch anstelle eines Territoriums: Von diesem Moment an begann das jüdische Volk in der Schrift zu leben.

Während das Vater-Land schon etymologisch auf den konkreten Acker des Vaters zurückgeht, ist die Schrift ein abstraktes Erbe, das Identität auf eine subtile, boden-lose Weise weitergibt. In der Dialektik von *Galut* (Diaspora) und *Gerusch* (Vertreibung), von Exil und Domizil[112] war das Buch immer das gemeinsame Vaterland – und mit jeder Erfahrung von Vertreibung, Exil oder Verfolgung hat dieses Territorium neue Dimensionen angenommen –, bis nach der Shoa,[113] als *yizker bikher* (Gedächtnisbücher) symbolische Friedhöfe bildeten.[114]

Diese besondere Geschichte des Judentums erlaubte es, ein alternatives Modell von Kultur zu entwickeln. Dies war keine Selbstverständlichkeit, sondern eine historische Entwicklung, in der die Rabbinen, Schreiber und Exegeten sich gegen Könige und Priester durchsetzten.[115] In diesem Paradigma ist die unendliche Auslegung der Schrift (des Gesetzes) enthalten. Dies bedeutet auf der Handlungsebene, den abstrakten Weg (*Halacha*, Gesetz), den man

---

[110] Heine 1978, Band V:483.

[111] Siehe dazu Haddad 1990, Kap. 1.

[112] Siehe dazu Yerushalmi 1993.

[113] Der Begriff *Shoa* bezieht sich, obwohl es sich um einen hebräischen Ausdruck handelt, in dieser Arbeit auf *alle* Opfer des Nationalsozialismus und soll auf diese Weise gelesen und verstanden werden. Ich benutze ihn, wenn ich aus der Perspektive der Opfer spreche. Wenn es sich um die Sicht der Mehrheit handelt, wird der Begriff *Holocaust* benutzt, denn wie Wolffsohn bemerkt hat, erweckt es ein seltsames Gefühl, den hebräischen Begriff in einem deutschen Kontext zu lesen.

[114] Zu den *yizker bikher* (Gedächtnisbüchern) siehe Niborski/Wieviorka 1983, Kugelmass/Boyarin 1983.

[115] Siehe dazu Davies 1998.

gehen soll, fortwährend neu zu interpretieren. Die Schrift ist die einzige Heimat. Sie ist der Ort der Gastfreundlichkeit. Sie beinhaltet die Gebote im Umgang mit dem Fremden.

Die *Galut* (Diaspora) selbst generierte letztendlich den Talmud (Bavli) und damit einen neuen Begriff der Offenbarung:

> Galut, Verbannung, Diaspora. Aber vielleicht ist es nicht so paradox, wie es scheint: in Galut klingt legalot, entdecken, ausrollen, entfalten mit, ein Verb, das u.a. von der Bewegung, die das Lesen ermöglicht, spricht – das Ausrollen vom Sefer Tora, ausrollen und öffnen, was der Text enthält. In dieser Öffnung ergibt sich, kann sich ergeben, das Entdecken als eine gewisse Art der Offenbarung. Mehr noch: genau in der Verbannung findet die Offenbarung, Hitgalut, statt.[116]

Auch Benjamin beschreibt in verschiedenen Texten die Bedeutung und Funktion, die Buch und Schrift im Exil hatten. Im Jahr 1936, auf dem Umschlag der Erstausgabe zu *Deutsche Menschen*, einer Sammlung von Briefen, die nicht zufällig eine schriftliche Form des Wanderns darstellt, schreibt er in Paris:

> Die Finsternis kroch heran. Ein einziges Buch hatte damals vor mir Bestand, in meinem Flüchtlingsdasein führte ich es seit Jahr und Tag in meinem spärlichen Gepäck mit mir. Es war mir in jenen Zeiten so wichtig wie ein Aufenthaltspapier oder ein Passierschein. Es verhinderte, dass ich der Lethargie oder in ohnmächtigen Hass verfiel, es half mir, das Bild eines anderen Deutschlands zu bewahren.[117]

Das Buch also als fürsorgliches Heimatland, das nicht nach Visum oder Reisepass verlangt, ein sicherer Ort zum Leben. In den Worten von George Steiner: „Wie eine Schnecke, die Fühler zur Bedrohung hin ausgerichtet, hat der Jude das Haus des Textes auf dem Rücken getragen. Welches andere Domizil ist ihm gewährt worden?"[118] *Der Text ist das Zuhause, jeder Kommentar eine Heimkehr.*[119]

b. Die Grenze

Verflucht, wer seines Nächsten Grenze verrückt. (5. Buch Mose, 27, 17)

Die Erfahrung der Grenze ist in der jüdischen Tradition konstitutiv. Im religiösen und philosophischen Sinne stößt das Judentum immer wieder an Grenzen: von der *Měsusa*[120] in jedem jüdischen Raum über den *Eruw*[121] und den „Zaun

---

[116] Sperling 2005:60.

[117] Detlef Holz (Pseudonym Walter Benjamins) (1936) *Deutsche Menschen*, Zürich.

[118] George Steiner *Unser Heimatland: der Text*, in:ders. 1996:253.

[119] Ebenda:251.

[120] Zu den Grenzfunktionen der Měsusa siehe Ettin 1994, Chapter V: *Limen/Mezuzah*.

[121] Grenze, die am Schabbat nicht überschritten werden kann sowie die gesamten Regeln, die es erlauben, diese Grenze zu „modifizieren".

um die Tora" und die *Mechitza*[122] weiter über die temporale Grenze der *Hawdala*[123] und den Riss auf dem *Get* (Scheidebrief), der die Leben beider Ehepartner voneinander „trennt", bis zur Grenze zwischen Leben und Tod (*Kĕria*)[124]. Wenn man, wie Perla Sneh schreibt, bedenkt, dass *Ha'Makom* (der Ort) einer der Namen G-ttes ist, sollte man deswegen nicht einen seiner anderen Namen vergessen: *Ha'Mavdil* – **der Trennende**: nicht nur zwischen Himmel und Erde, zwischen Licht und Dunkelheit, sondern und vor allem *bejn kodesch lechol*, zwischen heilig und profan.[125] Eigentlich konstituiert die Trennung traditionell eine Säule des alltäglichen jüdischen Lebens, da die Regeln der *Kaschrut* (Speisegesetze), der Reinheitsgebote und des Schabbat auf der Idee von Differenz bzw. Trennung basieren.

Soziologisch betrachtet war vielleicht auch die Schärfe der Grenze ein notwendiges Gesetz, um diese kleine kulturelle Minderheit am Leben zu erhalten. Auf der anderen Seite hat das historische Gedächtnis des Judentums im Prozess der Ausgrenzung aus der Gesellschaft, von der Ghettomauer bis zum gelben Ring des Mittelalters und den „Judensternen", traurige Erfahrungen gesammelt. Meistens wurden diese Grenzen von außen gesetzt und zwangen die jüdische Bevölkerung, am Rand der Gesellschaft zu leben. In anderen Fällen aber war diese Grenze mitten in der Stadt oder im Dorf, z.B. am Eingang einer Synagoge oder einer jüdischen Schule. Zwischen den jüdischen Räumen und dem Rest der Gesellschaft wurden materielle und symbolische Grenzen gezogen, Schwellen und Übergänge (zwischen innen und außen) gebaut. Diese waren keineswegs nur physischer Natur. Ende des 19. Jahrhunderts thematisiert Theodor Herzl in dem Theaterstück *Das neue Ghetto* die unsichtbaren Grenzen zu den Juden in Mitteleuropa: Mauern aus Gesten, Worten, Verachtung.[126]

Im Judentum hat der Begriff der Grenze einen anti-territorialen und abstrakten Charakter: Sie markiert die Differenz (*lehavdil*), um sie zu erhalten. Sie ist ein grundlegendes Gesetz: Sie impliziert Respekt sowie das Verständnis, dass die Differenz (sei sie zwischen Menschen, Geschlechtern, Räumen oder Zeiten) an sich Spuren des Heiligen trägt. Diese Idee ist das Gegenteil von *gazar*: einer Trennung der Gesellschaft, die sie zerreißt, indem die Anderen diskriminiert und isoliert werden. Während die eine Art von Grenze die Differenz in Schutz nimmt, versucht die andere sie stets zu zerstören.[127] Frieden

---

[122] Grenze, die in der Synagoge die Geschlechter trennt.

[123] Zeremonie am Ende des Schabbat, die die heilige Zeit von der profanen trennt.

[124] Einreißen des Kleides als Zeichen der Trauer.

[125] Sneh 2000:1.

[126] Bezüglich Freuds Deutung siehe den exzellenten Artikel von Frieden (1997).

[127] Die geographische, konkrete Idee der „hermetischen Grenze" (Esch 2006) und ihre totalitären Ansprüche sind schon u.a. von Foucault thematisiert worden. Siehe dazu die aufschlussreiche Interpretation Borsòs (2004). Dagegen scheint Hecker (2006:9) den Unterschied zwischen den beiden Arten von Grenzen zu übersehen, wenn er den Ursprung der historisch-politischen Grenze in den ersten Zeilen der Tora lokalisiert.

(1997) hebt den aramäischen Ursprung des jiddischen Begriffs *Gĕseire* hervor, der sich vom hebräischen *gazar* ableitet, das wiederum auf das Aramäische zurückgeht. Doch während das aramäische Wort nur Gesetz bedeutet, hat der jiddische Begriff noch eine andere Konnotation: Es handelt sich um ein *verfluchtes* Gesetz – eine Bedeutung, die auf der babylonischen Exilerfahrung beruht, da sich die Gesetze zu dieser Zeit oft gegen die jüdische Bevölkerung richteten. Der Signifikant der hebräischen Wurzel verfügt hingegen noch über eine andere Nuance: Sie bedeutet auch verstümmeln, ausreißen, zerreißen (z.B. Stoff oder Papier).[128] Die babylonischen Gesetze haben die jüdische Bevölkerung ohne Zweifel „zerrissen", und zwar auf gewaltsame Weise, mittels diskriminierender Maßnahmen, die die Verbindungen zum Rest der Gesellschaft zerschnitten. Ähnliche Erfahrungen bestimmten das Leben in den Ghettos (das erste Ghetto wurde in Venedig 1516 eingerichtet), bei denen mit einer brutalen Geste die während des Konzils von 1179 verkündeten Beschlüsse konkret umgesetzt wurden: die „Separation" der Juden von der christlichen Gesellschaft.[129] Diese Trennung gab es schon vor der Errichtung des venezianischen Ghettos in vielen europäischen Städten, so. z.B. in den jüdischen Vierteln und Straßen (*Juderías*, Judengassen etc.). Gegen diese Art von politischen und ethnischen Grenzen hat auch Hermann Cohen 1916 seine Stimme erhoben:

> Kant sagt einmal: die Erde habe Kugelfläche, dies bedeute, daß ursprünglich niemand an einem Orte der Erde zu sein mehr Recht hat als der andere. [...] Ich hoffe für mein Vaterland, ich hoffe für meine Religion, daß das alte, klassische Land der Humanität, wenn anders die Logik unserer politischen Geschicke uns an solche Maßregel heranführen wird: daß es zu keiner Grenzsperre gegen die Juden des Ostens komme, sondern daß sie in Anerkennung ihrer sittlichen Würdigkeit, wie ihrer hohen kulturellen Entwicklungsfähigkeit, in die Grenzen des Deutschen Reiches aufgenommen werden.[130]

Das Judentum sieht in der (Un)möglichkeit der Grenze eine Demütigung. So weist Furman (2005) auf einen alternativen *Midrasch* zu *Chanukka* hin, in der von einer makkabäischen Rebellion erzählt wird, die ihren Ursprung in einer Serie von Dekreten der Griechen gegen die jüdische Bevölkerung hat: Als erstes wurden die Türen an jüdischen Häusern verboten: „So that Israel would lose respect and honor [...] since in a house without a door there is neither respect nor honor [...] *Israel was like a prisoner, lacking doors.*"[131] Interessanterweise wird die Situation eines Gefangenen dadurch charakterisiert, dass ihm Türen *fehlen*: Hierin erklärt sich der Sinn der Grenze als Schutz und Bewahrung der Würde. So repräsentiert auch der Buchstabe ש, der in die *Mĕsusa* eingeschrieben ist, einen der Namen G-ttes, und zwar *Schaddaj*, ein Akronym für „Hüter der Türen Israels".

---

[128] Ich danke Liliana Furman für ihre Hilfe bei der etymologischen Recherche.
[129] Zu dieser Trennung siehe Sennett 1996, Chapter 7: *Fear of Touching*.
[130] H. Cohen *Grenzsperre* (Artikel vom 25. Oktober 1916), in:ders. *JS*, Band II:378.
[131] Siehe dazu Furman 2005.

Dieser heilige Respekt vor der Grenze findet sich auch in einem schönen *Midrasch*, den Isaac Deutscher als eine Melodie in Erinnerung behielt, die ihn seit seiner Kindheit begleitete. Die Geschichte beschreibt eine Begegnung bei einer Lehrstunde zwischen Rabbi Meir, dem großen und gelehrten Mitverfasser der *Mischna*, mit Elisha ben Abujah, genannt *Acher* (der Andere, da er den jüdischen Glauben ablegte), dem großen Häretiker der jüdischen Tradition.

Ich erinnere mich an einen Midrasch über Rabbi Meir, den großen Heiligen und Weisen, Mitverfasser der Mischna, der theologische Unterweisung von einem Häretiker erhielt, von Elisha ben Abujah, genannt Acher. An einem Schabbat war Rabbi Meir bei seinem Lehrer, und wie gewöhnlich waren sie in einen tiefgründigen Disput verwickelt. Der Häretiker ritt auf einem Esel, und Rabbi Meir ging, da ihm verwehrt war, am Schabbat zu reiten, neben ihm her und war derart gebannt von den weisen Worten, die dem ketzerischen Mund entsprangen, daß er nicht bemerkte, wie er und sein Lehrer die rituelle Grenze erreicht hatten, die Juden am Schabbat nicht überschreiten durften. Der große Ketzer wandte sich an seinen strenggläubigen Schüler und sagte: *„Sieh, wir haben die Grenze erreicht – wir müssen uns nun trennen; du darfst mich nicht weiter begleiten – geh zurück!"* Rabbi Meir kehrte in die jüdische Gemeinde zurück, der Ketzer aber ritt weiter – über die Grenzen des Judentums hinaus.[132]

c. Die Brücke

Kol haolam kulo gescher tzar meod ...[133]

Iwri (Hebräer) bedeutet ursprünglich „der, der von der anderen Seite des Flusses kommt, der, der *übergesetzt* ist". Die *Passage* (oder die Brücke) ist ein zentrales Motiv in der Tora: von der Durchquerung des Roten Meeres bis zu Jakobs Ringen mit dem Engel am Flussufer. Sie stellt nicht nur den Übergang zu einem anderen Raum oder einer anderen Zeit dar, sondern die Möglichkeit, aufeinander zuzugehen, seine eigene geschlossene Subjektivität zum Anderen hin zu verlassen.

In vielen jüdischen Schriften ist das Motiv der Brücke oder Passage zu finden. So kommentiert Daniel Hoffmann die Übergangsphase („auf der Brücke sein") in der Moderne in den Texten von Alfred Wolfenstein:

Den Juden ist das neue Ufer ebenso fremd wie den anderen Wanderern, mit denen sie über die Brücke ziehen. Während diesen aber das alte Ufer und noch die Brücke gehört, auf der sie zum neuen Ufer übersetzen, besitzen die Juden nichts als ihre Bewegung über diese Brücke hin. Diese schwebende Existenz über dem Brückenweg, die nur reine Bewegung ohne festen Boden unter den Füßen ist, ist für Wolfenstein das einzig gültige Bild für die moderne Existenz der Juden. [...] Ihren treffendsten Ausdruck findet diese neue Gestalt des Judentums in dem von Wolfenstein zu Beginn seines Essays geprägten Bild vom Gang über die Brücke. Auf dem Weg, den der moderne Mensch in der Zukunft geht, ist der

---

[132] Deutscher 1988:93, m.H.

[133] „Die ganze Welt ist eine sehr schmale Brücke ...", altes, bis heute populäres hebräisches Lied.

Jude sein Begleiter, aber nur solange sich jener über die Brücke bewegt. Die jüdische Existenz bleibt in die Bewegung über die Brücke gebannt und findet in diesem Schwebezustand die Erfüllung ihrer Sendung.[134]

Obwohl Georg Simmel der Brücke eine andere Konnotation gibt, signalisiert er in seinem Essay *Brücke und Tür* die existentielle Bedeutung beider Dimensionen, Verbindung und Trennung in der menschlichen Existenz, wie auch ihre notwendige Korrelation. „Praktisch wie logisch wäre es sinnlos, zu verbinden, was nicht getrennt war, ja, was nicht in irgendeinem Sinne *auch getrennt bleibt*."[135] Seine Darstellung der Dialektik zwischen Trennung und Verbindung erinnert in diesem Punkt an die jüdische Sicht. Die jüdische Erfahrung aber, der „Schwebezustand" auf der Brücke, wird eher in seinem *Exkurs über den Fremden* zum Vorschein kommen.

Wie die Händler (in Simmels Beschreibung die Verkörperung des Fremden in der europäischen Geschichte) weisen auch die Über-setzer den spezifischen Charakter der *Beweglichkeit* auf: Sie sind keine „Bodenbesitzer" – „wobei Boden nicht nur in dem physischen Sinne verstanden wird, sondern auch in dem übertragenen einer Lebenssubstanz, die, wenn nicht an einer räumlichen, so an einer ideellen Stelle des gesellschaftlichen Umkreises fixiert ist".[136] Unterwegs zwischen Kulturen und Sprachen – ein zeitgenössischer Brief beschreibt Mendelssohn als einen *Seiltänzer*[137] –, sind sie Bürger der *Passagen*, werden sie auf beiden Seiten des Flusses gebraucht, doch zugleich wird ihnen auch misstraut.

Die Zugehörigkeit zu einer kulturellen Minderheit ist oft mit Mehrsprachigkeit verbunden. Die Begriffe der Brücke und der Passage haben sich tief im Denken und der Geschichte des Judentums eingeprägt (von der *Brücke* in dem alten Lied bis zu Benjamins Passagen-Konzept). Die Übersetzungen, die im Sinne der Integration in die Mehrheitsgesellschaften in den jeweiligen Blütezeiten als *Brücke* des Verständnisses von Toledo bis Berlin gedacht waren, scheinen nach den jeweiligen Destruktionen eher Einbahnstraßen geworden zu sein.

Die Brücke und die Passage haben, aus dieser Perspektive betrachtet, eine Gemeinsamkeit mit den Rändern: Sie sind Orte von einer unglaublichen Fruchtbarkeit und gleichzeitig unendlich zerbrechlich. Vilem Flusser beschreibt mit einer Kindheitserinnerung die Verwandlung der Brücke in seinem Leben: In seinem Fall war es eine Brücke, die in seiner Kindheit das Haus der Großeltern mit dem Garten verband – ein realer Ort, der metaphorisch für vielfältige Möglichkeiten stand und der eines Tages von Blut überströmt war:

> Wir starrten von der Brücke in den Hof [...]. Im Hof gab es einen enorm großen Bernhardiner [...]. Er war sehr gut zu uns Kindern. Eines Tages spielte einer der

---

[134] D. Hoffmann 2002:307ff.
[135] Simmel 1957:1.
[136] Simmel 1908:11.
[137] Siehe dazu Hilfrich 2000:37ff.

Arbeiter mit ihm, während wir von der Brücke zusahen. Urplötzlich drehte der Hund durch. Er fiel den Arbeiter an und biß sein rechtes Bein oberhalb des Knies ab. Ein Schwall Blut kam aus der Wunde geschossen, der Arbeiter lag am Boden, das Bein steckte noch im Maul des Hundes, und wir Kinder standen auf der Brücke und sahen dem allen zu. Ich weiß nicht mehr, was darauf oder später passierte. [...] Doch ich weiß, was die Brücke für mich bedeutete, nachdem das passiert war. Sie bedeutete plötzliche Verwandlung von Güte in brutale Aggression. Es geschah, glaube ich, 1926, doch für mich war es auch 1939. Der plötzliche Stimmungswandel nach der Okkupation durch die Nazis. In meinen Augen ist Prag wie der Bernhardinerhund Barry. Der Wandel von Prag überraschte mich nicht, als er kam: In einer Art prophetischer Vision hatte ich ihn bereits von einer Brücke aus gesehen. Hunde mag ich seither nicht, und auch keine Brücken.[138]

Die deutsch-jüdische Geschichte seit der Aufklärung beginnt und schließt mit einer Übersetzung der Schrift: *Der Pentateuch* von Mendelssohn und *Die Verdeutschung der Schrift* von Rosenzweig und Buber.[139] Die Übersetzer sollen *unsichtbar* bleiben,[140] die Texte, ihre Verfasser bzw. ihr ganzes Volk wurden physisch und metaphysisch fast ausgelöscht.

4. Exkurs über die Methode

a. Die symbolischen Gesten

Die symbolischen Gesten gegenüber dem „Anderen" durchqueren die deutsche Geschichte seit mehr als zwei Jahrhunderten – und sind teilweise immer noch vorhanden. Der erste Teil dieser Arbeit geht der Frage nach, wie deutsche Philosophen bzw. die deutsche Gesellschaft seit der Aufklärung mit der **Differenz** umgegangen sind, und zeigt, wie sich jüdische Autoren mit den abendländischen Systemen der Philosophie auseinandergesetzt und sie auf theoretischer Basis „dekonstruiert" haben. Gleichzeitig wird dargestellt, wie gewisse „konkrete" historische Handlungen, die als symbolische Gesten bezeichnet werden, immer wieder in der – sei es diskursiven oder konkreten – Beziehung zwischen Mehrheit und Minderheiten vorkommen: von der „Verdinglichung" Mendelssohns auf der Schwelle des Rosenthaler Tors (durch den Leibzoll) bis

---

[138] Vilem Flusser *Die Brücke*, in:ders. 1995:9ff, m.H.

[139] Die „Bewegung" des deutschen Judentums wird ebenfalls in diesen beiden Übersetzungen sichtbar: Während Mendelssohn seine Übersetzung in hebräischer Schrift verfasst, u.a. damit die Juden seiner Zeit sie lesen können, versuchen Rosenzweig und Buber, dem Deutschen einen hebräischen Klang zu geben, um ihre Glaubensgenossen zu überzeugen, Hebräisch zu lernen. Die fast exakte Übereinstimmung der Daten dieser beiden Übersetzungen mit dem „langen Jahrhundert" der deutsch-jüdischen Geschichte wurde bereits von verschiedenen Autoren bemerkt, u.a. von Meyer 1994.

[140] Siehe Venuti 1995. Die Unsichtbarkeit resultiert an dieser Stelle aus der Geste der *Vereinnahmung* – was, trotz der wiederholten Versuche bei den Übersetzungen der Bibel, niemals vollständig „funktioniert" hat. Siehe dazu *infra*.

zu Heideggers „Ausradierung" von Husserls Namen aus der Widmung seines Meisterwerks.

Mit dem Begriff der **symbolischen Geste** wird eine Handlungsweise gegenüber dem „Anderen" beschrieben, die nicht nur Elemente aus verschiedenen Ideologien und Diskursen enthält, sondern auch unbewusste Vorurteile und Wahrnehmungen. Symbolische Gesten lassen sich sowohl in Diskursen als auch in Handlungen gegenüber dem Anderen finden: **Ausradierung, Projektion, Verdinglichung, Identifizierung** haben eben nicht nur eine diskursive Existenz, sondern auch Folgen im konkreten Umgang mit dem Anderen. Egon Flaig hat eine verwandte Kategorie, die „politische Geste", für die Analyse des antiken Rom vorgeschlagen, in der „der Zeichencharakter von Gebärden, Gesten und performativen Akten sich erfüllt in der Bezogenheit auf Normen und Werte, auf Sinngehalte, an welchen die Akteure sich orientieren".[141] Und Todorov (1992) hat aus einem ähnlichen Blickwinkel die Geschichte der *Conquista* von Amerika und die „Gestualität" der Spanier gegenüber den Indios untersucht.

Flusser (1994) hat über die Notwendigkeit, eine Theorie der Gesten zu entwickeln, geschrieben. In seiner streng phänomenologischen Analyse beschreibt er zwei Dimensionen, die immer enthalten sind: Gesten sind *symbolisch* (sie kodifizieren eine Botschaft) und haben eine *ethische Dimension*. Darüber hinaus unterscheidet er zwischen vier verschiedenen „Arten":

a) Gesten, die sich an andere richten (kommunikative Gesten im strengen Sinn)

b) Gesten, die sich auf ein Material richten (Gesten der Arbeit)

c) Gesten, die sich an nichts richten (interessenfreie Gesten)

d) Gesten, die sich auf sich selber (zurück)richten (rituelle Gesten).

Keine Geste ist jedoch nur einer Art zuzuordnen, vielmehr sind verschiedene Züge darin „gemischt". Interessant ist jedoch die Methodologie, die, anders als die Geschichtsphilosophie – wie Flusser selbst beschreibt – sich nicht in der universalistischen linearen Zeit der „universalen Phänomene" situiert, sondern auf der Mikroebene die konkreten individuellen, kleinen Gesten berücksichtigt und interpretiert.

Die Achtung dieser kleinen Gesten ist im Judentum nicht unbekannt. Mendelssohn hat in *Jerusalem* eine Theorie der Zeichen entworfen, die zwischen symbolischen Vorstellungen und *symbolischen Handlungen* unterscheidet.[142] Für Funkenstein stellt diese den originellsten und fruchtbarsten Beitrag des Buches dar.[143] Die symbolischen Handlungen, die das zeremonielle Gesetz des Judentums beinhalten, können an sich nicht (wie die Zeichen) vergöttert werden: Sie führen weg vom Fetischismus hin zur reinen Abstraktion:

---

[141] Flaig 2003:10.

[142] Die Originalität dieser Theorie hat schon Levinas (1982) hervorgehoben.

[143] Siehe Funkenstein 1995:160ff. Zur Interpretation seiner Zeichentheorie siehe auch Krochmalnik 1998 und Witte 2002.

> Mit dem alltäglichen Thun und Lassen der Menschen sollten religiöse und sittliche Erkenntnisse verbunden seyn. Das Gesetz trieb sie zwar nicht zum Nachdenken an, schrieb ihnen blos Handlungen, blos Thun und Lassen vor. Die große Maxime dieser Verfassung scheinet gewesen zu seyn: Die Menschen müssen zu Handlungen getrieben und zum nachdenken nur veranlasset werden. [...] An Handlungen und Verrichtungen sollten sie gebunden seyn, und diese ihnen statt der Zeichen dienen, ohne welche sie sich nicht erhalten lassen. [...] In allem, was der Jüngling thun sah, an allen Thoren und an allen Thürpfosten wohin er die Augen, oder die Ohren wendete, fand er Veranlassungen zum Forschen und Nachdenken.[144]

In der jüdischen Tradition zeigen sich Ethik und Erkenntnis im und durch das Handeln des Menschen: Dies wird schon allein im Dialog am Sinai bzw. in der Aussage des Volkes sichtbar: „Wir werden machen und wir werden *hören/verstehen*." (2. Buch Mose 24,7). Durch das Handeln wird man verstehen bzw. den Anderen zuhören. Der Talmud legt Wert auf ein Denken, das sich nicht in abstrakten Kategorien verliert und damit vom Leben abkapselt, vielmehr sollte jeder das Studium mit der Arbeit kombinieren. Zwar haben die Rabbinen unterschiedliche Auffassungen über die Priorität der beiden Pole, die Notwendigkeit, sie zu verknüpfen, wird jedoch vorausgesetzt.[145]

Die jüdischen Rituale sind oft mit kleinen symbolischen Gesten angereichert, die Simultaneität von Denken und Handeln erfordern. So z.B. beim Anzünden der Kerzen am *Schabbat*, wenn bei jeder Kerze an eine andere *Mizwa* (Erinnerung/Observanz) gedacht wird. Ein anderes Beispiel ist das Zerbrechen des Weinglases während der Hochzeitszeremonie: Der Überlieferung zufolge erinnern die Scherben an die Zerstörung des Zweiten Tempels in Jerusalem und somit an den irreparablen Verlust, an die schmerzende offene Wunde im jüdischen Gedächtnis.

Die konkrete Geste – das Zerbrechen des Glases – verursacht einen kleinen Riss im Augenblick des vollkommenen Glücks: In dieser Scherbe Negativität zeigt sich die radikale jüdische Opposition gegen die Totalität oder, anders formuliert, die Warnung davor, sich in diesem Glücksmoment in einer Fata Morgana der absoluten Positivität zu verlieren. Mit Freud gesprochen: Das Absolute ist der Tod oder die Psychose. Die Negativität soll das Leben durch ihre schmerzhafte Botschaft gegen den Totalitarismus der Totalität schützen.[146]

---

[144] Mendelssohn 1783:95ff.

[145] Siehe zu diesem Thema Cansinos-Assens 1988:151ff.

[146] Die symbolischen Handlungen oder Gesten in der jüdischen Tradition sind nicht immer konstruktiv zu interpretieren. Sie können auch andere negative, sogar vernichtende Wünsche ausdrücken. Roskies (1999:10, m.H.) erzählt von einer Geste, als er der Mutter eines Freundes eine Feder schenkt: „Regina, who studied with Eisenstein in Moscow and is the first professor of film history at an Israeli university, tested the pen just as her father had taught her to do in Bialistok before World War I: she wrote the word ‚Amalek', *and then crossed it out*. Here was a lapsed daugther of her people heeding the ancient call of Deuteronomy: ‚Remember what Amalek did to you on your journey, after you left Egypt ...You shall blot out the memory of Amalek from under the heaven. Do not forget!'"

All dies geschieht in der Geste, (in) der Tat. Es handelt sich hier nicht um große Reden oder Wortspiele: Das Weinglas, das die Freude verkörpert, wird zerbrochen. Tatsächlich.

Die symbolischen Handlungen im Judentum wären als „rituelle Gesten" zu begreifen, obwohl sie in der Definition Flussers nicht mit dieser Klassifizierung übereinstimmen. Die *zentrale Bedeutsamkeit* des *symbolischen Handelns* für das Judentum erlaubt zugleich, auf die Mikroperspektive der kleinen Gesten zu fokussieren. Diesem Blick folgt meine Arbeit. Der Begriff der *symbolischen Geste* beschränkt sich jedoch auf die *kommunikative* und rekurriert auf zwei Autoren: Zum einen auf Flusser (kommunikative Gesten), wobei er dort seiner Subkategorie der „Geste der Zerstörung" nahe kommt, zum anderen auf Freud, der die Kraft der psychologischen Mechanismen aufzeigte. Dieses Handeln richtet sich – im Unterschied zu den rituellen Gesten im Judentum – in der Regel gegen den Anderen, mit konkreten Folgen. Anders als bei Flaig, Todorov oder in traditionellen jüdischen Schriften wird der symbolische Gestus hier als Schlüssel und Analysestrategie angewandt, um gesellschaftliche Verhaltensmuster zu verstehen.

b. Talmud oder Encyclopédie

> *Der Buchstabe Beth hat die Eigenschaft, die Form eines Hauses mit einer offenen Tür darzustellen. Bewegt man den Buchstaben in alle Richtungen, seine Tür bleibt in jede Richtung offen.* (Buch Sohar, 39a)

ב, der zweite Buchstabe des hebräischen Alphabets, Haus und Schrift zugleich, lässt immer eine Tür offen: für den Fremden und den Armen. „Dies ist das Brot des Elends, das unsere Väter und Mütter im Lande Ägypten gegessen haben. Wen es hungert, der komme und esse, wer des Brotes bedarf, der komme und halte *Pessach*", wird aus der *Haggada* am Pessachabend vorgelesen, an dem die Türen der jüdischen Häuser immer offen stehen. Offen für Elia, den Propheten und Verkünder des Messias, jedoch auch für die unendliche Interpretation des Textes.[147]

Für das Judentum bildet die Exegese das Zentrum des Umgangs mit den Schriften: Der Text ist da, um ihn unendlich auszulegen. Die unzähligen Quellen und ihre Komplexität unterstützen diese „Diversität" von Anfang an. So beschreibt es auch Hermann Cohen:

> In aller religiösen Überlieferung gibt es nur einen Ursprung, nur eine Art von Quelle. Israel macht auch hier eine Ausnahme, und diese Ausnahme setzt sich ununterbrochen fort, stets neue Ausnahmeformen aus sich hervorzubringen. [...] Der Kanon war noch gar nicht fixiert, da waren schon neue Träger des alten Wortes aufgetreten, deren Name, Schreiber (Sofrim) umso charakteristischer ist, als er einen Widerspruch an sich trägt. [...] Als der Kanon die schriftliche Lehre

---

[147] Feierstein 2006a.

festsetzte und abschloß, da war längst schon eine „mündliche Lehre" dem Nationalgeiste entwachsen, und deren Wert wurde nicht minder geachtet.[148]

Die Heterogenität bezieht sich nicht nur auf Unterschiede zwischen dem geschriebenen und dem mündlichen Gesetz, Tora und Talmud, sondern auch auf die innerhalb der Texte: wie im Falle der *Halacha* und der *Aggada* im Talmud und der Existenz nicht nur von zwei Gesetzestafeln, sondern auch zweier Talmudim (Bavli und Yeruschalmi). Eine ähnliche Logik wie jene, die besagt, dass jeder Traktat des Talmud auf der zweiten Seite beginnt: eine unaufhörliche Arbeit gegen die Totalität und den „Gipfel" der Totalität im Totalitarismus eines einzigen, kompletten Originaltextes ohne Makel.[149]

Nach dem orthodoxen römisch-katholischen Textverständnis darf der Text traditionell nur durch eine personifizierte Autoritätsperson ausgelegt werden. Der Prediger hatte in dieser Tradition eine pastorale (seelsorgerische), aber keine allgemeine hermeneutische Funktion: Der Text wurde auf die Situation der Menschen angewandt, die ihn in der Kirche hörten.[150] Die wesentliche Differenz beider Konzeptionen wird in der Gesetzgebung von Justinianus, der *Novelle 146* aus dem Jahr 553 n.d.Z. offenkundig: Den Juden wird unter Androhung der Verbannung verboten zu übersetzen, denn „die Juden interpretieren verrückt":[151]

> Auch sollen die bei ihnen tätigen Interpreten, wenn sie allein die hebräische Sprache heranziehen, nicht die Freiheit haben, dieselbe beliebig zu verunstalten und durch die Unkenntnis zahlreicher Menschen ihre eigene Schlechtigkeit zu verdecken.[...] Die bei ihnen so genannte Deutérosis152 aber verbieten Wir absolut, da sie nicht zugleich mit den heiligen Büchern übernommen wurde und auch nicht aus himmlischer Eingebung durch die Propheten überliefert ist, sondern eine Erfindung von Männern darstellt, die nur irdische Worte sprachen und nichts Göttliches an sich hatten. Sie sollen nun die heiligen Worte selbst lesen, indem sie die Bücher direkt aufschlagen, aber nicht das in ihnen Gesagte verbergen und die

---

[148] H. Cohen 1919:30.

[149] Die jüdische Hermeneutik ist sehr komplex, schon allein aufgrund dieser „Öffnung". Im Gegenzug kann die Änderung eines einzigen Buchstabens der Tora zur Zerstörung der Welt führen. An dieser Stelle entsteht eine reiche Dialektik zwischen eben dem heiligen Wort und der Interpretation, in der der Kommentar eine zentrale Rolle spielt.

[150] Das hat sich durch die Reformation geändert – trotzdem blieben erhebliche Unterschiede zwischen den jüdischen und protestantischen Auslegungsformen. Luther verlangte eine direkte „Bibellektüre von jedermann", die aber keine verschiedenen Ebenen der Interpretation zulässt. Die moderne christliche Hermeneutik konzipiert die Schrift als auslegbar, obwohl das römisch-katholische und das lutherische Verständnis hier unterschiedlicher Meinung sind. Die Unterschiede können hier nicht erörtert werden. Jedenfalls bleibt eine grundlegende Differenz zur jüdischen Schriftauslegung bestehen, in der der Text mit zum Teil widersprüchlichen Interpretationen, die aber gleichrangig nebeneinander bestehen, „umkreist" wird. Wie es in Psalm 1 heißt: Der Fromme „meditiert raunend" die Tora Tag und Nacht (*jähgäh*).

[151] Siehe Legendre 1989.

[152] Mit *Deutérosis* ist hier das mündliche Gesetz gemeint (von *Mischna*: Wiederholung ist als *Deutérosis* übersetzt worden).

von außen stammenden und nirgends geschriebenen Wahnworte heranziehen, die von ihnen zum Verderben von Einfältigeren ausgedacht worden sind.[153]

Den Juden gilt der Text als Garten: stets lebendig und unendlich wuchernd. Diese Vorstellung manifestiert sich in dem Akronym PaRDeS, das die gesamte jüdische Hermeneutik repräsentiert. Die vier Ebenen der Textinterpretation (*pĕschat, remes, dĕrusch, sod*, d.h. etwa: wörtliche Erklärung, andeutender Hinweis, Allegorie und mystischer Sinn)[154] ergeben zusammengefasst PaRDeS, was gleichzeitig „Garten" bedeutet.[155] Es geht darum, „den Text in verschiedenen Deutungen auszurollen, um ihn wieder zu falten, damit eine andere Lektüre ihn erneut ausfalten kann. Kein Leser und keine Epoche dürfen diese Aufgabe beenden: denn in diesem Fall würde der Text sterben, sich in Staub auflösen."[156] Jede neue Lektüre wird den Text bereichern, so dass das Lesen immer ein kollektiver Akt ist: Alle Geschlechter schreiben ihre Interpretationen auf die Ränder, um auf diese Weise neue Kommentare zu erzeugen. Wenn man eine Seite des Talmud liest, wird

> die ganze jüdische Geschichte, diese „immerwährende Vorwelt" aus dem [einem] Blatt Gemarah lebendig: um einen Satz aus der Torah versammeln sich die Geschlechter Israels, Tannaiten, Amoräer, Saboräer, Raschi und die Tossafisten, ganz am Rande noch Rabbi Akiba Eger aus dem 19. Jahrhundert – und davor, dazwischen, mitten drin: wir, du und ich. Wir sitzen alle, die verstorbenen und die noch lebenden Teilnehmer des „Schëur", um denselben Tisch, unsere Stimmen klingen ineinander, wir mischen uns im Chor: es ist eine niemals zu Ende gehende Disputation, an der wir beinahe gleichberechtigt teilnehmen, des „Lernens" unendliche Melodie.[157]

Die Idee der unendlichen Interpretation des Textes sowie die Bedeutung des KonTextes, d.h. die Notwendigkeit, die Wörter in die Gegenwart zu richten und sie nicht als Leere (oder Absolutes) zu verstehen, ist sehr alt. Bereits am „Versöhnungstag schloss der Hohe Priester des Jerusalemer Tempels seine Predigt mit den Worten ab, *sein Publikum möge sich erinnern, dass seine Worte mehr beinhalten, als er zu sagen vermag*".[158] Gerade diese wuchernde,

---

[153] *Einhundertsechsundvierzigste Novella aus dem Corpus iuris civilis Justinians aus dem Jahr 553 n.Chr.*, aus dem Griechischen übersetzt von Paul Barié, zitiert nach dem Manuskript, m.H. Ich danke Paul Barié für diese Ergänzung und auch für die Übersetzung des griechischen Originals.

[154] Der mittelalterliche christliche „vierfache Textsinn", obzwar auf den ersten Blick ähnlich, basiert jedoch auf anderen hermeneutischen Voraussetzungen – die konzeptuellen Differenzen können hier nicht erörtert werden. Exemplarisch für die jüdische Interpretation kann *Baba mëzia* 59b genannt werden, in dem G-tt mit den großen Rabbinern eine Frage der *Halacha* (jüdisches Gesetz) diskutiert und sie seine Meinung nicht mehr akzeptieren, denn „nicht im Himmel ist sie [die Tora]" (5. Buch Mose 30,12), sondern für die Menschen.

[155] Eine Darstellung der PaRDeS-Hermeneutik findet sich u.a. in Krochmalnik 2006.

[156] Sperling 1995:32, m.Ü.

[157] Simon 1965:400.

[158] Erwähnt in Blatt 2001. Jedoch muss unterstrichen werden, dass „unendlich" hier nicht heißt, dass jede Interpretation möglich ist. Es gibt im Judentum traditionell strenge Exegesemethoden, wie z.B. die sieben Auslegungsregeln Hillels und die dreizehn Auslegungsregeln des Rabbi Jischmael (siehe dazu Stemberger 1992, Kapitel III: *Die rabbinische Hermeneutik*). Das hat mit postmodernen Positionen des „anything goes" nichts gemeinsam.

lebendige, demokratische Textkonzeption irritiert und verunsichert die westliche Macht. Dass jede einzelne Stimme wichtig ist, spiegelt sich nicht nur im Text, sondern in der ganz konkreten Praxis wider, z.b. während des jüdisches G-ttesdienstes, wenn jeder in seinem eigenen Tempo betet – eine Sitte, die oft den nichtjüdischen Nachbarn beunruhigte. So lautet z.B. eine von einem Bürgermeister verabschiedete polizeiliche Synagogenordnung (Edesheim 1863):

> § 2 Jede Störung des G-ttesdienstes im Innern der Synagoge durch lautes Sprechen, Lachen, auffallende Gebärden, geräuschvolles Ein- und Austreten, Erscheinen in unanständiger Kleidung und andere Unziemlichkeiten ist verboten.
>
> § 9 Lediglich dem Rabbiner oder in dessen Abwesenheit dem Synagogenvorstande beziehungsweise dessen Stellvertreter steht es zu, den Vorbeter auf sinnstörende Fehler aufmerksam zu machen.
>
> § 10 Das laute Vorbeten von anderen Personen als solchen, welche hierzu berufen sowie das laute Nachbeten ist verboten.[159]

Im Christentum hingegen werden die G-ttesdienste traditionell „ordentlicher" gehalten und die Texte wie Heilige behandelt: Sie werden „kanonisiert", d.h. auf der einen Seite wird der *Index* (und damit die Zensur) als Institution gegründet, auf der anderen Seite werden die Interpretationsmöglichkeiten „geschlossen". Der Prozess der Kanonisierung, wie wir ihn heute kennen, ist in der Tat, könnte man fast sagen, eine „kirchliche Erfindung" (ca. 3. bzw. 4. Jahrhundert n.d.Z.), die der ägyptischen Mumifizierung der Toten näher als dem jüdischen Konzept des lebendigen Gartens zu sein scheint. Zwar basiert tatsächlich das Wort Kanon auf einer semitischen Wurzel (*kane* = Maßstock), die aber im Hebräischen immer noch die gleiche Bedeutung wie vor zweitausend Jahren hat: ein Rohr, ein Maßstab. Nichts mehr.[160]

Im Judentum gab es einen langen und komplexen Prozess, in dem in verschiedenen Epochen der Těnach und der Talmud als zentrale Werke der Tradition „geschlossen" wurden. Diese „Schließung" wird jedoch nicht Kanon genannt, sondern *Chatima*: „Schluss" oder aber auch „Unterschrift". Und genauso verhält es sich mit dem Textbegriff im Judentum: wie ein Brief, der mit einer Unterschrift abgeschlossen wird, sich aber zugleich dem Leser für eine neue Interpretation öffnet.[161]

Dieser Prozess der „Schließung" wird auch in den jüdischen Studien unter dem Begriff der *Canonization* betrachtet. Jedoch sind die Unterschiede zur christlichen Geschichte der Kanonisierung und ihren Implikationen sehr groß.

---

[159] Landesarchiv Speyer, Bestand U 36 Nr. 413. Ich verdanke den Hinweis auf dieses Dokument sowie auf diese Thematik Paul Barié.

[160] Kluge. *Etymologisches Wörterbuch*, 24. Auflage:466 und Jüdisches Lexikon BIII:579.

[161] Noch immer lokalisiert Jan Assmann die Wurzel der autoritären Kanonbildung in der jüdischen Geschichte. Dieses Beharren verdient eine genauere Untersuchung – im Sinne dieser Arbeit könnte es als eine Geste der Projektion identifiziert werden. Ähnlich verhält es sich mit der „mörderischen Untersuchung des Monotheismus", die Assmann fälschlich im Judentum lokalisiert und dadurch die „Urschuld der Gewalt" auf die Juden projiziert, was schon von Bernd Witte kritisiert worden ist. Siehe Assmann 1987 und 1998, Witte 2002:425.

Davies merkt an, dass der Begriff des Kanons zu stark von der christlichen Idee des Selben (Autorität und Zensur) geprägt ist, während im Judentum eher die Idee der Sammlung vorherrscht; er schlägt vor, das Konzept im Rahmen der alten jüdischen Geschichte neu zu denken – von der wir jedoch nur wenige Elemente kennen.[162]

Was passiert mit diesen Textkonzeptionen in der Moderne? Mit der Aufklärung entsteht ein anderer Begriff des Wissens. Das große Buch des Wissens wird geschrieben: das Megaprojekt der *Encyclopédie*. Es ist, wie der Talmud, ein Werk, das *alle* Themen umfasst und doch eine ganz andere epistemologische Basis hat. Gewiss haben Diderot und D'Alembert einen Skandal und eine Revolution in der Epistemologie ihrer Zeit ausgelöst, wie Darnton in seinem Artikel *Philosophers Trim The Tree of Knowledge* ausführt. Die Idee einer *Weltkarte*, in der die verschiedenen „Länder" oder Zweige eines „Baums des Wissens" miteinander verbunden waren und nur nach einer alphabetischen Ordnung abgebildet wurden, war in ihrer Zeit ein Bruch mit dem zeitgenössischen Denksystem. Es handelte sich um ein neues Klassifikationssystem – das immer auch mit einer Deutungsmacht zusammenhängt:

> Pigeon-holing is therefore an exercise of power. [...] A misshelved book may disappear for ever. An enemy defined as less than human may be anihilated. All social action flows through boundaries determinated by classification schemes, whether or not they are elaborated as explicitly as library catalogues, organization charts, and university departments.[163]

Die *Encyclopédie* blieb somit der Tradition anderer Wissenswerke verhaftet, die versuchen, eine Klassifizierung der Realität (*episteme*, Ordnung der Dinge)[164] vorzunehmen. Durch die Konstruktion dieser Ordnung werden Begriffe und Konzepte entwickelt, die das Einzigartige des Einzelnen ignorieren. Die Enzyklopädie gehört zu einer Reihe von Werken, die schon viel früher damit begonnen haben, auf eine ähnliche Art zu kategorisieren: u.a. Plinius' Geschichte der Natur, San Isidoros Etymologien, die scholastischen Summen. Es ging darum, das ganze Wissen zwischen den Deckeln eines Buches zu fassen.

So zeigt sich die *Encyclopédie*, wie schon etymologisch geprägt (gr. *egkyklios*: „kreisförmig"), in ihrem Kreis geschlossen: nicht als offenes Gewebe, sondern als Zirkel. **Sie wird nicht aus Kommentaren, sondern aus Definitionen zusammengesetzt, die *über* die Themen hinweg Antworten liefern.** Der Talmud hingegen bewegt sich mit den Kommentaren *um* die Themen *herum*, öffnet Fragestellungen und erwähnt Gegenmeinungen. Sein allegorischer Diskurs ist von der jüdisch-islamischen Tradition des Erzählens geprägt, einer anderen Form des Wissens.[165] Diese wird sich in den Werken vieler unse-

---

[162] Davids 1998.

[163] Darnton 2000:192.

[164] Siehe Foucault 1966.

[165] Dieser Punkt sollte nicht als binäre Opposition, sondern als Hinweis auf verschiedene Richtungen innerhalb derselben Tradition verstanden werden. In der Geschichte des Judentums finden sich Momente, in denen die Tradition der *Midraschim* durch einen eher „wissenschaftlichen" Diskurs ersetzt

rer Autoren (u.a. Mendelssohn, Simmel, Benjamin, Adorno, Derrida) vor allem in ihrem essayistischen Stil widerspiegeln.

In dieser Tradition und mit diesem Erbe wurde diese Arbeit konzipiert und geschrieben: keine starren Definitionen, sondern Intuitionen, Interpretationen, Hinweise, die keinen Anspruch auf „reine Objektivität" erheben, vielmehr den Leser zu einer aktiven Lektüre einladen. So ordnet sich dieser Text absichtlich nicht einem streng wissenschaftlichen Diskurs unter, sondern bewegt sich zwischen den Gattungen, zwischen Philosophie und Literatur, zwischen Theorien und angewandten Analysen, zwischen philosophischen Debatten und pädagogischen Diskursen, zwischen Geschichte und Gegenwart.

Adornos Methode der „Konstellationen" folgend (die er von Benjamin übernommen hat), gibt der kumulative Zusammenhang kleiner Beobachtungen, Details, Gesten und Zitaten einen Sinn, der nur in dieser Komposition (und nicht in ihren einzelnen Elementen) zu verstehen ist. Die Form des Essays beinhaltet viele Elemente, die aus der jüdischen hermeneutischen Tradition und aus der kindlichen Perspektive stammen: Spiel, assoziatives Denken, Wichtigkeit des Details, persönliches Engagement, auf die Praxis angewandte ethische Fragen, Originalität, Vorstellungskraft und der mikroskopische Blick (eine auch von Benjamin sehr geliebte Perspektive), der vor allem dem Besonderen seine Aufmerksamkeit schenkt. „Nun", so formulierte es Adorno treffend, „duldet die Zunft als Philosophie nur, was sich mit der Würde des Allgemeinen, Bleibenden, heutzutage womöglich Ursprünglichen bekleidet und mit dem besonderen geistigen Gebilde nur so weit einläßt, wie daran die allgemeinen Kategorien zu exemplifizieren sind; wie wenigstens das Besondere auf jene durchsichtig wird."[166]

Diese essayistische, offene, dialogische Denkweise wird seit einigen Dekaden in den Literaturwissenschaften etwas mehr akzeptiert (in dem Buch *The Slayers of Moses. The Emergence of Rabbinic Interpretation in Modern Literary Theory* zeigt Susanne Handelman diese Entwicklung schon 1981 anhand der Arbeiten von zahlreichen Autoren wie u.a. Sigmund Freud, Harold Bloom und Jacques Derrida). In der Philosophie und den Sozialwissenschaften dagegen hat sich die Situation seit Adornos Kritik nicht verbessert: „Dem, der deutet, anstatt hinzunehmen und einzuordnen, wird der gelbe Fleck dessen angeheftet, der kraftlos, mit fehlgeleiteter Intelligenz spintisiere und hineinlege, wo es nicht auszulegen ist. Tatsachenmensch oder Luftmensch, das ist die Alternative."[167]

---

wurde, der von den Griechen beeinflusst war (auch im Falle von Maimonides, siehe dazu Boyarin 1990). Andererseits sind natürlich auch jüdische Enzyklopädien und Lexika geschrieben worden. Eines der interessantesten ist das erwähnte *Jüdische Lexikon* von Georg Herlitz und Bruno Kirschner. Siehe dazu die Sonderausgabe *Jewish Encyclopedias and Dictionaries* des *Journal of Modern Jewish Studies* (2006) 5,3; sowie Engelhardt 2005.

[166] Adorno *Der Essay als Form*, in:ders. *GS*, Band 11:9.

[167] Ebenda:10ff.

Bekannt ist die Aussage Walter Benjamins, er wolle einen Text schreiben, der nur aus Zitaten besteht. Dies entspricht der traditionellen jüdischen Form der *Mĕliza*: ein Mosaik aus Fragmenten des *Tĕnach*, der rabbinischen Literatur und der Liturgie, die miteinander kombiniert einen neuen Sinn ergeben und gleichzeitig intertextuell auf die Originaltextstellen verweisen. Auch diese Arbeit steht in dieser Schreibtradition und versucht, verschiedene Meinungen zuzulassen – und ist deswegen mit vielen Zitaten angereichert. Sie betrachtet auch die Literatur als ihre Quelle und sucht das Modell des Wissens im Kommentar.[168]

---

[168] Zu der Gegenüberstellung von „System" und „Kommentar" bei Benjamin und Scholem siehe Fiorato 2003.

II. PFORTE:

ZUR KRITIK AN DER DEUTSCHEN *KANONISCHEN* PHILOSOPHIE

Lächelt nicht über meinen Rat, über den Rat eines Träumers, der Euch vor Kantianern, Fichteanern und Naturphilosophen warnt. Lächelt nicht über den Phantasten, der im Reiche der Erscheinungen dieselbe Revolution erwartet, die im Gebiete des Geistes stattgefunden. Der Gedanke geht der Tat voraus, wie der Blitz dem Donner.

(Heinrich Heine)

TOR

Vor dem Gesetz steht ein Türhüter. Zu diesem Türhüter kommt ein Mann vom Lande und bittet um Eintritt in das Gesetz. Aber der Türhüter sagt, dass er ihm jetzt den Eintritt nicht gewähren könnte. [...] „Wenn es dich so lockt, versuche es doch, trotz meines Verbotes hineinzugehen. Merke aber: ich bin mächtig."

(Franz Kafka, *Vor dem Gesetz*)

1. Ein Tor, das nicht ins *Rosenthal* führte: Moses Mendelssohn

An einem kalten Oktobertag des Jahres 1743 gewährte der Türhüter, der *nach dem Gesetz* das Rosenthaler Tor in Berlin bewachte, Moische Mendel aus Dessau Einlass. 14 Jahre alt und nur einen Dukaten in der Tasche, gab dieser der Legende nach stotternd und mit jiddischem Akzent als Grund seines Kommens an, er wolle sich bei Rabbi Fränkel in Bibel und Talmud ausbilden lassen.

Der Türhüter verzeichnete an diesem kalten Oktobertag des Jahres 1743 mit akribischer Genauigkeit in den Journalen der Wache: „Heute passierten das Rosenthaler Tor sechs Ochsen, sieben Schweine, ein Jude." Es gibt zahlreiche Überlieferungen, die beschreiben, wie der kleine Moshe ben Menachem aus Dessau nach Berlin kommt.[1] Das Rosenthaler Tor war eines von zwei Toren, durch das Juden die preußische Hauptstadt betreten durften, wobei sie wie Tiere verzollt wurden.[2] Diese Gleichsetzung verdeutlicht auf konkrete Art und Weise die „Entmenschlichung" des „Anderen" durch die hegemoniale Kultur – ein Phänomen, das die europäische Geschichte durchzieht: von den Gerüchten über die Juden im Mittelalter über die Debatte über die Menschlichkeit der „Indios"[3] bis hin zur Rassenpolitik des Nationalsozialismus.[4] Das Tor markiert auch hier eine **Schwelle**, die Mendelssohn einschließt, indem sie ihn ausschließt, und gleichzeitig ausschließt, indem sie ihn einschließt.[5] Dieser paradoxale Platz, den Minderheiten in der deutschen Kultur hatten und manchmal noch immer haben, wird in der Analyse der Schulbücher im zweiten Teil dieser Arbeit deutlich.

---

[1] Eine der verschiedenen Versionen erzählt, dass er auf die Frage, womit er zu handeln habe, stotternd erwiderte: „Mit V-Vernunft." Salomon Maimon sollte 35 Jahre später auf die gleiche Frage antworten: „Lernen, lernen, lernen." Diese beiden Reaktionen auf den „Leibzoll", die eindeutig menschliche Ambitionen beschreiben, stehen in scharfem Kontrast zur Gleichsetzung von Jude und Tier, wie sie der Zöllner vornimmt. Vgl. dazu Levin Goldschmidt 1957:28, Schoeps 1979:12 und Elon 2002:10. Der erniedrigende Leibzoll wurde erst 1787 abgeschafft.

[2] Nur wenige Jahre zuvor, 1738, wurde Joseph Süß Oppenheimer wegen „Hochverrats" zum Tode verurteilt – während des Prozesses wurde er in einen Käfig gesperrt. Die Geschichte seines Lebens, 1925 von Lion Feuchtwanger als historischer Roman niedergeschrieben und von den Nazis in dem Propagandafilm „Jud Süß" missbraucht, verbildlicht einen extremen Fall von verzerrter Projektionslogik im Umgang mit dem Anderen.

[3] An diese Stelle soll auf die öffentliche Auseinandersetzung über das „Menschsein des Indios" zwischen Bartolomé de las Casas und Ginés de Sepúlveda in Valladolid im Jahr 1550 hingewiesen werden.

[4] Die Verdinglichung war eine der ersten „Phasen", die zur Vernichtung führten. Sie ist eine der Gesten, die bei der Analyse der Schulbücher eine zentrale Rolle spielen, vgl. Teil B *Über die Gesten*, insbesondere III. *Verdinglichung*. Auch Gilman (1991) liefert eine treffende Analyse der Verweiblichung und Entfremdung des Jüdischen in der Geschichte. Poliakov (1992) stellt darüber hinaus einen interessanten Unterschied fest zwischen dem Rassismus gegenüber den Juden, der sie *diabolisiert*, und dem gegenüber anderen Gruppen (z.B. Indios oder Schwarzen), der sie *bestialisiert*.

[5] Ähnliche Zoll-Tore für Juden waren seit dem 17. Jh. in vielen anderen Städte zu finden, z.B. in der Hanse. In Glückel von Hamelns Memoiren ist zu lesen: „Endlich ist in Hamburg erreicht worden, daß man den Juden in Altona Päße gegeben hat, daß sie in die Stadt gehen dürften. [...] Ganz früh morgens, sobald sie nebbich aus dem Bethaus gekommen sind, sind sie in die Stadt gegangen und gegen Nacht, wenn man das Tor zumachen wollte, sind sie wieder nach Altona gegangen." Es handelte sich um das Millerntor. Zitiert in Offe 2005:397.

Der Traum Mendelssohns und der *Maskilim* (der jüdischen Aufklärer), dieses Tor zu durchschreiten, war ehrgeizig und erwies sich in der Ausführung als schwierig. Er beinhaltete nichts Geringeres als den Zutritt zur „europäischen Kultur", zur Aufklärung, aber mit einer Besonderheit, die es hervorzuheben gilt: Sie hatten den Anspruch, bei diesem Weg ihre Partikularität zu wahren, ihre eigene Art und Weise, die Welt zu verstehen. Sie wollten jüdische Aufklärer sein und glaubten, dass die Teilnahme an der Mehrheitskultur nicht zwingend die Aufgabe der eigenen Differenz bedeutete. Diese gewagte Behauptung, etwas könne zugleich A *und* B sein, in diesem Falle Jude *und* Deutscher bzw. Jude *und* Aufklärer, findet sich bereits in den verschiedenen Versuchen, Parmenides durch die Dekonstruktion seines **Prinzips des ausgeschlossenen Dritten** zu widerlegen – an ihm Vatermord zu begehen, wie Plato es im *Sophistes* nannte.

In der abendländischen Kultur gibt es eine komplexe Dynamik zwischen der *grundlegenden Aura der Ziffer Drei* – in allen möglichen Konstellationen: von den drei Personen in der Sprache über die Zeitdimensionen (Vergangenheit, Gegenwart, Zukunft) bis zur Grundstruktur in der Literatur (Anfang, Mitte, Ende) – und *der binären Logik*, die seit Parmenides' Prinzip des *ausgeschlossenen Dritten* die Welt in gegenseitige Paare (gut/böse, wir/sie, eigen/fremd, weiblich/männlich usw.) ordnet. Michel Foucault beschreibt, wie die Moderne und die damit verbundene Entstehung des Nationalstaates eine *Genealogie des Rassismus* kreiert, die diese binären Oppositionen totalisiert. Sie lässt dem „Anderen" nur *einen* Platz, und zwar als Negation des „Selbst" („Wir/sie-Konstruktionen"), welche ihre schrecklichste und paranoideste Verkörperung im s.g. *Dritten* Reich fand. In den „imagined communities" der Nationen (Anderson) verkörpern jene kulturellen Minderheiten, die in mehreren Sprachen und Kulturen *gleichzeitig* leben, eine Art *drittes Element* (*weder* wir *noch* sie), welches die nationalen Narrative in Frage stellt und dadurch ein *Unbehagen* (Freud) erweckt. So wie im Mittelalter eine andere Figur des *Dritten*, die „Ver-rückten", in den Mauern der Städte eingeschlossen wurde – deren Gefängnis die Schwelle an sich war – (Foucault 1993), platzierten die nationalen Narrative diese Minderheiten an der *Schwelle* der Gesellschaft.

Die jüdische Tradition dagegen denkt mit einer Logik, die den Widerspruch und eine dritte Möglichkeit nicht nur toleriert, sondern als grundlegend begreift: Diese Logik impliziert die ständige Frage nach einer gerechten Koexistenz des Differenten im Allgemeinen, in dem auch die schwächste Stimme ihr Recht erhält.[6]

Der Fall Mendelssohn erwies sich als paradigmatisch, weil er schon an der Schwelle zur Moderne aufzeigte, dass die doppelte Zugehörigkeit, diese komplexe Identität *existiert*. Leo Baeck sieht Mendelssohns Bedeutung dementsprechend „weniger auf dem philosophischen Gebiet als in dem Beweis, den er

---

[6] Die Ziffer drei ist in der jüdischen Tradition wichtig: Denn manchmal sind zwei nicht genug. So braucht man drei Sterne, um zu wissen, dass Schabbat vorbei ist, oder drei Männer, um das Gebet nach dem Essen zu rezitieren.

durch seine Person erbracht hat, dass es möglich ist, Judentum und moderne Kultur zu vereinen".[7] Doch in den letzten Jahren wurde zudem die Relevanz seines Denkens – besonders auf dem Gebiet der Sprachphilosophie – wiederentdeckt. In diesem Sinne steht Mendelssohn am Anfang dieser Arbeit nicht nur als historische Figur, die über die Schwelle der Moderne tritt, sondern auch als gegenwärtiger Theoretiker, der sich gegen die Einheitsillusionen erhebt. Hilfrich beschreibt dies wie folgt:

> Während ein lautes Murmeln über Interkulturalität, Übersetzbarkeit, neue Relevanzen kanonischer Texte, plurale Identitäten und kulturelle Differenzialitäten unsere heutigen Denkräume erfüllt, herrscht in diesen ein verdächtiges Schweigen über das Phänomen Moses Mendelssohn, in dem diese Fragen auf der Schwelle der Moderne problematisiert und praktiziert wurden. [...] Die Rezeption behandelt Mendelssohn nach wie vor als ein ausschließlich historisches Phänomen, das zwar als Diskursivitätsbegründer und Kanon der deutsch-jüdischen Moderne anerkannt ist, *aber von der ideengeschichtlichen Methode immer erfolgreicher im Anfangspunkt dieser Moderne begraben wird.*[8]

Im Zentrum der theoretischen Ausführungen dieser Arbeit steht der Versuch, bei allen Autoren und Theorien, die diskutiert werden, nicht nur dieses Schweigen zu brechen, sondern die Geste des „Begräbnisses" zu hinterfragen.[9] Die Gleichgültigkeit Friedrichs des Großen – des philosophischen Königs –, sein herablassendes Ignorieren von Mendelssohns Namen in der Petition der Berliner Königlichen Akademie der Wissenschaften im Jahr 1771,[10] ähnelt Heideggers Ausradierung[11] von Husserls Namen aus der Widmung von *Sein und Zeit* im Jahr 1933. Die Gestualität, die am Anfang und am Ende der jüdischen „Integration" in Deutschland steht, befindet sich immer auf der konkreten Schwelle: Entweder werden sie nicht hereingelassen, oder sie müssen gezwungenermaßen heraus: So werden z.B. 1933 durch einen ministeriellen Erlass vierzehn jüdische Mitglieder der Preußischen Akademie der Künste als *nicht mehr tragbar* „ausgeschaltet".[12]

Mitte des 18. Jahrhunderts hatte sich die „Dialektik der Aufklärung" noch nicht voll entfaltet – und so nannten Mendelssohn und die Männer, die sich seinem Traum von der Vernunft anschlossen, die Bewegung voller Hoffnung die *Haskala*.[13] Die *Maskilim* ordneten sich innerhalb des jüdischen Denkens in

---

[7] Baeck 1958a:53. Siehe dazu auch Joël 1861.

[8] Hilfrich 2000:18, m.H.

[9] Sorkins Plädoyer in Bezug auf Mendelssohn – „his thirty years of Hebrew writings must be admitted to the canon" – möchte ich auch für die anderen Autoren geltend machen. Siehe Sorkin 1997:99.

[10] Maupertuis bemerkte enttäuscht, dass Mendelssohn zur Aufnahme in die Akademie nur eines fehle – *eine Vorhaut*. Siehe dazu Elon 2002:46.

[11] Die Ausradierung ist eine der zentralen Gesten dieser Analyse, siehe dazu Teil B.

[12] Einer davon, Alfred Mombert, schrieb dazu: „Und das ganze deutsche Volk ‚trägt', seit 2000 Jahren bald, das ‚nichtarische' heilige Schrifttum des Juden-Volkes, genannt die Bibel [...] Es ist ihm ‚tragbar'." Siehe dazu Mattenklott 1993:112ff., wo die bitteren Kommentare Momberts nachzulesen sind.

[13] Die *Haskala* war eine umstrittene Richtung innerhalb des Judentums, und die Auseinandersetzungen mit anderen Gruppen innerhalb der jüdischen Gemeinden, besonders den religiösen, sind sehr hart

der rationalistischen Bewegung ein, die im Mittelalter besonders schöpferisch war (u.a. Ibn Pakuda, Maimonides, Gersonides) und sich danach durch einzelne Denker (Uriel Acosta, Spinoza) weiterentwickelte. Ihre Übersetzung des rationalistischen sefardischen Geistes nach *Aschkĕnas* lief interessanterweise fast parallel zu der Bewegung des Gaon von Wilna und seiner Schüler, der *Mitnaggĕdim* (Gegner, Protestierende), die gegen die *chassidischen* Strömungen ebenfalls ein rationales Judentum pflegten und verteidigten. Eine Besonderheit der *Maskilim* bestand jedoch darin, dass sie u.a. als Kollektiv an ihren Zielen arbeiteten, nicht nur innerhalb der jüdischen Gemeinden, sondern auch nach außen gerichtet. Ferner waren sie bemüht, das westliche Wissen mit dem jüdischen Denken zusammenzubringen. Ein weiteres Merkmal ihrer Arbeit war die intensive Veröffentlichung von Schriften auf Deutsch und Hebräisch.[14] Sie kombinierten wie ihre sefardischen Vorgänger das jüdische Denken mit den gegenwärtigen philosophischen Theorien. Auf dieser Basis plädierten sie für die Möglichkeit, von einem partikularen Standpunkt aus am „Universellen" teilzuhaben und gleichzeitig weiterhin der Kultur der Minderheit anzugehören, indem sie Elemente der Mehrheitskultur inkorporierten. Dieses Projekt mussten sie gegen zwei Gruppen verteidigen: einerseits gegen die deutsche Mehrheit, die die Wahrung der dem Judentum immanenten Differenz nicht akzeptierte und nicht nur damals das *Billet d'Entrée zur Europäischen Kultur*[15] forderte, andererseits gegen das orthodoxe Judentum, das sich der „Säkularisierung" der Traditionen und des Denkens widersetzte. Das Erbe der *Maskilim* wird über anderthalb Jahrhunderte hinweg, über die Bemühungen von Leopold Zunz und seines „Vereins für Cultur und Wissenschaft der Juden" (1819 zusammen mit Heine und Eduard Gans begründet)[16] bis zur Bewegung der „Lehranstalt der Wissenschaft des Judentums" 1901 – in Anknüpfung an das jüdisch-theologische Seminar in Breslau[17] –, weiterentwickelt. Die Schließung beider Institutionen durch die nationalsozialistische Gesetzgebung setzt diesem Prozess ein trauriges Ende.

Mit Blick auf die spätere Analyse der Schulbücher liegt einer der Schwerpunkte dieses Kapitels auf der Auseinandersetzung der *Maskilim* mit der Mehr-

---

gewesen. In Polen sind u.a. bei „Aktionen" Schriften von Wessely verbrannt worden. Die *Haskala* war nicht nur positiv, und viele Elemente sind bis heute kritisierbar – doch eine Erörterung dessen würde den Rahmen dieser Arbeit sprengen.

[14] Die erste bekannte jüdische Zeitschrift *Gazeta de Amsterdam* ist jedoch von einem Mitglied der sefardischen Gemeinde in Amsterdam im Jahre 1672 auf Spanisch für seine Glaubensgenossen am Ort herausgegeben worden.

[15] Mit diesen Worten kommentierte Heine später ironisch seine Konversion zum Christentum, die er immer wieder bereuen sollte.

[16] Zu Zunz' Verein siehe u.a. Meyer 1994.

[17] Das Breslauer Seminar (Fraenckel'sche Stiftung) wurde im Jahr 1854 eröffnet und 1938 geschlossen. In dieser Zeit haben 34 Lehrer 450 Schüler ausgebildet. Sowohl im Lehrkörper (u.a. Heinrich Graetz, Manuel Joël, Jakob Bernays) wie auch unter den Schülern (u.a. Hermann Cohen, Moritz Güdemann) waren herausragende Namen deutsch-jüdischer Philosophie vertreten. Die Bewegung „Wissenschaft des Judentums" wurde, dem Beispiel von Leopold Zunz folgend, 1902 u.a. von Hermann Cohen und Leopold Lucas ins Leben gerufen. Cohen starb 1918, Lucas wurde 1943 in Theresienstadt ermordet. Zur Geschichte des Breslauer Seminars siehe Kisch 1963.

heitskultur, auf dem Kampf um das Recht auf Differenz, denn genau diesem Aspekt widmet sich diese gesamte Studie.[18] Dabei wird die Aktualität dieser Diskussion bzw. die Spur, die sie in den gegenwärtigen Diskursen hinterlassen hat, sichtbar. Schon 1932 schrieb Hannah Arendt: „Die moderne Judenfrage stammt aus der Aufklärung: diese, d.h. **die nichtjüdische Welt hat sie gestellt.** Seit Mendelssohn [...] tauchen in der Diskussion über die Emanzipation **immer wieder die gleichen Argumente auf.**"[19] Mehr als 70 Jahre später könnte man nach Lektüre der Schulbücher eine ähnliche These aufstellen und sogar im Umgang mit dem Judentum ein Muster für den Umgang mit dem „Fremden" überhaupt sehen.[20] Mit Lyotard gesagt:

> Wenn ich „die juden" schreibe, so nicht aus Vorsicht, auch nicht in Ermangelung eines Besseren. Ich schreibe das Wort klein, um anzudeuten, dass ich mit ihm weder auf ein politisches Subjekt (den Zionismus) noch auf eine religiöse (das Judentum) oder philosophische Figur (das jüdische Denken) anspielen möchte. Ich setze es in Anführungszeichen, um zu vermeiden, dass man diese „Juden" mit den wirklichen Juden verwechsle. Das Wirklichste an den wirklichen Juden ist, dass wenigstens Europa mit ihnen nichts anzufangen weiß: christlich, verlangt es ihre Konversion, monarchisch, vertreibt es sie, republikanisch, integriert es sie, nazistisch, rottet es sie aus. Zwar wird vor allem den Juden der Prozess gemacht, seine Einstellung jedoch trifft „die juden".[21]

a. Sokrates in Berlin: Der Schreiber

Er beschloss, der Vergeblichkeit, die aller Bemühungen des Menschen harrt, zuvorzukommen; er machte sich an ein äußerst kompliziertes und von vornherein belangloses Unternehmen. Er verwandte seine Skrupel und durchwachten Nächte darauf, in einer fremden Sprache ein schon vorhandenes Buch zu wiederholen. Er erging sich in einer Vielzahl von Entwürfen, er korrigierte hartnäckig und zerriss Tausende handgeschriebener Seiten.

(Jorge Luis Borges, *Pierre Menard, autor del Quijote*)

Wie der Borges'sche Pierre Menard hat Mendelssohn den *Phaidon* von Platon, dieses zentrale Werk des philosophischen Kanons, auf Deutsch wieder-ge-

---

[18] Auch innerhalb der jüdischen Gemeinde kam es zwischen den *Maskilim* und den Orthodoxen immer wieder zu Auseinandersetzungen. Hier sei nur die bekannte Diskussion Mendelssohns mit dem Rabbiner Jacob Emden (Altona) bezüglich der Totenbestattung genannt. Andere Untersuchungen beschreiben diese Auseinandersetzungen innerhalb der jüdischen Gemeinde ausführlich. Vgl. Meyer 1994.

[19] Arendt, *Aufklärung und Judenfrage*, in: dies. 1976:108, m.H. Schon 1916 schrieb Rosenzweig in einem Brief an Rosenstock: „Es wäre heute nicht mehr möglich, wie es noch Dun Skotus vorschlagen konnte, die Wahrheit von Röm. XI dadurch zu sichern, daß man nach Zwangsbekehrung der Masse ein paar Juden alicubi remota in insula künstlich aufbewahren würde, bis die Fülle der Heiden eingegangen wäre, sondern man mußte (aus Grundsatz, nicht aus Vorliebe) (aus Zeitgeist, ja wahrhaftig!) den Juden ‚emanzipieren'. Weil das Christentum eben jetzt den emanzipierten (‚nackten') Juden, den Juden der Judenfrage, *brauchte*." Rosenzweig GS, Band I: 304.

[20] Diese These wird in Teil B dieser Arbeit ausführlich dargestellt.

[21] Lyotard 2005:11.

schrieben.[22] Das Buch fand reißenden Absatz und begründete seinen Ruhm in aufgeklärten Kreisen, in denen er von da an als deutscher Sokrates bekannt war. „Moses ist der philosophische Schriftsteller unserer Nation" – allein diese Worte Herders zeugen von der Bewunderung, die zeitgenössische Intellektuelle für ihn empfanden, und zwar nicht nur in Deutschland. Bekannt ist Mirabeaus Aussage: „Le Jerusalem de Mendelssohn mérite d'être traduit dans toutes les langues de l'Europe."[23]

Der Beruf des „Schreibers" war Mendelssohn nicht unbekannt. Schon sein Vater war in Dessau ein *Sofer stam* (Toraschreiber) gewesen, und er selbst finanzierte seine ersten Jahre in Berlin durch das Kopieren von heiligen Texten. Der Umgang mit den Quellen unterscheidet sich jedoch von dem der Schreiber der abendländischen Tradition, z.B. den mittelalterlichen Mönchen. Für diese war der Inhalt des Textes, wie Le Goff schreibt, irrelevant:

> Die Mönche, die sie [die Kopien] in den *scriptoria* der Abteien mühselig niederschreiben, interessieren sich nur in sehr zweitrangiger Linie für den Inhalt – für sie ist das Wesentliche die beim Schreiben aufgebrachte Beflissenheit, die verbrachte Zeit und die durchlebte Erschöpfung. Das alles ist Buße, mit der sie sich den Himmel verdienen. Übrigens bemessen sie, gemäß jenem dem Barbarenrecht entlehnten Hang der hochmittelalterlichen Kirche zur tariflichen Aufrechnung von Verdiensten und Strafen, die freigekauften Fegefeuerjahre an der Zahl der Seiten, Zeilen, Buchstaben, oder sie jammern, umgekehrt, über die Unachtsamkeit, mit der sie durch das Überspringen eines bestimmten Buchstabens ihren Fegerfeueraufenthalt verlängert haben. Sie vermachten ihren Nachfolgern den Namen jenes Teufelchens, das darauf spezialisiert ist, sie zu hänseln: Titivillus, der Dämon der Schreiber, den Anatole France wiederentdecken wird.[24]

Mendelssohns Übertragungen sowohl der hebräischen wie der griechischen Texte situieren sich hingegen in der Tradition der jüdischen Hermeneutik. Diese versucht die Quellen immer wieder neu zu interpretieren, und dabei spielen die Schreiber eine wichtige Rolle, die Michael Munk 1930 in seiner Dissertation über *Esra Hasofer* (Esra, der Schreiber) so beschrieben hat:

> Das Wort *Sofrim* hat verschiedene Bedeutungen. Ursprünglich bezeichnete es den Schreiber, Abschreiber, auch Schriftführer. Sekretär. Die Tätigkeit der Soferim erstreckte sich neben dem Abschreiben der Texte auf das sorgfältige Vergleichen mit anderen Handschriften, auf das Lesen des der Vokalzeichen entbehrenden Textes und überhaupt auf die sorgfältige Überlieferung der Massora. Das Schreiben der Torah soll mit Bedacht und Verständnis vorgenommen werden, der Schreiber soll den Inhalt des Textes verstehen, und das einfache Nachzeichnen genügt nicht. [...] Darüber hinaus hat Sofer die Bedeutung des in der Schrift Kundigen, des Schriftgelehrten, erhalten. Heute werden ganz allgemein unter Soferim die Weisen verstanden.[25]

---

[22] Der Begriff des Wieder-Schreibens bezieht sich auf die *re-écriture* im Sinne Lyotards.
[23] Mirabeau 1853:29.
[24] Le Goff 1986:18.
[25] Munk 1930:54.

In der Tat gehört der *Sofer* einer ausgezeichneten Berufsgattung an: denn eigentlich war nicht Esra *Hasofer*, sondern Moses selbst der erste, der – gemäß der Überlieferung – eigenhändig die Tora niedergeschrieben hat, während G-tt sie ihm diktierte. Damit gehören die Schreiber zum Geschlecht des großen Propheten.[26]

Nicht zufällig ist das Schreiben unter den 39 Arbeitsverboten am *Schabbat* zu finden, die alle überlebensnotwendigen Tätigkeiten des Menschen umfassen. Schreiben ist so wichtig wie Essen oder Kleidung – und meint viel mehr als eine bloße (automatische) Kopie. Die Schrift, die eine so besondere Rolle in der jüdischen Religion spielt (sie beinhaltet die Offenbarung und wurde zum metaphorischen Territorium), nimmt auch in Mendelssohns Theorie einen zentralen Platz ein. Die schwierige und zwiespältige Position, die die Schrift im griechisch-abendländischen Denken einnimmt, ist von Derrida in *Platon's pharmacy* thematisiert worden: Im *Phaidros* wird sie als Pharmakon beschrieben, als Gift und Heilmittel zugleich. Für Mendelssohn aber ist die Schrift – und nicht die Urteilskraft, wie bei seinem berühmtesten Zeitgenossen – Vermittlerin zwischen Theorie und Praxis.[27] Nicht unbedeutend ist dabei für ihn das Phänomen des Übersetzens vor allem von heiligen Texten, aber auch, wie im Falle des *Phaidon*, von kanonischen Texten der Philosophie. Was Hilfrich in einem – sehr jüdischen – Wortspiel durch die Umkehrung der hebräischen Wörter ausdrückt, nämlich dass Mendelssohn in einer bewahrenden Verkehrung des Vaterberufes, des *Sofer stam*, ein *stam Sofer* wird, also „einfach so" ein Schreiber des Profanen bzw. ein Schriftsteller[28], kennzeichnet die „Übersetzung", die hier stattfand: In und mit der jüdischen Tradition werden auch profane Texte gelesen und geschrieben. Wieder-Schreiben, Übersetzung, Interpretation, Brücke: Kommentare, die versuchen, verschiedene Stimmen zu bewahren, ein Wieder-Schreiben der Quellen vom Rande her.

In seinem Vorwort zum *Phaidon* erklärt Mendelssohn, er wolle die metaphysischen Beweise, die Platon in seinem Dialog formulierte, „nach dem Geschmacke unserer Zeit" einrichten

> und meinen Sokrates fast wie einen Weltweisen aus dem achtzehnten Jahrhunderte sprechen lassen. Ich wollte lieber einen Anachronismus begehen, als Gründe auslassen, die zur Ueberzeugung etwas beytragen können. **Auf solche Weise ist folgendes Mittelding zwischen einer Uebersetzung und eigenen Ausarbeitung entstanden.**[29]

---

[26] Traditionelle Kommentare wie z.B.: „Hätte nicht Mose die Tora geschrieben, wäre es denn Esra gewesen", können in diesem Sinne interpretiert werden.

[27] Die Beziehung zwischen Kant und Mendelssohn ist sicherlich von großem Interesse, doch eine ausführliche Analyse würde an dieser Stelle zu weit führen. Zum Begriff der Aufklärung siehe *infra* c.γ, zum generellen Vergleich u.a. Yovel 2000 und Sperling 1991. Bestimmte „jüdische" Züge der kantischen Ethik sind eventuell über den Einfluss von Markus Herz und vielleicht Mendelssohn selbst entstanden.

[28] Hilfrich 2000:25.

[29] Mendelssohn, Vorwort zum *Phädon*, in: ders. 1989:317, m.H.

Diese Aussage impliziert eine alternative Vorstellung vom Übersetzer (und vom Schreiber). Dieser überträgt die Texte nicht nur, sondern interpretiert sie und schafft damit eine Gattung, die aus traditionell abendländischer Perspektive als „Mittelding" (Hybride, Mischung) verstanden wird: eine „Hybridität", die Jahrhunderte später u.a. von Derrida thematisiert wird.[30] Auch Rosenzweig – und danach George Steiner[31] – benennen diesen alternativen Begriff von Übersetzung, die versucht, die Vielfalt der Stimmen zu bewahren:

> Jeder muss übersetzen, und jeder tuts. Wer spricht, übersetzt aus seiner Meinung [...]. Wer hört, übersetzt Worte, die an sein Ohr schallen [...]. Jeder hat seine eigene Sprache. Oder vielmehr: jeder hätte seine eigene Sprache, wenn es ein monologisches Sprechen (wie es die Logiker, diese Möchtegern-Monologiker, für sich beanspruchen) in Wahrheit gäbe und nicht **alles Sprechen schon dialogisches Sprechen wäre und also – Übersetzen**.[32]

Das dialogische Prinzip ist einer der Grundgedanken des jüdischen Denkens, der oft mit dem Zuhören verbunden wird. Neben vielen anderen beschäftigten sich Buber und Levinas mit diesem Thema, auch wenn jeder Autor sein eigenes Konzept entwickelte. Eine solche Auffassung von Dialog und Übersetzung impliziert, dass jeder Signifikant mehrere Signifikanten (Polysemie) ermöglicht. Dabei wird die Vorstellung von der Eindeutigkeit und der Transparenz („Klarheit") des Zeichens als Illusion aufgedeckt. In diesem Sinne zeigt Mendelssohn in seiner Sprachphilosophie, „wie bestimmte Konzeptionen des Zeichens, die er als ‚phantasmatisch' ausweist, politischen Fanatismus und Totalitarismus erzeugen".[33] Er hingegen schlägt die Möglichkeit einer pluralistischen Repräsentation vor, die als ein Prozess zu begreifen ist, in dem das „wiederholte Aneinander-Reiben der Begriffe" die universalistische und objektive Bedeutung in Frage stellt und dadurch Widerstand gegen die Idolatrie und den Mythos leistet. Dieser Widerstand findet sich nicht nur in seiner Argumentation, sondern auch in der Schreibform:

> Der Antrieb seines Schreibens ist dezidiert theoretisch, aber unsystematisch:[34] Exkurse, „Abschweifungen" und Zusätze werden als Voraussetzungen seiner Theoriebildung gültig gemacht; Mehrsprachigkeit, Übersetzungstheorie und -praxis, Interdisziplinarität und eine Vielfalt von interagierenden Genres und Narrativen bestimmen seine Textproduktion.[35]

---

[30] z.B.,in *La loi du genre*, in: Derrida 1986b:249–301.

[31] Das erste Kapitel des berühmtesten Buches von George Steiner, *After Babel*, heißt „To understand is to translate".

[32] Rosenzweig, *Die Schrift und Luther*, in: *KS*:141, m.H.

[33] Hilfrich 2000:10. Dazu siehe auch Legendre 1989.

[34] Hier sei auf den jüdischen Witz verwiesen, in dem ein Priester einen Rabbi nach der Systematik der jüdischen Theologie fragt, worauf der Rabbi erwidert: „Wir haben keine Theologie, und wenn wir eine *hätten*, wäre sie auch nicht *systematisch*." Die Gewebe-Struktur des Talmud sowie von Freuds Theorien können als weitere Beispiele alternativer Schreib- und Denkformen verstanden werden.

[35] Hilfrich 2000:10.

Die präzise Analyse Hilfrichs zeigt, dass Mendelssohns Texte mit ähnlichen Strategien arbeiten, wie Adorno sie in *Der Essay als Form* beschreibt, Strategien, die auf die „Liquidierung der (geläufigen) Meinung" zielen.[36] Gerade aus diesem Grund ist das „Begräbnis" oder die „Ghettoisierung" dieser Texte, die Adorno als „Anheftung des gelben Flecks" an den Essay deutet, zu hinterfragen.[37] Die Essayform, die eine „Angst vor Negativität" weckt, ist dagegen in der jüdischen Tradition, in der die Verschiedenheit der Bedeutung nicht nur toleriert wird, sondern grundlegend ist, selbstverständlich. Dies führt sogar dazu, dass viele *Sanhedrin* (jüdische Gerichte) ein Urteil nicht akzeptierten, wenn dieses von den Richtern *einstimmig* beschlossen wurde.[38]

Das Unbehagen[39], das diese Diversität im abendländischen Denken verursacht, beschreibt Mendelssohn auch als Krise der Andersartigkeit. Dazu Hilfrich:

> Als symptomatischen Ausdruck der Krise der Andersartigkeit begreift Mendelssohn den Wunsch nach einer Herstellung von Einheit durch eine Aufhebung von religiösen oder kulturellen Formen der Andersartigkeit. Er liest diesen Wunsch als phantasmatischen Kern verschiedener emanzipatorischer Vorstellungen, die Gleichheit und Einheit zusammendenken [...].40 Mendelssohn deutet die Krise der Andersartigkeit allerdings nicht nur als eine spezielle Gefahr für das Judentum seiner Zeit. Wiederholt spricht er von ihr als einer Gefahr, die die beginnende westliche Moderne überhaupt markiert.[41]

Diese Gefahr, die Mendelssohn in den *Morgenstunden* der Moderne erblickte, wird danach u.a. von Simmel (*Exkurs über den Fremden*), Freud (*Das Unheimliche*) sowie Horkheimer und Adorno (*Dialektik der Aufklärung*) reflektiert. Gerade diesen kritischen Denkwegen – vom Berlin der *Maskilim* bis zur Frankfurter Schule – möchte diese Arbeit nachgehen.

---

[36] Adorno *Der Essay als Form*, in: ders. GS, Band 11:9–33, Hilfrich 2000:76ff.

[37] Daniel Hoffmann (2002) hat in seiner ausgezeichneten Studie gezeigt, wie dieser Essayismus der jüdischen Denker ein vorzügliches Reflexionsmedium bildet, in dem sowohl Elemente der eigenen Tradition als auch der modernen säkularen Existenz ihren Ausdruck finden können. Siehe *Essayismus und jüdische Diasporaexistenz*, in: ders. 2002:299ff.

[38] Haddad 1990b:90.

[39] Siehe dazu auch Bauman 1989.

[40] Siehe dazu *infra*, die Auseinandersetzung mit Lessing 2.1.3.2.

[41] Hilfrich 2000:12, m.H.

b. Das bucklicht Männlein[42]

> Sein Buckel war gar keiner, sagt die Legende. Es war die Last, die seinen Körper beugte. Ewiger Jude (Edmond Jabès)

1783 veröffentlicht Mendelssohn eine deutsche Version der Psalmen und die erste jüdische Übersetzung der Tora ins Deutsche, die ursprünglich für seine Kinder bestimmt war,[43] „zum Gebrauch der deutsch-jüdischen Nation".[44] „Denn in irgendeinem Grade enthalten alle großen Schriften, im höchsten aber die heilige, zwischen den Zeilen ihre virtuelle Übersetzung. Die Interlinearversion des heiligen Textes ist das Urbild oder Ideal aller Übersetzung."[45]

Mendelssohns „skeptische Semiologie",[46] die seiner Übersetzungstheorie und -praxis zugrunde liegt, versucht die Differenz hervorzuheben. Obwohl seine Pentateuch-Version manchmal Luthers Text folgt, distanziert sie sich gleichzeitig in entscheidenden Punkten.[47] Die politische Dimension des Übersetzens war auch für Luther von Bedeutung, doch verstand er diese ganz anders.[48] Er zielte vor allem auf das „Verstehen". Noch mehr: Die Übersetzung sollte **klar, treu, deutsch** sein, wie er in seinem berühmten *Sendbrief vom Dolmetschen* (1530) erklärt:[49]

> [...] daß es eine völlige, deutsche, klare Rede wird, denn man muss nicht die Buchstaben in der lateinischen Sprache fragen, wie man soll Deutsch reden, wie

---

[42] Benjamin hat diese Figur wiederholt beschrieben: „Doch seine Stimme, die wie das Summen des Gasstrumpfs ist, wispert mir über die Jahrhundertschwelle die Worte nach: ‚Liebes Kindlein, ach ich bitt, Bet' für's bucklicht Männlein mit!'" (*GS*, Band IV-1:304).

[43] „Ihre Kinder sträubten sich dagegen, hebräisch zu lesen. In der Vergangenheit hatte er einzelne, besonders schöne Passagen für sie übersetzt. Nach dem Lavater-Streit betrieb er diese Arbeit systematisch" (Elon 2002:58).

[44] Ein Charakteristikum der *Maskilim* und ihrer Nachfolger war, dies muss man betonen, die Verachtung der jiddischen Sprache als Dialekt sowie als „unreine und hybride Sprache". Sie versuchten, das Hebräische als die „legitime" jüdische Sprache wieder ins Leben zu rufen sowie das Deutsche als die Landessprache perfekt zu beherrschen. Dadurch haben sie zwei fundamentalen Punkten der jüdischen Tradition entgegengearbeitet: der Besonderheit, eine Sprache zu haben, die nur eine heilige (und nicht eine alltägliche) ist, und der Möglichkeit, gerade diese Hybridität des Jiddischen als eine Kraft zu sehen. In der Praxis haben sie dadurch die deutschen Juden von *Jiddischland*, dem buntesten und abstraktesten Territorium Europas, „abgeschottet". Zur Hybridität des Jiddischen und ihren philosophischen Konnotationen siehe den brillanten Aufsatz von Perla Sneh *La impureza como huella*, 2001.

[45] Benjamin *Die Aufgabe des Übersetzers*, in: ders. *GS*, Band IV-1:1–21. Dieser Essay ist der gelungene Versuch, eine „generelle" Übersetzungstheorie auf der Basis der traditionellen jüdischen Hermeneutik zu schaffen. Siehe dazu auch Derridas Interpretation dieses Essays von 1985, wo die Aufgabe auch als „Aufgeben" im Sinne der „(Un)möglichkeit des Übersetzens" verstanden wird. Siehe Derrida 1998 und Sievers 2007:32ff.

[46] Siehe dazu Hilfrich 2000:Kap.2.4.

[47] Siehe dazu Rosenzweig *Der Ewige: Mendelssohn und der G-ttes Name* (1929), in: *KS*:182–199.

[48] Es ist eine Ironie der Geschichte, wie Elon (2002:59) aufzeigt, dass Schubert den Psalm 23 in der Fassung Mendelssohns vertonte, während Felix Mendelssohn-Bartholdy die Luther'sche Fassung bevorzugte.

[49] Auch im Dienste dieser „Klarheit" (zusammen mit dem Kampf gegen die kirchliche Autorität) hat Luther die traditionelle Lehre vom vierfachen Textsinn abgeschafft.

diese Esel tun, sondern man muss die Mutter im Hause, die Kinder auf der Gassen, den gemeinen Mann auf dem Markt drum fragen und denselbigen auf das Maul sehen, wie sie reden, und darnach dolmetschen; da verstehen sie es denn und merken, dass man deutsch mit ihnen redet.50

Die Gefahr, vor der Mendelssohn warnte, der Wunsch nach „Einheit", der sich in der Aufhebung der Differenzen konkretisiert, fand hier seinen Ausdruck. Luthers Sendbrief zeigt sehr deutlich, was Mendelssohn als phantasmatische Konstruktion von Einheit und als „Angst vor Andersartigkeit" beschrieben hat:

> Ach, es ist Dolmetschen keineswegs eines jeglichen Kunst, wie die tollen Heiligen meinen; es gehöret dazu ein recht fromm, treu, fleißig, furchtsam, christlich gelehrt, erfahren, geübet Herz. Darum halt ich dafür, dass kein falscher Christ noch Rottengeist treulich dolmetschen könne; wie deutlich wird in den Propheten, zu Worms verdeutschet, darin doch wahrlich großer Fleiß angewendet und meinem Deutschen sehr gefolgt ist. Aber es sind Juden dabei gewesen, die Christo nicht große Huld erzeigt haben – an sich wäre Kunst und Fleiß genug da.[51]

Den mehrsprachigen Minderheiten wurde immer wieder vorgeworfen, dass sie der deutschen Sprache untreu seien bzw. lügen würden. Schon 1512, in seinem – als anonyme Publikation erschienenen – *Liber vagatorum* (Buch der Diebe), setzte Luther die Sprache der Diebe mit der Sprache der Juden gleich.[52] Merkwürdig scheint die grobe Projektionslogik dieses Diskurses – ähnlich wie die anonymen Vorwürfe, „Juden zeigen sich nicht ganz" (siehe *infra*). Während Luther die Juden des Diebstahls und Betrugs bezichtigte, hatte er selbst den Anspruch, der „ehrliche" Erbe der hebräischen Sprache zu sein. Der Trieb, den Anderen, der *vor* mir steht und mich an einen anderen Ursprung erinnert, zu vernichten,[53] ist von Haddad in Bezug auf die „heiligen Schriften" schon meisterhaft analysiert worden. Für Luther also sprachen Juden nur eine Mischung aus Deutsch und Hebräisch: Jiddisch, die „Sprache der Verbrecher".[54] Und: Sie schrieben diese mit hebräischen Buchstaben. Die besondere Rolle der Schrift im Judentum inspirierte Luthers zweite antisemitische These in seinem Pamphlet *Von den Juden und ihren Lügen* (1543).[55] Diese ist letztendlich nichts weiter als eine Paraphrasierung der Paulus-Worte: „Denn der Buchstabe tötet, aber der Geist macht lebendig."[56]

---

[50] Luther 1530:349.

[51] Ebenda, m.H.

[52] Gilman 1993:60.

[53] Ähnliche Konstruktionen verbergen sich in den Gesten des Plagiats (Grafton 1991) und der Identifizierung. Siehe Teil B.

[54] Eine ähnliche sprachpolitische Verdrängung sieht Haddad darin, dass die Kirche das Hebräische als Originalsprache der Evangelien verdrängte und stattdessen das Aramäische an seine Stelle setzte. Siehe dazu Haddad 1990a:19ff.

[55] Mehr als zwei Jahrhunderte später wird immer noch der Vorwurf, die Juden „entschleierten" die Wahrheit, aktuell, wie bei M*, der in seinem anonymen Pamphlet gegen Mendelssohn sich als „Wahrheitsforscher" beschreibt. Siehe dazu *infra*.

[56] 2. Brief an die Korinther 3,6.

In seiner psychoanalytischen Deutung des Antisemitismus bringt Haddad den Hass auf das Buch in Verbindung mit dem Hass auf das Volk des Buches. Ein mörderischer Hass. Die Bücherverbrennung erlangte nicht nur während der spanischen Inquisition traurige Berühmtheit, auch in Deutschland war sie ein bekannter Gestus: wie z.b. das ‚Auto da fe' gegen Saul Aschers Buch *Germanomanie* während des Wartburgfests am 18.10.1817, wo die Paranoia vor dem Anderssein in folgenden Worten hörbar ist: „Wehe die Juden, so das festhalten in ihrem Judentum und wollen unser Volkstum und Deutschtum schämen und spotten!"[57] Sie wird auch eine der ersten symbolischen Gesten des Nazismus im Jahr 1933 in Berlin.[58] Die Thesen, die als Vorbereitung dieser „Aktion" von der Deutschen Studenschaft als Manifest mit dem Titel *Wider den undeutschen Geist* in Universitäten des ganzen Landes aufgehängt wurden, können als extremes Beispiel dieser Projektionslogik (Untreue, Betrug, Gefahr der Schrift) gesehen werden. So lautete die 5. These:

> Der Jude, der nur jüdisch denken kann, der aber deutsch schreibt, lügt. Doch der Deutsche, der Deutscher ist und deutsch schreibt, der aber undeutsch denkt, ist ein Verräter. Der Student, der undeutsch spricht und schreibt, ist außerdem gedankenlos und wird seiner Aufgabe untreu.[59]

Der phantasmatische Einheitswahn, vor dem Mendelssohn warnte, fand hierin seinen radikalsten Ausdruck. Liest man die Thesen weiter, wird noch deutlicher, welches subversive Potential Mendelssohns Übersetzungspraxis und -theorie enthielten. Die 7. These lautet:

> Wir wollen den Juden als Fremdling achten, und wir wollen das Volkstum ernst nehmen. Wir fordern deshalb von der Zensur:
>
> * Jüdische Werke erscheinen in hebräischer Sprache. Erscheinen sie in Deutsch, sind sie als Übersetzung zu kennzeichnen. [...]
>
> * Schärfstes Einschreiten gegen den Missbrauch der deutschen Schrift.
>
> * Deutsche Schrift steht nur Deutschen zur Verfügung.
>
> * Der undeutsche Geist wird aus öffentlichen Büchereien ausgemerzt.[60]

Diese Thesen basieren auf der radikalsten Version vom Prinzip des ausgeschlossenen Dritten: entweder deutsch *oder* hebräisch, entweder deutsch *oder* jüdisch. Nach 1945 wird es leider nicht an Aktualität verlieren: Es lebt in den Gängen der deutschen Universitäten fort (Habermas erzählt von der Resonanz auf den folgenden Satz von Ernst Jünger: „Der Jude kann überhaupt nicht, was

---

[57] Grab/Friesel 1973:63ff.

[58] Haddad 1990a:10. Siehe dazu auch Feierstein 2002:11.

[59] Zitiert in Gilman 1993:263. Ingrid Belke hat schon 1983 an diese Thesen erinnert.

[60] Ebenda, m.H. Gilman erinnert in diesem Zusammenhang an einen Brief an das Kulturministerium von Max Herrmann, Professor für Theaterwissenschaften an der Universität Berlin, in dem dieser ankündigte, dass er die Universität nicht betreten werde, solange diese Plakate dort aushingen. Am Ende des Briefes heißt es: *„Ich schreibe deutsch, ich denke deutsch, ich fühle deutsch und ich lüge nicht."* Herrmann wurde 1942 in Theresienstadt ermordet.

das deutsche Leben anbetrifft, weder im Guten, noch im Bösen, eine schöpferische Rolle spielen.")[61] oder in den Beschreibungen der Schulbücher, die z.B. sogenannte „Gastarbeiterkinder" tatsächlich „zwischen den Stühlen" sitzend abbilden, was die Überzeugung zum Ausdruck bringt, man könne nicht gleichzeitig zwei Kulturen ganz angehören.[62] Genau diese Einheitsvorstellung wollte Mendelssohn mit seiner Übersetzungspraxis aufbrechen:

> Sein theoretischer Widerstand wird genau dort ins Praktische gewendet, wo er gegen die phantasmatische Vorstellung einer vollständigen Enthüllung und Totalität von Bedeutung ein Verfahren vorstellt, in dem iterativ die Verschiedenheit von Bedeutungen verhandelt und ihre Differenz anerkannt wird: sei es im lediglichen „Aneinander-Reiben der Begriffe", im „gemeinschaftlichen Entdecken des Urgrundes der Widersprüche"; oder in den hermeneutischen, grammatikalischen und exegetischen Verfahren der jüdischen Tradition, die die Bedeutung der Offenbarung zu ermitteln und zu bewahren suchen, ohne sie je ganz zu besitzen.[63]

Mendelssohn insistiert auf dem Unterschied zwischen Verschiedenheit und Widerspruch der Bedeutungen, da für ihn die Krise der Andersartigkeit u.a. wegen der Blindheit gegenüber der Differenz stattfindet. Wenn Differenz nicht automatisch Widerspruch bedeutet, dann ist es möglich, A und B gleichzeitig zu sein, und die Negativität kann erhalten bleiben.

Mehrsprachigkeit und Übersetzung sind also nicht nur Themen philosophischer Debatten, mit ihnen wird (manchmal mörderische, manchmal demokratisierende) Politik gemacht. Mendelssohn war das Potenzial dieser Themen bewusst, und er versuchte, es für sein eigenes Projekt einzusetzen – als dialog- und integrationsstiftend:

> Mendelssohns Übersetzung hatte also eine entschieden politische Dimension. Ihm war klar, dass Bibelübersetzungen oft Wendepunkte in der Geschichte des Judentums gewesen waren – die frühen Übersetzungen ins Aramäische, die Septuaginta ins Griechische (für die jüdisch-hellenistische Bevölkerung Alexandriens), Saadia Gaons Übersetzung ins Arabische (während des goldenen Zeitalters der jüdischen Integration im islamischen Spanien).[64]

Seine Übertragung der Tora ins Deutsche verfasste er in hebräischer Schrift,[65] was vielleicht seinen Willen zum Ausdruck bringt, sich Zutritt zu verschaffen, ohne dabei das Eigene aufzugeben und so die deutsche Sprache von rechts

---

[61] Habermas 1997:107.

[62] Höhne et al. 2000.

[63] Hilfrich 2000:72.

[64] Elon 2002:59, der mit Sicherheit auf Levin Goldschmidt 1957:19 basiert.

[65] Diese Sprachpolitik war keine Erfindung Mendelssohns. Schon im 12. Jahrhundert hat der Rambam, der von Mendelssohn so verehrte Maimonides, viele seiner Schriften in arabischer Sprache und hebräischer Schrift verfasst, was einen weiteren Fall von „Mischsprache" darstellt. Siehe dazu auch Gilman 1993:34. Stemberger fügt hinzu, dass die Übersetzung der Tora ins Arabische, Griechische und Deutsche die hebräische Schrift beibehielt, „um wenigstens etwas von der ursprünglichen Form zu bewahren", da „die Form der Buchstaben für das volle Verständnis der Tora wesentlich und nicht einfach etwas Äußerliches" [ist]. Siehe Stemberger 1997:58.

nach links – *gegen den Strich zu bürsten*.[66] Gleichzeitig stellt dieser Text eine Einverleibung der deutschen Sprache dar – denn den jüdischen Sprachen (Jiddisch, Ladino) ist gemein, dass sie im hebräischen Alphabet geschrieben werden. Mendelssohns Entscheidung für die hebräische Schrift zeugt außerdem von dem Versuch, die eigene Kultur vor anderen zumindest teilweise „verschlossen" zu halten, da die Mehrheit der Nicht-Juden das hebräische Alphabet nicht lesen konnte. Das Werk fand breite Resonanz in der jüdischen Öffentlichkeit – nach Elon vielleicht vergleichbar mit jener von Diderots Enzyklopädie dreißig Jahre zuvor in Frankreich.[67]

Doch die erhoffte Integration, für die die Übersetzungspolitik und die Schrift von essentieller Bedeutung waren, erweckte den Totalitarismus, vor dem Mendelssohn schon früh gewarnt hatte. Im 18. Jahrhundert bzw. Anfang des 19. Jahrhunderts werden sowohl Toleranzedikte[68] (Österreich 1781, Preußen 1812) als auch die ersten rassistischen „wissenschaftlichen" Theorien veröffentlicht: „Ein ausgeklügelter, gelehrter, gebildeter Diskurs, aber auch ein Diskurs [...], an den sich zahlreiche Leute aus dem Volk oder anonymer Herkunft beteiligt haben."[69] Foucault beschreibt, wie diese Genealogie des Rassismus binäre Oppositionen hervorbringt, die dem „Anderen" nur einen Platz lassen, und zwar als Negation des „Selbst" („Wir") in der Formel: „Eine binäre Struktur durchzieht die Gesellschaft."[70]

In diesen neuen Diskursen spielten die Juden oder, genauer gesagt, der „conceptual Jew", wie ihn Bauman nennt, eine besondere Rolle – nicht nur, weil sie „Andere" waren und dem neuen Homogenisierungszwang der „Nation" nicht entsprachen, sondern auch, weil diese Andersartigkeit jetzt weniger sichtbar war als vordem (Lessings Theaterstücke waren besonders deswegen „irritierend", weil seine jüdischen Charaktere akzentfreies Deutsch sprachen).[71]

> Constructed in such a way, the conceptual Jew performed a function of prime importance; he visualized the horrifying consequences of boundary-transgression, of not remaining fully in the fold, of any conduct short of unconditional loyalty and unambiguous choice; he was the prototype and arch-pattern of all nonconformity, heterodoxy, anomaly and aberration.[72]

---

[66] Dem jüdischen, nicht-chronologischen Zeitverständnis folgend ist es eben auch möglich, für einen Zusammenhang des 18. Jahrhunderts Benjamin zu zitieren.

[67] Elon 2002:60.

[68] Die Toleranzedikte gewährten nur sehr begrenzte Freiheiten und keine volle Gleichstellung für die jüdischen Bürger. Zu den zwiespältigen Reaktionen in der jüdischen Gemeinde siehe den Artikel von Saperstein in Gilman/Zipes 1997:84–87.

[69] Foucault 1999:60. Ein späteres Beispiel dieser „wissenschaftlichen Diskurse" findet sich im Berliner Antisemitismusstreit, siehe dazu *infra*.

[70] Foucault 1999:60.

[71] Gilman 1993:80. Zu diesem antisemitischen Gebrauch der Sprache siehe Althaus (2002): *Mauscheln: Ein Wort als Waffe*, Berlin.

[72] Bauman 1989:39.

Etwa 170 Jahre nach Mendelssohns Schriften fand die zweite Übersetzung der Tora, *Die Verdeutschung der Schrift*, geschrieben in lateinischen Buchstaben – ein langwieriges Gemeinschaftsprojekt von Martin Buber und Franz Rosenzweig – keine Leser mehr. Nach dem Tod Rosenzweigs 1929 arbeitete Buber weiter an der Übersetzung, die erst 1961 fertig wurde. Damals schrieb Gershom Scholem an Buber einen bitteren Kommentar, der häufig zitiert wird:

> Historisch gesehen ist sie nicht mehr ein Gastgeschenk der Juden an die Deutschen, sondern – und es fällt mir nicht leicht, das zu sagen – das Grabmal einer in unsagbarem Grauen erloschenen Beziehung. Die Juden, für die Sie übersetzt haben, gibt es nicht mehr. Die Kinder derer, die diesem Grauen entronnen sind, werden nicht mehr Deutsch lesen.[73]

Dass politische bzw. historische Prozesse, in denen Machtverhältnisse zirkulieren (Foucault), mit Übersetzungsprozessen verflochten sind, wurde schon mehrfach festgestellt:[74] Dennoch sollten solche Knotenpunkte in der deutschen Geschichte weiterhin zum Nachdenken anregen.

Die Übersetzung: Brücke oder Einbahnstraße? Benjamin sah in Mendelssohns Übersetzung „das **Tor**, durch welches die jüdisch sprechende Judenheit in den deutschen Sprachraum einging".[75] Zwischen den zwei Übertragungen der Tora ins Deutsche liegt die Blütezeit des geistigen deutsch-jüdischen Lebens: zwischen Hoffnung und Vernichtung, zwischen Tor und Tor, vom Rosenthal bis Auschwitz.[76]

---

[73] Scholem 1963:214, m.H. Scholem greift mit dem Begriff des „Gastgeschenks" ein Motiv auf, das schon während der Weimarer Republik unter deutsch-jüdischen Intellektuellen zirkulierte. So schreibt Rosenzweig 1923 in einem Brief an Hallo bezüglich des *Stern der Erlösung*: „Und der Stern wird wohl einmal und mit Recht als *ein Geschenk, das der deutsche Geist seiner jüdischen Enklave verdankt*, angesehen werden. [...] Unsere Arbeit wird uns von Deutschland höchstens posthum honoriert, aber darum tun wir sie doch, solange wir sie in Deutschland tun, für Deutschland." Zitiert in Mattenklott 1993:108, m.H. Auch Salman Schocken hat 1934 seine Verlagsreihe (in der u.a. Kafka veröffentlicht wurde) „Gastgeschenk" genannt.

[74] U.a. von Derrida, Venuti, Spivak. Siehe dazu Sievers 2007.

[75] Benjamin *GS*, Band II-2:807.

[76] Über das Phänomen der unzähligen jüdischen Übersetzungen ins Deutsche, die nach Mendelssohn entstanden sind (Bechtoldt 2005 hat dreißig zusammengefasst und untersucht), sollte genauer nachgedacht werden. Vielleicht handelt es sich um Versuche, Brücken zu schlagen zu einem Sprachterritorium und einer Kultur, in der Hoffnung auf ein gleichberechtigtes Zusammenleben.

c. Disputatio

Das ist nicht ein weltlich Stechen,
Keine Eisenwaffe blitzet-
Eine Lanze ist das Wort,
Das scholastisch scharf gespitzet.

Nicht galante Paladins
Fechten hier, nicht Damendiener-
Dieses Kampfes Ritter sind
Kapuziner und Rabbiner.

(Heinrich Heine)

Ob als Schreiber oder Übersetzer: Es war nicht einfach, gegen die universalistische Welle der Aufklärung seine Besonderheit zu bewahren. Mendelssohn stellte sich dieser Herausforderung dennoch immer wieder und entfachte damit unzählige Diskussionen. Dabei kommen zentrale Begriffe für die Thesen dieser Arbeit ins Spiel. Anhand von drei Disputen soll auf die Frage der Wahrung von Differenz eingegangen werden: die öffentlichen Aufforderungen zur Konversion (Lavater und M.*), das unterschiedliche Verständnis von Toleranz und geschichtlicher Entwicklung bei Mendelssohn und seinem Freund Lessing und die Auseinandersetzung mit Kant (Differenzen über den Begriff und die Grenzen der Aufklärung, das „kosmopolitische Subjekt").

α. Zwischen Silhouetten und Schatten: Die Aufforderungen zur Konversion

Die Relation zum Seienden sei Anrufung eines Antlitzes und schon Wort, sie sei mehr Beziehung zu einer Tiefe als zu einem Horizont, [...] mein Nächster sei das Seiende par excellence [...] keine Silhouette am leuchtenden Horizont, [die] nur dank seiner Gegenwart im Horizont eine Bedeutung gewinnt. Das Antlitz bedeutet auf eine andere Weise. In ihm bestätigt sich der unendliche Widerstand des Seienden gegenüber unserer Macht; er bestätigt sich gerade gegen den mörderischen Willen, den er herausfordert ...[77] (Emmanuel Levinas)

Mendelssohns Konfrontation mit dem phantasmatischen Einheitswahn fand nicht nur auf der theoretischen (semiologischen), sondern auch auf der politischen und ideologischen Ebene statt. Interessanterweise waren diese Auseinandersetzungen immer mit Übersetzungsfragen verflochten, vielleicht weil diese, wie schon erwähnt, Einheitsphantasmen wecken.

---

[77] Die Physiognomie ist genau ein Gegenverständnis des Antlitzes, wie Levinas aus den jüdischen Quellen herausliest – mit den Folgen, die genau gegen diese Ethik des Anderen arbeiten. Ein gutes historisches Beispiel dieser Gegenarbeit ist die Gesicht-Obsession während der Weimarer Republik, die z.T. in den rassischen Theorien endete und die eher an eine Totenmaske als an ein Antlitz erinnert. Siehe dazu Gilman u. Schmölders 2000. Nicht zufällig sind Totenmasken nach dem jüdischen Gesetz verboten.

Lavaters öffentliche Aufforderung aus dem Jahre 1769 ist bekannt: Er schickte Mendelssohn seine deutsche Fassung der *Beweise für das Christentum* des französischen Theologen Charles Bonnet[78] und forderte ihn auf, entweder Bonnet zu widerlegen oder zu tun „was Sokrates gemacht hätte, wenn er diese Schrift gelesen und unwiderlegbar gefunden hätte".[79] Diese sich in extremem Missionseifer äußernde Geste der Intoleranz, durch die Mendelssohn in ein auswegloses Dilemma geriet, da seine prekäre Duldung in Berlin gefährdet war, reiht sich in eine Tradition ein, unter der zahlreiche Intellektuelle, die einer Minderheit angehören, vor und nach ihm zu leiden hatten. Beispiele hierfür sind die Aufforderungen zum öffentlichen Disput, die Raschi im Mittelalter erhielt,[80] die Angriffe, denen Heine ausgesetzt war, und das Gutachten zur „Verteidigung des Talmud", das Hermann Cohen für ein Gericht schreiben musste (siehe *infra*). Derrida erinnert an die schwierige Situation von Minderheiten in der Konfrontation mit den Mächtigen:

> Jemand sollte versuchen, den Mächtigen und gesetzgebenden Kräften zu erklären, dass er seine eigene Sprache behalten möchte. Doch dazu müsste er die Sprache des Anderen lernen, um ihn überzeugen zu können. Wenn er sich dann, in dem Bestreben, sowohl rhetorische als auch politische Überzeugungskraft zu erwerben, die Sprache der Macht angeeignet hat, wenn er sie ausreichend beherrscht, um zu überzeugen und zu bezwingen, ist er bereits bezwungen und davon überzeugt, im Unrecht zu sein. Der Andere, der König, hat mit der Übersetzung bewiesen, dass er im Recht ist und das Recht hat, seine Sprache zu sprechen und sie anderen aufzuzwingen. Wenn man in der Sprache des Königs spricht, erkennt man seine Gesetze und seine Herrschaft an, man gibt ihm Recht, man unterschreibt den Vertrag, der seinen Sieg besiegelt. Ein König ist jemand, der in der Lage ist, uns warten zu lassen oder uns die Zeit zu rauben, die es braucht, seine Sprache zu lernen, um unser Recht einzufordern, was bedeutet, sein Recht zu bestätigen.[81]

Mendelssohns Erwiderung ist deutlich und kompromisslos und agiert auf verschiedenen Ebenen: Er gebraucht Sokrates' Worte in einer Umkehrung der Argumentation gegen Lavater,[82] benutzt Ironie – die Waffe *par excellence*

---

[78] Lavater hatte Bonnet vorher nicht konsultiert. Bonnet entschuldigte sich im Nachhinein bei Mendelssohn, da er die Aufforderung Lavaters als unnötige Provokation empfand.

[79] Krochmalnik weist auf die interessante Rolle hin, die die Figur des Sokrates in Bezug auf Mendelssohn spielte: „Sokrates ist der Heros einer philosophischen Utopie, der zwar durchaus auch dem historischen Sokrates gerecht werden soll, aber vor allem *Projektionsfläche für die widersprüchlichsten zeitgenössischen Entwürfe war.*" Krochmalnik 2000:352, m.H.

[80] Rashi: Rabenu Schlomo Itzchaki (1040–1105), einer der wichtigsten Exegeten der Tora und des Talmud. Rashi lehnte mehrere Male Aufrufe zu Disputationen mit den Priestern ab, da unter den damaligen Machtverhältnissen keine ernsthafte Auseinandersetzung möglich war.

[81] Derrida 1984:44, m.H, m.Ü.

[82] „Allein die Bedenklichkeit, mich in Religionsstreitigkeiten einzulassen, ist von meiner Seite nie Furcht oder Blödigkeit gewesen. *Ich darf sagen, dass ich meine Religion nicht erst seit gestern zu untersuchen angefangen habe.*" Mendelssohn *Schreiben an den Herrn Diaconus Lavater zu Zürich 1769*, in: ders. 1968:504. Krochmalnik zeigt die frappierende Parallele zu Sokrates Antwort: „Auch dort heißt es, daß Sokrates sich nicht in ‚kurzer Zeit' für die Gesetze seiner Vaterstadt entschließen musste,

gegen die Mächtigen[83] – und denunziert letztlich die Machtverhältnisse.[84] Zum Schluss stellt er klar, dass kein Diskussionsbedarf mehr besteht: „Ich begreife nicht, was mich an eine so überstrenge, so allgemein verachtete Religion fesseln könnte, wenn ich nicht im Herzen von ihr überzeugt wäre."[85]

Die Antwort ist deutlich genug, aber Lavater zeigt keinerlei Bereitschaft, dem Anderen zuzuhören: In seinem „Entschuldigungsbrief" beharrt er nochmals auf der Konversion.[86] Die verständliche Reaktion Mendelssohns darauf ist eine verstärkte Beschäftigung mit der jüdischen Kultur. Die Taubheit Lavaters kann als autistischer Monolog beschrieben werden, der den Anderen nach den eigenen Vorstellungen, Projektionen und Wünschen definiert – und ihn in dem Glauben, zu wissen, was für ihn gut sei, als unmündiges Subjekt behandelt. Die Erstellung eines Profils des Anderen gemäß den eigenen Bedürfnissen geschieht im Falle Lavaters buchstäblich, da er als Anhänger der Physiognomie sogar einen Scherenschnitt Mendelssohns herstellte.[87] Diese Geste, das Antlitz des Anderen als Silhouette auszuschneiden und es dadurch als Schatten der

---

sondern ‚siebzig Jahre lang' Zeit gehabt habe, sich zu überlegen, ob er diese Gesetze anerkenne." Krochmalnik 2000:370.

[83] „Die Religion Meiner Väter *will* also nicht ausgebreitet sein. Wir sollen nicht Missionen nach beiden Indien oder nach Grönland senden, um diesen entfernten Völkern unsere Religion zu predigen. Das letztere insbesondere, das nach den Beschreibungen, das man von ihm hat [...] ein beneidenswertes Volk [ist]." Mendelsohn 1769, in: ders.1968:505, H. des Autors. Die Erwähnung von Grönland ist, wie Kronauer zeigt, nicht zufällig, sondern eine explizite Kritik an dem zerstörischen und menschenverachtenden Handeln der Missionare gegen die Inuit. Siehe dazu Kronauer: *Moses Mendelssohn: Glück der Grönländer*, in: ders. 2003:71–82.

[84] Ebenda:512: „Ich bin ein Mitglied eines unterdrückten Volks, das von dem Wohlwollen der herrschenden Nation Schutz und Schirm erflehen muss, und solchen nicht allenthalben und nirgends ohne gewisse Einschränkungen erhält. Freiheiten, die jedem andern Menschenkinde nachgelassen werden, versagen solchen meinen Glaubengenossen gern, und sind zufrieden, wenn sie geduldet und geschützt werden. Sie müssen es der Nation, die sie unter erträglichen Bedingungen aufnimmt, für keine geringe Wohlthat anrechnen, da ihnen in manchen Staaten sogar der Aufenthalt versagt wird. Es ist doch nach den Gesetzen Ihrer Vaterstadt Ihrem beschnittenen Freunde nicht einmal vergönnt, Sie in Zürich zu besuchen!" Dass die häufig verwendete Figur des „beschnittenen Philosophen" auch von Hartmann in einem Brief an Lindner (1760) benutzt worden war, ist nicht zu übersehen. Welche Projektionsängste die Beschneidung bei den nicht-jüdischen Männern hervorzurufen vermag, ist von Gilman (u.a. 1991) erarbeitet worden. Im Gegensatz dazu wird die Beschneidung des Mannes im jüdischen Verständnis als Bedingung möglicher Vollkommenheit interpretiert; siehe *supra*.

[85] Mendelssohn 1769. Yovel signalisiert, dass die Antwort Mendelssohns nicht nur für die Juden wichtig war, sondern einer der Grundsteine für die Säkularisierung Europas bildete: „Die Botschaft, der er durch die Lavater-Herausforderung Gestalt gab, war die *Entchristianisierung der europäischen Kultur* – und damit auch ihre stillschweigende Säkularisierung." Yovel 2000:337, H. des Autors.

[86] „Ich schließe nicht mit nur neuer Empfindung der Hochachtung und zärtlichsten Zuneigung, sondern auch mit der in ihren Augen vermuthlich vergeblichen, für mich aber eben so gewissen als entzückenden Überzeugung, Sie, wo nicht jetzt, doch gewiss in Zukunft unter den glücklichen Anbetern desjenigen zu finden, dessen Erbtheil die Gemeinde Jacob's ist, meines Herrn und Meisters Jesus Christus, hochgelobt in Ewigkeit. Amen!" Lavater, *Brief an Herrn Mendelssohn* 1770.

[87] Die Silhouette ist in seinen *Physiognomischen Fragmenten* nach Mendelssohns Tod mit folgendem Begleittext veröffentlicht worden: „Vermutlich kennst du diese Silhouette? [...] In dieser Tiefe des Auges sitzt eine Sokratische Seele! [...] Ja, ich sehe ihn, den Sohn Awrahams, der – eins noch mit Plato und Moses – erkennen und anbeten wird den gekreuzigten Herr der Herrlichkeit!" Siehe dazu Krochmalnik 2000 und Elon 2002:55.

eigenen Projektionen zu verdinglichen, ist das Gegenteil der Ethik des Anderen, die sich im Judentum im Antlitz manifestiert und die in Levinas' Schriften ihre tiefste Ausdrucksform findet.[88] Ein bereits jahrhundertealter Kommentar hebt die Bedeutung hervor:

> Wie erkennt man die Trennung zwischen Nacht und Tag? Wann fängt der Tag an? – Wenn man zwischen blau und weiß unterscheiden kann. Rabbi Meier sagt, zwischen einem Wolf und einem Hund. Rabbi Akiva sagt, zwischen einem Esel und einem Pferd. **Und andere sagen, der Tag fängt an, wenn man die Gesichtszüge des Anderen erkennen kann** (Talmud Bavli, Berachot 9b).

Die Nacht des Totalitarismus hört auf, wenn man das Antlitz des Anderen sehen kann. Dieses gemahnt uns nicht nur an unsere unendliche Verantwortung gegenüber dem Anderen (Levinas), sondern auch an das Wunder der Vielfalt der Existenz. Mendelssohn erinnert in den Schlussworten von *Jerusalem* an diese Tradition:

> Brüder! Ist es euch um wahre G-ttseligkeit zu thun; so lasset uns keine Übereinstimmung lügen, wo Mannigfaltigkeit offenbar Plan und Endzweck der Vorsehung ist. Keiner von uns denkt und empfindet vollkommen so wie sein Nebenmensch; warum wollen wir denn einander durch trügliche Worte hintergehen? [...] Warum uns einander in den wichtigsten Angelegenheiten unser Leben durch Mummerey unkenntlich machen, da G-tt einem jeden nicht umsonst seine eigenen Gesichtszüge eingeprägt hat?[89]

Jerusalem oder über religiöse Macht und Judentum[90] war u.a. eine Antwort auf die zweite Konversionsforderung an Mendelssohn: *Das Forschen nach Licht und Recht*, eine von einem anonymen Autor (der als M.* zeichnete) 1782 verfasste Schrift. Auch sie nimmt auf eine Übersetzung Mendelssohns Bezug, nämlich auf die *Rettung der Juden* von Rabbiner Manasseh Ben Israel.[91] Der anonyme Wahrheitsforscher, wie er sich paradoxerweise nennt, fordert Mendelssohn auf, sich **„ganz zu zeigen"** und durch seine Konversion **„vollständig"** zu werden. In einer Anspielung auf die biblische Figur Moses, der sich das Gesicht zudeckt, wenn er zum Volk spricht, schreibt der Autor:

---

[88] Mendelssohn selber hat die ironische Bemerkung in das Stammbuchblatt von Herz Homberg neben seiner (von Hasse angefertigten) Silhouette geschrieben: „Zeigt sich in diesem Schattenrisse des Herzens Dankbarkeit nicht ganz; so klage die Gränzen der Kunst, klage Hassens Unvermögen an, nur nicht / Moses Mendelssohn." Siehe Mendelssohn *GS*, Band 6.1:195.

[89] Mendelssohn 1783:139.

[90] Viel zitiert ist der Brief, den Kant nach der Veröffentlichung an Mendelssohn schrieb: „Ich halte dieses Buch vor die Verkündigung einer großen, obzwar langsam bevorstehenden und fortrückenden Reform, die nicht allein ihre Nation, sondern auch andere treffen wird. Sie haben Ihre Religion mit einem solchen Grade von Gewissenfreyheit zu vereinigen gewusst, *die man ihr gar nicht zugetrauet hätte und der gleichen sich keine andere rühmen kann*" (m.H.). Dieses Lob lässt sich schwer mit anderen Äußerungen Kants über das Judentum vereinen, wie etwa mit der Bezeichnung „Vampire der Gesellschaft" oder mit der von ihm behaupteten Notwendigkeit einer „Euthanasie des Judentums".

[91] Das Buch erschien 1656 in London. Ben Israel, ein in Lissabon geborener und in Amsterdam lebender Rabbiner, wollte mit seiner Argumentation die Vorurteile gegen die Juden in England bekämpfen und für ihre Wiederaufnahme (nach der Vertreibung im Jahre 1260) plädieren. Mendelssohn übertrug die Argumentation mit seiner Übersetzung von 1782 auf die Situation der Juden in Deutschland.

> Sie selbst haben jetzt eine öffentlich große Veranlassung gegeben, dass man mit Recht nähere Erklärungen von Ihnen erwarten und sogar fordern kann. Sie selbst sind hinter dem Vorhange mit einem glänzenden Wahrheitsblicke einen Augenblick ohne Maske hervorgetreten [...]. Jetzt, mein lieber Herr Mendelssohn [...] müssen Sie den zweiten Schritt, sich ganz zu zeigen, nicht schuldig bleiben.[92]

Ein anonymer Autor M.* wirft Mendelssohn vor, er sei maskiert und zeige sich nicht ganz, und bezieht diesen Vorwurf aus das gesamte Judentum. „Der Repräsentationsordnung des Judentums wird Unerkennbarkeit, Maskiertheit, Unaufgeklärtheit und **Unvollständigkeit** zugesprochen; der christlichen Repräsentationsordnung dagegen Erkennbarkeit, Trennschärfe, Enthüllung und Vollständigkeit."[93] Diese binäre Komposition vermischt die Angst vor dem Unheimlichen (Freud), die auf das Unbekannte projiziert wird, mit der Verkleinerung des Anderen zum „unvollständigen Ich" – eine Konstante im Umgang nicht nur mit Minderheiten, sondern auch mit Frauen in der Geschichte des Abendlandes.[94]

Diese Gesten wiederholen sich oft. Einerseits wird an die Minderheiten appelliert, zur Mehrheitskultur zu „konvertieren" und diese als universelle Norm zu akzeptieren, andererseits ihre eigene Kultur so weit zu öffnen, dass die Mehrheit in einem Akt des „Sezierens" (dessen Nähe zum Voyeurismus nicht zu leugnen ist) alles sehen und verstehen kann. Verweigern sie sich diesem Blick, setzen sie sich dem Vorwurf aus, sie seien an ihrer Ausgrenzung selbst schuld, da sie sich nicht integrieren wollten.[95] In den Worten von M.*:

> Lieber Herr Mendelssohn, die Schuld der Entfernung und des Ausschließens von den Vorrechten des Staats, von den Vorteilen des bürgerlichen Lebens [...] ist nicht die Schuld der Christen allein. In dem Glauben Ihrer Väter selbst liegt eine mächtige Kluft, die Ihre Nation von der unumschränkten Teilnehmung an allgemeinen und Privatvorteilen der Gesellschaft entfernt, welche in dem Staate Menschen mit Menschen auf gleichen Fuß setzt.[96]

Mendelssohns Position wird sich mit den Jahren nicht ändern. So schreibt er 1783 in *Jerusalem*:

> Wenn die bürgerliche Vereinigung unter keiner anderen Bedingung zu erhalten ist, als wenn wir von dem Gesetze abweichen, das wir für uns noch für verbindlich halten; so thut uns herzlich leid, was wir zu erklären für nöthig erachten: so müssen wir lieber auf bürgerliche Vereinung Verzicht thun; [...] Von dem Ge-

---

[92] *Das Forschen nach Licht und Recht*, zitiert in Hilfrich 2000:51, m.H.

[93] Hilfrich 2000:51, m.H.

[94] Dieses Bild und der Vorwurf der „jüdischen Unvollständigkeit" kann auch mit den phantasmatischen Vorstellungen über die Beschneidung in Zusammenhang gebracht werden. Vgl. Gilman 1991 und 1998. Siehe dazu auch die Fußnoten 10 und 84.

[95] Die gleichen Gesten sind auch in den untersuchten Schulbüchern noch anzutreffen, wie im zweiten Teil dieser Arbeit gezeigt wird.

[96] Zitiert in Hilfrich 2000:83.

setze können wir mit gutem Gewissen nicht weichen, und was nützen euch Mitbürger ohne Gewissen?[97]

Auf Mendelssohns Gedanken beruht eines der wertvollsten Postulate der Aufklärung: die Trennung zwischen Kirche und Staat. Mit außergewöhnlicher Eleganz und einer Klarheit, die keinen Raum für Zweifel oder weitere „Kreuzzüge" lässt, zog Mendelssohn eine Grenze, die an die Heiligkeit der Differenz, an die Grenzen der Macht und des Totalitarismus erinnert. Der berühmte Ausruf, mit dem er in *Jerusalem* schließt, unterstreicht mit aller Kraft diese Position:

> „Lasset niemanden in euern Staaten Herzenskundiger und Gedankenrichter seyn; niemanden ein Recht sich anmaßen, das der Allwissende sich alleine vorbehalten hat! Wenn wir dem Kaiser geben, was des Kaisers ist; so gebet ihr selbst G-tte, was G-ttes ist! Liebe die Wahrheit! Liebe den Frieden!"[98]

Philosophische Antworten, Ironie und Distanz zu den „Kreuzzüglern" des Glaubens waren eine politisch schwierige, jedoch klare Herausforderung. Umso komplexer ist die Frage: Wie antwortet man einem Freund?

β. Nathan, der Fremde

Ich hätte sicher eine Haltung, die im Sinne – nicht im Wortlaut – des Nathan auf die Aufforderung: „Tritt näher, Jude!" mit einem: „Ich bin ein Mensch" antwortet, für ein groteskes und gefährliches Ausweichen vor der Wirklichkeit gehalten. (Hannah Arendt, *Rede über Lessing*)

Für die aufgeklärten Berliner wurden, wie Arendt zu bedenken gibt, die Juden zum Beweis dafür, dass alle Menschen Menschen sind:

> Dass sie mit Markus Herz oder Mendelssohn befreundet sein konnten, rettete in ihren Augen die Würde des Menschengeschlechts. Juden waren dafür besonders geeignet, gerade weil sie einem verachteten, unterdrückten Volke entstammten; so konnten sie die Menschheit desto reiner und exemplarischer repräsentieren.[99]

In diesem Paradigma spielen u.a. zwei Ideen eine zentrale Rolle: die exotische Vorstellung vom Judentum (Juden wurden in dieser Epoche immer noch als „Orientalen" bezeichnet)[100] – denn je exotischer sie erschienen, desto besser griff das Argument von der Menschheit als universellem Prinzip – und die Vorstellung von den Juden als unübersehbar verschieden, speziell, anders als die anderen, die Juden als „außergewöhnliche Exemplare der Menschheit". „Und da dies, und nicht die Taufe, eigentlich das Entréebillet zur Gesellschaft

---

[97] Mendelssohn 1783:132.

[98] Ebenda:141, Hervorhebung des Autors.

[99] Arendt 1979:112.

[100] Herder sprach von dem „fremden, in unseren Erdteil verschlagenen asiatischen Volk", zitiert in Arendt 1979:113. Arendt kommentiert: „Nicht ihre Gleichheit mit allen anderen Völkern wird zugestanden – für die Aufklärung einziges Mittel, sie überhaupt zu Menschen zu machen –, sondern ihre Fremdheit betont."

bildete, kamen die Juden, so gut sie konnten, beiden Forderungen nach."[101] Es war Mendelssohn jedenfalls bewusst, „daß der außerordentlichen Wertschätzung seiner Person eine außerordentliche Verachtung seines Volkes entsprach; da er aber diese Verachtung noch nicht teilte, war er auch nicht geneigt, sich für etwas Außerordentliches zu halten."[102] Dieser Hang zum Exotismus wird nach 1949 in den deutschen Schulbüchern immer noch oft anzutreffen sein.

Bei Lessing kommt dieser Exotismus jedoch nicht vor. Über die lebenslange (nach Rosenzweig *zu* messianische)[103] Freundschaft zwischen Mendelssohn und Lessing ist schon viel geschrieben worden, wie auch über das Stück *Nathan der Weise* (1779), das zu Lessings Lebzeiten nie aufgeführt werden durfte. Nathan ist zu einer Ikone geworden, und Lessings Version der Ringparabel ist in fast jedem Bekenntnis zur Toleranz präsent.[104]

Aber ein Teil von Nathans Geschichte bleibt dabei verdeckt, nämlich Nathans Geschichte des Leidens, ein Leiden, das in einer einzigen Szene deutlich wird, wie Rosenzweig scharfsinnig bemerkte. Das „Judenschicksal" taucht nur im IV. Akt auf, in dem Nathan von der Ermordung seiner gesamten Familie erzählt. An dieser Stelle will Rosenzweig „stehen bleiben", um Nathans Leiden Gehör zu verschaffen:

> Nur vor einem jüdischen Publikum möchte ich über ihn sprechen. […] Wir stehen im IV. Akt, nicht im V., der nicht zufällig blutleer geraten ist. Das zu vergessen, immer wieder zu vergessen, ist unser Judenrecht. Daran zu erinnern, immer wieder zu erinnern, ist eine Judenpflicht.[105]

Am Ende des Stückes ist Moses bzw. Nathan der Einzige, der aus der großen Familie der Menschen (der „Blutsgemeinschaft") ausgeschlossen ist und somit als Außenseiterfigur für immer auf der Schwelle bleibt.

Der Beginn von Rosenzweigs Notizen legt folgenden Zusammenhang dar: „M. Goldmann – Nathan kein Jude – Shylock ließ er gelten." Mehr steht in den Notizen nicht, aber der Bezug zwischen beiden Figuren ist evident:[106] Bei allen Unterschieden berufen sich beide Stücke auf das Menschsein trotz des „Judenschmerzes".[107] So beschwört Shylock die gemeinsame Zugehörigkeit zur Menschheit:

---

[101] Arendt 1979:114.

[102] Ebenda.

[103] Rosenzweig *Lessings Nathan*, in: ders. *KS*: 451.

[104] Das Problem der „Toleranz" war schon zu Beginn der Aufklärung in der englischen (*A Letter Concerning Toleration*, Locke 1689) und französischen (*Traité sur la tolérance*, Voltaire 1763) Tradition vorhanden. Lessing hat diese Diskussion in den deutschen Raum „importiert", setzt aber andere Akzente, insbesondere hinsichtlich der jüdischen Frage. Er lokalisiert sein Werk im mittelalterlichen Zusammenleben (der Arzt von Saladin war Maimonides), im Unterschied zu den Arbeiten seiner Vorgänger stellt er Al Andalus als Raum für die Diskussion und die religiösen Differenzen dar. Zu der spannenden Geschichte dieses Stückes und seiner Bedeutung für den interreligiösen Dialog siehe Niewöhner 1988.

[105] Rosenzweig *Lessings Nathan*, in: ders. *KS*:451.

[106] Für eine brillante Analyse der beiden Figuren auf der deutschen Bühne siehe Feinberg 2007.

[107] Siehe dazu in Lessing *Nathan der Weise*: „Verachtet mein Volk: Sind Christ und Jude eher Christ und Jude als Mensch?" Und die Antwort Rosenzweigs darauf: „Aber wie leer ist diese Voraussetzung

> I am a Jew. Hath not a Jew eyes? Hath not a Jew hands, organs, dimensions, senses, affections, passions? Fed with the same food, hurt with the same weapons, subject to the same diseases, healed by the same means, warmed and cooled by the same winter and summer, as a Christian is? If you prick us, do we not bleed? If you tickle us, do we not laugh? If you poison us, do we not die? And if you wrong us, shall we not revenge? If we are like you in the rest, we will resemble you in that. If a Jew wrong a Christian, what is his humility? Revenge. If a Christian wrong a Jew, what should his sufferance be by Christian example? Why, revenge. The villainy you teach me, I will execute; and it shall go hard but I will better the instruction.[108]

Doch während Rosenzweig Lessings Toleranzbegriff in Frage stellt („wie weit klafft ein Spalt zwischen Lessings bewußter Tendenz und seiner unbewußten Darstellung"),[109] liest Sarah Kofman mit Freud diese oft zitierte Passage Shylocks aus Shakespeares *The Merchant of Venice* mit dem Begriff der Konversion: „In seiner Rede konvertiert Shylock also den Christen zum Juden und den Juden zum Christen. Im Namen der reziproken Äquivalenz bezüglich der Grausamkeit ermöglicht und rechtfertigt er seine eigene ‚Konversion'[...]."[110] In dieser Spiegellogik bringt das Shakespeare-Stück eher die Grausamkeit der Christen gegenüber den Juden zum Vorschein.[111] Diese Lesart hat übrigens schon Börne 1818 vertreten: „Wollte er aber ja einmal ein Schulmeister sein, so dachte er im ‚Kaufmann von Venedig' eher daran, den Christen, als den Juden eine Lehre zu geben."[112]

Lessings „Hohes Lied der Duldung", wie es zu seiner Zeit genannt wurde,[113] zeigt, dass trotz seines Engagements für die Integration der Juden nicht nur im *Nathan*[114] eines deutlich war: die Differenz, wie „weise" auch immer,

---

eines Menschentums, solange die Menschen nicht wollen [...]. Die Menschen wissen es ja, und trotzdem hassen sie einander." Rosenzweig *Nathan*, in: *KS*:451.

[108] Shakespeare *The Merchant of Venice*, III, 1, 50ff.

[109] Rosenzweig *Nathan*, in: *KS*:452.

[110] Kofman 1989:61. Außerdem ist zu bedenken, dass es zu dieser Zeit in England keine Juden gab (nach der Austreibung von 1260 unter Edward I. durften sie erst 400 Jahre später unter Cromwell zurückkehren). Dagegen war Venedig die erste Stadt, die ein Ghetto baute – ein italienisches Wort, das in der Geschichte eine traurige Karriere machen sollte.

[111] Es wäre interessant zu wissen, ob Kofman die „Entdeckung" des Historikers Heinrich Graetz kannte. Im Antisemitismus-Streit in Berlin erläuterte dieser einen solchen Fall mit umgekehrter Konstellation in einem Brief an Treitschke: „Wenn ich sagte: ‚Faktisch war kein Jude ein Shylock, wohl aber ein Christ', so ist es richtig und wenn Sie mich dadurch verdächtigen, so verzeihe ich es Ihnen wegen Ihrer Unkenntniß. [...] Im 16. Jahrhundert fand in Rom zwischen einem Christen Secchi und einem Juden Sansone Coneda eine Wette statt; der Einsatz war, wenn der Jude verlöre, daß ihm ein Pfund Fleisch ausgeschnitten würde, die Gegenleistung des Christen dagegen waren 100 Scudi. Der Christ gewann die Wette und *bestand auf seinem Pfund jüdischen Fleisches*; der Papst aber verbannte beide aus Rom." Graetz 1879, in: Krieger 2003, Band I:96.

[112] Börne (1818) zitiert in Reich-Ranicki 1993:67.

[113] Wahrscheinlich ein Wortspiel mit dem *Hohelied der Liebe* (Salomo).

[114] Auch in seinem ersten Stück *Die Juden*. Es genügt jedoch, an die Reaktionen zu erinnern, wie z.B. an das antisemitische Urteil von Michaelis: „Ein guter Jude ist eine dichterische Erfindung."

sollte in der künftigen Gesellschaft „aufgehoben" werden.[115] Lessing steht Leibniz' Idee von der **Glaubensvereinigung** näher als der Erhaltung der Differenz: Sein höchstes Ziel war, wie er in seinem letzten Brief an Mendelssohn schreibt, „der kürzeste und sicherste Weg nach dem Europäischen Lande [...], wo es weder Christen noch Juden gibt".[116]

Mendelssohn wehrte sich dagegen: Der Einzelne solle auf keinen Fall hinter irgendeinem Universellen verschwinden. Praktisch lebte er die Differenz, denn er führte inmitten der aufgeklärten Kreise von Berlin sein Leben als orthodoxer Jude weiter. Theoretisch argumentierte er gegen Lessings Toleranz der Homogenisierung. Für ihn war die Glaubensvereinigung in der Realität nicht durchführbar, da sie eher Intoleranz verursachen würde:

> Glaubensvereinigung ist nicht Toleranz [...]. So lange noch das Vereinigungssystem im Hinterhalte lauert, scheint mir diese Toleranzgleißnerei noch gefährlicher als offene Verfolgung. Montesquieu hat schon den verderblichen Gedanken gehabt, daß das beste Mittel zur Bekehrung nicht Härte und Verfolgung, sondern Sanftmut und Duldung sei, und mir kommt es vor, als wenn dieses eigentlich, und nicht Weisheit und Menschenliebe, jetzt das herrschende Prinzip sein solle.[117]

Die Idee der Glaubensvereinigung, die in einem gewissen Sinne auch mit der Utopie einer universellen Sprache (einem sorgsam gehegten Projekt sowohl von Descartes als auch von Leibniz)[118] verwandt ist, basiert letztlich auf dem Glauben an die historische Evolution – die schon in Ansätzen bei Lessing zu finden ist und einige Jahrzehnte später in Auguste Comtes Stadientheorie und in Hegels Geschichtsphilosophie ihren Höhepunkt erreichen wird. Lessing konzipiert die Geschichte der Menschheit als einen dreistufigen Evolutionsprozess, der mit dem Judentum beginnt (als „nötiges, aber kindliches Stadium"), dem das Christentum folgt und der in der Zeit der Aufklärung vollendet wird:[119]

> Und ihr habt alle guten Eigenschaften eines Elementarbuchs sowohl für Kinder, als auch für ein kindisches Volk [...]. Aber jedes Elementarbuch ist nur für ein gewisses Alter. Das ihm entwachsende Kind länger, als die Meinung gewesen, dabei zu verweilen, ist schädlich. [...] Ein bessrer Pädagoge muß kommen, und

---

[115] Auch Lessing konnte nicht aus dem Schatten seiner Zeit treten, und dabei ist er für diese sehr weit gegangen. Die Wichtigkeit seines *Nathan*, trotz dessen „Grenzen", lässt sich an verschiedenen Momenten der deutsch-jüdischen Geschichte ablesen, denn er „markiert" den Anfang und das Ende des Dritten Reichs: So wird *Nathan* am 1. Oktober 1933, vom Kulturbund Deutscher Juden in Berlin als Premiereveranstaltung ausgewählt. Der Kulturbund wurde gegründet, als die jüdischen Künstler durch das „Berufsbeamtengesetz" nicht mehr auftreten konnten bzw. ihre Posten verloren. Während der nationalsozialistischen Diktatur für nichtjüdische Bühnen verboten, wird *Nathan* als erstes Stück im befreiten Deutschland in den Trümmern von Berlin bei der Wiedereröffnung des Deutschen Theaters im September 1945 aufgeführt. Aufschlussreich ist auch die kritische Neuinterpretation des *Nathan* von Victor Klemperer in seinen Tagebüchern. Vgl. außerdem die kritischen Bemerkungen Adornos zur Falle der Gleichheit in *GS*, Band IV:115.

[116] Zitiert in Arendt 1979:113.

[117] Mendelssohn *GS*, Band VIII:203.

[118] Siehe dazu Derrida 1984:33 und Steiner 1975.

[119] Dieses evolutionistische dreiteilige Modell wird von Hegel übernommen, jedoch wird das Judentum durch den Einfluss Kants negativ als Sklavenmoral konnotiert. Siehe dazu Yovel 2000 und Kapitel 2.3.

dem Kinde das erschöpfte Elementarbuch aus den Händen reißen – Christus kam. [...] Das Kind wird Knabe. [...] Und so ward Christus der erste zuverlässige, praktische Lehrer der Unsterblichkeit der Seele.[120]

Aus einer jüdischen Perspektive, der, wie in der Einleitung erklärt, eine vollkommen andere (nicht-chronologische) Zeitkonzeption zugrunde liegt,[121] ist dieser Evolutionsgedanke sinnlos. So schreibt Mendelssohn in *Jerusalem*:

> Ich für meinen Theil habe keinen Begriff von der Erziehung des Menschengeschlechts, die sich mein verewigter Freund Lessing von, ich weiss nicht, welchem Geschichtsforscher der Menschlichkeit, hat einbilden lassen. Man stellt sich das collektive Ding, das menschliche Geschlecht, wie eine einzige Person vor, und glaubt, die Vorsehung habe sie hierher gleichsam in die Schule geschickt, um aus einem Kinde zum Manne erzogen zu werden. Im Grunde ist das menschliche Geschlecht fast in allen Jahrhunderten, wenn die Metapher gelten soll, Kind und Mann zugleich, nur an verschiedenen Orten und Weltengegenden.[122]

Mendelssohns Menschen folgen keiner Fortschrittsbahn und verirren sich in der Geschichte wie Benjamins Charaktere in einer Stadt: „Vielmehr sehen wir das Menschengeschlecht im Ganzen kleine Schwingungen machen, und es tat nie einige Schritte vorwärts, ohne bald nachher, mit gedoppelter Geschwindigkeit, in seinen vorigen Stand zurückzugleiten."[123] Eine solche Infragestellung des Fortschrittsdenkens der Aufklärung hat Kants Empörung erregt:

> Das ist so recht der Stein des Sisyphus; und man nimmt auf diese Art, gleich dem Indier, die Erde für den Büßungsort für alte nicht mehr erinnerliche Sünden an. [...] der gute Mendelssohn muß doch auch darauf gerechnet haben, wenn er für Aufklärung und Wohlfahrt der Nation, zu welcher er gehörte, so eifrig bemüht war.[124]

Der gemeinsamen Sprache, der Glaubensvereinigung und der teleologischen Ausrichtung der Geschichte hält Mendelssohn die Pluralität entgegen. Die Dif-

---

[120] Lessing, *Zur Erziehung des Menschengeschlechts* 1777/1780:50ff. Das evolutionistische Bild, in dem das Judentum als „kindlich" dargestellt wird, haben viele andere Autoren verwendet, u.a. Schleiermacher. Vielleicht gerade um diesem Bild entgegenzutreten, erklärt Levinas (1963) die jüdische Lehre als eine „Religion für Erwachsene".

[121] „Es gibt im Hebräischen eine unheimlich interessante grammatikalische Geschichte, nämlich daß man die Vergangenheit mit einem einzigen Buchstaben, dem sogenannten umkehrenden *waw*, in die Zukunft drehen kann. Anderseits dreht man auch die grammatikalische Zukunft mit demselben Buchstaben in die Vergangenheit. Die Bibel verwendet dauernd dieses umdrehende *waw*, aber dieses Drehen von Zukunft in Vergangenheit und Vergangenheit in Zukunft ist nicht nur eine sprachliche, sondern wahrscheinlich auch eine essentielle Eigenschaft der Juden." Paul Chaim Eisenberg in Hanak 1999. Er spricht vom *vav ha-hipukh*, dem einzigen Buchstaben, der auf Hebräisch die Zukunft markiert. Eine ausführliche Erklärung des Gebrauchs von verbalen Zeiten in der Tora findet sich bei Stemberger 1997:62. Jahrhunderte nach dieser Tradition werden Henri Bergson und Albert Einstein diese alternative Zeitkonzeption auf ihre eigene Weise verarbeiten. Siehe dazu auch Benjamin, *Über den Begriff der Geschichte*, in: ders. *GS*, Band 1-2 und Yerushalmi 1982.

[122] Mendelssohn 1783:44ff. Interessanterweise wurde diese Kritik am Evolutionsgedanken und an der Teleologie der Geschichte *vor* Nietzsche geschrieben.

[123] Ebenda.

[124] Kant: *Über den Gemeinspruch: Das mag in der Theorie richtig sein, taugt aber nicht für die Praxis*.

ferenz ist, wie in seinem Zitat deutlich wird, nicht nur auf Individuen bezogen, sondern auch auf „Kollektive". Die Auseinandersetzung mit dem kollektiven Anderen und seinen alternativen Weltanschauungen wird durch die politischen Ereignisse immer komplizierter: Mit der Gründung der Nationalstaaten wächst das *Unbehagen* der Mehrheitsgesellschaft gegenüber den Minderheiten. Die Ideologie der Aufklärung plädiert für die Integration der Individuen: Sie sollen bereit sein, den Homogenisierungsprozess zu akzeptieren und ihre kollektive Identität aufzugeben.[125] Clermont-Tonnerre legte dies in seiner berühmten Rede am 23. Dezember 1789 vor der *Assemblée* von Paris explizit dar: „Den Juden als Nation ist alles zu verweigern, den Juden als Menschen ist alles zu gewähren."[126] Oder wie Heine spöttisch reimte: „Ja, sogar die Juden sollten / Volles Bürgerrecht genießen / Und gesetzlich gleichgestellt sein / Allen andern Säugetieren."[127]

Die dritte Disputatio, mit der Mendelssohn konfrontiert wurde, war weder politisch noch affektiv besonders schwierig, sondern eine enorme intellektuelle Herausforderung: die philosophische Auseinandersetzung mit dem großen Denker aus Königsberg. Die große Mehrheit der Autoren sieht in dieser Konfrontation das Scheitern Mendelssohns. Freilich könnte man auch argumentieren, dass seine Kritik erst in jüngster Zeit verstanden wird.

γ. Kritik der (Vor)Urteilskraft: Kant

Er sagte: „Alles braucht einen Zaun." Man fragte ihn: „Welche Art von Zaun?", er antwortete: „Die Wahrheit." Man fragte ihn: „Was ist der Zaun der Wahrheit?", er antwortete: „Treue." Man fragte ihn: „Was ist der Zaun der Treue?", er antwortete: „Furchtlos zu sein." (Schlomo ibn Gabirol)

Die Auseinandersetzung mit Kant war die vielleicht schwierigste Herausforderung für Mendelssohn. Einige Autoren behaupten sogar, Kant habe mit seiner *Kritik der reinen Vernunft* die Grundlagen von Mendelssohns Projekt zerstört.[128] Das mag vor allem für den Bereich der religiösen Argumentation stimmen – die

---

[125] Interessant in diesem Zusammenhang ist die Anrufung eines *Sanhedrin* (Gerichts) durch Napoleon im Jahr 1807, das Fragen der doppelten Loyalität klären sollte, so z.B. ob Juden französische Staatsbürger sein könnten bzw. sich als solche „fühlten". Siehe dazu Schwarzfuchs 1979. Die aktuelle deutsche Debatte um das Kopftuchtragen von Beamtinnen im Staatsdienst (was in anderen europäischen Ländern wie England schon seit Jahren selbstverständlich ist) ist einer der Fälle, in dem eine Minderheit als Kollektiv per Gesetz von den geltenden nationalen Gesetzen ausgeschlossen wird.

[126] Dubnow 1920, Bd. 1:70.

[127] Heinrich Heine, *Atta Troll*, in: Heine 1978 II. Band : 26

[128] Yovel schreibt dazu: „Als die Kritik der reinen Vernunft schließlich in Druck ging, sandte Kant Mendelssohn durch (Markus) Herz ein Exemplar, ziemlich unruhig, wie er reagieren würde. [...] Seltsamerweise reagierte Mendelssohn weder auf Kants Buch, noch hat er (wenn wir ihm Glauben schenken – aber sollten wir?) die Kritik je gelesen. Der alternde Mendelssohn erklärte, er sei zu ‚schwach', ein solch schwieriges Unterfangen zu beginnen; aber vielleicht ist das Wort ‚demoralisiert' hier passender, bedenkt man, dass Mendelssohn gewusst haben muss, worum es bei Kants Revolution im Wesentlichen ging". Yovel 2000:340.

jüdische und die kantische Ethik haben aber tatsächlich bestimmte ähnliche Züge. Sperling wagt die provokative Frage: „Vielleicht hat man nicht bemerkt, dass nicht die jüdische Ethik kantianisch, sondern die kantische Ethik jüdisch ist."[129]

Diese Frage sollte jedoch im Kontext der jüdischen Kantianer des 18. und 19. Jahrhunderts gedacht und nicht als generelle Aussage verstanden werden. Gerade in jüdischen Kreisen wurde Kant auf der Grundlage von Maimonides gelesen: In den meisten Fällen verfügten die deutsch-jüdischen Autoren, wenn sie mit philosophischen Studien begannen, schon über eine solide jüdische Ausbildung, mit der sie bereits in der frühen Kindheit begonnen hatten – und Maimonides war hier einer der wichtigsten Gelehrten. Manuel Joël (1861:10) hat das eher poetisch beschrieben:

> Aber sollte man es glauben, der Geist des Maimonides weht uns sogar noch in einigen Schriften desjenigen Mannes entgegen, der als Zertrümmerer aller früheren philosophischen Lehrgebäude auftrat, der neu und originell ist, wie Einer. Wir meinen Immanuel Kant. Wir wollen nicht behaupten, dass Kant den Maimonides gelesen hat, glauben es nicht einmal, obwohl er unter seinen fleißigsten Hörern einen Erklärer des Maimonides, Salomon Maimon, zählte. Aber wir kennen Wege genug, auf denen ihm die Maimonidischen Meinungen zugeflossen sein können. [...] Man glaube aber auch nicht an eine zufällige Begegnung zweier denkenden Köpfen. Die dort gebrauchten Ausdrücke reden für den kundigen unzweideutig und deutlich.

Obwohl die jüdische und die kantische Ethik in vielen Punkten dissimilieren, sind gewisse Ähnlichkeiten in ihren Konzeptionen des Handelns und im Bereich der praktischen Vernunft[130] nicht zu überhören.[131] In diese Richtung dachten auch Hermann Cohen[132] und die (vielen) jüdischen Neukantianer.[133] „Mendelssohns Enkelkinder" bewunderten Kant so sehr, dass sogar eine orthodoxe Stimme wie Isaac Breuer 1946 in Jerusalem (in einem intertextuellen Spiel mit der Aussage Abravanels über Maimonides) dichten konnte: „Gesegnet G-tt, der von seiner Weisheit Kant gegeben hat! Jeder echte Jude, der ernsthaft und mit ehrlichem Bemühungen die ‚Kritik der reinen Vernunft' studiert, wird aus tiefstem Herzen Amen sagen."[134] Kant seinerseits hat trotz sei-

---

[129] Sperling 1991:11.

[130] Niewöhner (1977:136) dagegen sieht die Parallelen mehr in der erkenntnistheoretischen Begründung der Ethik und weniger in der Ethik selbst.

[131] Das Ausmaß des Einflusses von Markus Herz in Kants Werken wurde von der Forschung bisher erst am Rande thematisiert.

[132] Siehe u.a. *Die Innere Beziehung der Kantischen Philosophie zum Judentum, in: JS*, Band I:284.

[133] Niewöhner (1977:119) schreibt: „Es ist bekannt, daß eine große Zahl der deutschen Philosophen im 19. und 20. Jahrhundert Juden waren; auch ist oft betont worden, daß die Zahl der jüdischen Philosophen besonders zahlreich unter den Neukantianern war." Er nennt u.v.a. O. Liebmann, A. Liebert, H. Cohen, E. Cassirer, E. Marcus, L. Goldschmidt, G. Simmel, S. Hirsch, I. Breuer, S. Bergmann und die Vorfahren M. Herz, S. Maimon, L. Bendavid sowie zwei große Ausnahmen, die andere philosophische Richtungen wählten: F. Rosenzweig und N. Krochmal.

[134] Breuer zitiert nach Niewöhner 1977:121. Der Autor fügt noch das Original von Abravanel hinzu: „Gelobet sei der Schöpfer, der ihn erschaffen hat, sein Volk zu vervollkommnen und ihm die Wege der göttlichen Weisheit zu enthüllen", zitiert nach Julius Bergmann: *Das Judentum*, Berlin 1933:63.

ner bekannten antisemitischen Einstellung etwa eineinhalb Jahrhunderte zuvor geschrieben:

> Vielleicht gibt es keine erhabenere Stelle im Gesetzbuch der Juden, als das Gebot: Du sollst dir kein Bildnis machen, noch irgendein Gleichnis, weder dessen, was im Himmel, noch auf der Erden, noch unter der Erden ist usw. Dieses Gebot allein kann den Enthusiasmus erklären, den das jüdische Volk in seiner gesitteten Epoche für seine Religion fühlte ...[135]

Doch zurück zu Mendelssohn: 1784 veröffentlichten Kant und Mendelssohn fast gleichzeitig Schriften zum Selbstverständnis der Aufklärung (Mendelssohn: *Über die Frage: Was heißt aufklären?*, Kant: *Beantwortung der Frage: Was ist Aufklärung?*).[136] Auch wenn zweifellos Kants Beitrag der tiefere und kritischere war, ist doch merkwürdig, dass die gesamte Debatte, die sein Entstehen begleitet hat, in Vergessenheit geraten ist – und mit ihr Mendelssohns Artikel.[137] So bezieht sich Foucault, der zwei Jahrhunderte später die Frage „*Was ist Aufklärung?*"[138] aufgreift und scharfsinnig bemerkt, dass in Kants Antwort die „historische Problematik unserer Modernität" steckt, da im 18. Jahrhundert das „Denken des Universellen" das „Denken des Partikularen" (und somit die Differenz) disqualifizierte und unterwarf, in seiner Schrift fast ausschließlich auf Kant.

Zwei Aspekte in Mendelssohns Text werden hier hervorgehoben: Zum einen die Darstellung der Aufklärung als Teil einer **dialektischen Beziehung** (der „theoretische Teil" gegen das „praktische Wissen" der Kultur), deren Synthese die **Bildung**[139] ist, zum anderen die Mahnung, dass der Aufklärung **Grenzen gesetzt werden sollten**. Es handelt sich also um einen dynamischen Prozess, in dem die Spannungen einen gewissen Ausgleich erfahren: „Wo

---

[135] Kant: *Kritik der Urteilskraft*: § 29.

[136] Wenn man mit Derridas dekonstruktivistischer Lektüre die *marginalen Zonen* eines Textes betrachtet, in denen die Überwachung des Autors schwächer sei, ist die letzte Fußnote von Kant erwähnenswert: „In den Büsching'schen wöchentlichen Nachrichten vom 13. Sept. lese ich heute den 30sten eben dess. die Anzeige der Berlinischen Monatschrift von diesem Monat, worin des Herrn Mendelssohns Beantwortung eben derselben Frage angeführt wird. Mir ist sie noch nicht zu Händen gekommen; sonst würde sie die gegenwärtige zurückgehalten haben, die jetzt nur zum Versuche da stehen mag, wiefern der Zufall Einstimmigkeit der Gedanken zuwege bringen könne."

[137] Alle Beiträge wurden von Norbert Hinske in *Was ist Aufklärung: Beiträge aus der Berlinischen Monatsschrift*, Darmstadt 1990 neu veröffentlicht. Kant hat an den Diskussionen der Berliner Mittwochsgesellschaft (17 Mitglieder) nicht selbst teilgenommen. Eine ähnliche Ausradierung des Kontextes ist im Fall des posthumen Buches von Cohen zu finden, welches auch nicht einzeln, sondern mitten in einer Reihe von 36 anderen Titeln veröffentlicht wurde. Diese De-Kontextualisierung der Texte und die damit verschwundene Figur des Autors wird in den 60er Jahren vom Poststrukturalismus um Barthes (1968) und Foucault (1969) mit dem Begriff „Tod des Autors" thematisiert. Im Gegensatz zur talmudischen Tradition, für die es stets wesentlich ist, wer welchen Kommentar in welchem Kontext wem gegenüber äußert – auch wenn die Texte unendlich interpretierbar sind.

[138] Es handelt sich um den letzten Artikel Foucaults für ein Kolloquium, das wegen seines Todes nie stattgefunden hat. Er hatte sich schon vorher ausführlich mit der Frage der Aufklärung beschäftigt, u.a. in der Vorlesung *Qu'est-ce que les Lumières?*.

[139] Damit verwendete Mendelssohn schon sehr früh den Begriff der *Bildung*, der danach von Humboldt aufgegriffen wurde und seitdem mit dem deutschen Idealismus in Verbindung gebracht wird.

Aufklärung und Kultur mit gleichen Schritten fortgehen, da sind sie sich einander die besten Verwahrungsmittel wider die Korruption. Ihre Art zu verderben ist sich einander schnurstracks entgegengesetzt."[140] Das Gefahrenpotential, das die Aufklärung birgt, wenn dieser „Ausgleich" verloren geht, hat Mendelssohn sehr früh erkannt:

> Je edler ein Ding in seiner Vollkommenheit, sagt ein hebräischer Schriftsteller, desto grässlicher in seiner Verwesung. Ein verfaultes Holz ist nicht so scheußlich als eine verweste Blume, diese nicht so ekelhaft als ein verfaultes Tier und dieses so grässlich nicht als der Mensch in seiner Verwesung. Je edler in ihrer Blüte, desto abscheulicher in ihrer Verwesung und Verderbtheit. [...] Eine Nation, die durch die Bildung auf den höchsten Gipfel der Nationalglückseligkeit gekommen ist, ist ebendadurch in Gefahr zu stürzen, weil sie nicht höher steigen kann.[141]

Daraus leitet sich eine zentrale Argumentation Mendelssohns ab: Es ist nötig, gewisse Grenzen zu ziehen, um die Gefahr abzuwehren.

> Wenn man gewisse nützliche und den Menschen zierende Wahrheiten nicht verbreiten darf, ohne die ihm nun einmal beiwohnenden Grundsätze der Religion und Sittlichkeit niederzureißen, so wird der tugendliebende Aufklärer mit Vorsicht und Behutsamkeit verfahren und lieber das Vorurteil dulden, als die mit ihm so fest verschlungene Wahrheit zugleich mit vertreiben. Freilich ist diese Maxime von jeher Schutzwehr der Heuchelei geworden, und wir haben ihr so manche Jahrhunderte von Barbarei und Aberglauben zu verdanken. [...] Schwer, aber nicht unmöglich sei es, die Grenzlinie zu finden, die auch hier Gebrauch von Missbrauch scheidet.[142]

1788 (:78) schrieb Saul Ascher in einem ganz anderen Kontext eine ziemlich ähnliche Passage:

> Eine allzustarke Flamme verblendet das Auge, so ist es auch mit der Aufklärung, wo sie allzuschnell verbreitet wird, verwirrt sie noch mehr. [...] Freiere, wirksamere Menschen schafft Aufklärung, allein gewiß noch nicht bessere. [...] **Im aufgeklärten Denken giebt es keine Gränzen**, da schweift der menschliche Geist eben so über Natur und Menschlichkeit hinaus, als wenn er im fanatischen Eifer begriffen ist; **allein im aufgeklärten Handeln gibt es Gränzen**, die der nicht überschreiten wird, der seine moralische Neigung bloß gewissen Grundsätzen untergeordnet hat. Der Unterschied zwischen aufgeklärt handeln und aufgeklärt denken ist sehr wichtig. Es kann eine ganze Nation aufgeklärt handeln, ohne aufgeklärt zu denken.

Diese Grenzlinie steht auch am Anfang von Mendelssohns *Morgenstunden*: Dort wird das Primat der Ethik (und darin die zentralen Kategorien des Leidens und des Handelns) gegen den epistemologischen Trieb wieder hervorgehoben:

> „Wir stehen an der Gränze, nicht nur der menschlichen Erkenntnis, sondern aller Erkenntnis überhaupt; und wollen noch weiter hinaus, ohne zu wissen, wo-

---

[140] Mendelssohn *Was ist Aufklärung?* (EA 1784), in: ders. *GS*, Band 6.1:118.
[141] Ebenda.
[142] Ebenda, m.H.

hin. Wenn ich euch sage, was ein Ding würket oder leidet; so fragt nicht weiter, was es ist."[143]

So sehr Mendelssohn die Vernunft liebt, seine Mahnung ist jedoch unmissverständlich: Wenn die Verfassung Gefahr läuft, zugrunde zu gehen, gilt folgende Maxime: „Hier lege die Philosophie die Hand auf den Mund!"[144] Die Verfassung hat für Mendelssohn eine ähnliche Bedeutung wie das Gesetz, das in der jüdischen Tradition das Fundament der Ethik ist: „Das offenbare Gesetz ist für Mendelssohn das, was für Kant Freiheit bedeutete: ‚das Faktum der praktischen Vernunft', ein Wunder im Sinne einer hinweisenden empirischen Tatsache."[145] In der Spannung Freiheit/Gesetz bzw. Autonomie/Heteronomie liegt der zentrale Unterschied zwischen beiden ethischen Systemen, die schwierige Diskussion um Autonomie und Heteronomie wird zu einer unlösbaren Frage unter jüdischen Kantianern: Kant sieht „das moralische Gesetz *in* mir" (das autonome Subjekt gibt sich selber das Gesetz), während es für Mendelssohn (und später Rosenzweig und vor allem Levinas) von außen kommt, von den Anderen.

„Aufklärung ist der Ausgang des Menschen **aus seiner selbst verschuldeten Unmündigkeit.**"[146] Mendelssohn formuliert unterschwellig die Frage, wohin dieser Ausgang letztlich führt: Er misstraut einer Aufklärung, in der das Subjekt keine anderen Gesetze respektiert als seine eigenen. Ein ähnlicher Ton wird 150 Jahre später in der *Dialektik der Aufklärung* angeschlagen:

> Die Hand der Philosophie hatte es an die Wand geschrieben, von Kants Kritik bis zu Nietzsches Genealogie der Moral; ein einziger hat es bis in die Einzelheiten durchgeführt. Das Werk des Marquis de Sade zeigt den „Verstand ohne Leitung eines anderen", das heißt, das von Bevormundung befreite bürgerliche Subjekt.[147]

Adorno und Horkheimer beschreiben die Verkörperung dieser Gefahr als Wahn des Totalitarismus:[148]

---

[143] Mendelssohn 1786:2. Siehe dazu auch Niewöhner 1977:131ff.

[144] Ebenda:463.

[145] Funkenstein 1995:163.

[146] Kants berühmte Definition ignoriert die Situation vieler Zeitgenossen, u.a. Mendelssohns, deren „Unmündigkeit" nicht selbst verschuldet, sondern vom König aufgezwungen war. Weiter heißt es bei Kant: *„Faulheit und Feigheit sind die Ursachen* [...]. *Es ist so bequem, unmündig zu sein."* Kant 1984:162, m.H.

[147] Adorno (und Horkheimer) in Adorno *GS*, Band 3:106. Gustav Janouch hat geschrieben, dass ihm schon Jahre vor der Katastrophe Kafka in enigmatischer Weise gesagt habe, der Marquis de Sade der wahre Patron unserer Epoche wäre. Erwähnt in Steiner 1969.

[148] Noch vor der *Dialektik der Aufklärung* hat Franz Neumann 1944 die „Benutzung" der kantischen Philosophie durch die nationalsozialistische Ideologie in Bezug auf das Beamtentum geahnt: „Viele dieser Lehrer sind in der Kaiserzeit ausgebildet worden, und ihre Beteiligung am nationalsozialistischen Regime demonstriert die völlige Entartung der offiziell gelehrten Version deutscher idealistischer Philosophie. Mehr als alles andere bot die Scheidung der Kantischen Rechts- und politischen Philosophie, mit der Betonung der Pflicht, von Kants sonstiger Lehre das Mittel, jede erdenkliche Perfidie mit dem Heiligenschein des Idealismus zu umgeben [...]. Eine solche Tendenz liegt in der Struktur des deutschen Idealismus selbst begründet." Neumann 1944:440ff.

Kants Prinzip, „alles aus der Maxime seines Willens als eines solchen zu tun, der zugleich sich selbst als allgemein gesetzgebenden zum Gegenstand haben könnte", ist auch das Geheimnis des Übermenschen. Sein Wille ist nicht weniger despotisch als der kategorische Imperativ. Beide Prinzipien zielen auf die Unabhängigkeit von äußeren Mächten, auf die als Wesen der Aufklärung bestimmte unbedingte Mündigkeit.[149]

Die Kritik an Kant stellt nicht eine unbedingte Ablehnung seiner Prinzipien dar: die nächste Generation deutsch-jüdischer Gelehrter nach Mendelssohn, die meist Kantianer waren, haben die „selbstvergötternde" Menschidee nicht bei Kant, sondern bei Hegel situiert. So schreibt der Rabbiner des Breslauer Seminars und Lehrer von Hermann Cohen, Manuel Joël, 1879 am Anfang des Antisemitismus-Streites:

> Nicht von Kant, wie man wohl fälschlich sagt, mit dessen Lehren aber die edelste Frömmigkeit sich verträgt, sondern von Hegel fing das Spiel an. Sein sogenannter Pantheismus war ein verschleierter Atheismus, sein System eine heidnische Theogonie, bei der freilich keine Götter geboren wurden, sondern sich selbst vergötternde Menschen.[150]

Weder Mendelssohn noch Adorno plädieren für unmündige Subjekte, vielmehr weisen sie auf die Gefahr hin, die der Dialektik der Aufklärung implizit ist. Adorno selber wird einige Dekaden später in seinem bekannten Rundfunkbeitrag *Erziehung zur Mündigkeit* (1969) die kantische Beschreibung der Aufklärung als „Programm" im Erziehungsbereich nennen und den kantischen Imperativ umformulieren in einen neuen, negativ geltenden, kategorischen Imperativ nach Auschwitz. Das Denken im Sinne von Adornos negativer Dialektik rekurriert nicht nur auf das Faktum, „dass die Barbarei war ..." und eine künftige Ethik in Folge dessen nicht mehr begründet werden müsse, sondern es verweist auch auf die Negativität im Sinne der jüdischen Tradition.

Gerade das Scheitern der Aufklärung in der „Barbarei" führt uns noch einmal zu Mendelssohns Problemstellung zurück. Jedoch werden sich die „Probleme", die schon Mendelssohn gespürt hat, nur noch weiter vertiefen: die Zweifel am kantischen kosmopolitischen Subjekt, das in einer Universalität gründet, in der es keinen Platz für Differenz, für den Anderen gibt. Yovel beschreibt dies folgendermaßen:

> Kants Position implizierte grundsätzlich, dass ein Jude nicht in die rationale europäische Aufklärung eintreten könne, ohne vorher zum Christentum zu konvertieren, da es ihm als Jude an den erforderlichen moralischen Eigenschaften mangelte. Dies war ein tödlicher Schlag gegen den bereits toten Mendelssohn. In einer stark anti-jüdischen Passage in „Der Streit der Fakultäten" pflichtet Kant diesem Gedanken fast explizit bei – und schreibt ihn fälschlicherweise seinem Schüler Lazarus Bendavid zu.[151]

---

[149] Adorno *GS*, Band 3:106.

[150] Joël *Offener Brief an Herrn Professor Heinrich von Treitschke*, in: Krieger 2003, Band I:27.

[151] Yovel 2000:342.

Später wendeten sich Rosenzweig und danach Adorno gegen die Abstraktion des deutschen Idealismus, der in seiner begrifflichen Generalisierung „abstrakter Eigenschaften" die Differenzen, Details und Fragmente nicht mehr wahrnimmt und ausschließt. Adorno warnte in seiner *Minima Moralia*: „Eine emanzipierte Gesellschaft jedoch wäre kein Einheitsstaat, sondern die Verwirklichung des Allgemeinen in der Versöhnung der Differenzen. Politik, der es darum im Ernst noch ginge, sollte deswegen die abstrakte Gleichheit der Menschen nicht einmal als Idee propagieren."[152]

Im Vorwort seines letzten Buches *Morgenstunden*, in dem er sein eigenes Projekt als überholt ansieht, zweifelt Mendelssohn immer noch an Kants Unternehmen:

> Ich weiß, daß meine Philosophie nicht mehr die Philosophie der Zeiten ist. Die meinige hat noch allzu sehr den Geruch jener Schule, in welcher ich mich gebildet habe und die in der ersten Hälfte des Jahrhunderts vielleicht eigenmächtig herrschen wollte. [...] Die besten Köpfe Deutschlands sprechen seit kurzem von aller Spekulation mit schnöder Wegwerfung. Man dringet durchgehends auf Tatsachen, hält sich bloß an Evidenz der Sinne, sammelt Beobachtungen, häufet Erfahrungen und Versuche, vielleicht mit allzu großer Vernachlässigung der allgemeinen Grundsätze. Am Ende gewöhnet sich der Geist so sehr ans Betasten und Begucken, daß er nichts für wirklich hält, als was sich auf diese Weise behandeln läßt [...] Jedermann gestehet sich, daß das Übel zu sehr einreißt [...] Allein, ich bin mir meiner Schwäche allzu sehr bewußt, auch nur die Absicht zu haben, eine solche allgemeine Umwälzung zu bewirken. Das Geschäft sei beßren Kräften aufbehalten, dem Tiefsinn eines Kant, der hoffentlich mit demselben Geiste wiederaufbauen wird, mit dem er niedergerissen hat.[153]

Ein Jahrhundert später wird Hermann Cohen den umgekehrten Weg beschreiten. Ausgehend vom Ruf des jüdischen Philosophen Otto Liebmann: „Mein Kant steht vor mir und ich suche seinen Blick zu fangen, also muß auf Kant zurückgegangen werden!", wird er als Neukantianer zu den Quellen des Judentums zurückkehren, um eine Kritik am deutschen philosophischen Kanon zu formulieren, die auf den Begriffen des Mitmenschen und des Mitleids basiert.

---

[152] Adorno *GS*, Band IV:116.
[153] Mendelssohn 1785, in: ders. 1969:467ff., m.H.

SCHWELLE

Es ist mir eine Freude, daß sich dieses Buch trotz den schweren verwirrenden Zeiten seinen Weg zu den Herzen seiner Glaubensgenossen gebahnt, sie getröstet, erhoben und ihnen die Erkenntnis des alten Glaubens wieder neu erschlossen hat. Aber auch aus nicht jüdischen Kreisen sind Stimmen zu mir gedrungen, die es mit Leidenschaft und Bewunderung gerühmt haben. So sagte ein bedeutender Theologe vor einer großen Versammlung: „Ein jeder Theologe sollte dieses Buch lesen, ja verschlingen; etwas Schöneres und Tieferes sei noch nie über Demut und Treue gesagt worden!" Wie trostreich, wie hoffnungsvoll ist dieses aufrichtig herzliche Verstehen in Zeiten so scharfer Konflikte! Wie bestätigt es die einigende Wirkung der großen Persönlichkeit Hermann Cohens! **Nicht ohne tiefere Bedeutung möchte es wahrlich scheinen, daß seine Geburtsstadt Coswig zwischen der Lutherstadt Wittenberg und der Heimat Moses Mendelssohns liegt.***

(Berlin im Dezember 1928, Martha Cohen, Geleitwort zur zweiten Auflage der *Religion der Vernunft aus den Quellen des Judentums*, 1929, m.H.)

2. Kant vom Rand aus gedacht: Hermann Cohen

a. Der Prozeß

„Was mir geschehen ist", fuhr K. fort, etwas leiser als früher, und suchte immer wieder die Gesichter der ersten Reihe ab, was seiner Rede einen etwas fahrigen Ausdruck gab, „was mir geschehen ist, ist ja nur ein einzelner Fall und als solcher nicht sehr wichtig, da ich es nicht sehr schwer nehme, aber es ist das Zeichen eines Verfahrens, wie es gegen viele geübt wird. Für diese stehe ich hier ein, nicht für mich." (Franz Kafka, *Der Prozeß*)

1888 wurde Hermann Cohen in Marburg vom Gericht als Gutachter berufen, um den Talmud zu verteidigen. In einer Rede hatte ein Volksschullehrer behauptet, der Talmud sei ein Gesetz der Juden, das nur für jene gelte und somit ausdrücklich erlaube, die Nicht-Juden zu bestehlen und zu betrügen.[154] Nachdem der Vorsteher der jüdischen Gemeinde in Marburg Strafantrag gestellt hatte, erhob die Königliche Staatsanwaltschaft Klage wegen Beschimpfung der jüdischen Religionsgemeinschaft. Der Gerichtshof ernannte Lagarde (Göttingen) und Cohen zu Sachverständigen und legte ihnen folgende Frage vor: „Ob eine Beschimpfung des Talmud auch eine Beschimpfung der jüdischen Religion und also strafbar sei, und ob der Talmud wirklich gestatte, Nicht-Juden zu berauben."[155] Cohen nahm diese Aufgabe sehr widerwillig an. Ausschlaggebend für seine Zusage war nicht so sehr die Behauptung des Lehrers, sondern vielmehr die zunehmende antisemitische Einstellung in Deutschland, die auch viele seiner Kollegen an der Universität Marburg – vor allem aus der Theologie – teilten. Hinzu kam die Haltung des Gerichts, das eine solche Behauptung als Frage offen ließ und sie dadurch legitimierte. Darin sah Cohen den wirklichen Skandal.[156] Der gleiche logische Vorgang kommt nicht nur in unzähligen historischen Situationen, sondern auch in den Diskursen der Schulbücher vor, wie im zweiten Teil dieser Arbeit gezeigt wird. Wenn eine sozial legitime Institution, wie ein Gericht oder eine Schule, die Frage stellt, ob das jüdische Gesetz erlaubt, Nicht-Juden zu berauben, oder – wie in sämtlichen untersuchten Schulbüchern – ob alle „Zigeuner" kriminell seien, um nur zwei Beispiele zu nennen, legitimiert sie dadurch die Frage an sich – welche man mit „ja" oder „nein" beantworten kann.

---

[154] Das war nicht der erste Prozess dieser Art. Schon 1877 hatte Manuel Joël ein „Gutachten über den Talmud" aufgrund einer ähnlichen Auseinandersetzung (damals gegen Rohling) schreiben müssen. Die Klischees haben jedoch eine noch längere Geschichte: Schon 1817 hatten die Universitätsprofessoren Friedrich Rühs (Berlin) und Jacob Fries (Heidelberg) antisemitische Schriften herausgegeben. Die Dynamik scheint immer die gleiche zu sein. Die aufgeklärten Juden versuchten die Vorwürfe zu widerlegen: „Gegen Talmudzitate, mit denen ihre Gegner die Tendenz zur Absonderung der Juden belegten, hielten sie andere, die den Geist des Universalismus beschworen; Beispiele jüdischen Wuchers stellten sie Fälle von Nächstenliebe entgegen" (Meyer 1994:163).

[155] Siehe Bruno Strauß, in: Hermann Cohen *JS*, Band I:338.

[156] Siehe Loycke 1992:108ff.

Der dem Gutachten zugrunde liegende Text *Die Nächstenliebe im Talmud* (1888) zeigt nicht nur das immense Wissen Cohens – der Text ist bis heute eine der besten philosophischen Darstellungen der Konzeption des „Anderen" im Judentum[157] –, er hat auch eine politische Bedeutung: Zum einen werden die antisemitischen Vorurteile widerlegt und entkräftet und zum anderen wird durch die Beschreibung der Behandlung der Differenz im Judentum indirekt der Umgang sowohl der christlichen Kirche als auch des deutschen Staates mit diesem Thema in Frage gestellt. Dies gelingt Cohen insbesondere durch die Erläuterung der Figur der *Noachiden*. Diese müssen nach dem Talmud für das Zusammenleben mit Juden nur ein Gebot (die Einsetzung von Gerichten) und sechs Verbote (1. Lästerung G-ttes, 2. Götzendienst, 3. Blutschande, 4. Mord, 5. Raub, 6. den Genuss eines Gliedes von einem lebendigen Wesen) respektieren.[158] Auf diese Weise wird ein *differenziertes Rechtssystem* aufgestellt, das sich nicht auf Anpassungszwang und „Toleranz" stützt, sondern die Differenz bestehen lässt und nur ein Minimum an sozialem Verhalten für das Zusammenleben verlangt. In Cohens Worten:

> Mehr jedoch [als die 7 Ge- und Verbote] wird nicht gefordert. Der Glaube an den jüdischen G-tt wird nicht gefordert. Bei einem Sklaven selbst darf derselbe nicht erzwungen werden. Wer mit Kindern zum Judentum übertritt, darf nicht für seine unmündigen Kinder den Übertritt vollziehen, sondern bis diese selbst sich zu entscheiden vermögen, bleiben sie Noachiden (Ketubot 11a). [...] *Der Noachide ist also nicht ein Gläubiger, und dennoch Staatsbürger* [...]. Sie sind rechtlich mit den Eingeborenen gleichgestellt. Einer der Flüche im fünften Buch Mose lautet: „Verflucht sei, wer das Recht des Fremdlings, des Weisen und der Witwe beuget" (5. B. M. 27,19). [...] Der Noachide war nicht gläubig und dennoch als sittlicher Mensch erkannt. Die Noachiden werden im Talmud als die „Gerechten der Völker der Welt" oder „die Frommen der Völker der Welt" bezeichnet (Tosefta Sanhedrin 13). Als solche „Gerechte" oder „Fromme" haben sie auch Anteil an der Seligkeit, am „ewigen Leben". [...] Anteil am ewigen Leben aber ist der religiöse Ausdruck für uneingeschränkte sittliche Ebenbürtigkeit. *Der Noachide genießt daher weder vom Staate noch von der Religion Toleranz, sondern er ist als sittliche Person mit Juden gleichwertig.*[159]

Mit der Hervorhebung der Figur des Noachiden unterstreicht Cohen, dass das Universale, die Menschheit (symbolisiert durch Noah), *vor* dem Partikularen (symbolisiert durch Awraham), dem Jüdischen, gewesen und dadurch das erste Kriterium ist. Damit ordnet er sich in eine kosmopolitische Interpretation der jüdischen Quellen ein, die die Gesetze und die Erlösung universalisiert.[160] Die-

---

[157] Die Frage nach dem Anderen im Judentum wird er daraufhin in seinem gesamten Werk behandeln. In Artikeln wie *Der Nächste* (1914) vertieft er Jahre später seine Gedanken zum Anderen, und es ist auch eines der zentralen Themen seines letzten Werkes: *Religion der Vernunft aus den Quellen des Judentums* (EA 1919).

[158] H. Cohen 1888:96. In weiteren Texten (u.a. *Deutschtum und Judentum*, 1916:500) verweist Cohen immer wieder auf die Noachidischen Gesetze und stützt sich auf *Awoda sara 64b* (Talmud Bavli).

[159] Ebenda.

[160] Diese Thesen wird Hermann Cohen in seinem Buch *Religion der Vernunft* vertiefen (siehe ders. 1919:141ff.). Schwarzschild weist jedoch darauf hin, dass Cohens Interpretation etwas von der Tradi-

ses differenzierte Rechtssystem kann man schon in den Zehn Geboten finden: Während die ersten vier *nur* für die Israeliten gelten, sind die anderen sechs als „universell" zu verstehen.[161] Gleichzeitig ist dieses Zitat ein Plädoyer für die Differenz, die an die Argumente Mendelssohns in *Jerusalem* erinnert. Dort antwortet er den „Missionaren": „Warum sollen denn alle gleich sein?" Und vor allem stellt er die logische Frage: „Ist es nicht selbstverständlich, dass man den Glauben weder erzwingen darf noch kann?"

Den ganzen Text des Gutachtens hindurch gibt ein geduldiger Cohen ausführliche Erklärungen über Talmud-Methodologie und -Geschichte sowie eine präzise und durch Quellen belegte Antwort auf die beleidigende Frage des Gerichts („ob der Talmud wirklich den Nicht-Juden zu berauben gestatte"). Im letzten Abschnitt aber erlaubt er sich eine indirekte Gegenfrage, die das Verhalten des Gerichtes offenbart:

> Aus der Stelle Baba Mezia 58b sei angeführt: „Größer ist die Sünde bei dem Betrug mit Worten als bei Geldbetrug; denn bei jenem heißt es: ,Fürchte dich vor deinem G-tte'; R. Elieser sagt: ,Jener trifft die Person; dieser nur deren Geld.' R. Samuel, Sohn Nachmanis, sagt: *„Jener läßt sich zurückerstatten, dieser nicht."*"[162]

Gestützt auf Zitate des Talmud zeigt Cohen, dass das Verhalten eines solchen „Betrugs mit Worten", d.h. die Diffamierung der jüdischen Lehre, schlimmer ist als der lügnerische Vorwurf gegenüber den Juden (Geldbetrug). In einer genialen Umkehrung der Konstellation[163] präsentiert er die tiefe innere Weisung der angeklagten Quelle, um das fragwürdige Handeln des Gerichts aufzudecken. Ob die Richter die Subtilität Cohens verstanden haben, ist nicht überliefert – aber eher unwahrscheinlich. Er selbst war jedenfalls über den ganzen Verlauf des Prozesses irritiert. In einem Brief an Stadler berichtet er:

> Da es den Richtern bequemer erschien, anstatt mein Gutachten zu studieren und in foro zu verlesen, mich zu vernehmen, 1 1/2 Stunden den Richtern und dem Verteidiger Rede gestanden, worüber die ungenauesten Berichte in einige wohlmeinende Zeitungen gedrungen sind. Dann kam die Verkündigung des Urteils mit einem vorläufigen Erkenntnis-Referat, sehr betrübend: Das Gericht entscheidet in keiner Weise über die innere Glaubwürdigkeit der beiden Gutachten – mein Kollege ist Lagarde in Göttingen, auch in seinem Gutachten sich erklärender Antisemit –, und übersieht sogar dessen Zugeständnisse zu benutzen.[164] Allmählich bin ich aber doch wieder ruhiger geworden.[165]

---

tion, v.a. von Maimonides abweicht. Vgl. seinen Artikel: *Do Noachites have to believe in Revelation? (A Passage in Dispute between Maimonides, Spinoza, Mendelssohn and Hermann Cohen) A Contribution to a Jewish View on Natural Law*, in: Schwarzschild 1990.

[161] Siehe Dujovne 1980.

[162] H. Cohen 1888, m.H.

[163] Diese Umkehrung folgt einer ähnlichen Logik, wie Sarah Kofman sie für den Fall Shylock feststellt. Siehe *supra*.

[164] Zu Lagarde siehe Sieg 2007.

Cohen schreibt sich damit in die Tradition der „Verteidigung des jüdischen Denkens" ein und tritt in die Fußstapfen seines wichtigsten Lehrers im Breslauer Rabbinischen Seminar, Manuel Joël. Adelmann bemerkt:

> An jeder der großen damaligen Kontroversen war Manuel Joël wie ein Wächter der Zeit beteiligt. Er war der erste, der seine Stimme gegen Heinrich von Treitschkes Aufsatz erhob; er war einer der Wichtigsten unter denen, die vor Gericht die Kultur des Talmud gegen die Angriffe Rohlings verteidigten; und im Prozeß gegen Gildemeister war er es, der den Schulchan Aruch vor Gericht gutachterlich gewürdigt hat.[166]

Der Prozess in Marburg war auch nicht Cohens erste Auseinandersetzung mit den zunehmenden antisemitischen Tendenzen in Deutschland, schon zwischen 1879–1881 griff er in den berüchtigten Antisemitismus-Streit ein. Die absurden Argumente Treitschkes[167] und seiner Anhänger sind ebenso bekannt wie sein leider berühmt gewordenes Ressentiment: „Die Juden sind unser Unglück", das in der Berliner Universität geschmiedet wurde. Vorausschauend schrieb Heinrich Graetz in seiner öffentlichen Antwort an Treitschke: „Der Genius des deutschen Volkes möge Ihnen verzeihen, das unüberlegte Wort ausgesprochen zu haben: Die Juden seien ein Unglück für das deutsche Volk."[168]

Obwohl der Antisemitismus zum alltäglichen Leben gehörte und auch in den Jahren zuvor gewaltig zugenommen hatte, gewann er durch diesen universitären Streit die „Legitimität" eines akademischen Diskurses. Die Gewalt und die Ignoranz der Argumente Treitschkes erinnern an den anonymen Gegner Mendelssohns, M*. Doch ein Jahrhundert später waren die Angriffe angesichts der besseren Integration der Juden in die deutsche Gesellschaft umso paranoider und radikaler. Die antisemitische Stimmung verbreitete sich damals in ganz Europa, jedoch mit verschiedenen regionalen Akzenten: 1894 ereignete sich die Dreyfus-Affäre in Frankreich, und zwischen 1873 und 1900 wurden mehr als 60 öffentliche Ritualmordanklagen in Deutschland und dem österreichisch-ungarischen Reich erhoben.[169]

Die antisemitischen Argumente Treitschkes kursieren nach wie vor im Gesellschaftsdiskurs. Behauptungen etwa, die das „Übergewicht" des Judentums

---

[165] Brief vom 16. Mai 1888 zitiert in Loycke 1992:81, Fußnote 1. Loycke fügt hinzu, dass der Angeklagte zu 14 Tagen Gefängnis und der Übernahme der Kosten verurteilt wurde.

[166] Adelmann zitiert nach der Manuskriptvorlage.

[167] Die genealogisch komplexe Verwobenheit der deutsch-jüdischen Geschichte ist immer noch ein offenes Thema. Cohen und Treitschke waren beide Schüler des genialen Philologen Jakob Bernays, wenn auch in verschiedenen Umgebungen – Bernays hat die Universität für das Breslauer Seminar verlassen. Bach riskiert die These, dass in seinem „fast schon posthumen Buch über Phokion das Gesicht des Redners Treitschke, seines früheren Schülers, der nun zum antisemitischen Demagogen geworden war, aus dem ‚athenischen Rassestolz' des Demosthenes, Phokions Gegner, hindurchschimmere" (zitiert in E. Simon 1980:252). Viele andere Schüler-Lehrer-Beziehungen sind in diesem Sinne bedeutsam, wenn auch noch nicht wirklich analysiert worden: Dilthey selber war z.B. jahrelang Privatschüler von Moritz Lazarus.

[168] Graetz *Erwiderung an Herrn von Treitschke*, in: Krieger 2003, Bl:96.

[169] Nach den Zahlen von Lehr, zitiert in Schwarzschild 1979:136.

in der deutschen Gesellschaft und seine „Einbildung" anklagen (s.u.), sind ein Jahrhundert später als Argument nicht nur fast buchstäblich in deutschen Schulbüchern für das Fach Geschichte wiederzufinden,[170] sondern sind auch in Diskussionen wie etwa in der 23 Jahre dauernden Debatte über die Namensänderung der Düsseldorfer Universität in Heinrich-Heine-Universität immer noch lebendig.[171] 1879 heißt es in Treitschkes Worten:

> Und welche hohle, beleidigende Selbstüberschätzung! Da wird unter beständigen hämischen Schimpfreden bewiesen, daß die Nation Kants eigentlich erst durch die Juden zu Humanität erzogen, daß die Sprache Lessings und Goethes erst durch Börne und Heine für Schönheit, Geist und Witz empfänglich geworden sei! [...] Am Gefährlichsten aber wirkt das unbillige Uebergewicht des Judenthums in der Tagespresse – eine verhängnißvolle Folge unserer engherzigen alten Gesetze, die den Israeliten den Zutritt zu den meisten gelehrten Berufen versagten.[172]

Argumente gegen den „Fremdling" und Orientalen, aber auch – und hier muss noch einmal die *Logik des ausgeschlossenen Dritten* in Erinnerung gerufen werden – die Unmöglichkeit einer „doppelten Nationalität" wiederholen sich in den nächsten 125 Jahren immer wieder: am deutlichsten ist das Beharren vieler zeitgenössischer deutscher Politiker auf der Weigerung, das Prinzip des *jus solis* neben dem *jus sanguinis* zu akzeptieren. Folgendes Zitat von Treitschke könnte aus der heutigen Diskussion stammen:

> Nun frage ich: kann ein Mann, der also so denkt und schreibt, selber für einen Deutschen gelten? Nein, Herr Graetz ist ein Fremdling auf dem Boden „seines zufälligen Geburtslandes", ein *Orientale*, der unser Volk weder versteht noch verstehen will; er hat mit uns nichts gemein, als daß er unser Staatsbürgerrecht besitzt und sich unserer Muttersprache bedient – freilich um uns zu verlästern. [...] *Auf deutschem Boden ist für eine Doppel-Nationalität kein Raum*.[173]

Gegen den alt-neu verbreiteten Hass standen die jüdischen Professoren in Deutschland 1879 wieder (oder noch immer) fast alleine da – wie Boehlich bemerkt:

---

[170] Siehe Teil B. Im Schulbuch für Geschichte *Wege der Völker*, 1949:283 steht: „Leider fand *er* [Hitler] eine für den Antisemitismus vorbereitete Stimmung vor, *da die Art des Auftretens eines kleineres Kreises jüdischer Mitbürger, besonderes in den Großstädten, als taktlos und mitunter als aufreizend empfunden wurde. Ein Mann wie Rathenau hat dies an seinen Glaubensgenossen mit Bedauern getadelt*", m.H. Frappierend an dieser Argumentation ist die Wiederholung alter antisemitischer „Vorwürfe" und Vorurteile. Schon bei dem Antisemitismus-Streit in Berlin 1879 stellte Stöcker drei „Forderungen" an die Juden: 1. „ein klein wenig bescheidener" 2. „ein klein wenig toleranter" 3. „Bitte, etwas mehr Gleichheit". Siehe dazu Boehlich 1965:241. Schon 1710, in chronologischer Gegenrichtung, forderte ein Hamburger Gesetz nach erheblichen Beschränkungen für die Juden (Wohnbezirk, Heiratsverbot usw.), sie sollten endlich „still und ruhig leben". Siehe dazu Sachar 1963:30.

[171] Siehe dazu Reich-Ranicki 1993. Darin erinnert dieser humorvoll an seinen Artikel *Heines Ruhm braucht die Gunst einer Universität in Nordrhein-Westfalen nicht, wohl aber braucht diese Universität seinen Namen* (FAZ 18.12.1973).

[172] Treitschke *Unsere Aussichten*, in: Krieger 2003, Band I:12.

[173] Treitschke *Herr Graetz und sein Judentum*, in: Krieger 2003, Band I:125, m.H.

Eines dabei ist freilich auffällig: Die Auseinandersetzung hat sich fast ausschließlich zwischen Treitschke und Juden, getauften und ungetauften, abgespielt. Für die Beschimpften ist kein Christ außer Theodor Mommsen und dem wackeren Frankfurter Gymnasialprofessor Karl Fischer eingetreten. [...] Dagegen waren sechs der Beteiligen Rabbiner [...] zwei waren Politiker [...] alle anderen waren Professoren: Heinrich Graetz in Breslau, Hermann Cohen in Marburg, Harry Breßlau und Moritz Lazarus in Berlin.[174]

Cohen hat auf die antisemitischen Vorwürfe reagiert, doch in einer sanfteren Art als Lazarus oder Graetz, die Treitschke frontal angriffen und seine Argumente solide wie ironisch dekonstruierten. Cohen dagegen versuchte noch eine Dialogebene und einen Platz im deutsch-nationalen Bewusstsein zu finden – vergeblich.[175] Die ersten Zeilen seines Artikels, die Enttäuschung und Trauer ausdrücken, sind bekannt: „**Es ist also wieder dahin gekommen, dass wir bekennen müssen**. Wir Jüngeren hatten wohl hoffen dürfen, daß es uns allmählich gelingen würde, in der ‚Nation Kants' uns einzuleben. [...] Dieses Vertrauen ist uns gebrochen: die alte Beklommenheit wird wieder geweckt."[176] Doch dies war eigentlich schon das dritte Schreiben Cohens zu diesem Thema. Zuvor hatte er zwei Briefe an Treitschke geschrieben in der Hoffnung, ihn zur Reflexion zu bewegen – dieser blieb aber gegenüber beiden Versuchen Cohens gleichgültig.[177] Die Geschichte der beiden Briefe ist für diese Arbeit relevant, weil sie noch einmal die Gesten der Mehrheitsgesellschaft gegenüber einer jüdischen Stimme, die eine „Differenz" artikulierte, vor Augen führen. Obwohl Cohen in beiden Schriften Treitschke bat, sie in seiner Zeitschrift, dem *Preußischen Jahrbuch*, zu veröffentlichen, wurde seine Bitte von Treitschke einfach ignoriert. Der dritte Versuch Cohens wurde dann in der jüdischen Presse abgedruckt.

Dieser Gestus, den ich „Ausradierung" nenne – und der in Schulbüchern häufig zu finden ist – wird sich oftmals wiederholen. Etwa in Cassirers Biographie, mehr als 25 Jahre später: 1916 veröffentlichte Bruno Bauch, Vorsitzender der Kant-Gesellschaft, in der Zeitschrift *Kant-Studien* den antisemitischen Artikel „Vom Begriff der Nation". Cassirer (Cohens geliebter Schüler) schrieb daraufhin eine Antwort mit dem Titel „Zum Begriff der Nation. Eine Erwiderung auf den Aufsatz von B. Bauch" ebenfalls für die *Kant-Studien*, der Herausgeber Arthur Liebert lehnte es jedoch ab, ihn zu publizieren. Aufgrund

---

[174] Boehlich 1965:246. Der Autor fügt hinzu, dass Universität und Parlament, auch wenn sie sich an der Diskussion (mit der Ausnahme von Mommsen) nicht beteiligt haben, wenigstens etwas Widerstand leisteten – viel mehr jedenfalls als die gleichen Institutionen ab 1933. Ein Dokument dieses Widerstands ist die Erklärung gegen den Antisemitismus und seine Förderer, die in der Nationalzeitung Berlin am 14. November 1880 erschien und 75 Unterzeichner hatte. Siehe die Liste in Liebeschütz 1973:341ff.

[175] Es ist hier nicht der Platz, um die unterschiedlichen Positionen der jüdischen Professoren zu vertiefen – ein durchaus spannendes Thema. Es soll der Hinweis genügen, dass die inneren Konflikte so groß waren, dass die Beziehungen von Cohen zu Steinthal und Lazarus zerbrachen. Aus heutiger Sicht scheinen Lazarus und Graetz die „Schwierigkeiten" der deutschen Kultur mit der Differenz schärfer gesehen zu haben als Cohen.

[176] H. Cohen, *Ein Bekenntnis in der Judenfrage*, in: Krieger 2003 Bl:337.

[177] Siehe *Zwei unbekannte Briefe Hermann Cohens an Heinrich von Treitschke*, herausgegeben von Holzhey 1969.

dieses Vorfalls traten beide, Cassirer und Cohen, aus der Kant-Gesellschaft aus.[178]

Da Treitschke beide Briefe Cohens ignorierte (wie Friedrich der Große die Petition für Mendelssohn, wie Bauch Cassirers Artikel), konnte ihre Existenz nur durch die Bemerkung Rosenzweigs in seiner Einleitung zu den *Jüdischen Schriften* Cohens, dass sich Kopien der Briefe im Archiv seiner Witwe befänden, belegt werden.[179] Mit der Deportation Martha Cohens gingen diese Briefe verloren, sie sind jedoch erstaunlicherweise, wie Holzhey bemerkt, als Originale im Treitschke-Nachlass erhalten geblieben.[180] Die Geschichte dieser Ausradierung erzählt somit auch, dass die Spuren nie ganz auszulöschen sind – egal, wie stark der Vernichtungswille ist.

b. Die väterliche Stimme

Ich weiß selbst nicht, was das ist. Die hebräische Melodie ist es, die mein Herz erschüttert. Sie haben, mein Freund, eine unheilbare Wunde im Herzen berührt ... aber, danke ... Ich danke Ihnen sehr! Mein Geist ist neu belebt.

(Hermann Cohen an Abraham Zwi Idelsohn)[181]

Aus Rosenzweigs Sicht war der Prozess in Marburg Cohens *Těschuwa*.[182] Obwohl wir heute wissen, dass Cohen wahrscheinlich das Judentum nie „verlassen" hat und somit nicht zurückkehren musste, hatte der Prozess trotzdem Spuren hinterlassen.[183] Diese führten ihn, wie auch Mendelssohn nach Lavaters Aufforderung zur Konversion, zurück zur Tradition, d.h. zum Vater und zum Gesetz. Ganz buchstäblich, wie in einem Brief an Mathilde Burg nach seiner Verteidigung des Talmud zu lesen ist: „Nachmittags besuchte ich, was ich selten thue, das Grab meines Vaters, am Vorabend von meiner Mutter Todestage, um die Aufregung, in die mich die ganze Sache versetzt hatte, dort niederzulegen."[184]

Der Vater von Hermann Cohen war kein *Sofer stam* (Toraschreiber) wie der von Mendelssohn gewesen, aber er war ebenso eng mit der jüdischen Tradition verbunden, denn Gerson Cohen war *Chasan* (Kantor) in der Synagoge in Coswig.[185] Die Musik spielt in den Ritualen und der Kultur des Judentums eine

---

[178] Siehe dazu Schwarzschild 1979:135.

[179] Siehe Rosenzweig 1924, in: ders. *KS*:314.

[180] Ebenda:186.

[181] Aussage Hermann Cohens, der nach dem Hören alter hebräischer Melodien, welche Idelsohn für ihn sang, einen Tränenausbruch bekam. Die rührende Anekdote ist von Idelsohn (1914:68) selbst festgehalten worden.

[182] Ein gleichzeitiger Weg der *Um*kehr und *Heim*kehr zur jüdischen Tradition.

[183] Zum Mythos Cohen, wie ihn Rosenzweig konstruierte, siehe Schwarzschild 1970.

[184] Brief zitiert in Orlik 1992:82.

[185] Steinthal hat eine schöne Beschreibung von Gerson Cohen in der *Allgemeinen Zeitung des Judentums* (Nr. 82, 10. Mai 1918) veröffentlicht. Bedeutsam ist der Fakt, dass Gerson Cohen seine Ausbildung bei Rabbi Akiva Eger erhielt, einem der größten jüdischen Denker seiner Zeit.

fast so zentrale Rolle wie die Schrift – und sie ist für Cohen sein Leben lang ein wichtiges Band zur Tradition gewesen. Seine Frau Martha war die Tochter des berühmtesten Komponisten für Synagogenmusik und Berliner Kantors Louis Lewandowski. Cohen hat nicht nur theoretisch der Musik in seiner „Ästhetik" einen bevorzugten Platz eingeräumt: Musik war für Cohen die höchste der Künste – auch wegen ihrer Wahlverwandtschaft mit der Mathematik und ihres Abstraktionsvermögens. Die Struktur bzw. die Architektur der Musik ist für ihn „reiner Hauch".[186] Ferner beschreibt er die Kultur als eine Wechselwirkung von Gesetzlichkeit der Vernunft und Musikalität des Bewusstseins.[187] In der Praxis hat er selbst gelegentlich die Rolle seines Vaters bei einigen Gebeten in der Synagoge in Coswig übernommen, als dieser zu alt war, die gesamte Liturgie an den Hohen Feiertagen zu singen. Für Rosenzweig ist die Musik in Cohens Sprache immer anwesend: „Man muß ihn nur mit den Ohren lesen können. Seine Sprache war von erstaunlicher Musikalität des Ausdruckes."[188]

Die Geschichte Cohens und seines Judentums entspricht der vieler seiner Zeitgenossen, die zwar eine Integration in die deutsche Gesellschaft anstrebten, aber zugleich noch von der väterlichen (jüdischen) Stimme geprägt waren. Cohen begann 1857 sein Studium am jüdisch-theologischen Seminar in Breslau. Es ist nicht sicher, wann er das Seminar verlassen hat – das universitäre Studium wurde oft parallel zur rabbinischen Ausbildung betrieben, die doppelte Ausbildung war von Seiten des Seminars gewünscht und der Titel „Dr. Rabbiner" eines der Merkmale des Breslauer Projekts. Doch entschied sich Cohen irgendwann, auf den Abschluss im Seminar zu verzichten, und nach dem Wechsel nach Berlin 1864 konzentrierte er sich eher auf die universitäre Ausbildung.[189] Sein Vater besuchte ihn häufig, um mit ihm gemeinsam die jüdischen Schriften zu lesen: Es ist belegt, dass beide u.a. die Schriften von Ibn Pakuda (*Die Herzenspflichten*) und Maimonides' *Führer der Unschlüssigen* zusammen studierten – sie wurden zu zentralen Werken für die theoretische Arbeit Cohens.[190] In diesen Jahren bekam das Kind Siegfried (Sigmund) Freud seine ersten hebräischen Lektionen, während der Sohn Émile David des Epinaler Rabbiners, Moïse Durkheim, mit 13 Jahren die rabbinischen Studien

---

[186] H. Cohen, *Deutschtum und Judentum* 1916:488. Siehe dazu auch Derrida 1988:126. Der Begriff „reiner Hauch" steht für Cohen wahrscheinlich in Bezug zum hebräischen *ruach* (Wind/Geist). Dass der Musik in der Ästhetik ein besonderer Platz zukommt, ist bei jüdischen Philosophen häufig zu beobachten, bei den gegenwärtigen vielleicht am deutlichsten in den Schriften von Theodor W. Adorno.

[187] Zur wichtigen Rolle der synagogalen Musik in der jüdischen Kultur und ihrer Auslegung u.a. durch Moritz Deutsch (Breslauer Seminar) und Eduard Birnbaum (Königsberg und Wien) sowie in Cohens Theorie selbst, sind Adelmanns Artikel *Kawanna/Andacht* und *Die synagogale Musik* zu berücksichtigen.

[188] Rosenzweig *KS*:320. Der gleiche Ausdruck kommt buchstäblich bei Adorno und Jabès vor, wie schon in der Einleitung bemerkt.

[189] Adelmann fügt hinzu, dass er wenigstens bis zum Abitur (1864) mit dem Seminar verbunden war. Der Einfluss der Breslauer Lehrer wird jedoch sein ganzes Werk prägen.

[190] Über den Einfluss dieser Texte auf Cohens Denken siehe Bruckstein 1997.

abbrach und sich einer wissenschaftlichen Karriere zuwandte.[191] Die Bindung an das Judentum war in dieser Generation stark ausgeprägt und machte sich meistens nach Integrationsbestrebungen in den Jugendjahren im Alter mit Vehemenz wieder geltend. Um andere interessante Parallelen aufzuzeigen, sei hier nur auf den „mittleren Lebenspunkt" als Alter der Rückkehr hingewiesen: So erlebte, der Überlieferung nach, Cohen mit 34 Jahren seine *Tĕschuwa* (Rückkehr), Sigmund Freud bekam zum 35. Geburtstag von seinem Vater die alte Bibel aus seiner Kindheit mit einem neuen Einband und der in einer Widmung formulierten Bitte (in einer *Mĕliza* –„literarisches Mosaik" – verfasst), in den Bund „zurückzukehren".[192]

Eine Generation später werden wiederum einige der Kinder dieser in die europäische Gesellschaft integrierten Juden einen Dissimilations-Prozess durchlaufen – um genau den umgekehrten Weg zu gehen: statt Integration zurück zum Judentum. Exemplarisch hierfür steht Franz Rosenzweig, der spiegelverkehrt zu Cohen und Durkheim etwa ein halbes Jahrhundert später seine brillante Universitätskarriere für die jüdischen Studien aufgibt. Diese dritte Generation klagt über die verblassende Tradition, die ihnen von ihren Vätern mangelhaft überliefert worden sei. So der Zeitgenosse Rosenzweigs, Franz Kafka in seinem *Brief an den Vater*:

> Du hattest aus der kleinen ghettoartigen Dorfgemeinde wirklich noch etwas Judentum mitgebracht, es war nicht viel und verlor sich noch ein wenig in der Stadt und beim Militär, immerhin reichten noch die Eindrücke und Erinnerungen der Jugend, [...] aber zum Weiter-überliefert-werden war es gegenüber dem Kind zu wenig, es vertropfte zur Gänze während Du es weitergabst.[193]

Cohen hatte keine Kinder, dennoch hat er seinen „geistigen Söhnen" (allgemein der neuen Generation, konkret Ernst Cassirer und Franz Rosenzweig) ein Vermächtnis hinterlassen: sein letztes Buch *Religion der Vernunft aus den Quellen des Judentums*.[194] Und während Jakob Freud seinem Sohn die Bibel

---

[191] Birnbaum (2004:90) zitiert seine Aussage: „N'oubliez pas que je suis fils de rabbin." In der Tat war Durkheim ein Nachkomme von *acht* Rabbinergenerationen.

[192] Yerushalmi 1999:108. Die originelle Widmung in der traditionellen Form der *Mĕliza* (Mosaik aus Fragmenten der Tora, der rabbinischen Literatur und Liturgie) war folgende: „Sohn, mein teuer, Schelomo. Im siebten der Tage deiner Lebensjahre fing der Geist des HERRN an, Dich umzutreiben, und sprach in Dir: Auf, lies in meinem Buch, das ich schrieb, und die Quellen des Verstandes, der Urteilskraft und der Vernunft werden Dir aufspringen. Siehe, es ist das Buch der Bücher, in dem die Weisen schürften und die Gesetzgeber Wissen und Urteil lernten. Du erschautest die Offenbarung des Allmächtigen, hörtest und bemühtest Dich; schweben wirst Du auf den Fittichen des Windes. Seitdem war das Buch verwahrt wie die zerbrochenen Gesetztafeln in einem Schrein bei mir. Für den Tag, an dem Du fünfunddreißig wurdest, gab ich ihm eine neue Lederhaut und nannte es: „Brunnen, steige auf! Singet von ihm!" Und ich bringe Dir dieses zum Gedächtnis und als Erinnerung der Liebe Deines Vaters, der Dich ewig liebt. Jakob, Sohn des R. Schelomo Freid."

[193] Kafka *Brief an den Vater*, in: ders. 1994:44. Ähnlich waren die Erfahrungen vieler Autoren dieser Generation, u.a. von Walter Benjamin, Leo Löwenthal, Ernst Cassirer etc. Andere hatten natürlich auch eine traditionelle jüdische Erziehung erleben können, wie z.B. Martin Buber oder Erich Fromm.

[194] Das Buch ist posthum 1919 (und erneut 1929) veröffentlicht worden. Es gehörte zu einer Reihe von 36 Texten. Der Vertrag dafür war schon 1904 von Cohen unterschrieben worden. Das Buch wurde „dekontextualisiert": schon 1959 in der ersten Nachkriegsedition wird im Titel der Zusatz *Schriften* he-

aus Kindertagen „mit einer neuen Haut" schenkte, hat Cohen seine „neu gebundene" jüdische Lehre „dem Andenken des Mannes, dem er den leiblich-seelischen Zusammenhang mit dieser unverlierbaren Heimat des Bluts und des Geistes" dankte, dem Vater gewidmet.[195]

c. Platon in Marburg: Der Schmuggler

D's de irreprochable solvencia,
burgués y culto,
que mis civiles abuelos
civilizaron con sus buenos modales,
despojándolo
de la antigua locura del desierto,
de su fanatismo,
de sus celos,
de sus terribles caprichos,
y de su plebeyo vozarrón de trueno.

(Humberto Constantini)

Cohen war nicht zufällig als Gutachter für den Prozess in Marburg berufen worden: In dieser Zeit war er der berühmteste Neukantianer in der deutschen philosophischen Landschaft und der erste und bekannteste jüdische Professor im Lande. Wurde Mendelssohn in Berlin Sokrates genannt, so war Cohen in Marburg der neue Platon. Diese „Spitznamen" verdeutlichen den Versuch beider Denker, die griechische Philosophie aus der Perspektive der jüdischen Quellen neu auszulegen. So sind sie Schreiber und kulturelle Übersetzer geworden: einer Tradition folgend, die mit Philon aus Alexandria anfängt und über Saadja, Bachja ibn Pakuda, Maimonides und andere jüdische Gelehrte bis zu Levinas führt, der sich selbst als Übersetzer zwischen Athen und Jerusalem beschrieb. Aber Cohen war darüber hinaus ein *kultureller Schmuggler*, denn er versuchte, die jüdischen Inhalte unbemerkt in die abendländische Philosophie einzubringen.[196]

Das Symbol der Brücke steht für alle genannten Autoren: Sie bewegen sich zwischen beiden Kulturen in der Überzeugung, dass man gleichzeitig Deut-

---

rausgegeben von der Gesellschaft zur Förderung der Wissenschaft des Judentums weggelassen, wie Adelmann bemerkt. Der Dialog des Autors wird damit ignoriert, ähnlich wie bei Kants Text über die Aufklärung.

[195] Rosenzweig *KS*:350.

[196] Die Figur des *kulturellen Schmugglers* sollte in der jüdischen Geschichte noch herausgearbeitet werden. Nicht nur auf der hier erwähnten metaphorischen Ebene, sondern auch auf der politischen (siehe dazu Feierstein 2007b) und schließlich im ganz konkreten „Schmuggeln" von verbotenen Büchern (siehe dazu für den jüdisch-litauischen Fall Leiserowitz 2006).

scher *und* Jude sein kann. Dieser Weg war nicht ohne Hindernisse. Während für Mendelssohn das Rosenthaler Tor die Schwelle zwischen Dessau und der Berliner Intellektualität war, konnte Cohen bereits einen Schritt weiter gehen und die Schwelle der Marburger Universität als erster jüdischer Lehrstuhlinhaber überschreiten. Eigentlich waren damals schon viele jüdische Gelehrte als Privatdozenten in deutschen Universitäten tätig, aber meistens wurde versucht – wie der Antisemitismus-Streit deutlich dokumentiert –, ihnen die Tür sofort wieder zu verschließen. Ein eindrucksvolles Beispiel für diese Spannungen findet sich bei Cohens Lehrer H. Steinthal. Mit seiner Weigerung, seinen Vornamen, der in keiner Publikation zu finden ist, auszuschreiben, leistete der berühmte Linguist Widerstand gegen den Assimilationszwang der Universität:

> Seinen hebräisch-familiären Namen, den er in vertrauter Korrespondenz verwendete, Chajim, konnte er in der wissenschaftlichen Welt, für die er schrieb, nicht angeben, und einen deutschen oder eingedeutschten Namen wollte er nicht nennen.[197] – So steht, scheint mir, das „H." auf der Titelseite all seiner Schriften als das Kennzeichen einer wohl kalkulierten Zweideutigkeit, als das Sigel über einer Schwelle, auf der Steinthal angesiedelt war; zwar hat er sich angeschickt, die Welt des nicht-jüdischen Herkommens der Geschichte der Menschlichkeit zu betreten, wissenschaftlich in sie einzutreten und darin zu wirken, um sie zu erforschen, um in ihr zu lehren, aber ohne darüber das jüdische Herkommen, das Jüdische in seinem angestammten Namen, zu verlassen.[198]

Andere Gelehrte, getaufte und ungetaufte Juden, haben nicht einmal erfahren, wie die Universitäten ihre rassistische Politik betrieben. So im Fall von Georg Simmel, der sich vergeblich immer wieder um einen Lehrstuhl bemüht hatte.[199] In dem vertraulichen Gutachten des Berliner Historikers Dietrich Schäfer (ein Schüler Treitschkes) zu seiner Bewerbung 1908 in Heidelberg steht:

> Ob Prof. Simmel getauft ist oder nicht, weiß ich nicht, habe es auch nicht erfragen wollen. *Er ist aber Israelit durch und durch, in seiner äußeren Erscheinung, in seinem Auftreten und seiner Geistesart* [...]. Seine literarischen Erfolge und Verdienste sind sehr begrenzt [...]. Ich kann überhaupt nicht glauben, daß man Heidelberg hebt, wenn man den von Simmel vertretenen Lebens- und Weltanschauungen, die sich von unserer deutschen christlich-klassischen Bildung ja deutlich genug abheben, einen noch breiteren Raum gewährt, als sie ohnehin schon im Lehrkörper haben.[200]

---

[197] Man sollte an dieses Beispiel bei der Lektüre von Teil B *Austauschbarkeit und Die Enteignung der Namen*, der sich mit der Analyse der „Namenspolitik" in den Schulbüchern befasst, denken.

[198] Adelmann zitiert nach der Manuskriptvorlage. Auch der Historiker Heinrich (seine eigentlicher Vorname auf Jiddisch war *Hirsch*) Graetz hat zum Teil einen ähnlichen Widerstand geleistet und meistens nur unter H. Graetz veröffentlicht. Siehe dazu Reuven Michael zitiert in Brenner 2006:82.

[199] Die meisten Juden waren sich aber wahrscheinlich dieser Situation bewusst. Levin Goldschmidt schreibt schon 1856 in einem Brief, dass „nur wenige Universitäten geneigt sein dürften, einen jüdischen Dozenten zu berufen ... Wir sind zu gefährlich, wie sie glauben, in unserer Berufung liegt eine Gefahr für den christlichen Staat." Zitiert in Kisch 1963:111.

[200] Zitiert in Loycke 1992:114ff. Die Autorin fügt hinzu, dass Simmel die Gründe seiner Ablehnung nie erfahren hat. Siehe dazu auch Liebeschütz 1970:Kap 3. Dass Simmels philosophische Theorie ausgerechnet für die Erschaffung eines von ihm sogenannten „*Dritten Reiches*" plädierte, welches gerade den

Cohen hatte weder die Widerstandskraft Steinthals noch die Naivität Simmels. In seiner Jugend hatte er sich eher für ein „Marranentum" entschieden: So wie Heine trotz der Taufe jüdische Tinte aus seiner Feder in die deutsche Literatur fließen ließ, so veröffentlichte Cohen Aufsätze über jüdische Themen, die nur mit dem Namenskürzel ‚c.'. unterschrieben waren (im ersten widmete er sich Heines Judentum).[201] Nach dem Bruch, den der Antisemitismus-Streit für ihn bedeutete, machte er sein Bekenntnis zum Judentum öffentlicher. Nach Rosenzweigs Überlieferung benannte Cohen diese Erfahrung mit dem hebräischen Begriff *Tĕschuwa*, einem gleichzeitigen Weg der Umkehr und Heimkehr zur jüdischen Tradition: „Da rief er, feinhörig für Töne und Untertöne wie er war, dazwischen: ‚Ich bin ja ein *baal t'schuwoh* schon vierunddreißig Jahr!' Er datierte also den Beginn seiner ‚Heimkehr' zurück auf den Augenblick, zu dem er – 1880 – jenes ‚Bekenntnis in der Judenfrage' in den Tageskampf warf."[202] Diese Anekdote ist jedoch von Schwarzschild (1970) mit guten Argumenten bezweifelt worden. Auf jeden Fall äußert sich Cohen in seiner Prosa nach dem Antisemitismus-Streit öfter und entschiedener zur jüdischen Frage, wie es auch bei anderen Intellektuellen nach ähnlichen Angriffen der Fall ist.

Während Mendelssohn den *Phaidon* wieder-schrieb, hat Cohen die platonische Idee als vorkantisch interpretiert und mit dieser Idee und dem jüdischen Prophetismus das ganze Werk Kants *neu*geschrieben – und zwar zwei Mal. Schwarzschild beschreibt es treffend:

> Cohen devoted the first major stage of his life to writing exegeses of Kant's three critiques. [...] The second major stage of Cohen's work consists of a rewriting, as it were, of Kant's three Critiques, again in sequence. [...] Thus we have his "Logic of Pure Reason" (1902, 1914), "Ethics of Pure Will" (1904, 1907) and his "Aesthetics of Pure Feeling" (1912).[203]

Die erste Werkrezeption Cohens, geprägt durch die Auslegung seines Schülers Rosenzweig, sah einen Autor, der sich spät von den philosophischen Themen des Neukantianismus abwandte und sich, anstatt sein System mit der geplanten „Kuppel", dem Traktat über Psychologie, zu vervollständigen, dem jüdischen Denken widmete. Seit einigen Jahrzehnten aber kommen viele seiner Interpreten (u.a. Schwarzschild, Poma, Adelmann) zu dem Schluss, dass die jüdischen Themen schon immer auch einen wichtigen Platz in seiner Arbeit über Kant hatten, aber eben nur verschleiert. Wie Rose bemerkt, war er in seiner *re-écriture* Kants subtiler als Rosenzweig in seiner Kritik an Hegel: Cohen entwaffnet

---

Raum für Toleranz bieten sollte, womit die Polaritäten und Dualismen nicht immer „aufgehoben" werden müssten, sondern eher koexistieren könnten, scheint eine Ironie der Philosophiegeschichte zu sein. Siehe dazu Simmel 1927, 3. Kapitel.

[201] *Heine und das Judentum*, in: *Die Gegenwart. Berliner Wochenschrift für jüdische Angelegenheiten*, Jg. 1, Nr. 1, 1867, *Virchow und die Juden*, in: *Die Zukunft*, Jg. 2, Nr. 326, 1868 und *Der Sabbath in seiner kulturgeschichtlichen Bedeutung* (Vortrag gehalten 1869, publiziert 1881), in: *Der Zeitgeist*. Die Namen der drei Zeitungen (*Die Gegenwart, Die Zukunft, Der Zeitgeist*) scheinen die privilegierte Stellung, die die Zeit in der jüdischen Kultur hat, wiederzugeben.

[202] Rosenzweig *KS*:307.

[203] Schwarzschild 1981:1.

Kant mit kantischen Argumenten, wohingegen Rosenzweig Hegel offener kritisiert und trotzdem stärker in seinem System verbleibt. Während Mendelssohn über den „alles zermalmenden Kant" schrieb, erneuerte Cohen „Mendelssohn's Judaic Enlightment by embracing Kant's destructive method, but, paradoxally, he employs it against the critical philosophy itself".[204] In dieser „Dekonstruktion Kants aus den Quellen des Judentums" sind folgende Elemente zu finden:[205]

Der Begriff des **Seins**[206] wird von Cohen in jüdischer Tradition als **persönlich** (es hat ein **Antlitz**, das einzigartig ist) und **historisch** verstanden. Das bedeutet einen Unterschied zum abendländischen – von den Griechen stammenden – *neutralen* Konzept, das auch Kant übernimmt. Das Subjekt ist somit für Cohen nicht das „S" der logischen Präposition (S → P): Im jüdischen Verständnis hat es einen Namen und, als „Partner" G-ttes, eine **Verantwortung** für die Wiederherstellung der Gerechtigkeit in der Welt (*Tzedaka*) oder, anders ausgedrückt, für die „Reparierung der Welt" (*tikkun olam*). Diese Verantwortung erkennt Cohen im Motiv der Tora: „die Einfassung eines zweiten Herzens in das Herz" (Ezechiel 18,31 und 36,26). Diese *Einfassung* verwandelt die Menschen in moralische Wesen, die füreinander verantwortlich sind. Die Offenbarung ist das Bewusstsein der moralischen Erfahrung, die ins Herz eines jedes Menschen *eingeschrieben* ist.[207]

Da diese soziale Verantwortung Vorrang hat, ist die **praktische** – und nicht die reine **Vernunft** – die wichtigste. Cohen übernimmt den aufklärerischen Begriff der Vernunft nicht vollständig, er situiert sie bei G-tt.[208] Dadurch erhält sie eine andere, eine ethische Dimension: Die Vernunft ist nicht nur für das Erkennen da, sondern vielmehr für das soziale Handeln, um das Böse zu besiegen, das für den Sozialisten Cohen die ganz konkrete Armut ist: „Die ewige Unvollkommenheit der politischen Wirklichkeit liegt offen zutage in der Armut."[209] Das messianische Ideal von Gerechtigkeit und Menschlichkeit ist für Cohen der reinste Ausdruck des **ethischen Rationalismus**.[210]

---

[204] Siehe Rose 1993:186ff.

[205] Es ist an dieser Stelle nicht möglich, diese Dekonstruktion ausführlich darzustellen. Das Thema wäre eine eigene Arbeit wert. Die folgende Beschreibung ist eine *vereinfachte und unvollständige* Aufzählung einiger Elemente und soll als solche gelesen werden.

[206] Zu Hermann Cohens Begriff des Seins siehe Albertini 2003.

[207] H. Cohen 1919:90ff.

[208] H. Cohen verbindet den kantischen Begriff der Vernunft mit dem der mittelalterlichen jüdischen Philosophen Bachja und Saadja. So z.B. in *Die Innere Beziehung der Kantischen Philosophie zum Judentum*, in: *JS*, Band I:288ff. „Keineswegs war Maimonides der erste, der das Vernunftprinzip Aristoteles' sich selbst zur Richtschnur machte [...], sondern schon bei Saadja finden sich die Formulierung in Bestimmtheit und Klarheit vor. [...] Wir dürfen nicht ‚Volontäre der Sittlichkeit sein' (Kant). Es ist, als ob Kant diesen Ausdruck von einem jüdischen Philosophen und im Talmud selbst vernommen hätte: ‚Größer der unter dem Gebot handelt als der ohne Gebot' (*Kidduschim* 31a)." Siehe dazu auch Bruckstein 1997.

[209] Cohen *Deutschtum und Judentum* 1915:517.

[210] In der Wiederaufnahme der Vernunft als zentralen Elements des jüdischen Denkens ordnet sich Cohen nicht nur in die Tradition von Maimonides und Bachja, sondern auch in jene von Mendelssohn selbst ein.

Daraufhin führt Cohen eine **Konkretisierung des kategorischen Imperativs** durch:[211] In seiner ersten *re-écriture* Kants leitet er den kategorischen Imperativ aus dem Vorrang der praktischen Vernunft ab – somit wird der „reine Willen" zu einer rationalen Aufgabe und einem erstrebenswerten Ziel, dem man sich annähern soll (diese Annäherung wird von dem Mathematiker Cohen in Anlehnung an das Modell des infinitesimalen Kalküls gedacht).[212] In seiner zweiten Auslegung Kants vertieft er die Analogie zwischen wissenschaftlicher Methode und Ethik: So wie eine „ewige Vorschrift der Wissenschaft" sollte auch das moralische Gesetz funktionieren: eine soziale Wissenschaft der menschlichen Gebote. Da diese im Gesetz zu finden sind, wird die Rechtslehre zur Wissenschaft des Gesetzes. (Eine Ableitung dieser neukantischen Rechtslehre findet sich im Werk von Hans Kelsen.)[213]

Mit dieser Interpretation wird **das Gesetz** als „Mathematik der Geisteswissenschaften"[214] bei Cohen eine zentrale Rolle einnehmen – wie auch bei vielen anderen jüdischen Denkern (u.a. Maimonides, Mendelssohn, Freud, aber auch Autoren wie Simmel und Wittgenstein, die sich von der Tradition entfernt haben).[215] Damit wird die Ethik im System als „Logik der Geisteswissenschaften" platziert. Gerade die Beziehung zwischen Wissenschaft und Ethik ist einer der Kritikpunkte Cohens an Kant, der wegen seiner Unterscheidung zwischen Legalität und Sittlichkeit die praktische Vernunft nicht mit dem Gesetz verknüpfte. Für Cohen dagegen gründet die moralische Pflicht im Gesetz – und deswegen ist sie eine Rechtshandlung.[216] Seine Gesetzesinterpretation übernimmt z.T. Elemente der *Halacha*, des jüdischen Gesetzes, das als der Weg, den man gehen sollte, beschrieben ist.[217] Der **Weg** ist eine zentrale Figur im jüdischen Denken, und das Bild „*in seinen Wegen zu wandeln*" (5. Buch Mose 11: 22) kommt in Cohens Kommentar zu Maimonides vor. Dieser Kommentar ist besonders interessant, weil Cohen Maimonides nicht mit Aristoteles, son-

---

[211] Die abstrakte (formale) Natur des kategorischen Imperativs hatte Kant selbst gesehen – sie war ein Angriffspunkt seiner Kritiker geworden. Schwarzschild weist darauf hin, dass Cohen dieses Problem auf eine kreative Weise löste, indem er die konkrete Sicht des jüdischen Denkens mit einbezieht. Für eine ausführliche Erklärung zu diesem Punkt siehe Schwarzschild 1981.

[212] Die Rolle der Mathematik in Cohens ethischem System sowie die Anspielungen auf das jüdische Denken sind ein faszinierendes Thema, dessen Behandlung leider den Rahmen dieser Arbeit sprengen würde. Jedoch ist wichtig zu betonen, dass sein Lehrer für Mathematik im Breslauer Seminar, Baruch Zuckermann, sich intensiv mit der Mathematik im Judentum beschäftigte. Unter seinen Schriften sind Titel wie *Das Mathematische im Talmud* (1878) oder *Materialien zur Entwicklung der altjüdischen Rechnung im Talmud* (1882) zu finden. Mehr dazu in Adelmann *Breslau Projekt* (Manuskriptvorlage).

[213] Siehe dazu Kelsen 1934, Ferraro 2000.

[214] H. Cohen *Ethik des reinen Willens*, in: *Werke*, Band 7:65ff.

[215] Jeder Autor hat das Gesetz natürlich anders interpretiert – gemeinsam bleibt aber seine zentrale Rolle im ganzen System. Siehe dazu Mendelssohn EA 1783, Simmel 1987. Zu Wittgenstein siehe Barry Smith 1985.

[216] Siehe dazu Munk 1997:172.

[217] Schon etymologisch kommt das Gesetz *Halacha* vom Verb *lalechet*, gehen. Und nicht zufällig „a good number of the texts from the Talmud and the Midrash begin with this idea of being ‚on the way', for example: ‚The Rabbi and the Rabbi Hiya were on their way...'." Ouaknin 2000:28.

dern mit Platon liest – ein gewagter Versuch, in dem er u.a. die Idee des mittleren Weges (Aristoteles) ablehnt, um sich an der Figur des Frommen (*Chassid*) und des Gelehrten (*Chacham*) zu orientieren, die diesen mittleren Weg freiwillig verlassen, um ihren eigenen zu suchen. Die Ethik kann somit für Cohen nur radikal gut sein,[218] das Jüdische wäre somit das radikal Ethische – eine Auffassung, die den jungen Benjamin prägen wird.[219]

Der Weg des Gesetzes beinhaltet für Cohen aber gleichzeitig die **Freiheit**, so in der Metapher des Propheten Hosea (11:1ff.), in dem G-tt als ein Vater, der sein Kind zu *gehen* lehrt, beschrieben wird. Der Mensch wächst auf dem Weg und lernt, in den verschiedenen Entscheidungen seine Verantwortung auszuüben bzw. den gerechten Weg (*Halacha*) zu gehen.[220] **Diese Verantwortung ist aber primär auf den Anderen ausgerichtet – das wichtigste Motiv der jüdischen Ethik und die zentrale Frage unserer Arbeit.**

So wie Cohen das Gesetz bzw. den Weg anhand der jüdischen Quellen anders interpretiert, gibt er dem kantischen Begriff des „**Reinen**" eine andere Konnotation, die einen realen Willen beschreibt, der sich nicht nur auf die Vernunft, sondern gleichzeitig auf die Liebe (Leidenschaft, „Affekte") stützt. Rosenzweig bemerkt: „Rein im Kantischen Sinne wäre chemisch reiner Alkohol, rein im Sinne Cohens wäre ein reiner Wein, bei dem die Reinheit auf der gesetzmäßigen Mischung der Elemente beruht."[221] Man könnte Cohens Begriff der Reinheit mit Bezug auf den Begriff *kaschrut* (Reinheit) denken, der die ganze jüdische Ethik und Ästhetik bestimmt. Diese beschreibt Flusser wie folgt:

> Die jüdische Ästhetik hat mit dem Begriff der „Reinheit" (kaschrut) zu tun. Um diesen Begriff richtig zu verstehen, müssen wir den von den Griechen ererbten Begriff der „Reinigung" (Katharsis) vergessen. Die jüdischen ästhetischen Kategorien sind nicht so sehr das „Schöne" und das „Hässliche", sondern das „Reine" und das „Unreine". Das Erleben des „Reinen" bewirkt Beruhigung des Gemüts, das Erleben des „Unreinen" Ekel. [...] die jüdische Ästhetik wird von der Ethik bestimmt und kann von ihr nicht getrennt werden.[222]

Diese *reine, koschere* Ethik basiert vor allem auf einer Figur: dem Antlitz des Anderen.

---

[218] Siehe Bruckstein *How (Not) to Walk in Middle Ways*, in: Cohen 2003.
[219] Siehe dazu Deuber-Mankowsky 2000:10.
[220] Siehe Dujovne 1980:161.
[221] Rosenzweig *KS*:305.
[222] Flusser 1995:75.

α. *Panim*: Das/die Antlitz(e) des Anderen

> *Es ist das Menschenantlitz, welches Freundlichkeit ausstrahlt; in welchem Freundlichkeit unter dem Schatten ihrer Verleugnung selbst erspäht werden kann. Und es ist die Freundlichkeit des Menschengefühles, die aus dem eigenen Innern aufleuchtet, die umdüstert, die verschüchtert werden kann, die aber das Urlicht des Menschen bildet, das nur mit seinem Atem erlischt. Die Freundlichkeit ist die Leuchte der Menschlichkeit* (Hermann Cohen)

Auch für Cohens Ethik und Epistemologie bleibt der Andere die wichtigste Figur – und markiert vielleicht den größten Unterschied zu Kants Perspektive. Epistemologisch, weil sich das Ich erst durch den Anderen konstituieren kann. „Die Religion entdeckt das Individuum als ‚Mitmenschen' durch die Kraft des Mitleids mit dem Armen und dem Verlassenen. **Durch diese Entdeckung wird der Mensch auch selbst erst ‚Ich'.**"[223] Aber vor allem in der Ethik, denn die Liebe zu den Anderen ist für Cohen die wichtigste Aufgabe. Die Liebe zu Anderen und nicht nur zum Nächsten – Cohen enthüllt einen kleinen „Übersetzungsfehler", der enorme politische Konnotationen hat:

> **Wie ist die Nächstenliebe überhaupt entstanden? Im hebräischen Urtext heißt es: Liebe Deinen Rea als Dich selbst. Rea ist der Andere.** Der Ausdruck wird sogar von zwei Nägeln gebraucht, die zueinander gehören. Wie ist aus dem Andern nun aber der Nächste geworden? Die Septuaginta übersetzt Rea mit Nachbarn (πλησίος). Dieser Ausdruck nimmt auch in dem klassischen Griechisch die erweiterte Bedeutung der Nähe an. [...] All dieses Unheil und diese anstößige Zurückschraubung desjenigen Grundgedankens, den man sonst als den Eckstein der Religion ausgibt, liegt in der falschen Übersetzung des Nächsten begründet. [...] Nicht die Nähe bildet das Problem, nicht ihr Grad, und wäre er der höchste, nicht die Verwandtschaft, nicht die Genossenschaft, nicht die Gemeinschaft selbst; das Selbst allein ist das Problem.[224]

Die **EntDeckung** des Anderen wird besonders durch das **Mitleiden** ausgelöst – und der „konkrete" kategorische Imperativ enthält die Pflicht, dieses Leiden zu lindern. „Im Leiden liegt eine *negative Aufforderung*; es ist selbst ein Imperativ, der lautet: *Das Leiden soll nicht sein!* Um das Leiden wissen, heißt, diesen Befehl hören. Wenn es das Leiden gibt, so nur, um abgeschafft zu werden."[225] Dieses Zitat ähnelt dem berühmten Denkspruch von Levinas über das Gebot

---

[223] H. Cohen *Werke*, Band 7:212.

[224] Ebenda:218ff. An diesem berühmten Zitat aus der Tora entzündeten sich mancherlei politische Auseinandersetzungen, da es als Eckstein des Christentums verstanden wurde. Reich-Ranicki (1993:47) beschreibt dies in einer Anekdote: „In einer Rundfunk-Diskussion habe ich einmal das Wort des *Alten Testaments* erwähnt: 'Du sollst deinen Nächsten lieben wie dich selbst.' Die Redakteure wollten diesen Satz sofort aus der Bandaufnahme entfernen, denn sie waren alle überzeugt, er stamme aus dem Neuen Testament. Da ich eigensinnig blieb, befragte man die Theologen vom Kirchenfunk, die dann bestätigten, der berühmte Satz sei tatsächlich im Dritten Buch Mose enthalten. Die Sendung konnte ausgestrahlt werden und löste zahllose Protestbriefe aus. Wird immer noch in der Bundesrepublik im Religionsunterricht das Alte Testament als ein Buch der Rache und des Hasses ausgegeben, und werden immer noch Menschlichkeit und Nächstenliebe lediglich dem Neuen Testament nachgerühmt?"

[225] Ebenda.

und zugleich die Furcht im Blick des Anderen: „*Du sollst (mich) nicht töten!*" Cohen führt das Mitleiden auf die Propheten zurück, durch die er die Kraft für seinen Sozialismus schöpft: Das **soziale Leiden** sieht er vor allem in der **Armut**, und hier situiert er die politische Frage der Ethik. Denn Tod oder Krankheit sind manchmal nicht zu verhindern, aber die Armut hat einen menschlichen, historischen Grund und: *soll nicht sein!* Für Cohen ist es unmöglich, der Armut gegenüber gleichgültig zu bleiben (die Indifferenz wächst gegenüber dem Nebenmenschen). Dies stimmt mit den jüdischen Quellen überein: Darin wird die Armut nicht wie im Neuen Testament als Ideal verherrlicht, sondern als Unglück betrachtet. Die sozialen Gesetze bestätigen die ethische Pflicht, der Armut entgegenzutreten. Levinas wird das später wie folgt formulieren: „Moses und die Propheten kümmern sich nicht um die Unsterblichkeit der Seele, sondern um den Armen, die Witwe, die Waise und den Fremden."[226]

Ähnlich wie bei Adorno in der *Negativen Dialektik* ist für Cohen die Aufgabe der Philosophie, *das Leiden sprechen zu lassen*. Ein Leiden aber, das erst von den Anderen ausgeht und sich damit von den kryptoegoistischen Konzeptionen Spinozas und Schopenhauers distanziert – obwohl er anerkennt, dass beide das Phänomen berücksichtigt haben.[227]

Das Böse ist für Cohen historisch und nicht ontologisch. So basiert seine Ethik nicht nur wie bei Kant auf dem Universalismus, sondern auf dem **konkreten Menschen**, der leidet. Der Universalismus bleibt jedoch für Cohen eine zentrale Kategorie – nur sollte er nicht den Einzelnen verdecken. Ze'ev Levy weist darauf hin, dass diese Interpretation Cohens, die Ethik der Ver**A**ntwortung, den Grundstein für Levinas' Theorie bildet, der diesen Gedanken *L' humanisme de l'autre homme* nennen wird.[228] Bei Cohen wird darüber hinaus noch eine andere Dimension dieser Konzeption sichtbar: eine **politische Ethik**, die einen kantischen „ewigen Frieden" schaffen soll. Dies interpretierte er wie die Propheten als den Anbeginn der messianischen Zeit (deswegen nennt er den Messias auch traditionell „Fürst des Friedens").

Die Entdeckung des Anderen und das Mitleid entstehen bei Cohen – wie bei den Gelehrten des Talmud – vor allem im Umgang mit dem Fremden: „Die Fremdengesetzgebung hat uns den Weg gewiesen zur Auffindung der geschichtlichen Quellen der Nächstenliebe. Im Fremdling wurde zuallererst der Mitmensch entdeckt. Und das Mitleid erwachte zuallererst vor dem Fremdling."[229] Diese Auslegung basiert auf der Tora, die mehrmals solche Gebote enthält: „Wenn ein Fremder sich in eurem Lande aufhält, so müßt ihr ihn nicht drücken. Der Fremdling, welcher sich bei euch aufhält, soll euch so gut als ein Heimischer seyn, du sollst ihn lieben, wie du dich selbst libst. Denn ihr seid

---

[226] Levinas 1976: 36.

[227] Wie Wiedebach (2002) bemerkt, hat Cohen zu Schopenhauer in fast allen größeren Werken ablehnend Stellung bezogen. Jedoch hält er ihm zugute, dass das Mitleid als Schwerpunkt in die philosophische Diskussion eingebracht zu haben.

[228] Z. Levy 1997:134.

[229] H. Cohen 1919:168.

auch Fremdlinge gewesen im Lande *Mizrajim*. Ich, der Ewige, euer G-tt!" (3. Buch Mose 19,33-34).

Noch zwei weitere Figuren werden neben dem Fremden in den Schriften evoziert, die der mit dem Werk von Levinas vertraute Leser wieder erkennen kann: die Waise und die Witwe, Vertreter der Armut.[230] Wie bei Levinas (und im Gegensatz zu Buber) wird durch diese Figuren deutlich, dass die Beziehung Ich–Du asymmetrisch ist – und der Andere die absolute Priorität gegenüber dem Ich hat.

In der Beziehung zum Anderen trifft Cohen die Unterscheidung zwischen **Gegenmensch, Nebenmensch** und **Mitmensch**.[231] Damit beschreibt er, dass das Verstehen des Anderen als Mitmensch zunächst nicht gegeben ist, sondern einen Lernprozess impliziert. Der Andere ist erst einmal ein *Neben*mensch, der sich durch die Liebe bzw. durch das Mitleid für das Ich in einen Mitmenschen verwandelt und dadurch den Prozess der Ich-Konstituierung ermöglicht. Die Gewalt dagegen zwingt den Nebenmenschen in die Position eines *Gegen*menschen. Die Nationalsozialisten hatten den Menschen in ihrem Terrorsystem schon in der Position des Gegenmenschen angelegt – in der Praxis der Vernichtung wurde diese Position des Gegenmenschen noch übertroffen: Er wurde zum Nicht-Menschen. Arendts Bemerkung, dass den Opfern des Nationalsozialismus ihre Staatsbürgerschaft systematisch aberkannt wurde, bevor sie in die Konzentrationslager deportiert und ihre Namen dort durch eine Nummer ersetzt wurden,[232] bestätigt diese Idee: Die Zugehörigkeit zur Menschheit wurde ihnen entzogen. Interessanterweise erkennt Cohen schon sehr früh die Gefahr, dass der Andere als Neben- bzw. Gegenmensch betrachtet werden kann. Und er warnt vor der **Verdinglichung des Anderen**:

> Du ist nicht Er. Er wäre der Andere. **Er kommt in Gefahr, auch als Es behandelt zu werden.** Du und Ich gehören schlechterdings zusammen. Ich kann nicht Du sagen, ohne dich auf mich zu beziehen; ohne dich in dieser Beziehung mit dem Ich zu vereinigen. Aber es liegt darin zugleich die gesteigerte Forderung: daß ich auch nicht Ich denken kann, ohne dich zu denken.[233]

Diese Möglichkeit der Verdinglichung bzw. die Anerkennung des Anderen situiert er, ähnlich wie Jahrzehnte später Victor Klemperer, in der Sprache:

> Neben dem Ich erhebt sich, und zwar im Unterschiede vom Es, der Er; ist er nur das andere Beispiel vom Ich, dessen Gedanke daher durch das Ich schon mit gesetzt wäre? **Die Sprache schon schützt vor diesem Irrtum: Sie setzt vor das Er das Du.** Ist auch das Du nur ein anderes Beispiel für das Ich und bedürfte es nicht einer eigenen Entdeckung des Du, auch wenn nicht ich bereits meines Ich

---

[230] Ebenda:171.

[231] Ebenda:169ff.

[232] Wie in dem Zeugnis von Elie Wiesel: „Ich hatte sogar meinen eigenen Namen vergessen. [...] Ich hatte meine Nummer, A7713. Das war alles. Ich war eine Nummer. Und von Zeit zu Zeit kam jemand aus meiner Stadt zu mir, um mich an meinen Namen zu erinnern. [...] Und das genügte mir, um glauben zu können, daß der Mensch zum Guten fähig ist." In: Semprún und Wiesel 1997:22.

[233] H. Cohen *Ethik des reinen Willens*:248.

gewahr geworden bin? Vielleicht verhält es sich umgekehrt, daß erst das Du, die Entdeckung des Du mich selbst auch zum Bewußtsein meines Ich, zur sittlichen Erkenntnis meines Ich zu bringen vermöchte.[234]

Aber dies gilt auch für das soziale und politische Handeln dem Anderen gegenüber. Cohen sieht in der Institution des *Schabbat* eine der originellsten jüdischen Erfindungen, die lebendige Anwendung der Nächstenliebe in Form der Anerkennung des Anderen bzw. des Kampfes gegen seine Verdinglichung:

> Der von Religions und Staats wegen einen Tag in der Woche ruhende Sclave ist ein Widerspruch in sich selbst, der allein entstehen und behoben werden kann durch die aller antiken Cultur widerstrebende Ansicht, daß der Sclave Mensch sei, *Person und nicht Sache*. Die revolutionäre Lehre wird verkündigt unter dem aggressiven Begriffe der *Gleichheit*. Er soll die Rechte der Ruhe erlangen, wie Du selbst sie hast.[235]

Die Beziehung zwischen Mitmenschen, die sowohl auf der Sprach- als auch auf der Handlungsebene stattfindet, benannte Cohen mit dem Begriff der **Korrelation** – der ursprünglich für die Beziehung zwischen Mensch und G-tt steht, die dadurch zum Vorbild für alle anderen Relationen wird. Nach Munk vermeidet Cohen explizit die Benutzung des Begriffs der **Aufhebung**, denn diese Beziehung zwischen Ich und Du ist unaufhebbar, und wenn er es tut, dann ohne die **Differenz** zu annullieren – wie es bei Hegel der Fall ist. Sie bleibt erhalten – auch in seinem Konzept der **Allheit**. Diesen Begriff entlehnt Cohen aus der Mathematik, um ein Denken zu ermöglichen, das alles denkt und trotzdem nicht in der Totalität (die er Ganzheit nennt) aufgeht, sondern stattdessen versucht, „die Allheit in der **Pluralität** und die Pluralität in der Allheit zu bewahren". Das Problem besteht nun darin, wie die Pluralität in der Allheit aufgehen kann, ohne dass die Differenz des Anderen in diesem Verfahren verschwindet („die Pluralität sollte in der Totalität nicht untergehen"). Rainer Munk schreibt dazu:

> The difference between Hegel's use of sublation and Cohen's term correlation is that sublation refers to the process through which the contradiction between identity and no-identity is mediated and overcome in the identity of identity and no-identity. As a result of this the otherness of the other is appropriated. To Cohen, on the other hand, correlation refers to the principle through which identity and no-identity are both preserved and united. Cohen's articulation of the unity of totality in terms of elevation, preservation and cancellation does not result in the appropriation of the otherness of the other. Cohen had to do away with the term sublimation because of its connotation of overcoming opposites and the implication of appropriating the otherness of the other. His aim was to articulate the preservation of the otherness of the other in the moment of allness. The term correlation serves that purpose.[236]

---

[234] H. Cohen 1919:17.

[235] H. Cohen *Das Judentum als Weltanschauung* (1888), zitiert nach der Manuskriptvorlage.

[236] R. Munk 1997:176.

Die Ähnlichkeit mit Adornos *Negativer Dialektik* ist nicht zu übersehen. Vor Adorno hat Benjamin die Idee einer nicht aufzuhebenden historischen Dialektik bearbeitet. Diese Denklinie basiert auf der jüdischen Tradition und betont die Wichtigkeit, den „Rest" und die Differenz zu erhalten, welche schon Mendelssohn am Anfang der modernen Tradition verteidigte. So war es Cohen auch bewusst, dass die Herausforderung bei der Interaktion zwischen Partikularem und Universalem darin besteht, die Differenz (Nicht-Identität) zu erhalten – ein Versuch, der im jüdischen Denken wegen des offenen, gewebeförmigen und immer unvollständigen Begriffs von Text und Diskurs problemlos funktioniert, aber nur schwer in die abendländische Philosophie übersetzbar ist.

> Hier liegt die Schwierigkeit. Die Mehrheit soll nicht in die Einheit zusammenfallen. Und die Einheit soll nicht in der Mehrheit sich abspalten. Die Mehrheit soll, als Einheit freilich, Mehrheit bleiben. Und die Einheit soll sich als Einheit erhalten. Und beide sollen nicht nebeneinander lagern, so wenig, als ineinander übergehen.[237]

Cohen hat stets versucht, dieses Problem mit den verschiedensten Beschreibungen zu erklären wie etwa: „Es muß vielmehr dieses Selbst, den Andern nicht sowohl einschließen, als viel mehr auf ihn bezogen werden. Durch den Einschluß könnte der Andere involviert erscheinen, und so als ein Anderer in dem Einen Selbst aufgehoben scheinen. Das darf bei dem Einen so wenig, als bei dem Andern der Fall sein. Weder darf der Eine den Andern, noch der Andere den Einen in sich **verschlungen** haben."[238]

In dem Zitat, das dieses Unterkapitel eröffnet, erinnert Cohen an eine der teuersten Figuren des jüdischen Denkens, um die Differenz zu begreifen: an das **Menschenantlitz**, an das uns auch Mendelssohn im letzten Kapitel erinnert hat, sowie an den Gedanken, dass „G-tt einem jeden nicht umsonst seine eigenen Gesichtszüge eingeprägt hat". In diesen Gesichtszügen, die nach dem Talmud „mit ihrem Erkennen den Tag beginnen lassen", strahlt wie bei Levinas das Licht der Menschlichkeit. Die Tiefe dieser Denkfigur wird in der Sprache erkennbar – denn auf Hebräisch hat Antlitz (*Panim*) keine Singularform, d.h. der Andere hat immer Antlitze, und es ist strukturell unmöglich und ethisch totalitär, nicht nur verschiedene Menschen in einer „Totalität" zusammen zu verstehen – nicht mal einen Einzigen darf/kann man auf diese Weise ver**ein**fachen. Denn die Pluralität ist das Herz des Lebens, das im Hebräischen ebenfalls nur im Plural existiert: *die* Leben (*Chajm*) – das heiligste Prinzip der jüdischen Ethik.[239]

---

[237] H. Cohen *Werke*, Band 6:62. Zitiert auch bei R. Munk 1997.

[238] Ebenda, Band 7:212, m.H.

[239] Unzählige Quellen weisen auf den absoluten Vorrang des Lebens in der jüdischen Ethik hin, u.a.: „Himmel und Erde rufe ich hiermit zu Zeugen über euch an. Daß ich dir Leben und Tod vorgelegt habe. Segen und Fluch. *Wähle das Leben, damit du und deine Nachkommen erhalten werden*" (5. Buch Mose 30,19, m.H.). Jedoch gibt es auch Quellen, die diesem Prinzip widersprechen – am deutlichsten der *Mawet al Kiddusch HaSchem* (der Tod zur Heiligung des Namens G-ttes basiert auf den Talmud-Traktaten Sanhedrin 74a und b). Im Mittelalter wurde dies von verschiedenen Gemeinden ausgeübt, indem das Martyrium oder der eigene Tod vor der Zwangstaufe Vorrang hatten.

Cohens Theorie des Mitleids und des Antlitzes des Anderen wird die neue Generation der jüdischen Denker beeinflussen, u.a. Franz Rosenzweig, Nehemias Anton Nobel, Martin Buber und Emmanuel Levinas.

β. Der letzte Prophet: Immanuel

> *Der philosophierende Jude fühlt sich wie heimatlich angehaucht auf dem Boden Kants; denn in diesem System, welches auf der Logik der Wissenschaft gegründet ist, hat die Ethik ein Primat. Die Ethik ist aber das Lebensprinzip des Judentums.* (Hermann Cohen)[240]

Cohen hat jüdische Elemente in sein neukantisches System nicht nur einbezogen: Er „prophetisiert" Kant, indem er seine Begriffe re-interpretiert und in Einklang mit der jüdischen Tradition bringt. So legt er z.B. einerseits die Idee des „ewigen Friedens" als messianische Zeit aus und gibt der säkularen kantischen Utopie eine religiöse Aura. Andererseits „zähmt" er zugleich, wie die italienischen Großeltern im oben zitierten Gedicht von Constantini, die Diskurse der Propheten: Auf diese Weise verändert er die jüdische Zeitkonzeption, die mit Brüchen durchsetzt und keineswegs linear ist (Benjamin beschreibt sie als Tigersprung)[241], und eröffnet durch die Hinzunahme des infinitesimalen Kalküls eine Sicht, die einen „progressiven Fortschritt in der Zeit" ermöglicht und dadurch das Bild der Zeit verstetigt.

Cohens ‚jüdische Auslegung' Kants stützt sich auf die Interpretation von Manuel Joël, der überzeugt war, dass Kant „wie kein anderer den Boden bereitet, auf dem sich, ohne mit den Ansprüchen der Wissenschaft in Widerstreit zu geraten, anbauen lässt".[242] Wie Adelmann bemerkt, kann diese These nur stimmen, wenn wir unter dem Begriff der Religion „Nicht Bestimmtes, vor allem nichts aus der Schleiermacher-Tradition oder sonst wie ‚Christliches' uns vorstellen, sondern jenes ‚Gesamtwissen' der Wissenschaft des Judentums zu denken versuchen, das Manuel Joël vorausgesetzt hat".[243]

Die Begeisterung Cohens für Kants und Luthers Rationalismus ist nachvollziehbar: Beide entwickeln in der Philosophie wie in der Theologie Konzepte, die er als ursprünglich jüdische Elemente versteht. Bei Kant nehmen die Ethik und das Gesetz den zentralen Platz ein, bei Luther das Wiederaufleben der abstrakten Idee des Monotheismus, indem er u.a. die Heiligen, die Menschenbildverehrung sowie die menschliche Vertretung der Macht G-ttes (durch den Papst) abschafft. „Schon der Kampf gegen die Anthropomorphismen, die

---

[240] H. Cohen *Die Innere Beziehung der Kantischen Philosophie zum Judentum*, in: ders. *JS*, Band I:284.

[241] Benjamin *Über den Begriff der Geschichte*, These XIV,, in: ders. *GS*, Band I-2:701. In der nächsten Generation haben jüdische Intellektuelle, unter denen auch Studenten Cohens waren, die jüdische „Sprungkonzeption" der Zeit wieder aufgenommen und in revolutionäre Ziele übersetzt, wie etwa Rosenzweig und Benjamin. Siehe dazu Löwy 1988.

[242] Joël zitiert in Adelmann nach der Manuskriptvorlage.

[243] Adelmann zitiert nach der Manuskriptvorlage.

sich in der Bibel finden, leitet diesen Feldzug unserer Exegeten und Philosophen gegen die körperliche, sinnliche, mythologische Auffassung G-ttes ein."[244] Die sozialen und ethischen Gefahren, die der Mythos mit sich bringt, werden später von Horkheimer und Adorno in ihrer *Dialektik der Aufklärung* (1947) weiter ausgearbeitet sowie von Cohens Schüler Ernst Cassirer in *Der Mythos des Staates* (1944) auch in Bezug zum NS-System gesetzt.[245]

Aufgrund der Dekonstruktion des Mythos, die Cohen sowohl bei Luther auch als bei Kant zu sehen glaubt, verbindet er beide Autoren, indem er Kant in der Nachfolge der Revolution Luthers und als dessen Übersetzer in die Philosophie sieht. Für ihn kehren beide, ohne sich dessen bewusst zu sein, zurück zu den jüdischen Quellen, die den Mythos und seine Anthropomorphismen ablehnen (die vielleicht deutlichste Darstellung davon, abgesehen vom „verdrängten 2. Gebot" – siehe oben – ist die Stelle im *Midrasch Bereschit* 38:13, die berichtet, wie Awraham die Idole, die sein Vater Terach angefertigt hat, zerstört). So wird Kant zum „letzten Propheten" der jüdischen Lehre, indem er die vergessenen Inhalte wieder in Erinnerung ruft. Für Cohen hat er, wie viele der Propheten, seine Funktion jedoch nicht begriffen:

> Freilich kommt ihm [Kant] auch der Gedanke, daß Glaubenssätze ebenso statuarisch belasten wie äußere Observanzen, und er deutet in seiner „Religion innerhalb der Grenzen der bloßen Vernunft" satirisch so die Tendenz von Mendelssohns Jerusalem: „Er will sagen: schafft Ihr erst selbst das Judentum aus Eurer Religion heraus." Aber Kant hält dabei die christliche Glaubenslehre nur für die „gewöhnliche Vorstellungsart des Christentums", der er die seinige entgegenstellt. Wenn es sich nun herausstellen sollte, daß seine Auffassung der Religion vielmehr mit derjenigen übereinstimmt, welche vom Judentum sachgemäßer Weise konstruiert ist, so würde man umgekehrt sagen dürfen: „schafft Ihr nur erst das Christentum aus Eurer Religion heraus."[246]

Die Intention Cohens, das Judentum als „Ursprung" der Reformation und des deutschen Idealismus zu begreifen, und seine Absicht, ein „Bündnis der Vernunft" zu schaffen, führen allerdings auch zu Überzeichnungen: So behauptet er z.B., dass vor der christlichen Reformation bereits eine jüdische – im Denken von Maimonides – stattgefunden habe. Derrida erklärt:

> [...] die eigentliche Formel Maimonides sei [für Cohen] das „Wahrzeichen" eines mittelalterlichen jüdischen Protestantismus [gewesen], das Symptom, das aufschlussreiche Zeichen, die Marke. Es hätte also eine jüdische Reformation lange vor dem Buchstaben der christlichen Reformation gegeben. Maimonides

---

[244] H. Cohen *JS*, Band I:294.

[245] Auch Freud erwähnt in einem seiner Briefe, dass das Privileg, jüdisch zu sein, eben das vom Mythos befreite Sein sei. In einem viel früheren Text kann man nach meiner Interpretation die schmerzliche Trennung, ja in der Tat die Verbannung des „mythologischen Teils" in der Geschichte des Judentums finden. Im Talmud Bavli *Baba mĕzia* 59 wird die Diskussion berühmter Rabbiner über eine halachische Frage wiedergegeben. Rabbi Eliezer, der vermutlich Recht hat, versucht mit „Wunder" zu argumentieren. Die Mehrheit wendet sich gegen ihn und schickt ihn in die Verbannung. Diese Erzählung kann als eine „Vertreibung" mythologischer Denkreste aus dem Judentum gelesen werden.

[246] H. Cohen *JS*, Band I:287ff.

ist ein Eigenname, er ist das Emblem oder das Sigel des Bündnisses zwischen den beiden Reformationen.[247]

Bedenkt man das tiefe philosophische Wissen Cohens, vor allem über Maimonides, dann scheint eine solche Darstellung eher strategisch zu sein, denn die Ähnlichkeiten zwischen den Rambam und Luther sind, genauer betrachtet, eher gering.

Diese Interpretation der Verwandtschaft mit Luther bleibt jedoch nicht allein Cohens Ansicht. Eine Generation später werden sowohl Rosenzweig als auch Buber in ihren Bibelübersetzungen Luther als „Vorfahren" nennen.[248]

Die inneren Beziehungen zwischen Kant und dem Judentum sollten nicht nur die Christen, sondern auch die Juden verstehen. Deswegen bemüht sich Cohen, in der besten Tradition von Maimonides, die rationalen Elemente des jüdischen Glaubens zu unterstreichen. Der gemeinsame Boden, zumindest der rationalistischen Denkströmung innerhalb des Judentums, wäre somit nicht nur die **Zentralität des Gesetzes**, sondern der **Vorrang der Vernunft**.[249] Für diese Behauptung stützt er sich zu Recht auf die reiche mittelalterliche jüdisch-philosophische Tradition:

> Und da man bei Saadja im zehnten Jahrhundert und wahrscheinlich schon früher eine ethische Begründung des Judentums versuchte, so wurde man unvermeidlich dazu getrieben, dieser Ethik auch eine Art von logischem Unterbau zu geben. Es ist nun bedeutsam, daß hierin schon eine innere Übereinstimmung unverkennbar ist. [...] Und Saadja spricht den großen Gedanken aus: Wenn jemand sage, die Sittenlehre sei nur in der Torah enthalten, nicht aber in der Vernunft, „so höre mit einem solchen Menschen jede Möglichkeit der Diskussion auf". So rückhaltlos wird die Vernunft als die Controll-Instanz der Torah festgehalten. Ähnlich heißt es bei Bachja ibn Pakuda (im elften Jahrhundert) [...] „es sei ein Verführungsmittel des bösen Triebes, die Skepsis anzuregen, daß es eigentlich doch mit der Offenbarung genug sei, und daß man der Pflege der Vernunft nicht bedürfte".[250]

Andere Elemente der kantischen Theorien sind schwieriger mit dem Judentum zu vereinbaren – trotzdem versucht Cohen einen Weg zu finden. So z.B. mit der autonomen Moral Kants, indem er die Quellen so auslegt, dass, wenn nicht eine autonome Moral herauszulesen ist, wenigstens die Heteronomie schwächer wirkt. Dafür stützt er sich auf einen Vers im 5. Buch Mose 30,19 („Wähle das Leben, damit du und deine Nachkommen erhalten werden"): Wenn aber die Wahl des Lebens eine menschliche Aufgabe sei, so sein Argument, dann

---

[247] Derrida 1988:91.

[248] Ebenda.

[249] Innerhalb der Geschichte des jüdischen Denkens finden sich die unterschiedlichsten Interpretationslinien: vom strengen Rationalismus bis hin zur Mystik. Ein herausragendes Beispiel für die rabbinische Diskussion ist die geheimnisvolle *Mizwa* 113 (die Rote Kuh), die durch ihre komplizierten Details den menschlichen Intellekt vor die Herausforderung stellt, sich dem Gesetz zu unterwerfen, selbst wenn er es nicht versteht: eine für Kant undenkbare Position. Aber abgesehen von diesen extremen Fällen haben sich die jüdischen Rationalisten darum bemüht, dem jüdischen Gesetz eine verständliche Struktur zu geben.

[250] H. Cohen *JS*, Band I:287.

müsse die Freiheit eine fundamentale Kondition dieser Moral bilden.[251] Gleichzeitig ist für Cohen der Mensch für seine Freiheit selbst verantwortlich[252] – und zwar nicht nur für sein Handeln, sondern auch für das Leiden in der Welt: Der Mensch muss auch und vor allem für die anderen Verantwortung übernehmen.[253]

Ein Teil des gemeinsamen Fundaments, das er mit Kant teilen konnte, bildete für ihn der Sozialismus. Dieses politische Ideal war nach Rosenzweig die Brücke, die Cohen sein Leben lang mit der „Heimat des Judentums" verband:

> [...] der Geist war ausgezogen und hatte die Brücken zur Heimat hinter sich abgebrochen. Bis auf eine. Es ist sehr bezeichnend, welches diese Brücke ist. Es gibt einen jüdischen Inhalt, der, in merkwürdiger Parallelität, erst unter der Sonne des neunzehnten Jahrhunderts und innerhalb des deutschen Judentums als altjüdischer Gedanke zu Formulierungen wie außerhalb des Judentums, aber durch ihn, und ebenfalls seinem deutschen Zweige, entwachsene Sprossen, zur weltgeschichtlichen Tat reifte: der Sozialismus.[254]

Cohens Brücke zum Judentum wird daher auch Kant über das Judentum mit dem Sozialismus verbinden. So unterstreicht er z.B. in seinem Artikel über den Schabbat, dieser Tag sei „in seinem Ursprung ein Ruhetag der Sklaven, der Mietlinge, der arbeitenden Klassen".[255] Gleichzeitig zeigt er, wie Karl Vorländer in einer Rezension über Cohens Text betont, dass egal „wie paradox es auch klingen möge, der stille Professor von Königsberg der Vater des deutschen Sozialismus [ist]. Kant zuerst hat den sittlichen Grundgedanken jedes echten Sozialismus in die [...] Formel gebracht, dass der Mensch nie bloß Mittel sei, sondern jederzeit zugleich als Zweck betrachtet und behandelt werden muss."[256]

Als Schmuggler und Brückenbauer sieht sich Cohen, wie seine Witwe im Vorwort seines letzten Buches beschreibt, „zwischen Mendelssohn und Luther". Die antisemitische Virulenz Luthers wie die herablassenden Äußerungen Kants über das Judentum kannte Cohen zweifellos – trotzdem versuchte er die Ähnlichkeiten der Systeme hervorzuheben. Er entwarf eine dreieckige Konstellation, in der die Deutschen und die Juden über einen dritten Term (die griechische Philosophie) verbunden sind. Diese interessante, wenn auch seltsame Konstruktion wird ihre radikalste Darstellung in der Kriegsschrift *Deutschtum und Judentum* (1915/1916)[257] finden, in der Cohen, so die Interpretation Derridas, die deutsch-jüdische Psyche zu begründen versucht.

---

[251] H. Cohen *JS*, Band I:298. Siehe dazu auch seinen Artikel *Autonomie und Freiheit*, in: *JS*, Band III, 38ff.

[252] Ein Vergleich mit Sartres Begriff der Freiheit wäre hier interessant – würde aber den Rahmen dieser Arbeit sprengen.

[253] Die jüdische Ethik und damit auch der Anklang an Levinas Ethik sind nicht zu überhören.

[254] Rosenzweig 1924, in: ders. *KS*:309.

[255] Rosenzweig *Einleitung*, in: H. Cohen *JS*, Band I:XXIII.

[256] Vorländer 1897:271.

[257] H. Cohen hat zwei verschiedene Fassungen des Artikels geschrieben: eine im Jahr 1915 und eine viel ausführlichere 1916.

Mit seinem wissenschaftlich-politischen Engagement, seiner Teilhabe an der Gründung der Bewegung der „Wissenschaft des Judentums" und der Lehranstalt in Berlin sowie schließlich über seine Anstrengungen, einen Lehrstuhl für jüdische Philosophie zu gründen, versucht er die Philosophie Kants in die jüdische Welt einzuschmuggeln. Gleichzeitig unternimmt er kleine, konkrete und sympathische Aktionen, wie Schwarzschild berichtet: „Cohen war glücklich über die jüdischen Inhalte, die im Text [*Ethik des reinen Willens*] verborgen sind. Im Februar 1904 schrieb er seinem Schüler Benzion Kellerman, daß sein neues Buch für die Rabbiner zu einem reduzierten Preis angeboten worden sei und schon 100 Bestellungen in einer Woche gekommen seien."[258]

Im Rückblick auf die deutsch-jüdische Geschichte nimmt die unermüdliche Arbeit Cohens einen tragischen Aspekt an. Fackenheim schreibt dazu:

> And such was Cohen's trust in both these worlds, and their inherent affinity, that he had no inkling or premonition that disaster was imminent. There are few thoughts to alleviate the pain of the present reader who feels this trust in Cohen's writings. Among these few is that their author was spared the experience of Nazism, which would have broken his spirit.[259]

d. Die belagerte jüdische Enklave

Obwohl Cohen die Erfahrung des Nazismus erspart blieb, musste er doch einen harten Weg gehen, der nicht selten Isolation in der akademischen Welt bedeutete. Mendelssohn war als neuer Sokrates in den Berliner Salons gefeiert worden, der deutsche Platon in Marburg hingegen blieb von den Kollegen eher unbeachtet. Man kam nicht einmal auf die Idee, ihn zur Konversion bewegen zu wollen – wie es ein Jahrhundert zuvor Lavater bei Mendelssohn versucht hatte –, da sich in dieser Zeit der Antisemitismus in eine rassistische biologische Ideologie verwandelte und somit nicht einmal der Dialog mit den Anderen gesucht wurde. 1804, nach Kants Tod, macht sich ein neuer Zeitgeist bemerkbar, der

> [...] has moved from his Enlightment rationalist, cosmopolitan ethicism (which proclaimed 'the primacy of practical reason' and hailed the French revolution as the dawn of a new age) to a new Romantic, increasingly ethnicist German nationalism. [...] Historicism rather than rationalism, nationalism rather what Kant liked to call 'Weltbürgertum', and revived Romantic religiosity rather than republican secularism.[260]

---

[258] Schwarzschild 1981:XXVII. 1905 wurde das Buch in einem Kommentar in der *Literarischen Jahresrevue* des Vereins für Jüdische Geschichte und Literatur nachdrücklich empfohlen: „Wenn auch nicht spezifisch jüdisch, so darf doch das Werk hier in keinem Fall übergangen werden, welches auch für uns von grundlegender Bedeutung bleiben wird, nämlich die *Ethik des reines Willen* von Hermann Cohen." Zitiert in Adelmann: *Hermann Cohens Vorträge in der Vereinen für Jüdische Geschichte und Literatur* (Manuskriptvorlage).

[259] Fackenheim 1969:4.

[260] Schwarzschild 1979:132.

Cohen folgte in seiner philosophischen Arbeit dem Ruf Otto Liebmanns „... also muß zu Kant zurückgegangen werden!" Am 2. August 1870 schrieb er an Hermann Lewandowsky: *„Mein Kant steht vor mir und ich suche seinen Blick zu fangen. Es ist ein schön Ding, sich in einen solchen Mann einzuleben, und von ihm aus zu sehen, wie es weiter gehen kann."*[261] Eigentlich war es in dieser Zeit nicht nur notwendig, zum Königsberger Meister „zurückzugehen", sondern vielmehr ihn vor seinen Gegnern zu verteidigen. Ein paar Monate später schrieb er erneut an Lewandowsky:

> Diese jetzige [Arbeit] ist vollauf beschlossen mit der Rettung Kants gegen die wichtigsten Angriffe. Meinst Du nicht auch? – Ich zeige die Bedeutung der Lehre von Raum und Zeit für die Kantische Metaphysik und Psychologie und berücksichtige die gegen sie erhobenen Einwürfe. Damit ist gut. Was der Kantische Idealismus sonst noch für Bedeutung habe, wie er sich zum Platonischen, Descartischen, Spinozischen verhalte, welchen Einfluß er auf die jetzige Philosophie haben müsse, welche Wendung der Idealismus in der neuesten Naturwissenschaft genommen habe – das Alles sind sehr schöne Sachen, aber sie gehören nicht streng zu diesem Thema, *und da ich mir den Mund daran verbrennen würde, so werde ich mich darauf beschränken* [...].[262]

Als Sozialist und Neukantianer gründete Cohen eine „jüdische Enklave" in Marburg, die gegen die Hegelianer und den wachsenden Nationalismus Widerstand zu leisten versuchte, vor allem gegen das hegelianische Vorhaben, das Ideal mit der konkreten deutschen Nation zu identifizieren.[263] Die Marburger Schule antwortete und kritisierte gleichzeitig und war somit sowohl gegen die idealistische Metaphysik als auch gegen den naturalistischen Materialismus gerichtet. Wie Poma ausführt: „What was seen in Kant was the model of a well-founded philosophical method, in close contact with science and thus credible (in contrast with the unacceptable speculative constructions of romanticism), but also the departure point for a return to the idealist and subjectivist conception of reality and knowledge, which met with scientific support."[264]

Die sozialistischen Ideale hatten in der Marburger Schule als erstrebenswerte Ziele einen wichtigen Platz. „Aphoristically one could say that middle class gentile Germans adapted their ‚Gegebenheiten' by means of Hegelian ‚Aufhebungen', while Jews had to try to conquer the ‚Gegebenheiten' by means of Kantian ‚Aufgaben'."[265] Dieser ethische Imperativ stammt, wie schon erwähnt, nicht nur von Kant, sondern von den Propheten und der jüdischen Ethik mit ihrem Gerechtigkeitsanspruch. Deswegen überrascht es nicht, dass sich um Cohen herum ein Kreis von jüdischen Studenten bildete, denen diese Grundgedanken vertraut waren (u.a. Ernst Cassirer und Benzion Kellermann).

---

[261] Zitiert in Orlik 1992:46, m.H.
[262] H. Cohen an Lewandowsky 3. Oktober 1870., in: Cohen 1929:28, m.H.
[263] Für eine ausführliche Geschichte der Marburger Schule siehe Sieg 1994.
[264] Poma 2002:3.
[265] Schwarzschild 1981:141.

Die Isolation der Marburger Schule und ihre Ablehnung durch die philosophische Fachwelt hatten mehrere Gründe:

> [...] in the first and most obvious place, that the Marburg School consisted almost entirely of Jews (it turned out that even Natorp would not preserve his philosophical loyalty). That many of the younger Jews came from Eastern Europe did not ingratiate the School in such circles. What was meant in the second place was that Cohen himself and virtually all other „Marburgers" publicly proclaimed not only their political liberalism but even their active socialist enthusiasm – and this was always suspected as at best dubiously patriotic. Most broadly what was meant was that the Marburger neo-Kantianism was perceived, only in part justly, as an enactment of what the Nazis later were to call "the corrupting criticistic, negative, rationalistic Jewish spirit" and what this referred to was the centrality of concern with positive and mathematical sciences and the unrelenting rationalism, analyticism, and methodologism ruled there.[266]

Auf der anderen Seite waren, sobald die jüdischen Inhalte der Philosophie Cohens an Stärke gewannen, die Differenzen – und z.T. Konflikte – mit den nicht-jüdischen Mitgliedern der Marburger Schule immer größer geworden:

> On some very deep level Cohen was always on guard against Christian religious or at least non-Jewish ideological, if not actually antisemitic, purposes not only among his philosophical and professional opponents but even among the very few non-Jewish members of his own school of thought. In the "Ethic" he explicitely draws an historic line between Paulinian antinomianism, Kant's relegation of the law to an inferior status compared to inward morality, and (by implication) to Stammler's bifurcation of ethics and jurisprudence. [...] One might add that, without forgetting all the important differences between the two cases, Cohen's philosophical wariness of Natorp proved in the longer run to be no more bereft of justification than Freud's of Jung.[267]

Der Vergleich mit der Situation Freuds in Wien liefert eine treffende Beschreibung des Problems: Wie konnten beide Gelehrte, die zweifellos jüdische Inhalte in ihre Theorien mit einbezogen, ihren nicht-jüdischen Kollegen diese Weltanschauung nahe bringen und gleichzeitig gegenüber der akademischen Welt den Eindruck vermeiden, dass sie eine „jüdische Wissenschaft" betrieben? Sigmund Freud hat in einem Brief an Karl Abraham über die gewaltigen „Differenzen" mit Jung diese Spannungen klar herausgestellt:

> Verstehen Sie ihn, für ihn ist es schwieriger meinen Ideen nachzufolgen. [...] Seien Sie tolerant und vergessen Sie nicht, daß Sie es eigentlich leichter als Jung haben, meinen Gedanken zu folgen, denn erstens sind Sie völlig unabhängig, und dann stehen Sie meiner intellektuellen Konstitution durch Rassenverwandtschaft näher, während er als Christ und Pastorensohn nur gegen sehr große innere Widerstände den Weg zu mir findet. Um so wertvoller ist dann

---

[266] Schwarzschild 1979:136. In der Fußnote 36 addiert der Autor nicht ohne jüdische Ironie ein Zitat von De Schmidt mit einer „funny, if not tragic, list of the established dictionary of insults directed to the Marburg School: ‚subjectivism, purism of the subject, logicism, theoreticism, mathematicism, scientism, positivism, problematicism, pan-methodism, rationalism, relationalism, etc.'".

[267] Schwarzschild 1981:XVIff.

sein Anschluß. Ich hätte beinahe gesagt, daß erst sein Auftreten die Psychoanalyse der Gefahr entzogen hat, eine jüdische nationale Angelegenheit zu werden.[268]

Die Bemühungen von Freud und Cohen waren vergeblich, denn beide Theorien – der Marburger Neukantianismus wie die Psychoanalyse – sind als „jüdische nationale Angelegenheiten" abgestempelt worden. Dies nicht nur wegen der konkreten Inhalte, sondern auch wegen des theoretisch-politischen Rückschlags, den der Hegelianismus für den Kantianismus bedeutete – eine Wendung vom Kosmopolitismus zum Nationalismus –, und schließlich wegen des wachsenden Antisemitismus. Letzterer spiegelt sich in der Biographie beider Männer wider: Im Fall von Cohen hatten sich die Konditionen, die ihm 1875 erlaubten, einen Lehrstuhl unter der Protektion von Friedrich Albert Lange (einem tapferen 1848er Liberalen) zu bekommen, gewaltig geändert.[269] 1912, als er emeritiert wurde, konnte kein Philosoph und schon gar kein Kantianer, geschweige denn ein Jude (er wünschte sich Ernst Cassirer) als Nachfolger berufen werden. Seine Stelle wurde mit dem experimentellen Psychologen Erich Jaensch besetzt, der danach ein begeisterter Nazi wurde. Es gehört zur Ironie der Geschichte, dass ein paar Jahre später Martin Heidegger den Lehrstuhl übernahm, der es sich in seiner Schrift *Die Geschichte des philosophischen Lehrstuhls seit 1866* zur Aufgabe machte, das Werk Cohens zu diskreditieren. Das Verhalten Heideggers in der Davoser Disputatio (die zum Ausdruck brachte, dass er Cassirer und damit eigentlich die gesamte Marburger Schule, insbesondere aber Cohen als Feind sah) sowie sein Engagement für die NSDAP sind bekannt.[270]

Die Schüler Cohens hatten fast keine Möglichkeit, in der universitären Landschaft einen Platz zu finden, mit der Ausnahme von Cassirer, der nach einer langen Pilgerschaft[271] in Hamburg eine Stelle fand und 1929/30 dort Rektor wurde – eine Ehre, die die Universität Marburg Cohen nie gönnte. 1933 musste Cassirer ins Exil – alle anderen (Dimitri Gawronsky, Benzion Kellermann) blieben chancenlos. Einige, wie Reuter, haben sich konsequent den Marburger Idealen der Politik gewidmet. Cohen selbst „must have been the only famous German professor throughout the Second Reich – founder of an important intellectual school at that – who was never offered another university chair during his career".[272] Die Marburger Schule wurde nicht nur von ihren Zeitgenossen ignoriert, sondern auch von der Philosophiegeschichte. Schwarz-

---

[268] Brief von Sigmund Freud an Karl Abraham. Siehe dazu die brillante Analyse von Yerushalmi 1999.

[269] Siehe dazu den zeitgenössischen Bericht von Bernhard Breslauer: *Die Zurücksetzung der Juden an den Universitäten Deutschlands*, Denkschrift des Verbands der deutschen Juden 1911.

[270] Siehe dazu Schwarzschild 1979:137, Sieg 1988.

[271] Cassirers Habilitationsversuch in Berlin scheiterte an der „Cohenschen Methode", obwohl Cohen sich persönlich bei Dilthey für ihn einsetzte. Etwas später schreibt Cohen enttäuscht an Natorp: „Ich kann unseren guten C. nicht weiter betteln gehen lassen, denn er war schon auf die Temperatur des Privatgelehrten gesunken." Zitiert in Heitmann 1997:105.

[272] Schwarzschild 1979:137.

schild nennt es ein paradoxes tragisches Schicksal: In Deutschland wurden sie angeklagt, „nicht wirklich deutsch zu sein", während sie im Ausland als „zu deutsch" angesehen wurden.[273] Die Marburger Schule galt zu ihrer Zeit als eine kantisch-jüdische Enklave; im philosophischen Gedächtnis wurde diese „Belagerung" erst vor wenigen Jahren aufgehoben.[274] Bisher ist jedoch noch nicht ersichtlich, wie die „Hereinnahme" dieser Denker in die deutsche philosophische Tradition aussehen wird. Es besteht die Gefahr, dass nun die andere Seite der Medaille zum Vorschein kommt, nämlich jener Philosemitismus, der letztendlich auch auf Projektionen basiert.

e. Der verfluchte Text

Das Deutschtum muß zum Mittelpunkte eines Staatenbundes werden, der den Frieden der Welt begründen und in ihm die wahrhafte Begründung einer Kulturwelt stiften wird. Der gerechte Krieg ist die Vorbereitung des ewigen Friedens. Denn der Leitstern des ewigen Friedens ist die messianische Idee des israelitischen Prophetismus, des Schwerpunktes der jüdischen Religion.

(Hermann Cohen)

Es sei gesagt worden, vermerkt Jacques Derrida, dass der Text, aus dem dieses Zitat entnommen ist, Cohens für den Ersten Weltkrieg geschriebene Betrachtung *Deutschtum und Judentum*, verflucht sei. So das gewagte Wort des französischen Übersetzers Marc B. Launy, an das Derrida uns erinnert.[275]

Obwohl Cohen nicht der Einzige war, der trotz seines Kosmopolitismus 1916 in eine nationalistische Begeisterung verfiel (die Liste der Namen berühmter deutsch-jüdischer Intellektueller, die ähnlich empfanden, ist lang),[276] wirkt diese seine Schrift extrem naiv, vor allem wenn man, wie Fackenheim schreibt, die Geschichte danach kennt. Aber nicht ohne Raffinesse entwickelt Cohen darin eine Verwandtschaft zwischen Juden und Deutschen, die über den dritten Term, die griechische Philosophie, zu finden sei. Derrida beschreibt dies folgendermaßen:

Indem es sich mit dem Jüdischen auseinandersetzt, setzt das Deutsche sich mit sich selbst auseinander, da es das Judentum trägt und reflektiert: nicht im Blut,

---

[273] Schwarzschild 1981.

[274] Eines der besten Beispiele für diese neue Lektüre der Marburger Schule ist der 2004 in der Reihe *Geschichte der Philosophie* beim C. H. Beck Verlag erschienene Band zu diesem Thema von Holzhey/Röd.

[275] Derrida 1988:84.

[276] In der Zeitschrift *JJGL*, Band 19, 1916 wird nicht nur lobend über die Schrift berichtet, sondern erwähnt, „dass sämtlichen Vereinen zugleich mit dem alljährlich zur Versendung gelangenden Fragebogen für die Mitteilung die Schrift von Geheimrat Professor Dr. Hermann Cohen *Deutschtum und Judentum* gratis übermittelt worden ist". Zitiert in Adelmann (Manuskript). Unter den kritischen Stimmen der deutschen Juden waren Gershom Scholem und Albert Einstein. Sieg (2001) hat jedoch überzeugend gezeigt, dass der „Patriotismus" der deutschen Juden während des Ersten Weltkrieges nicht so naiv und verbreitet war, wie bis jetzt von den Geschichtswissenschaften angenommen wurde.

sondern in der Seele. Oder im Geist. Nicht im Blut; denn diese Genealogie ist nicht natürlich, sondern institutionell, kulturell, geistig und psychisch. [...] Diese geistige Blutsverwandtschaft wird in der Kritik der praktischen Vernunft besiegelt. [...] Diese Geste ist nicht neu. Kants Denken, dessen protestantische Abkunft so offensichtlich ist, wurde sehr schnell als ein tiefes Judentum interpretiert. Man denke daran, dass Kant sofort als eine Art Mose begrüßt wurde und dann Hegel in ihm einen verschämten Juden sah.[277]

Es handelt sich um einen wirklich seltsamen, vielschichtigen Text, der über viele Auslegungsmöglichkeiten verfügt. Einerseits zögert der Optimist Cohen nicht, Deutschland als das „wahre Vaterland eines jeden Juden der Welt" oder noch überspitzter „das Mutterland seiner Seele" (§ 40) zu bezeichnen. Dies basiert für ihn u.a. auf der Sprache – der Verwandtschaft des Jiddischen mit dem Deutschen –, die für ihn „die Urkraft der Vernunft und des Geistes" ist. Andererseits erwähnt er deutlich die antisemitischen Einstellungen in Deutschland – dass z.B. die jüdischen Studenten aus dem Universitätsleben und aus den Korporationen und Verbindungen ausgeschlossen werden. Er fordert darin seine Leser heraus:

> Er [der Antisemitismus] widerspricht zudem der Achtung, die den jüdischen Professoren geschuldet wird. Wer mich nicht seiner sozialen akademischen Gemeinschaft würdig hält, sollte auch meine Vorlesung meiden und meine Belehrung verschmähen. Die Forderung richtet sich daher ebenso eindringend an die akademischen Behörden, wie an die Studenten mit ihrer akademischen Freiheit.[278]

Der „verfluchte Text" hat die verschiedensten Reaktionen ausgelöst. Während Derrida Cohen mit den „jüdischen Anhängern von Le Pen" vergleicht und ihm vorwirft, dass er sehr genau wusste, dass „die Kultur, die er zelebriert, offiziell und institutionell einen legalen Antisemitismus betreibt", liest Fackenheim den Text aus der Gegenperspektive:

> [...] the work is a wartime pamphlet and it is a melancholy fact that, during the first war, the most foolish utterances were sincerely made by the greatest intellectuals in all the warring countries. Cohen was less foolish than many others. Freud is said to have proclaimed that his libido was with Austria. Cohen could never have made any similar statement. His moral reason, not his libido, was involved, and this is why even in the midst of the war he was able to look beyond it. And what he saw was internationalism, socialism and peace. [...] the publication was an act of Jewish courage, as was proved when the nationalistic critics did not praise him for his German patriotism but rather accused him of Jewish presumptuousness. When attacked, Cohen did not fail to counter-attack.[279]

---

[277] Derrida 1988:118.

[278] H. Cohen *Deutschtum und Judentum*, 1915, in: ders. *Werke*, Band 16:530.

[279] Fackenheim 1969:9.

1915, ein Jahr vor Cohen, veröffentlichte der berühmteste jüdische Professor Frankreichs, Émile Durkheim, Zeitgenosse Cohens und Rabbinersohn,[280] ebenfalls eine Kriegschrift: *Deutschland über alles*.[281] In seiner brillanten Analyse der deutschen Situation wählt er gerade Treitschke, Cohens Gegner im Antisemitismus-Streit, um den „militärischen deutschen Geist" herauszuarbeiten. Durkheim schreibt in der Einleitung:

> Das Verhalten Deutschlands während des Kriegs ist auf eine bestimmte Gesinnung zurückzuführen. [...] Wir haben bereits von seiner Angriffslust, von seinem Willen zum Krieg, von seiner Missachtung des internationalen und Völkerrechts, von seiner systematischen Unmenschlichkeit, von seinen ordnungsmäßig grausamen Handlungen gesprochen.[282]

Der Text Durkheims endet wie auch der von Cohen mit „jüdischem Optimismus" bezüglich der Menschheitsgeschichte – ein Zitat, das auch 1915 fast prophetisch klingen konnte:

> Mögen auch zufällige persönliche oder sachliche Rücksichten, diese oder jene Verflechtung von Umständen den Tag der Befreiung verzögern – er wird über kurz oder lang kommen. Denn Deutschland ist nicht in der Lage, das Schicksal, das es sich bestimmt hat, zu erfüllen, ohne das freie Leben der Menschheit zu unterbinden, und das Leben lässt sich nicht ewig fesseln. Man kann es wohl durch mechanischen Zwang eine Zeit lang eindämmen und lähmen; aber immer wieder wirft es, zum Schlusse, die Hindernisse, die ihm den Weg versperrten, auf das Ufer und nimmt wieder seinen freien Lauf.[283]

Auf beiden Seiten der deutsch-französischen Grenze verfassten die berühmtesten jüdischen Professoren ganz verschiedene Texte über den Krieg. Fast ein Jahrhundert später ist es schwierig, diesen Schriften gerecht zu werden. Was in jedem Fall deutlich hervortritt, ist die Tragik von Cohens Text, in dem er den Glauben und die Überzeugung eines großen Teils der deutsch-jüdischen Intellektuellen in Deutschland darstellt – während Durkheim auf der anderen Seite der Grenze die Haltlosigkeit dieser absurden Vorstellung nachweist. Cohens Schrift ist ein Dokument, das an die Geschichte eines Verrats, die Geschichte einer tödlichen Liebe (die der Juden für Deutschland) erinnert. Von den berühmtesten Schülern Cohens wird nur einer dieser Liebe, wenn auch mit Zweifeln, treu bleiben (Rosenzweig starb 1929), der andere – Cassirer – im Exil die bittere Enttäuschung erleben müssen. Ob dieser Text als historischer Beleg

---

[280] Zur Beziehung Durkheims zum Judentum siehe Birnbaum 2004:Kap.II. *Émile David Durkheim: La Mémoire de Massada*.

[281] Im gleichen Jahr hat ein anderer jüdischer Gelehrter, Henri Bergson, in einer Rede am 8.8.1914 die deutsche Politik kritisiert : „Der begonnene Krieg gegen Deutschland ist der eigentliche Kampf *der Zivilisation gegen die Barbarei.*" Diese bestehe „in der Brutalität und dem Zynismus Deutschlands, in seiner Verachtung jeder Gerechtigkeit und Wahrheit und in der Rückkehr zum Zustand der Wilden". Von Cohen zitiert in *Deutschtum und Judentum* 1916:508, m.H. Man beachte die Nähe zum Denken Adornos „nach Auschwitz".

[282] Durkheim 1915:3.

[283] Ebenda.

dieser Überzeugung verflucht sei oder nicht, ist schwer zu beantworten. Vielleicht sollten wir das Adjektiv eher im Zusammenhang der damaligen deutschen Gesellschaft verstehen: „Verflucht, wer das Recht des Fremden, des Waisen und der Witwe beugt" (5. Buch Mose 27,19). Vielleicht hat Derrida Recht mit seiner (im Französischen) doppelten Bedeutung der *deutsch-jüdischen Psyche*: ein Spiegel, der ein schreckliches Bild reflektiert. Sie ansehen zu können, ist die Verantwortung der neuen Generationen.

f. Das systematische Vergessen

Wenn er [Cohen] gelegentlich zu der Nichtbeachtung der Berliner Offiziellen scherzend sagte: „Aber eine schöne Lewaje (ein schönes Leichenbegängnis) werde ich haben!", so hat er sich auch hierin geirrt: als er starb, entsandte zwar Marburg den alten Genossen in der Schulhauptschaft zu letztem Gruß, aber in Berlin nahmen weder Universität noch Akademie der Wissenschaften davon Notiz, daß der immerhin einzige philosophische Denker, der im Zeitalter Nietzsches die Ehre der deutschen Universität gerettet hatte, nach Weißensee zur letzten Ruhe gebracht wurde. (Franz Rosenzweig)

Behalten Sie die Philosophie lieb! Behalten Sie sie lieb! Mit diesen Worten hat Cohen seine Abschiedsvorlesung in Marburg beendet. Aber die Philosophie hat Cohen nicht lieb behalten. Nicht einmal in seiner Universitätsstadt Marburg. Rainer Brandt beschreibt, wie Cohen in Marburg zur *persona non grata* wurde. Erst 1968 wurde eine kleine Gedenktafel an der alten Universität angebracht. „Karl Löwith hielt die Gedenkrede, die Marburger Kanttradition war nicht vertreten. Die Tafel ist bis heute das einzige Erinnerungszeichen in der Stadt und in der Universität."[284] Außer in Marburg wurde Hermann Cohen fast kein Platz eingeräumt – weder in philosophischen Curricula noch in Enzyklopädien. 1992 wurde ein schmales Gässchen, das das alte Gebäude der Universität mit dem neuen verbindet und von den Studenten Ho Chi Min-Pfad genannt wurde, in Hermann-Cohen-Weg „umgetauft". Wenn die Marburger Schule überhaupt erwähnt wird, dann unter dem Namen von Natorp. Das systematische Vergessen, die Geste der Ausradierung ähnelt somit derjenigen Missachtung, welche die Gesellschaft Mendelssohn, Rosenzweig und den anderen Autoren, die in diese Arbeit aufgenommen wurden, entgegengebracht hat.

Seitdem Cohen 1912 seinen Lehrstuhl in Marburg verließ, nahm der Antisemitismus ständig zu. Er versuchte, diesen stets öffentlich zu bekämpfen – auch unter den Studenten. Über den wachsenden akademischen Antisemitismus berichtet Rosenzweig:

wohl hatte er sein Schillerkolleg, seitdem die Studentenschaft antisemitisch durchseucht war, in edelster männlicher Verschämtheit nicht mehr gelesen, weil er dieses intimste Herzensbekenntnis zum deutschen Geiste nicht vor Augen

---

[284] Brandt in Orlik 1992:4.

ablegen wollte, die sein Deutschtum mit unwürdigem Mißtrauen ansahen. [...] („Ich kann doch nicht über Schiller sprechen vor diesen Leuten, die mich ansehen: was sagt der Jude!").[285]

Seine Schüler erwarteten eine andere Zukunft für ihren verehrten Meister. So schreibt Rosenzweig 1921 in der Einleitung zum nachgelassenen Werk – mit der Ironie, die ihn charakterisierte:

> Jüdische Bücher haben nicht bloß ihre Schicksale wie alle Bücher, sondern – ein besonderes jüdisches Schicksal. Ich sehe im Geiste von Cohens Buch hebräische Folioausgaben des siebenten Jahrtausends, gedruckt in sibirischen und feuerländischen, in neuguineischen und kameruner Druckereien, Ausgaben, wo das Cohensche Textwort ertrinkt in der Flut von drei, vier Kommentaren, die es alle Seiten umbranden. Ich sehe Gelehrte, die aus dem Schutt von Frankfurter oder Berliner Bibliotheken Originaldurchschläge des Cohenschen Manuskripts ans Licht des achten Jahrtausends ziehen und im mühsamen Vergleich die rund 200 (133 habe ich gezählt) mehr oder weniger schweren Druckfehler der Erstausgabe [...] nach Kräften verbessern.[286]

In seiner „Vision" hat Rosenzweig tatsächlich zwei tragische Realitäten vorweggenommen: den Schutt der deutschen Bibliotheken sowie die Aufgabe, die Cohen'schen (und jüdischen) Texte zu retten. Cohens Bibliothek und Nachlass sind zum großen Teil – hauptsächlich die große Sammlung von Judaica – verschollen, wie alles Jüdische in Deutschland.[287] Die Nazis haben zwischen drei und vier Millionen jüdische Bücher geraubt und zerstört. Jeder polnische Jude war unter Todesstrafe gezwungen, sein Exemplar des Talmud – dasselbe Werk, das Joël und danach Cohen gegen den Hass verteidigten – selbst zum Scheiterhaufen zu bringen. Im Jahr 1946 war es nicht möglich, einen einzigen kompletten Satz des Talmud in ganz Europa zu finden. Eine neue Edition musste erst vom American Jewish Joint Distribution Committee aus New York gestiftet werden. Zwei überlebende Rabbiner (Snieg und Rose) gaben damit im verbrannten Deutschland eine Antwort auf die Vernichtung. Diese Ausgabe des Talmud erhielt den Namen von *Scheerit Hapleita* – Talmud, der Rest, der überlebte.[288]

Diese Geste der Wiederbelebung des jüdischen Geistes, der jüdischen Bücher nach dem Vernichtungsversuch, nach der absoluten Barbarei hätte Cohen bestimmt gefreut. Toni Cassirer berichtet über seine letzten Stunden:

---

[285] Rosenzweig *Einleitung*, in: H. Cohen *JS*, Band I.

[286] Rosenzweig *Hermann Cohens Nachlass-Werk*, in: ders. KS:294.

[287] Wiedebach liefert in den *Supplementa 2* der *Werke* eine detaillierte Geschichte von Cohens Bibliothek. Symptomatisch daran scheinen die verschiedenen „Schicksale" der beiden Bibliotheksteile zu sein: Während nach dem Zweiten Weltkrieg die klassischen und philosophischen Bände zum großen Teil wieder auffindbar waren und sich heute in der Jerusalemer Bibliothek befinden, ist nur ein sehr kleiner Bestand von seinen jüdischen Büchern gefunden worden. Wiedebach hat festgestellt, dass dieser nur durch einen Katalog der Israelitischen Gemeinde Frankfurt, die 1919 die ganze Sammlung kaufte, rekonstruierbar ist. Es bleibt, wie bei so viel anderem, nur eine *Spur* des reichen jüdischen Lebens in Deutschland vor der Shoa. Die Arbeit von Helmuth Holzhey in Zürich am Hermann-Cohen-Archiv ist deswegen so wichtig.

[288] Siehe dazu Feierstein/Furman 2006.

Als wir ihn das letzte Mal an seinem Krankenbett besuchten, wurde Pesach gefeiert. Cohen lag, schwer atmend, hoch aufgebettet in seinem Schlafzimmer. Die schneeweißen Locken fielen zu beiden Seiten seines von Leiden gequälten Gesichtes feucht auf das Kopfkissen, und das Sprechen wurde ihm schwer. Da brachte die Krankenschwester ihm eine Tasse Kaffee mit einem Stück Mazze herein. Cohen sah auf, ergriff die Mazze, und sein Ausdruck veränderte sich plötzlich ganz und gar. Mit zorniger Stimme und gehobenem Arm begann er die Lüge des Ritualmordes zu brandmarken. „Diese gemeine Lüge, an die keiner, der sie verbreitet, je geglaubt hat, ist erfunden worden, um uns zu vernichten", schrie er plötzlich ganz laut. „Aber dies wird ihnen niemals gelingen, meine Freunde, und halten Sie an unserer Religion fest." Wir gaben ihm die Hand und verließen das Krankenzimmer. Wenige Stunden danach starb Cohen. Als ich das hörte, sagte ich zu Ernst: „Glaubst Du nicht, daß wir heute einen Prophet haben sterben sehen?" Fünfzehn Jahre später, im April 1933, begriffen wir erst ganz, welchen Weg Cohens Gedanken in dieser letzen Stunde durchwandert hatten.[289]

Pessach ist eben das Fest der Freiheit – der Befreiung von der Sklaverei. Es ist auch die Zeit des Gebots der Erinnerung – *Zachor!* „Jeder sollte in jeder Generation sich fühlen, als sei er selber aus Ägypten befreit worden" (*Haggada schel Pessach*). Cohen hatte Recht: Die Vernichtung ist nicht gelungen. Aber fast. Bevor die Nacht über das deutsche Judentum hereinbrach, wurden Deutschtum und Judentum noch einmal mit einer glänzenden Feder durchkonjugiert: von dem „großen Zeitzeugen" Franz Rosenzweig.

---

[289] Toni Cassirer 1981:94ff.

SCHUTZGRAB

Mit dem Weltkrieg begann ein Vorgang offenkundig zu werden, der seither nicht zum Stillstand gekommen ist. Hatte man nicht bei Kriegsende bemerkt, daß die Leute verstummt aus dem Felde kamen? Nicht reicher – ärmer an mitteilbarer Erfahrung. [...] Eine Generation, die noch mit der Pferdebahn zur Schule gefahren war, stand unter freiem Himmel in einer Landschaft, in der nichts unverändert geblieben war als die Wolken und unter ihnen, in einem Kraftfeld zerstörender Ströme und Explosionen, der winzige, gebrechliche Menschenkörper.

(Walter Benjamin: *Der Erzähler. Betrachtungen zum Werk Nikolai Lesskows*, in: *GS*, Bd. II, 2, 439)

3. Hegel vom Rand aus gedacht: Franz Rosenzweig

a. Postkarten

> *Man versteht die echte jüdische Ethik nur, wenn man sich klar macht, wie viele Elemente, die bei andern Völkern in der militärischen Ethik Platz gefunden haben, sich hier in die Lehr- und Lern-Ethik geflüchtet haben* (Franz Rosenzweig)[290]

Als Cohen noch vor Ende des Ersten Weltkriegs starb, war er davon überzeugt – oder vielleicht hoffte er auch nur –, dass dies „der letzte Krieg vor dem ewigen Frieden" sei – ein Frieden, der Kant an die Seite der Propheten stellen würde –, doch in der Realität wurde aus diesem Traum ein Albtraum. Auf dem Schlachtfeld erlebte eine ganze Generation, wie ihre Utopien vom nationalistischen Wahn der Staaten zerstört wurden: Vor Entsetzen verstummten viele. Jedoch nicht Franz Rosenzweig, der auf Postkarten, die er an seine Mutter aus den Schützengräben des Balkans schrieb,[291] inmitten des Horrors die zugrunde liegende philosophische Dimension all dieser Toten wahrzunehmen glaubte: die Verkörperung des hegelianischen Staates mit seiner gesamten mörderischen Macht.

Der Staat, den Cohen wie schon Kant als Teil des Staatenbundes der Nationen sehen wollte, als einen Garanten des Weltfriedens, ist für Rosenzweig in Wirklichkeit (und schon Durkheim hat sehr früh anhand der Schriften Treitschkes den totalitären Charakter des preußischen Staates aufgedeckt) die Verkörperung der Gewalt. Das hegelianische ‚Aufheben' nähert sich ab dem großen Krieg von Mal zu Mal mehr dem Begriff der Vernichtung an. Die Differenz, der Andere wird negiert, unterdrückt, „metabolisiert". Europa wird von Leichen überschwemmt.

> *Vom Tode, von der Furcht des Todes, hebt alles Erkennen des Alls an.* [...] die Philosophie lächelt zu all dieser Not ihr leeres Lächeln und weist mit ausgestrecktem Zeigefinger das Geschöpf, dem die Glieder in Angst um sein Diesseits schlottern, auf ein Jenseits hin, vom dem es gar nichts wissen will. [...] Und die Philosophie betrügt ihn [den Menschen] um dieses Soll, indem sie den blauen Dunst ihres Allgedankens um das Irdische webt. Denn freilich: ein All würde nicht sterben und im All stürbe nichts. *Sterben kann nur das Einzelne, und alles Sterbliche ist einsam.* Dies, daß die Philosophie das Einzelne aus der Welt schaffen muß, diese Ab-schaffung des Etwas ist auch der Grund, weshalb sie idealistisch sein muß. Denn der Idealismus, mit seiner Verleugnung alles dessen, was das Einzelne vom All scheidet, ist das Handwerkszeug, mit dem sich die Philosophie den widerspenstigen Stoff so lange bearbeitet, bis er der Umnebelung mit dem Ein- und Allbegriff keinen Widerstand mehr entgegensetzt. Einmal in diesen Nebel alles eingesponnen, wäre freilich der Tod ver-

---

[290] Tagebuchnotiz zitiert in E.Weber et al. 1997:157.

[291] Gemeinsam mit Derrida (1980) könnte man die Korrespondenz als eine Art Archiv sehen, die einen Dritten, einen weiteren Empfänger impliziert, eine Spur des Raums in der Zeit: Zeugnis und Geheimnis.

schlungen, wenn auch nicht in den ewigen Sieg, so doch in die eine und allgemeine Nacht des Nichts.[292]

Den Existentialismus antizipierend, deckt Rosenzweig vor Heidegger[293] die – wie er es nennt – Lüge der Philosophie „von Jonien bis Jena" (Thales von Milet – Hegel) auf, die den individuellen Menschen und seine Differenz ignoriert. Für Rosenzweig hat die Philosophie – anders als für Heidegger – nicht nur das Sein, sondern den Anderen vergessen. Der Tod des Einzelnen gehört ihm allein und nicht der Gesamtheit: Man stirbt für sich und nicht für das Vaterland. Dieses hegelianische Vaterland betrügt, nicht nur durch die Vorstellung, einer Totalität anzugehören, sondern auch – wie Sigmund Freud zur gleichen Zeit in dem Text *Die Enttäuschung des Krieges* (1915) anklagt –, durch Gesten, wie die Verleugnung des Todes und das Zensieren der Briefe, die von den entsetzten Soldaten an ihre Lieben geschickt werden:

> Der Staat fordert das Äußerste an Gehorsam und Aufopferung von seinen Bürgern, entmündigt sie aber dabei durch ein Übermaß von Verheimlichung und eine Zensur der Mitteilung und Meinungsäußerung, welche die Stimmung der so intellektuell Unterdrückten wehrlos macht gegen jede ungünstige Situation und jedes wüste Gerücht.[294]

Als ein Zeichen der Geschichte kann die Tatsache interpretiert werden, dass der junge Martin Heidegger zu dieser Zeit nicht an der Front ist, sondern ebendiese Briefe zensiert, in denen die Soldaten über den Horror der Kriegsmaschinerie berichten: über Schrecken und Tod.[295] Gedanken, die den hegelianischen Staat dekonstruieren und damit sein wahres Gesicht enthüllen: einen Totenkopf.

b. Der totale Staat

Der Staat ist Macht. (Treitschke, Politik)[296]

Doch noch vor den Postkarten stoßen wir auf ein Buch. In seiner Dissertation *Hegel und der Staat*, die Rosenzweig 1909 unter der Leitung von Meinecke begonnen hat, entwirft er eine Genealogie des Staatenkonzepts von Hegel, dessen Konkretisierung er bis in die Politik Bismarcks nachvollzieht. Die erste Fassung der Arbeit ist 1912 abgeschlossen. Dann folgen zwei bedeutende Einschnitte im Leben des Autors: die Entscheidung im Jahre 1913, nach einer langen Auseinandersetzung mit seinen Cousins und Freunden, die alle zum Christentum

---

[292] Rosenzweig 1921:3ff, m.H.

[293] Die gemeinsamen Fragestellungen der heideggerianischen Philosophie, wie auch die existentialistische Antizipation derselben durch Rosenzweig, wurden schon von einigen Autoren untersucht. Siehe u.a. Löwith 1943, Reyes Mate 1997, Gordon 2003.

[294] Freud 1915, in: ders. 2000, Band IX:39.

[295] Siehe dazu Flasch 2000.

[296] Dieses Zitat Treitschkes eröffnet die oben zitierte Durkheim-Kriegsschrift *Deutschland über alles*.

konvertiert waren, seinem Glauben treu zu bleiben („Ich bleibe also Jude" siehe *infra*), d.h. seine eigene *Těschuwa* (Rückkehr), die er auf Cohen projiziert[297], und die existenzi/elle/alistische Erfahrung auf den Schlachtfeldern in den folgenden Jahren. Ernst Simon beschreibt diese Erfahrung wie folgt: Im Ersten Großen Krieg „zerbrach der von den Joniern nach Jena aufrechterhaltene Anspruch der Philosophie, ‚das All zu erkennen' und in seiner Voraussetzungslosigkeit auch die große, dunkle Voraussetzung allen Lebens: den Tod tröstend einzuschlingen, zerbrach vor der Wirklichkeit der tausend Einzeltode, gegen deren Stachel die Medizin des einen allgemeinen Todes versagte."[298]

Nach Kriegsende hatte Rosenzweig ein eigenes philosophisches System entwickelt, in dem die Kritik an Hegels Staat von zentraler Bedeutung ist. Er entschied sich jedoch gleichzeitig gegen eine Universitätskarriere, um sein Leben ganz der Lehre des Judentums zu widmen. Ab diesem Zeitpunkt will er seinem Volk „dienen", die Universitätslaufbahn hingegen scheint ihm vollkommen sinnlos zu sein. Meinecke konnte diese Entscheidung nicht nachvollziehen. Nach dem frühen Tod Rosenzweigs schreibt er in seinem Nachruf den fragwürdigen Satz: „Der Weltkrieg machte ihn irre an dem zuerst verfolgten Wege, die Höhen der deutschen protestantischen Kultur zu erforschen: darum flüchtete er *in die Welt seines Blutes*."[299]

Die Zweifel, die zu dieser Entscheidung führten, waren allerdings teilweise viel älter: Schon 1910 hatte Rosenzweig sich geweigert, wie Hegel „G-tt in der Geschichte" zu sehen:[300] „Hegel schrieb der Geschichte irrtümlicherweise einen ontologischen Zustand zu. Die Geschichte sei nicht die Entfaltung des Seins, sondern lediglich das eigenständige Handeln von Menschen (‚Tat der Täter')."[301] Der Bruch mit dem Diskurs der „Meister" (mit Hegel, vielleicht aber nur oder vor allem mit Meineckes Hegel, wie Levinas vermutete,[302] oder vielleicht mit Meinecke selbst) ist nach 1919 unüberwindbar. In seinem heute viel zitierten Vorwort zu *Hegel und der Staat* schreibt er:

> Das vorliegende Buch, in seinen frühesten Teilen bis ins Jahr 1909 zurückreichend, war im wesentlichen fertig, als der Krieg ausbrach. Ich dachte damals nicht, ihm ein Geleitwort mitgeben zu müssen. Heute ist das nicht zu vermeiden. *Denn der Leser hat ein Anrecht, schon auf der Schwelle zu erfahren, daß das Buch im Jahre 1919 nur noch abgeschlossen werden konnte; begonnen hätte ich es heute nimmermehr.* Ich weiß nicht, wo man heute den Mut hernehmen sollte, deutsche Geschichte zu schreiben. [...] Es ist anders gekommen. *Ein Trümmerfeld bezeichnet den Ort, wo vormals das Reich stand.*[303]

---

[297] Siehe dazu Schwarzschild 1970.

[298] Simon 1931:403.

[299] Zitiert in Liebeschütz 1970:151.

[300] Brief von Rosenzweig an Hans Ehrenberg vom 26.9.1910, in: *GS*, Band I:112.

[301] Liebeschütz 1970:151.

[302] Levinas 1991:100.

[303] *Hegel und der Staat*, Vorwort XII, m.H.

Denn unter den Trümmern liegen die zerstörten philosophischen Ideale des 19. Jahrhunderts begraben, die Hoffnungen einer ganzen Generation:

> Damals als das Buch entstand, war Hoffnung, daß die innere wie äußere atemversetzende Engigkeit des Bismarckschen Staats sich ausweiten werde zu einem freie Weltluft atmenden Reich. Dies Buch sollte, soweit ein Buch das kann, an seinem kleinen Teil darauf vorbereiten. Der harte und beschränkte Hegelsche Staatsgedanke, der mehr und mehr zum herrschenden des verflossenen Jahrhunderts geworden war und aus dem am 18. Januar 71 ‚wie der Blitz aus dem Gewölke' die weltgeschichtliche Tat sprang – er sollte hier in seinem Werden durch das Leben seines Denkers hindurch gleichsam unter dem Auge des Lesers sich selber zersetzen, um so den Ausblick zu eröffnen auf eine nach innen wie außen geräumigere deutsche Zukunft.[304]

In den Schlussfolgerungen wird die „Dekonstruktion" des hegelianischen Staates – insbesondere in der Frage nach dem Verhältnis zwischen Individuum und Nation – evident. Der Staat „verschlingt" beides, die individuelle sowie die kollektive Differenz. Cohen hatte schon in *Deutschtum und Judentum* ein System vorgeschlagen, in dem verschiedene Nationalitäten unter dem Dach einer Nation zusammenfinden, ohne dabei ihre Eigenart ablegen zu müssen:

> Die Naturalisierung ist möglich; denn Staat und Nationalität sind nicht identisch. Staat und Nation sind identisch. Der Staat erst vereinigt die Mehrheit von Nationalitäten zu der Einheit der Nation. So ist die Aufnahme, die Umwandelung einer Nationalität in einen Nationalstaat zulässig, auch im ethischen Sinne. Die Naturalisierung verliert ihren Naturalismus; durch den Staat wird sie ethisiert. Aber die für alle Probleme der Ethik unerschütterliche Grundlage bleibt die Annerkennung und Heilighaltung des natürlich Menschlichen auch in der Nationalität.[305]

Nur ein paar Jahre später zerstört Rosenzweig mit einem gezielten Wurf direkt ins Zentrum des hegelianischen Systems die Totalität (Rosenzweig nennt sie *All*) und öffnet damit einen Spalt, aus dem der Andere, der Widerstand oder die Negativität hervortreten können, die Levinas später Unendlichkeit nennen wird.

> So wurde der Einzelmensch nur hervorgerufen, damit er in den Staat eingehe. Und hier greifen wir nun wieder den Zusammenhang, der Treitschke und Hegel verbindet. Beiden ist der Staat noch ein Ziel. Dorthin führt Hegel den Willen des Einzelnen, dorthin führt *Treitschke* die Nation. Beide, der Einzelne wie die Nation, können erst in ihm ganz das werden, was sie sind, der Einzelne erst im Staat wahrhaftig sittlich, die Nation erst im Staat wirklich Volk; beide, Einzelmensch und Nation, sind so in gewissem Sinne dem Staat zu opfern, dem vergötterten Staat das Eigenrecht des Menschen wie die Ganzheit der Nation.[306]

---

[304] Ebenda, m.H.

[305] H. Cohen *Deutschtum und Judentum*, 1915, in: ders. *Werke*, Band V:523.

[306] Rosenzweig, „Schlußfolgerungen", in: ders. *Hegel und der Staat*, m.H. Bereits 1788 veröffentlicht Saul Ascher aus einem völlig anderen ideologischen Blickwinkel eine kritische Bemerkung über die damals diskutierte Frage, ob Juden in der österreichischen Armee dienen sollten. Meyer betont: „Ascher

Anderthalb Jahrhunderte nachdem Hegel seinen Traum formuliert hat, zerrinnt dieser wie Sand zwischen den Fingern. Das hegelianische Ideal wurde von den eigenen Elementen „zersetzt", in seiner Verkörperung zerschlagen und liegt unter den Trümmern begraben, die es selbst durch den Weltkrieg, durch die Nationalitäten, die als Verkörperung des Weltgeistes kämpften, verursacht hat, durch einen Weltgeist, der vereint und einig, geschlossen und endlich ist: das Selbst.

Heute, da das Buch herauskommt, im hundertfünfzigsten Jahre nach Hegels Geburt, im hundersten seit dem Erscheinen der Rechtsphilosophie, scheint jener Traum unwiederbringlich sich aufzulösen in den Schaum der Wellen, die alles Leben überfluten. Wenn der Bau einer Welt zusammenkracht, werden auch die Gedanken, die ihn erdachten, werden auch die Träume, die ihn durchwebten, unter dem Einsturz begraben.[307]

Für Rosenzweig verschleiern die Ideale des modernen Nationalismus die gewalttätige Natur des Römischen Rechts. Dieser Nationalismus basiere auf einer christlichen Übersetzung des jüdischen Prinzips der Auserwählung, das missverstanden, deformiert, „universalisiert" (und zwar in einer fichteanischen Wendung, die besagt, dass jedwedes Volk, insbesondere aber das deutsche, diese Aufgabe übernehmen kann) und politisiert wird (indem man „auserwähltes Volk" mit „historischer Protagonist" übersetzt) und mit dem der Verteidigung der partikulären Gründe der Anschein eines heiligen Krieges verliehen wird. Die jüdische Konzeption der Auserwählung impliziert in keiner Weise eine politische Führung oder missionarische Bestrebungen – in dieser neuen „nationalistischen" Version geht es jedoch nicht um eine Heiligung, sondern vielmehr um die Eroberung der Welt. In der hegelianischen Interpretation ist Krieg der kollektive Ausdruck dieses „Kampfes verschiedener Bewusstseine", der die intersubjektive Beziehung formt. In ihr sieht er das „Fortschreiten" der Geschichte, die Selbstentfaltung und Selbsterkenntnis des Weltgeists. Die Kritik Rosenzweigs erinnert an die Auseinandersetzung zwischen Mendelssohn und Lessing: Kann man von „Fortschritt" in der Geschichte sprechen? Ist dies die Absicht des hegelianischen Ideals, ein in ein Schlachtfeld verwandeltes Europa?

Der Nationalismus erlangt somit für Rosenzweig eine gefährliche ‚messianische' Dimension: eine *Warnung*, die sich in die Diskussionen zwischen Mendelssohn und Kant einreihen könnte: Wenn es keine Grenzen und

---

hatte keine Illusionen und dachte nicht daran, sich vor einem Monarchen zu verbeugen, dessen Motive für die Förderung der Emanzipation er für fragwürdig hielt. Joseph, so behauptete Ascher, habe verfügt, daß Juden eingezogen würden, weil er einen kräfteraubenden Krieg gegen die Türken führte, nicht etwa weil er den Juden ein besonderes bürgerliches Ehrenrecht verleihen wollte." Meyer 1994:141.

[307] Rosenzweig 1920:246. Hegels Geburtstag taucht als Motiv an verschiedenen Stellen seines Werkes auf. So schreibt er am 27.8.1918 nach Beendigung von *Stern der Erlösung* an Gertrud Oppenheimer: „... ich sitze tief ... drin, ... eine Entwicklung des Rudibriefs ins Buchhafte ... es wird ganz abenteuerlich, vollkommen unveröffentlichbar [...] *Ich merke eben dabei, daß ich dir diese unverschämte Voranzeige meines Systems am Geburtstag von Hegel schreibe.* Schade um ihn. Nur Nietzsche (und Kant!) lasse ich am Leben ...!" (m.H.)

keine primäre Heteronomie mehr gibt und der Mensch das gesamte Gesetz bestimmt, dann ist *alles* möglich. Die weltliche Interpretation des ‚nationalen Messianismus' folgt derselben Logik: Die Völker *erwählen sich selbst* und versuchen eine ‚neue Weltordnung' durchzusetzen (man muss sich nur daran erinnern, dass messianische Ansprüche immer von einer Gewalt begleitet werden, die das bestehende Gesetz zerstört)[308]; sie *deklarieren* ihre Mission *selbst als heilig*. Mosès weist darauf hin, dass Rosenzweig nichts anderes macht, als Hegel *beim Wort zu nehmen*, wenn er hierin eine Selbstverurteilung der Staatsidee sieht: Die Geschichte verläuft in der Tat so wie von Hegel beschrieben, Rosenzweigs Beurteilung der Staatsauffassung Hegels ist aber weniger wissenschaftlich als moralisch.

> Rosenzweigs erste „spekulative Geste" besteht also darin, daß er die Hegelsche Geschichtsauffassung sich selbst ver-urteilen läßt, indem er sie mit der zeitgenössischen politischen Wirklichkeit konfrontiert: mit dem übersteigerten Nationalismus der Völker, der brutalen Gewalt der Staaten, mit Krieg und Revolution. Der Anblick des nationalstaatlichen Europa, das durch Feuer und Blut zugrunde geht, ist für Rosenzweig eine tragische Bestätigung von Hegels Thesen, und ebendiese Bestätigung bedeutet Verurteilung.[309]

Die erste Geste, so Mosès, sei das *Zitat*: Rosenzweig nimmt Abschnitte aus Hegels Buch heraus („wo sie unschuldig schlafen"), um sie auf die Realität anzuwenden. Der Diskurs bezieht sich jedoch nicht auf sich selbst, sondern auf das Leben. Und was bewirkt er innerhalb des Lebens? Diese Geste ist dem Jüdischen eigen: Die Wörter sollen auf einer ethischen Ebene der Realität verstanden werden und nicht in einem semantischen Vakuum der Diskurse. Diese Gestualität, dieser Modus der Weltauffassung, der das gesamte Werk Rosenzweigs durchzieht, ist auch an seiner schon oft zitierten Aussage „Das Jüdische ist meine Methode, nicht mein Gegenstand"[310] ablesbar. Das Judentum ist nicht Studienobjekt, sondern eine Denkweise, eine Form, die Welt zu begreifen.

Paradoxerweise ist dieses Urteil auch möglich, wenn man den Spuren seines Meisters folgt: der von Meinecke skizzierten Genealogie des Nationalstaates, von Hegel bis Bismarck:

> Die Wahrheit ist viel mehr, daß Hegel und der preußische Staat Zeit- und gewissermaßen auch Alters-, nämlich Schicksalsgenossen sind. Die gleichen Weltgewitter haben sich über beiden, dem empfänglichen und verarbeitungsgewaltigen Geiste des Philosophen und dem starken und regenerationsfähigen Leibe des ‚Auf Intelligenz gegründeten' Staates, entladen. So kann man deshalb allerdings sagen, daß Hegel der Philosoph des preußischen Staates war, aber nur wie man ebensogut sagen kann, der preußische Staat von 1820 sei ein Gedanke der Hegelschen Philosophie. Eines ist so wahr und unwahr wie das andere.[311]

---

[308] Siehe dazu Haddad 1990a.

[309] Mosès 1994:55.

[310] Brief an Ehrenberg, September 1921.

[311] Rosenzweig 1920, Band II:169.

Rosenzweig erkennt hier die Wahlverwandtschaft zwischen Hegel und dem preußischen Staat und wird somit zu einem der *Feuermelder*[312]: Er enthüllt die Ontologie des Krieges, die von der schillernden Geschichte des philosophischen Verstandes verdeckt wird:

> Obgleich schon von Hegel bekehrt, veröffentlicht er noch 1920 sein monumentales Werk *Hegel und der Staat*, voll von Gedankenblitzen und gewagten Thesen, die aber immer auf seine vor 1914 erworbene Gelehrtheit gegründet waren. [*Darin*] *ahnte Rosenzweig schon sehr früh die Gefahren, die Europa bedrohten, jenes Europa, dessen einer bewundernswerter Ausdruck die Hegelsche Philosophie bleiben wird.*[313]

Gérard Bensussan fasst die Kritik am hegelianischen Staat mit dem Begriff der *nocivité* (Schädlichkeit) zusammen und erkennt darin Rosenzweigs radikalste Infragestellung der abendländischen Philosophie. Denn diese *nocivité* impliziert eine immense philosophische Arbeit, die sich bemüht, die *Vielfältigkeit zu vereinigen*, alle Falten zu glätten, alle Lücken zu füllen sowie alle Dualismen, die sie charakterisieren (Subjekt/Objekt, Inhalt/Form, Essenz/Existenz, Moral/Geschichte), in sich zu vereinen.

Der Staat ist im hegelianischen Paradigma der Ort dieser Vereinigung, der nun objektive Raum der Versöhnung, in dem die ‚Negativität' aufgehoben wird. *Es bleibt kein Rest* – nur Rosenzweig bezweifelt dies, wie Bensussan schreibt:

> La rationalité hégélienne est une rationalité *sans ouverture* qui interdit la compréhension du monde comme multiplicité puisqu'elle l'enclot dans sa «totalité», c'est-à-dire dans son unité pensée. [...] De cette fascination exercée par l'impeccabilité de la philosophie hégélienne, Rosenzweig s'est toujours méfié. Le verdict qu'il prononce contre elle, s'agissant de l'État, est infiniment plus lourd que l'accusation de servilité prussophile. Elle n'est nullement l'idéologie de l'assujettissement à telle ou telle domination politique. Son majestueux édifice (la Philosophie du Droit est, selon Rosenzweig, le plus grand et le plus beau texte de Hegel) est incessamment voué à être revisité par *toute* théorie de la domination, nonobstant la méconnaissance obligée de sa logique architecturale. [...] Ni libérale, ni totalitaire, ni monarchiste, ni républicaine, la pensée hégélienne de l'État peut être tout cela à la fois ou successivement puisqu'elle est ‹ultragouvermentale›. Elle est la théorisation achevée de la puissance du monde et, ajoutera l'*Étoile*, de l'impuissance de l'individu singulier face au monde.[314]

Paul-Laurent Assoun seinerseits rekonstruiert auf gleiche Weise die Spuren, die dieses Buch (und nicht nur *Der Stern der Erlösung*) im Denken von Levinas hinterlässt.

> De quoi est-il question, dès le premier mot de Totalité et infini, sinon de la guerre? Il est dit que «la face de l'être qui se montre dans la guerre se fixe dans

---

[312] Benjamin (*GS*, Band IV-1:122) hat diejenigen als „Feuermelder" beschrieben, die die Katastrophe ahnen konnten. Siehe dazu Löwy 1988, Reyes Mate 1997.

[313] Levinas 1991:100, m.H.

[314] *Hegel et l'État*, *Présentation* von Bensussan, S. XXXIIIff., m.H.

> le concept de totalité qui domine la philosophie occidentale». [...] Il s'agit d'en appeler là contre à une ‹eschatologie prophétique›: celle-ci prend à contre-pied la totalité historique qui, on le sait, a partie intimement liée au nom propre de Hegel ! C'est ainsi qu'il faut entendre les énoncés capitaux de cet héritage critique dont nous avons identifié la source dans le geste de Rosenzweig.[315]

Das Paradigma, das in *Hegel und der Staat* eingeführt wird, besteht in dem Bruch mit der Geschichtsphilosophie, die zur Rechtfertigung der modernen Tyrannei im Dienste einer Verwirklichung des ‚Universellen' instrumentalisiert wird. Es eröffnet die Möglichkeit, die Geschichte gegen eine gewisse totalitäre Rationalität neu zu denken; es enthüllt die Tendenz, die Peter Gay für die Zeit der Weimarer Republik den „Hunger nach Ganzheit" nannte[316], und es zeigt den Gegensatz zwischen Ethik und Politik auf. Der gesamte Text ist von der Krise der rationellen Politik am Anfang des 20. Jahrhunderts geprägt. Bei einer aufmerksamen Lektüre der jüdischen Elemente tritt darüber hinaus der Einfluss Mendelssohns auf die hegelianische Idee der „Synthese" hervor.

> Les quelques hypothèses de Rosenzweig non confirmées par le demi-siècle de travaux que li ont scrutées ne doivent évidemment pas laisser penser que l'intérêt et les apports scientifiques de Hegel et l'État relèvent de la simple muséologie. Par ses résultats, l'ouvrage marque, bien au contraire, répétons-le, un très grand moment de la Hegelforschung. [...] Rosenzweig est sans doute d'ailleurs le premier à avoir saisi l'importance proprement théorique de ces *fragments*. [...] Notons encore que Rosenzweig, avant haering, a fortement mis en *évidence l'influence de la Jerusalem de Mendelssohn sur le Hegel de la Positivité de la religion chrétienne*, en expliquant comment la conception mendelssohnienne ouvrait la voie à la défense hégélienne de la *séparation de l'Église et de l'État.*[317]

Und trotzdem ereilte *Hegel und der Staat* innerhalb der Geschichte der Philosophie dasselbe Schicksal wie schon zuvor jene Texte von Mendelssohn und Cohen: das Vergessen. Der Beitrag Rosenzweigs zur Hegelforschung und zum Verständnis der politischen Philosophie unseres Jahrhunderts wird nur am Rande anerkannt.[318] Der Text erscheint nicht einmal in den posthum heraus-

---

[315] Ebenda, *Preface* von Laurent, S. XIII, m.H.

[316] Gay 1970:99.

[317] Bensussan, op. cit., m.H. Shlomo Avineri hat u.a. 1988 schon auf Rosenzweigs Einsicht hingewiesen, dass Mendelssohn Hegel beeinflusst habe: „Rosenzweig tends to suggest that, in assesing the various intellectual influences on Hegel at that time, one should relate Hegel not only to Kant and Fichte but also to Mendelssohn: Hegel himself mentions Mendelssohn's Jerusalem in the early writings and Rosenzweig is perhaps the only scholar who sees this influence as decisive, at least in so far as he undertakes to explain Hegel's view of the relationship between State and church." Avineri 1988:837.

[318] Eine Ausnahme bildet die kritische Auseinandersetzung Michael Theunissens mit der Theorie-Praxis-Diskussion im Anschluss an Hegel. Vgl. hierzu Theunissen 1970. Theunissen verteidigt Rosenzweigs kritische Ausführungen zu Hegels Staat und ruft ins Gedächtnis, dass Rosenzweig die Beziehung zwischen Politik und Theologie bzw. zwischen Theorie und Praxis auf eine Art und Weise bestimmt hat, die den Ausführungen linker Hegelforscher wie Haym und Topitsch „in diesem Punkt überlegen ist". Der Autor von *Hegel und der Staat* verdanke dies „der ihm eigenen Religiosität, die es ihm ermöglicht, die theologischen Implikationen der politischen Philosophie Hegels wahrzunehmen". Und es dürfe „in der heutigen Diskussion um das Verhältnis der Hegelschen Philosophie zur politischen

gegebenen *Gesammelten Werken* von Franz Rosenzweig, die in fünf Bänden ab 1979 in Den Haag publiziert wurden.[319]

c. Stern

Rosenzweig may be a sparkling star in the firmament of Judaism, but his appearance there is more of the nature of a comet. He is, on the other hand, an intrinsic part of the brilliant galaxy of German philosophy. (Shlomo Avineri)

Die Publikation von *Hegel und der Staat* verzögerte sich aufgrund eben dieses hegelianischen Krieges um mehr als acht Jahre. Das Buch mit dem viel zitierten kritischen Vor- und Nachwort erschien 1920 fast zeitgleich mit dem Resultat der Postkarten von der Front *Der Stern der Erlösung* (1921). Bensussan hebt die Differenz, den Bruch zwischen diesen beiden Büchern hervor: „Avec son grand style, ses amples autant que minutieuses périodes, ses fastes parfois pompeux, Hegel et L'État comparé à l'obscur cristal du ‚système de philosophie' de l'Étoile, est dans l'exact rapport de l'habilitierbar à l'unhabilitierbar, du conforme à l'inconforme."[320] Und dennoch sei, so Mosès, *Hegel und der Staat* gleichzeitig ein „Vermittler" zwischen Hegels *Philosophie des Rechts*[321] und dem *Stern der Erlösung*. Nur die Lektüre aller drei Bücher erhelle die Komplexität der Werke dieses Autors. Aus diesem Grund werden die späteren Schriften durch das Vergessen und die Auslassung des ersten Buches sozusagen „verkürzt". Die Kritik an der hegelianischen Totalität, die er in seinem ersten Werk noch zurückhaltend formuliert, tritt im zweiten schärfer hervor, allein durch den Platz, den er dem Judentum einräumt: Am Rande, außerhalb der hegelianischen (und zuvor christlichen) Geschichte behauptet es sich als Grenze, Negativität, als nicht aufhebbarer Rest. In einem Brief an Rosenstock führt er es wie folgt aus:

> Und zwar: Das Christentum sich identifizierend mit den Kaisertümern (der „Welt" von heute), das Judentum sich identifizierend mit sich *selbst*. [...] So ist

---

Praxis" nicht vergessen werden, dass Rosenzweigs Auseinandersetzung mit Hegels Staatsphilosophie „zu Fragen führe[n], die sich nur im Rückgriff auf sie zureichend beantworten lassen". (Theunissen 1970:22ff.).

[319] Siehe Rosenzweig *Der Mensch und sein Werk. Gesammelte Schriften.* Es ist auf jeden Fall eine große Leistung für die Philosophie gewesen, die Schriften wieder zu veröffentlichen. Interessant ist jedoch der ausgewählte Titel, wenn man an die Aussage Ernst Simons denkt: „Franz Rosenzweig hat sich öfter darüber lustig gemacht, daß Biographen des alten Schlages mit einem Kapitel ‚... als Mensch' zu schließen pflegen, als sei die Persönlichkeit von Werk und Umständen zu trennen." Simon 1965 (EA 1931):405.

[320] Bensussan, op.cit., S. XXI. Anspielung auf den Brief von Rosenzweig an Meinecke, in dem er ihm seine Entscheidung, die Universitätskarriere fahren zu lassen, mitteilt.

[321] Paradoxerweise sind Hegels *Grundlinien der Philosophie des Rechts* 1833 unter der Federführung von Eduard Gans (Heines Freund und Mitgründer des Vereins für Cultur und Wissenschaft der Juden) einige Jahre nach dessen Konversion herausgegeben worden.

es (das Judentum) in dieser nur vor lauter sich vollendender (johanneischer)[322] Universalität sich den Sinnen verflüchtigender entsubstanzierter christlicher Welt der *(einzige) Punkt der Kontraktion, der Beschränkung*, und damit die Garantie der Realität jener christlichen Welt. Wäre es nicht, so wären bloß die ‚Kaisertümer'.[323]

So bestände für Rosenzweig die Rolle des jüdischen Volkes (marginal für die Geschichte des Abendlands zu sein, da es in einer anderen eigenen Dimension lebt) darin, in jedem Moment ein ethisches Urteil über die Geschichte einzufordern. Aufschlussreich ist die Dialektik, die Rosenzweig zwischen beiden Glaubensrichtungen einführt: Während das Judentum dem imperialistischen und totalitären Wunsch des Christentums (den es vom Römischen Imperium geerbt hat) eine Grenze setzt,[324] erinnert Letztere das Judentum daran, dass „außerhalb" eine Welt existiert, und verhindert damit, dass das Judentum sich zu sehr in sich verschließt. „Feuer des ewigen Lebens" oder „Strahlen des ewigen Weges",[325] das Bild Rosenzweigs mündet darin, dass jede Konfession verschiedene Aufgaben in dieser Welt hat und vor allem den anderen dringend braucht.

Die radikale Kritik Rosenzweigs am Zeitbegriff betrifft nicht nur Hegel, sondern, wie Schindler treffend formuliert, in ihrer zentralen Interpretationsthese auch das Abendland insgesamt, weil

> mit dem Vorwurf der Zeitlosigkeit an das traditionelle Denken der Herrschaftscharakter kritisiert wird, der in allgegenwärtigen, für alle Zeit gültigen und daher in einem falsch verstandenen Sinn ‚ewigen' Begriffsbestimmungen zum Ausdruck kommt. Deren antike Wurzeln überlebten in Hegels Metaphysik, in der sich nach Rosenzweig die fatalen Auswirkungen der Ignoranz gegenüber der Zeit, der Geschichte und der Existenz des einzelnen Menschen zuspitzen. Das Programm des neuen Denkens als eines neuen Zeitdenkens, das sich gegen die Allmacht des alten Denkens und seinen einseitig rationalistisch verstandenen Begriffsapparat richtet, ist also nicht nur ‚anti-idealistisch', sondern vor dem philosophischen Hintergrund des von Rosenzweig im Sinne der jüdischen Tradition ausgelegten Offenbarungsbegriffs auch und vor allem ‚anti-griechisch' motiviert.[326]

Die Korrespondenz des Trios Rosenzweig – Rosenstock – Ehrenberg, deren Früchte *Das neue Denken* und zum Teil *Der Stern der Erlösung* sind, ist eine reiche Quelle, die eine profunde theologische und philosophische Diskussion

---

[322] Rosenzweig nimmt hier die Einteilung des Christentums in drei Perioden von Schelling wieder auf (Petrus, Paul, Johannes).

[323] Brief an Eugen Rosenstock 30.11.1916, in: *GS*, Band I:305. Im *Stern* wird es danach heißen: „Das Christentum, indem es sich nach außen verstrahlt, droht sich in einzelne Strahlen weitab vom g-ttlichen Kern der Wahrheit zu verflüchtigen. Das Judentum, indem es nach ihnen erglüht, droht seine Wärme fernab von der heidnischen Weltwirklichkeit in den eignen Schoß zu sammeln." Rosenzweig 1921:452.

[324] Interessant ist, dass B. Lévy (2003) die Bemühungen des Christentums, Jesus als Jude zu erkennen, mit dem Imperialismus vergleicht, also mit *Vereinnahmung*.

[325] So nennt Rosenzweig im *Stern* beide Religionen.

[326] Schindler 2007:48.

widerspiegelt, jedoch nicht zwischen – wie es die Kommentatoren bis heute mit Vorliebe gesehen haben – dem Judentum und dem Christentum, sondern zwischen dem Juden, der seinem Glauben treu geblieben ist, und Konvertierten, die aus wirklicher Überzeugung zum Christentum übergetreten sind (wobei jedoch keinesfalls vergessen werden sollte, dass sie zu den sogenannten *cristianos nuevos* gehörten und durch eine jüdische Erziehung sowie ein jüdisches Selbstverständnis zum Christentum gekommen sind – und nicht, wie Heine und Börne,[327] aufgrund sozialer Umstände dazu gezwungen wurden). Die Analyse dieses *Trialogs*, die schon von anderen Autoren vorgenommen worden ist, würde die Grenzen dieser Arbeit sprengen.[328] Es soll hier der Hinweis genügen, dass dieser Trialog eine bereichernde Sicht auf den „Perspektivenwechsel" zwischen den Autoren bietet. Während in einem Brief Rosenstock seinem Freund Rosenzweig die „jüdische Verstocktheit" vorwirft, antwortet dieser, indem er *die Fragestellung verschiebt*: Aus *christlicher Perspektive* erscheint das Judentum verstockt, nicht aus jüdischer. Dieselbe Geste erscheint aus Sicht des Judentums als Treue zu sich selbst, als Bestätigung der eigenen Wahrheit.[329]

Die „Urzelle" des *Stern*, so sagt Rosenzweig selbst, ist ein langer Brief an Ehrenberg. Schon im Buchtext sind die drei *Elemente*, in die der Autor die menschliche Erfahrung aufteilt (G-tt, Mensch, Welt), und die *Bahnen*, die sie verbinden (Schöpfung, Offenbarung, Erlösung), Relationen, die der klassischen Philosophie unbekannt sind. Trotzdem sind sie bis jetzt schon so häufig zitiert worden, dass sie in diesem Kapitel nicht mehr erklärt werden müssen. Es genügt zu erwähnen, dass Rosenzweig diese Relationen vor allem in der Sprache findet, in den diversen Formen des *Erzählens* (Schöpfung), des *Dialogs* (Offenbarung) und der *Gemeinschaftssprache* (Erlösung).

Von Interesse in diesem Kapitel ist also nicht so sehr eine detaillierte philosophische und theologische Analyse des *Stern*, die bereits mehrfach angestellt wurde, als vielmehr die Hervorhebung der Vorgehensweise: Hegel wird als Quelle benutzt und zugleich ethisch dekonstruiert. Diese Richtung, die Rosenzweig in seinem ersten Manuskript eingeschlagen hat, geht er in *Der Stern* weiter, indem die Frage, die jüdische Geste, nicht nur zu einer Methode, sondern zu einer *Kategorie des Seins wird*.[330] Eine Existenz, die sich außerhalb der Geschichte verortet und von der Zeit regiert wird – einer Zeit, die sich dem Anderen öffnet und der imperialistischen Organisation Europas durch den Raum trotzt.[331]

---

[327] Börne schrieb 1831 in dem für ihn typischen ironischen Stil: „In the end, I wished someone would give me back the three pieces of gold I paid the clergyman for my Christianity. It's been 18 years since I was baptized and it hasn't helped me a bit. *Three gold pieces for a tiny corner in the German nuthouse! What a foolish waste of money!*"

[328] Seit der Publikation der Gritli-Briefe 2002 ist sie noch erweitert worden.

[329] Mosès (1994:35) hat früh die Bedeutung dieser Tatsache erkannt.

[330] Levinas 1976:183.

[331] Wie Reyes Mate anmerkt: „Man sollte darüber nachdenken, daß alle Versuche, Europa aus dem Raum und nicht aus der Zeit heraus zu organisieren, gescheitert sind. Man denke an Cäsar und Karl den

Die Architektur des *Sterns der Erlösung* wird von *Intermezzi* geprägt. Übergang, Schwelle, Tor: Zwischen diesen drei Teilen befinden sich die Räume des *Zwischen*. *Passagen*. Bis hin zum letzten Satz, der ein Tor öffnet und gleichzeitig als Antwort auf Hegel verstanden werden kann, als eine Reaktion auf die vielen Toten: „Wohinaus aber öffnen sich die Flügel des Tors? Du weißt es nicht? *Ins Leben*."[332] Wenn in der jüdischen Tradition das erste und letzte Wort der Tora als eine Aussage verstanden werden soll *(„Bereschit ... Israel"* / „Am Anfang ... Israel"), um eine ihrer Bedeutungen zu erkennen, trifft man, indem man dieselbe Interpretationstechnik auf Rosenzweigs Buch anwendet, auf die seine: *Vom Tode ... Ins Leben*. Des Weiteren trägt der Band, in dem seine wichtigsten jüdischen Schriften vereint sind, den Titel *Zweistromland* nicht (nur) aufgrund der geographischen Lage Mesopotamiens, sondern auch weil Rosenzweig *zwischen* zwei Strömungen schrieb und lebte. Die hegelianische Spirale wird durch den Stern ersetzt, und die Zwischenräume verbinden nicht nur die verschiedenen Teile miteinander, sondern zeugen von dem *dritten Ort*, dem ausgeschlossenen Dritten: Grenze, Brücke, Schwelle oder Tor – *Passagen* ins Leben, die nicht aus der Architektur der Welt gestrichen werden können.

Nach seinem Erscheinen wurde *Der Stern* vor allem in jüdischen Zirkeln gelesen. 1929 schrieb Benjamin eine Notiz mit dem Titel *Bücher, die lebendig geblieben sind*, in der er an vier große deutsche Werke erinnert. Er beschreibt darin den *Stern* als „ein System der jüdischen Theologie [...] denkwürdig durch seine Entstehung in den Schützengräben in Mazedonien".[333] Rosenzweig hat sich jedoch immer dagegen gewehrt, sein Buch als „jüdisch" zu bezeichnen, und zog es vor, von einem „philosophischen System" zu reden. Auch hat Funkenstein zu Recht angemerkt, dass die Sicht Rosenzweigs auf das Judentum etwas problematisch ist, da sie „in einer mit christlichen Bildern und Begriffen übervollen Sprache beschrieben" ist.[334] Die christlichen Vorwürfe gegen das Judentum („Blindheit", „Partikularismus" usw.) werden von Rosenzweig als Tugend interpretiert,[335] ähnlich wie in der oben zitierten Analyse der *Konversion* bei Kofman. Trotz dieser Umkehrung basiert sein Kommentar auf einem christlichen Diskurs, der z.B. am großen Einfluss von Augustinus und an der Bildkonzeption abzulesen ist, die der traditionellen jüdischen Haltung fremd ist.

Großen, Karl V., Napoleon und Hitler. Und wenn wir uns noch fragen wollen, was es bedeutet, Europa aus der Zeit heraus zu denken (und nicht aus dem Raum), dann sollten wir uns nochmals die jüdischen Denker in Erinnerung rufen: Die Zeit ist der Andere." Reyes Mate 1997:26, m.Ü.

[332] Rosenzweig 1921:472, m.H.

[333] Benjamin *GS*, Band III:169. Pöggeler hat schon 1986 auf diese kurze Notiz Benjamins hingewiesen, siehe Pöggeler 1986:847. Gleichzeitig aber muss daran erinnert werden, dass Benjamin noch 1931 von Rosenzweig als *Am Hooretz* (der Profane, der Ignorant) sprach. Siehe dazu Mosès 1987:77.

[334] Funkenstein 1995:209.

[335] Ebenda:210. Zu Kofmans Begriff der Konversion siehe *supra*.

Levinas, der vom *Stern* erleuchtet (oder eher geblendet?) war, versichert seinerseits: „[Es] ist ein System der Philosophie, das eine neue Art des Denkens ankündigt. Rosenzweig hat sie als neu erkannt. Sein Einfluß auf die nichtjüdischen Philosophen in Deutschland war vielleicht größer, als sie zugeben wollen. *Sie zitieren ihn nie.*"[336] Levinas spricht seinen fast in Vergessenheit geratenen Namen wieder aus: Ein Mann ist nur dann wirklich tot, wenn seine Kinder und seine Enkel nicht mehr von ihm sprechen, wenn niemand mehr von ihm spricht; daran wird im Talmud erinnert. Der Widerstand gegen die Ausradierung (die erste Geste, die in dieser Arbeit thematisiert werden soll) scheint immer von einem Sohn, von einem jüdischen Denker einer anderen Generation, geleistet zu werden, der den Namen dann wieder ausspricht und mit ihm die *Otijot* (Buchstaben und Zeichen). *Ledor vador*: von Generation zu Generation. Im Falle von Levinas war es Derrida, einer seiner intellektuellen Söhne, der ihn immer wieder in Erinnerung zu rufen wusste, bei seiner Beerdigung sogar mit einer Kinderstimme, „mit nackten Worten [...] die so kindlich und so wehrlos sind wie mein Leid".[337] Einer Stimme, die jenseits der Abwesenheit seinen Namen ausspricht, „ihn bei seinem Namen nennen und seinen Namen nennen wollte, seinen Vornamen, so wie er sich nennt in dem Augenblick, in dem er, sollte er nicht mehr antworten, auch in uns antwortet, im Grunde unseres Herzens, in uns, aber noch vor uns, in uns, hier vor uns – uns rufend, uns zurückrufend: *à-Dieu*."[338]

Der *Staat* und der *Stern*: derselbe Autor, dieselbe Ausbildung – dazwischen aber der Krieg. Ernst Simon sieht in dem *Stern* eine Antwort auf das Desaster: „Damit war die Antwort der Philosophie auf die Geschichtstatsache des Weltkrieges gegeben, war das jüdische Kriegsbuch geschrieben."[339]

---

[336] Levinas 1976:31, m.H.
[337] Derrida 1999:9.
[338] Derrida 1999:22.
[339] E. Simon 1965:403.

d. Dekonstruktion des Idealismus anhand von Indizien

> *Morelli erkannte sogar die sicherste Spur der Künstler-Individualität in diesen unbeabsichtigten Zeichen, den „materiellen Kleinigkeiten" – ein Kalligraph würde sie Schnörkel nennen, die mit den beliebten Worten und Phrasen vergleichbar sind, die die meisten Menschen,[...]sowohl die redenden als die schreibenden, [...] haben, die sie ohne dessen sich zu versehen, absichtslos, oft anbringen.* (Carlo Ginzburg) [340]

Zwischen *Staat* und *Stern* gibt es einen weiteren Text: ein Puzzle, „ein[en] handschriftliche[n] Fund", eine detektivische Interpretation verborgener Merkmale, Details und Indizien. In *Das älteste Systemprogramm des deutschen Idealismus* (geschrieben 1914, publiziert 1917) verfolgt Rosenzweig meisterhaft die Spuren innerhalb eines Textes (der nur als Fragment erhalten ist) bis an die abseitigsten Orte, wie es Derrida gefallen hätte und vor ihm der gesamten talmudischen Tradition. Die Spuren bringen ihn dazu, den Unterschied zwischen Verstand und Hand zu erkennen: Er wird beweisen, dass als Urheber des Textes, der nichts anderes als das erste, 1796 verfasste Programm des deutschen Idealismus war und von Hegel eigenhändig geschrieben wurde, in Wirklichkeit Schelling zu gelten hat.

Durch diesen spannenden Aufsatz lernen wir auch den jungen Rosenzweig näher kennen: nicht nur seine frühere und dekonstruktive Untersuchung des deutschen Idealismus, sondern auch seine Methode. Die Arbeitshypothese, die unser Autor mit Leichtigkeit beweist, ist: dass Hegel ein Kopist war. Ein *Sofer* (Schreiber). Und dass der Text kein Original ist, sondern das Fragment einer Abschrift eines Originals, das anscheinend für immer verloren ist. Das Echo der jüdischen Tradition ist zwischen den Zeilen hörbar. *Der* Prophet des deutschen Idealismus – ein Kopist? Die Methode ist heikel: Es geht darum, Indizien zu verfolgen – durchgestrichene Kommata, eine bestimmte Interpunktion, einen Gedankenstrich –, jedoch auch um den Ton, den Klang und den Rhythmus der Sprache. Von der Farbe der Tinte bis zu den Streichungen interpretiert Rosenzweig selbst das kleinste Detail mit einer Methode, die zu dem sogenannten Paradigma der *Indizien* passt, wie es von Ginzburg für die Geschichtswissenschaft beschrieben wurde (und man darf nicht vergessen, dass Rosenzweig eigentlich Historiker war!) und in das er u.a. Morelli, Conan

---

[340] Levinas (1989:72ff., m.H.) hat bereits vor Ginzburg das Motiv der Spur herausgearbeitet, jedoch in eine andere Richtung: „Die Spur ist kein Zeichen wie jedes andere. Doch sie spielt auch die Rolle eines Zeichens. Sie kann für ein Zeichen gehalten werden. Der Detektiv untersucht alles, was am Ort des Verbrechens auf das freiwillige oder unfreiwillige Werk des Verbrechers hinweist, als enthüllendes Zeichen; der Jäger folgt der Spur des Wildes, die das Verhalten und den Lauf des Tieres, das er treffen möchte verrät; der Historiker entdeckt von den Spuren aus, welche die Existenz der alten Kulturen gelassen hat, diese Kulturen als Horizonte unserer Welt. [...] Ein Graphologe, jemand, der etwas von Stilen versteht, oder ein Psychoanalytiker könnte die besondere Bedeutung der Spur interpretieren, um in ihr die versiegelten und unbewußten, aber realen Intentionen desjenigen, der die Botschaft hinterlassen hat, zu suchen. Doch das, was dann noch in der Handschrift und im Stil des Briefes spezifisch Spur bleibt, bedeutet keine dieser Intentionen, keine dieser Qualitäten, es enthüllt und es verbirgt genau nichts."

Doyle und selbst Freud einordnete. Es geht letztendlich darum, die *Spuren* zu interpretieren: Die Einzigartigkeit und die Verschiedenheit eines jeden Individuums findet sich sowohl in seinem Fingerabdruck als auch in seinen Konzepten. Ginzburg zitiert eine Passage aus *Der Moses des Michelangelo* (1913), in der Freud eine Parallele zwischen der Methode des Kunstkenners (Morelli, unter dem Pseudonym Ivan Lermolieff), der in den Galerien lehrt, wie man mit Sicherheit Originale von Kopien unterscheidet, und der eigentlichen Psychoanalyse aufzeigt:

> Er brachte dies zustande, indem er vom Gesamteindruck und von den großen Zügen eines Gemäldes absehen hieß und die charakteristische Bedeutung von untergeordneten Details hervorhob, von solchen Kleinigkeiten wie die Bildung der Fingernägel, der Ohrläppchen, des Heiligenscheines und anderer unbeachteter Dinge, die der *Kopist* nachzuahmen vernachlässigt und doch jeder Künstler in einer ihn kennzeichnenden Weise ausführt. [...] Ich glaube, sein Verfahren ist mit der Technik der Psychoanalyse nahe verwandt. Auch diese ist gewöhnt, aus geringgeschätzten oder nicht beachteten Zügen, aus dem Abhub – dem ‚refuse' – der Beobachtung, Geheimes und Verborgenes zu erraten.[341]

Ginzburg verfolgt noch eine andere Spur, die es uns erlaubt, auf die Biographie Rosenzweigs zurückzukommen[342]: das Paradigma der Medizin. Bemerkenswerterweise arbeiten alle drei Autoren mit einer ähnlichen Technik, die es ermöglicht, unendlich feinen Spuren eine tiefere, sonst nicht erkennbare Realität abzugewinnen (Symptome bei Freud, Indizien bei Sherlock Holmes, Details in der Malerei bei Morelli). Er stellt sich die Frage: „Wie erklärt sich diese dreifache Analogie? Die Antwort ist auf den ersten Blick sehr einfach. Freud war Arzt; Morelli promovierte in Medizin, Conan Doyle hatte als Arzt gearbeitet, bevor er sich der Literatur widmete."[343]

Ginzburg bezieht sich somit auf eine medizinische Semiologie, die auf uralten Mechanismen basiert, u.a. auf der Jagd und den Anfängen der Schriftkultur. Walter Benjamin zog es vor, diese Methode beim Kind zu beobachten:

> „Jeder Stein, den es findet, jede gepflückte Blume und jeder gefangene Schmetterling ist ihm schon Anfang einer Sammlung. [...] An ihm zeigt diese Leidenschaft ihr wahres Gesicht, den strengen indianischen Blick, der in den Antiquaren, Forschern, Büchernarren nur noch getrübt und manisch weiterbrennt ..."[344]

Wer mit der jüdischen Hermeneutik vertraut ist, weiß, wie bedeutend jedes Detail für sie ist.[345] Diese Tradition weist darauf hin, dass die Veränderung eines einzigen Buchstabens den gesamten Text und die gesamte Welt ändern

---

[341] Freud zitiert in Ginzburg 2002:16.

[342] Rosenzweig studierte Medizin, bevor er zur Geschichte und Philosophie wechselte. Das medizinische Paradigma ist in einigen seiner Schriften klar erkennbar.

[343] Ginzburg 2002:17.

[344] Benjamin *GS*, Band IV-1:115.

[345] Haddad (1990b) hat die Spuren dieser talmudischen Denkweise bei Freud meisterhaft dargestellt.

bzw. sogar vernichten kann.³⁴⁶ Die Suche nach der Differenz und die Bedeutung des kleinsten Details offenbaren, dass es das letzte Prinzip nicht geben kann und dass die Illusion des allumfassenden geschlossenen Systems, das die Differenzen auslöscht, die Erfindung und Aufgabenstellung des deutschen Idealismus war:

> Die ganze diesen verschiedenen Ansichten zugrundeliegende Vorstellung vom System als Aufgabe der Philosophie ist nun wie gesagt keine Selbstverständlichkeit, sondern eine Entdeckung des deutschen Idealismus. Erst hier hat der Gedanke Gestalt gewonnen, welcher der ersten Anlage nach in jedem kurzen Satz verborgen ist, der am Anfang der abendländischen Geistesgeschichte steht: daß „alles" Wasser „ist". Die Einheit des gesamten Seins nicht etwa bloß auszusprechen, sondern sie irgendwie durch Verknüpfung mit dem Seienden zu bestimmen, ist seitdem Aufgabe aller Philosophie geblieben. Aber auch die großen antiken Denker, die man wohl als die Systematiker der Antike mit den deutschen Idealisten verglichen hat, sind Systematiker keineswegs in dem Sinn, daß vom letzten Wahren ein Weg führen müßte zum Verständnis der Totalität des Wirklichen; es fehlt ihnen ganz, um den spezifischen modernen (d.h. deutschidealistischen) Begriff einmal seinem ursprünglichen Sinne nach anzuwenden, der Gedanke, daß die Philosophie „Weltanschauung" sein müsse.³⁴⁷

Dieser glänzende Artikel ist in gewisser Weise ein jüdischer Randkommentar zu einem zentralen Text des deutschen Idealismus. Durch das simultane Arbeiten mit beiden Erbschaften, der jüdischen und der deutschen, gelingt es Rosenzweig nicht nur, den Text philologisch und historisch wieder in seinen Kontext einzuordnen, sondern gleichzeitig auch den entscheidenden Moment der Abschließung des Systems aufzuzeigen; seine Rationalität *sans ouverture*, die verhindert, die Welt als Multiplizität zu verstehen und die eine Totalität konstruiert. Sie führt zu einer Weltanschauung, die die Welt als Projektion ihrer selbst sieht, ihr aber nicht zuhört. Hier findet sich der Unterschied zwischen Beschreibung und Kommentar: Kreis oder Gewebe. Dem Idealismus ging es darum, ein System zu konstruieren, und das schon früh von Schelling verfasste und von Hegel kopierte Programm zeugt von einem seiner Grundsteine:

> So ergreifen wir in unserem Programm wirklich den philosophiegeschichtlichen Augenblick, wo zum ersten Male das Erkennen der letzten Wahrheit mit dem Erkennen der gesamten Wirklichkeit zusammengewachsen ist. Das Sein und das Seiende ist ein einig-einziges Problem geworden. [...] Dieser Schritt aber, durch den die Aufgabe der Philosophie neu und doch in Zusammenhang mit ihrer ganzen bisherigen Entwicklung festgelegt wurde, ist bis heute nicht wieder zurückgetan. Auch Schelling selbst hat am Ende seiner Laufbahn nur den Sinn dieser Aufgabe, nicht die Aufgabe selbst anders gesehen, als er sie zuerst damals im Frühjahr 1796 erkannt hatte. *In der Weltgeschichte des philosophierenden Geistes macht das vergilbte Blatt mit den abgeblaßten Hegelschen Zügen, dem wir unsere Aufmerksamkeit widmeten, Epoche.*³⁴⁸

---

[346] Siehe dazu Steiner 1975:65.

[347] Rosenzweig *KS*:274.

[348] Ebenda:277, m.H.

Vom *Staat* zum *Stern* über das *System*: Rosenzweigs Kritik am deutschen Idealismus begann schon früh, und mit der Zeit gewinnt sie Substanz in ihrer Tiefe und Radikalität. Nach Abschluss des *Sterns* wendet er sich vorwiegend dem jüdischen Denken zu. Obwohl Rosenzweig damit mit dem deutschen Idealismus abgeschlossen hatte, ist es wichtig, die wesentlichen Elemente dieser in Vergessenheit geratenen Kritik ins Gedächtnis zu rufen.[349]

Die **Kritik am Begriff des universellen Subjekts** ist nach Levinas die größte Entdeckung Rosenzweigs: Das menschliche Geschlecht ist vielfältig, es existiert nicht als universelles Subjekt.[350] Das impliziert eine Dekonstruktion des „universellen Subjekts" von Kant und Hegel, das sich als allgemeines präsentiert und doch eigentlich immer nur ein partikulares ist – in diesem Fall ein europäisches und christliches (die feministische Kritik wird danach „männlich" ergänzen). Rosenzweigs Infragestellung dieser Kategorie eröffnet die Möglichkeit, den Anderen – und zwar aus der Perspektive seiner nicht-aufhebbaren Differenz – zu denken.

Unmittelbar damit verbunden ist seine **Kritik des Totalitätsbegriffs als Totalitarismus**: Der Totalitätsbegriff von Parmenides bis Hegel impliziert für Rosenzweig bereits totalitäre Züge, weil schon im Denken die Differenz verschwindet oder, treffender gesagt, „aufgehoben", d.h. vernichtet wird. Die geschichtliche Verkörperung dieser „totalitären Totalität" materialisiert sich im **preußisch- hegelianischen Staat**, der in den dialektischen Konflikten zwischen den Nationen seine Gewalt bis zur Vernichtung des Anderen ausübte (*Hegel und der Staat*, siehe oben). Dem Modell des preußischen Staats stellt Rosenzweig das der Gemeinde gegenüber – besonders der jüdischen, die außerhalb oder am Rande der Geschichte situiert ist (*Stern der Erlösung*). Rosenzweig deutet dieses Gemeinde-Modell als meta-historisch, als außerhalb des kriegerischen und zerstörerischen christlichen Europas liegend, mit einer eigenen Temporalität, die von der *Cronosophie* religiöser Feste strukturiert wird. Die jüdische Temporalität ist völlig verschieden vom historischen Bewusstsein des Westens: eine parallele und differente Geschichte.[351]

Wie Cohen, aber viel radikaler, wendet sich Rosenzweig **gegen den Begriff der Aufhebung**, aus dem das tödliche Moment der hegelianischen Dialektik resultiert. Rosenzweig versucht, Verschiedenheit begrifflich so zu fassen, dass Differenzen erhalten bleiben, ohne eine Einheit zu bilden. Levinas beschreibt es folgendermaßen:

> Zuerst das Festhalten an der Aufspaltung der Totalität; an der Idee, daß *nicht alles zu einer Einheit zusammengefügt werden kann*: G-tt, Welt und Mensch – die drei Regionen der *Ontologia specialis* – bilden kein einheitliches Ganzes.

---

[349] Durch die Rezeption aus christlich-theologischer Perspektive wurde Rosenzweig wieder als Autor entdeckt – jedoch als „jüdischer Denker". Seine Arbeiten zum deutschen Idealismus blieben leider fast unberücksichtigt.

[350] Levinas 1987.

[351] Levinas (1986:58) schreibt: „Bei Rosenzweig gibt es also in der Suche nach dem Vernünftigen ein Zerbersten der Totalität und die Eröffnung eines ganz anderen Weges."

Diese Aufspaltung der Totalität steht zwar in Widerspruch zu Hegel; sie bildet jedoch auch eine allgemeinere spekulative Geste, die sich mit einer Radikalität abzeichnet, durch die die spontanste, natürlichste Tendenz der Philosophie in Frage gestellt wird: diejenige, das Denkbare zu vereinigen, zu umfassen, in der Einheit der Gattung zum Allgemeinen zu erheben oder den Momenten einer aufsteigenden Dialektik einzufügen. [...] Rosenzweig macht uns im Gegensatz zu einer philosophischen Tradition, in der das Andere in der Innerlichkeit des Selben aufgeht und das absolute Denken die Identität des Selben und des Anderen denkt, damit vertraut, *das Nicht-Synthesierbare, die Differenz zu denken.*[352]

Eine nicht-totalitaristische Konzeption akzeptiert, noch mehr, wird bereichert durch den Begriff des Restes: das, was bleibt, das, was sich nicht aufheben lässt, die Negativität, die in sich verbleibt. Rosenzweig findet die Bedeutsamkeit dieses Begriffs in der jüdischen Tradition: Der Rest (*Scheerit*) durchkreuzt die Schriften – der Rest Israels, der fortdauert –, sowohl metaphorisch als auch in seiner historischen Verwirklichung: die Überlebenden – vom babylonischen Exil bis zur Shoa. Im *Stern der Erlösung* widmet er dem Thema des Rests einen ganzen Abschnitt, aus dem hervorgehoben werden soll:

> Von Israel zum Messias, vom Volk, das unterm Sinai stand, zu jenem Tag, da das Haus in Jerusalem ein Bethaus heißen wird allen Völkern, führt ein Begriff, der bei den Propheten auftauchte und seitdem unsre innre Geschichte beherrscht hat: der Rest. Der Rest Israels, die Treugebliebenen, im Volk das wahre Volk, sie sind die Gewähr in jedem Augenblick, daß zwischen jenen Polen eine Brücke führt. [...] Die jüdische Geschichte ist, aller weltlichen Geschichte zum Trotz, Geschichte dieses Rests, von dem immer das Wort des Propheten gilt, daß er „bleiben wird". [...] Der Mensch im Judentum ist immer irgendwie Rest. Er ist immer irgendwie ein Übriggebliebener, ein Inneres, dessen Äußeres vom Strom der Welt gefaßt und weggetrieben wurde, während er selbst, das Übriggebliebene von ihm, am Ufer stehen bleibt.[353]

Rosenzweig nimmt hier einige Ideen der *Dialektik der Aufklärung* (bzw. Aufhebung) vorweg und entwickelt die Idee einer **negativen Universalität**, in der die Differenzen bestehen, ohne Aufhebungsprozess. Es gibt zweifellos eine Wahlverwandtschaft zwischen diesem Begriff und der Negativen Dialektik Adornos (sowie der Korrelation bei Cohen), wenn auch die Diskurse beider Autoren in anderen Punkten sehr stark *dissimilieren*. In *Drei Studien zu Hegel* schreibt Adorno:

> Die Nichtidentität des Antagonistischen, auf die sie [Hegels Philosophie] stößt und die sie mühselig zusammenbiegt, ist die jenes Ganzen, das nicht das Wahre, sondern das Unwahre, der absolute Gegensatz zur Gerechtigkeit ist. Aber gerade diese Nichtidentität hat in der Wirklichkeit die Form der Identität, den alleinschließenden Charakter, über dem kein Drittes und Versöhnendes waltet. Solche verblendete Identität ist das Wesen der Ideologie, des gesellschaftlich notwendigen Scheins. Einzig durch Absolutwerden des Widerspruchs hindurch,

---

[352] Levinas, Vorwort zu Mosès 1985:15, m.H.
[353] Rosenzweig 1921:449ff.

nicht durch dessen Milderung zum Absoluten, vermöchte er zu zergehen und vielleicht doch zu jener Versöhnung zu finden, die Hegel vorgaukeln mußte, weil ihre realen Möglichkeiten ihm noch verhüllt waren. In all ihren partikularen Momenten will Hegels Philosophie negativ sein; wird sie aber, entgegen seiner Absicht, zur negativen auch als ganze, so erkennt sie darin die Negativität ihres Objekts. *Indem an ihrem Ende die Nichtidentität von Subjekt und Objekt, von Begriff und Sache, von Idee und Gesellschaft unstillbar hervortritt; indem sie in der absoluten Negativität zergeht, holt sie zugleich ein, was sie versprach, und wird wahrhaft mit ihrem verstrickten Gegenstand identisch. Die Ruhe der Bewegung aber, das Absolute meint am Ende auch bei ihm nichts anderes als das versöhnte Leben, das des gestillten Triebes, das keinen Mangel mehr kennt und nicht die Arbeit, der allein doch die Versöhnung dankt.*[354]

Gegen dieses „Identischwerden", gegen die *Ruhe der Bewegung*, die an die Ruhe des Friedhofs erinnert, wenden sich beide Kritiker, jeder auf seine eigene Weise. Mosès fügt hinzu, dass Rosenzweig diesen alternativen Raum in der Negativität einer Temporalität ohne Werden als den „idealen Raum" des jüdischen Volkes sieht.[355]

Um diese negative Universalität zu bewahren, ist es für dieses Volk, das in seiner Metageschichte weit jenseits eines nationalistischen Wahns lebt, nötig, zu ihren Quellen zurückzukehren. Es folgt somit einer Bewegung der **Dissimilation**[356] **statt der Assimilation**. Auf diese Weise versuchen Kulturen ihre eigenen Züge zu reflektieren oder sich ihrer zu vergewissern, um ihrer Aufhebung in das Allgemeine zu widerstehen. Rosenzweig bemerkt in seinen Notizen, dass das jüdische Volk diese Bewegung schon immer als eine Parallele zur Assimilation kannte.[357]

Die Tradition des Logos impliziert für Rosenzweig gleichzeitig immer schon die Tradition der Macht,[358] deshalb gilt für ihn:

> De même que la philosophie a toujours tenté de neutraliser l'extériorité de la mort en s'efforçant de la signifier, de même la tradition de l'Occident chrétien a toujours cherché à nier l'altérité radicale du judaïsme en l'absorbant dans son propre horizon. Tout l'*impetus* spéculatif de Rosenzweig consistera à essayer d'arracher le judaïsme à cette aliénation pour le restituer à sa propre souveraineté.[359]

Peter Eli Gordon konstatiert in dieser Bewegung Rosenzweigs einen Argumentationswechsel in Bezug auf seine Vorgänger: Während die jüdischen Philosophen von Mendelssohn bis Cohen die kulturelle Bedeutung der Inklu-

---

[354] Adorno *GS*, Band 5:277.

[355] Mosès 1994.

[356] Die meisten Rosenzweig-Kommentatoren schreiben, dass er das Wort aus der Linguistik übernimmt. Da er aber auch einige Semester Medizin studierte und sein Diskurs sehr davon geprägt war, könnte es auch sein, dass er den Begriff eher aus der Biologie kannte.

[357] Rosenzweig *GS*, Band I-II:770. Notiz vom 3.4.1922.

[358] Mosès 1994:32.

[359] Mosès 1994:35.

sion verteidigten, betont Rosenzweig die Abgrenzung des Judentums. Gordon argumentiert, dass die Suche nach dem „Ursprung" nicht allein die jüdischen Intellektuellen beschäftigte, sondern ein genereller Ausdruck dieser Epoche war. Adorno bezeichnet den Diskurs dieser Generationen in der Zwischenkriegszeit als *Jargon der Eigentlichkeit* und weist ganz klar auf die Resonanzen des heideggerianischen Begriffs hin.[360] Eine Authentizität, wie Michael Brenner meint, die freilich eher ein modernes Konstrukt einer „jüdischen Identität" als eine tatsächliche Rückkehr zu den Traditionen war.[361] Zwischen der Generation von Cohen/Durkheim und der von Rosenzweig/Benjamin, um nur einige Namen zu nennen, entsteht ein Riss: Nicht nur, dass sie eine gegensätzliche Bewegung einschlugen (nicht die rabbinischen Studien für die Universität aufgeben, sondern die Universität für die jüdischen Studien), sondern Letztere mussten sich die jüdische Kultur, in die die Ersteren von der Wiege an hineinwuchsen, erst mit langen und arbeitsamen Studien zu Eigen machen, sie war für sie nicht mehr selbstverständlich.

Die Spezifität des Anderen, in diesem Fall des jüdischen, wie auch das In-Zweifel-Ziehen des universellen Subjekts erklärt Rosenzweig in der schon im ersten Kapitel erwähnten **Kritik am Toleranzbegriff Lessings**: Nathan der Weise hat eine Geschichte des Leidens hinter sich. Gibt es ein Zuhören für diesen Schmerz? Die ethische Antwort, ähnlich wie bei Cohen, und die ganze jüdische Überlieferung findet sich in dem **Anderen** und dem **dialogischen Prinzip**. Der Andere spielt eine zentrale Rolle in der Konfiguration des Ichs: Die Sprache wird ein wichtiges Element: „Offenbarung ist, dass ein Ich lernt, ‚Du' zu sagen."[362]

Rosenzweig nimmt unzählige andere Elemente aus der jüdischen Tradition in seine Philosophie auf. Hier seien nur genannt: die **Liebe als Gebot**, gleichzeitig die **Verantwortung des Menschen in der Offenbarung** (als „Partner" G-ttes) und die **De-formalisierung der Zeit**: Zeitlichkeit wird als eine intersubjektive Erfahrung verstanden.

---

[360] Gordon 2003, Adorno 1967.
[361] Brenner 2000.
[362] Rosenzweig 1921:72.

e. Hegel in Frankfurt: Der Übersetzer

Reiten wir zurück nach Spanien
Zu dem kleinen Talmudisten,
Der ein Großer Dichter worden,
Zu Jehuda ben Halevy?

(Heinrich Heine)

Das Buch *Stern* beginnt mit einem Zitat aus Psalm 45 in der Übersetzung von Buber: *Reite für die Treue*. Rosenzweig entscheidet sich, zur Tradition „zurückzureiten", und widmet den Rest seines Lebens (ihm blieben unglücklicherweise nur wenige Jahre) dem Bau eines Jüdischen Lehrhauses in Frankfurt und verschiedenen Übersetzungen: der Schrift (gemeinsam mit Buber) und der Werke seines bevorzugten Dichters – Rosenzweig kehrt wie auch schon Heine zu Jehuda Halevi zurück.[363]

Die Richtung ist – wie auch die seiner Vorgänger – nicht zufällig: Wenn die Suche nach den jüdischen Quellen eine Rückkehr zur goldenen Zeit der mittelalterlichen jüdischen Philosophie bedeutet, dann wählt jeder seine eigene Erbschaft. So wie sich Hermann Cohen vor ihm vor allem auf die Rationalisten Ibn Pakuda und Maimonides besinnt und Levinas eine Generation später ein ums andere Mal auf Rashi zurückkommt, bevorzugt Rosenzweig die Feder Jehuda Halevis. Diese Vorliebe verwundert nicht weiter, denn Halevi schreibt wunderbare dichterische Texte und repräsentiert einen gewissen „irrationalen Rationalismus", eine Kritik am Aristotelismus seiner Epoche – und mit dieser Geste sympathisiert Rosenzweig, da er wusste, was es bedeutet, einen namhaften Meister seiner Zeit zu dekonstruieren, dessen Theorie auf Rationalität basiert.

Die Wahlverwandtschaft tritt noch stärker hervor, wenn man an das bekannteste Werk Halevis, *Das Buch Kusari*, erinnert, das auf einer historischen Begebenheit basiert (die Konversion des Chazarenkönigs mit einem Großteil seines Adels zum Judentum 740 (?) n.d.Z.) und ein Gespräch zwischen dem König (der das Heidentum repräsentiert), einem Philosophen, einem Christen, einem Muslim und einem Juden schildert. Darin setzt Halevi dem G-tt der Philosophen den G-tt der Tradition, wie er sich seinen Ahnen offenbart hat, entgegen.[364] Echos dieses Dialogs und seiner Analyse der Prinzipien und Differenzen zwischen den Religionen (und Philosophien) finden sich auf den Seiten von *Der Stern der Erlösung*,[365] in dem Rosenzweig Jahrhunderte später

---

[363] Levinas schreibt zu dieser Übersetzung: „Mit dem Gehör auf der Lauer liegen; es geht darum, die archaische Artikulation des hebräischen Textes zu hören und dank des Rückgriffs auf die Etymologie und die unverhofften Anklänge dieser Etymologie die primitive Aussage des Textes zu finden. Daran erkennt man etwas vom Stile Heideggers." Levinas 1987:26, m.Ü.

[364] *Kusari* ist ein oft wiederkehrendes Motiv in der jüdischen Literatur und Philosophie, das auf unterschiedlichste Weise interpretiert wird, wie z.B. von Isaac Breuer, in *Der neue Kusari. Ein Weg zum Judentum* (1934).

[365] Bei diesem Vergleich mit Halevi darf nicht versäumt werden, auch noch einmal an die tiefen und grundlegenden Diskussionen des Trios Rosenstock – Rosenzweig – Ehrenberg wie auch an die inneren Kämpfe Rosenzweigs mit den Konfessionen zu erinnern.

eine ähnliche Thematik aufgreift, deren Basis man ebenfalls in einem interreligiösen „Dialog" sehen kann, oder wenigstens in einem Vergleich der großen Konfessionen, die Philosophie, wie auch bei Halevi, eingeschlossen. Besonders ähnlich scheint u.a. das Kapitel zu sein, in dem Halevi über *Sinn und Inhalt des Gebets* in der jüdischen Religion schreibt (Traktakt III), denn Liturgie und Gebet bilden im *Stern* eine der Säulen des Judentums.[366] Eine besondere Bedeutung kommt in beiden Traktaten der Funktion der *Sprache* zu (vor allem der hebräischen als heiliger Sprache) – auch wenn die Autoren zum Teil verschiedene Auffassungen vertreten.

Halevi war außerdem Arzt, wie die meisten jüdischen Gelehrten dieser Zeit (Maimonides u.a.), und seine Allegorien des kranken Menschen lassen an ähnliche Allegorien in den Texten von Rosenzweig denken, z.B. in *Das Büchlein vom gesunden und kranken Menschenverstand*. *Das Büchlein* ist wie ein Aufeinandertreffen zweier kognitiver Spiele konzipiert: des „konzeptuellen Wissens", das stur darauf beharrt, die Essenz einer Sache auszudrücken, und des „gesunden Menschenverstands", der auf die gewöhnliche Sprache vertraut und das logische Wissen vom Sprachgebrauch ableitet. Die Metaphern aus der Medizin und die Blutmetaphern bei Rosenzweig sind, wenn auch zum Teil vom Zeitgeist der Epoche inspiriert, nicht unproblematisch[367] – und das Wissen um seine schreckliche Erkrankung erzeugt beim Lesen einen bitteren Beigeschmack.

Die Bedingungen, unter denen Rosenzweig diese Übersetzungen anfertigte (ein Zustand der völligen Lähmung; er schrieb, indem er die Texte durch Augenbewegungen Buchstabe für Buchstabe diktierte), sind von mehreren seiner Freunde schon beschrieben worden: Man nannte ihn einen Helden. Seine außergewöhnliche Übersetzungstheorie wurde jedoch von der Forschung bisher nur am Rande berücksichtigt. Mosès hat schon auf die Parallelen und die Differenzen zwischen Rosenzweigs und Benjamins Texten, die fast zeitgleich publiziert wurden, hingewiesen.[368] Während für Rosenzweig die Sprache ein Organ der Offenbarung ist, die zwischen den Menschen vermittelt (schon weil es ein Sich-Öffnen zweier in sich eingeschlossener Subjektivitäten ermöglicht), ist sie für Benjamin das Hauptsymptom der Entartung. „Hier stehen sich die Sprache *der* Offenbarung bei Benjamin und der Sprache *als* Offenbarung bei Rosenzweig gegenüber."[369]

---

[366] Adelmann schreibt dazu, dass Rosenzweig dadurch verstanden hat, was Cohen wollte: die Grundsätze der Humanität in den und durch die Quellen des Judentums für die allgemeine Kultur zu retten: „Zweifellos am besten hat diesen Gedanken Hermann Cohens Schüler Franz Rosenzweig verstanden und aufgegriffen, indem er die Aufgabe, *die jüdische Liturgie und ihre Quellen zu studieren, gerade zu dem Problem für die allgemeine Philosophie* gemacht hat." Adelmann, *Synagogale Chormusik* (Manuskriptvorlage).

[367] Kritische Kommentare derselben finden sich in Dagan 2002 und Gordon 2003.

[368] In seinem Aufsatz *Über die Sprache überhaupt und die Sprache der Menschen* (1916) nimmt Benjamin wichtige Gedanken aus *Der Stern* vorweg. Jedoch sind in beiden Auffassungen auch Unterschiede zu finden. Benjamins *Die Aufgabe des Übersetzers* wurde 1923 publiziert, ein Jahr vor Rosenzweigs Nachwort zu seinen Übersetzungen von Halevy (*Sechzig Hymnen und Gedichte des Jehuda Halevy* 1924). Siehe dazu Mosès 1987:87ff.

[369] Mosès 1987:90.

Vor der Lähmung und dem Rückzug in die Welt von Jehuda Halevi und der Schriften – in denen Rosenzweig, so sollte man hervorheben, das Gegenteil eines Dogmas[370] sah (aufgrund der einzigartigen Unerschöpflichkeit der dort gestellten Fragen, denn der Dialog, den der Text mit dem Leser führt, ist *unendlich*)[371] – richtet Rosenzweig all seine Kräfte auf die Gründung einer der außergewöhnlichsten Institutionen der deutsch-jüdischen Geschichte: des Jüdischen Lehrhauses in Frankfurt.

Die geistige Grundlage dieser Institution, die Idee und Vision der Notwendigkeit einer neuen jüdischen Ausbildung in Deutschland, verfasst er wie auch den *Stern* an der Kriegsfront. Er entwirft ein Erziehungsprogramm, das er als offenen Brief an *den* jüdischen Professor des Landes schickt: Hermann Cohen. Die Schrift trägt den Titel: *Zeit ist's*: ein auf traditionelle Weise intertextuelles Spiel mit dem Psalm 119,26 („Zeit ist's zu handeln für den Herrn; sie zernichten deine Lehre"). Es handelt sich um ein detailliertes Programm mit konkreten Vorschlägen für die jüdische Kindererziehung: er beabsichtigte, mit den jungen Generationen an die traditionellen Quellen des Judentums „zurück zu reiten". Schon zu dieser Zeit wurde das Ziel deutlich, das Rosenzweig später in Frankfurt konkretisierte. Am 23.3.1917 schreibt er an Hermann Cohen: „Ich möchte nicht etwa ‚gelesen werden', sondern einzig und allein *wirken*. Wie es aber am besten geschehen kann, weiß ich nicht."[372]

Drei Jahre später sieht Rosenzweig, wie sich, mit der Unterstützung des charismatischen Rabbiners Nobel, sein Traum von einem Lehrhaus für Jüdische Studien verwirklicht, für das er ein ungewöhnliches Modell, das die traditionelle jüdische Erziehung mit den neuen deutschen Theorien der Volks- und Erwachsenenbildung kombiniert, entworfen hatte. Die zentralen Ideen dieses Projektes finden sich in seinem Aufsatz *Bildung und kein Ende* (1920), so auch der schon oft zitierte Satz „Nicht von der Tora zum Leben, sondern vom Leben zur Tora".

In der Definition seiner Ziele, die im medizinischen Paradigma gefangen bleibt, insistiert er auf der Möglichkeit eines Judentums *des Dritten* bzw. einer dritten Option zuungunsten des Zionismus und der Assimilation: „Der Zionismus, genialer Diagnostiker, aber sehr mittelmäßiger Behandler, hat das Übel erkannt, aber die falsche Therapie angegeben."[373] Die Assimilation annulliert die Differenz zu den Deutschen, doch der Zionismus annulliert den *Rest*, die Differenz, schon allein wenn das Judentum ein Volk wird, das mit einem Land und nicht mit der Schrift verbunden und identifiziert ist. Angesichts dieser beiden Optionen schlägt er die Möglichkeit vor, in Fortführung des Erbes von Mendelssohn weiterhin jüdisch und deutsch sein zu können: *A und B*, und zwar *gleichzeitig*.[374] Er schreibt 1923 an Rudolph Hallo:

---

[370] Siehe Legendre 1989.

[371] Siehe Mosès 1987:110.

[372] Rosenzweig *GS*, Band I:372.

[373] Rosenzweig *GS*, Band III:497.

[374] Zu gleicher Zeit waren die Meinungen unter den deutschen Juden geteilt, viele sahen einen nicht zu lösenden Konflikt darin. Jakob Wassermann beschreibt es in *Mein Weg als Deutscher und Jude* (1921)

> In der Frage nach Deutschtum und Judentum [...]. Da habe ich erwidert, die Antwort auf diese Frage lehnte ich ab; wenn das Leben mich einmal auf die Folter spannen würde, um mich in zwei Stücke zu reißen, so wüßte ich freilich, mit welcher der beiden Hälften das Herz, das ja unsymmetrisch gelagert sei, mitgehen würde; ich wüßte auch, daß ich diese Operation nicht lebendig überstehen würde; die Herren wollten mich doch aber lebendig haben, und da müßte ich sie schon bitten, mich nicht auf die Folter dieser im wahren Sinn lebensgefährlichen Fragen zu stellen, sondern mich ganz zu lassen.[375]

Diese Idee findet sich auch in der „Komposition" seines Vorschlags wieder, der Elemente des traditionellen jüdischen *Beth Hamidrasch* mit der deutschen Volkshochschule mischt, so dass er, wie Brenner schreibt, zuletzt keinem von beidem ähnelt, sondern ein neues Modell der Lehre etabliert.

Simon ruft in Erinnerung, dass „[d]as Lehrhaus ein *Beth-Hamidrasch* für den *Am-Haaretz*, den Unwissenden, sein [sollte] [...], zunächst als Schüler, doch bald auch als Lehrer".[376] Über Rosenzweigs revolutionäre Methoden der jüdischen Erwachsenenbildung („Belehrung der Unwissenden durch die Unwissenden" sowie „Dialogisches bzw. Neues Lernen") sowie über den unvergleichlichen Erfolg dieses Lehrhauses wurde schon viel geschrieben. Brenner bemerkt humorvoll: „Die Liste der Dozenten des Lehrhauses liest sich wie ein *Who's Who* der deutschen Judenschaft": Leo Baeck, Nehemias Anton Nobel, Nathan Birnbaum, Martin Buber, Leo Löwenthal, Ernst Simon, Erich Fromm, Schmuel Josef Agnon, Bertha Pappenheim, Siegfried Kracauer, aber auch prominente Naturwissenschaftler wie Richard Koch und Eduard Strauß. Der Erfolg dieses Unternehmens übertraf alle Prognosen: In den ersten sechs Jahren seines Bestehens boten 64 Lehrer 90 Vorlesungsreihen und 180 Studiengruppen und Seminare für bis zu 1100 Schüler pro Semester an.[377] In verschiedenen deutschen Städten wurden – von dem Erfolg angeregt – ebenfalls jüdische Lehrhäuser eingerichtet, jedes mit unterschiedlichen Charakteristika und Schwerpunkten (u.a. in Stuttgart, Berlin, Mannheim, Breslau, Köln, Dresden).

Die Lähmung hinderte Rosenzweig nach 1922 daran, weiterhin die Direktion des Lehrhaus zu übernehmen – sein Leben beschränkte sich nun auf den häuslichen Bereich und die Übersetzungen. Er, der die Theorie des Sprachdenkens begründet hatte, verlor seine Sprachfähigkeit – und arbeitete trotzdem bis zum letzten Moment.

In den letzten Jahren wird die Identifikation mit Jehuda Halevi immer stärker, obwohl Teile von Rosenzweigs Schriften immer ironisch sind. 1929 schreibt er einen Brief an seine Mutter:

---

mit einem starken Bild: „Ich legte die Tafeln zweier Spiegel widereinander, und es war mir zumute, als müßten die in beiden Spiegeln enthaltenen und bewahrten Menschenbilder einander zerfleischen." Wassermann 1921:10.

[375] Zitiert in Mattenklott 1993:109.

[376] Simon 1931:399.

[377] Brenner 2000:83ff.

Nun weiß ich ja, daß ich Levi heiße, was Louis entsprechen soll. [...] Großvater Louis hat natürlich nicht Levi geheißen! Obwohl ich es leichtsinnigerweise ohne Nachprüfung auf Vaters Grabstein gesehen habe, Jehuda (was natürlich auch Louis entspricht: Mittelglied der Löwe Juda aus dem Jakobssegen). Korrekterweise hätte ich also Jehuda ben Schmuel genannt werden sollen, also genau mit dem Namen des großen Mannes, dessen mittelgroße Wiederverkörperung auf dem Wege des *Ibbur*[378] ich bin: Jehuda Halevis.

Sein Artikel *Das Neue Denken*, mit dem er 1925 nachträglich ein Supplement, ein Vorwort oder eine Erklärung des *Sterns* versuchte, schließt mit einem Zitat von Goethe und einem von Halevi: „Jenes hat schon der größte Dichter der Juden gewußt, wenn er seinem Heidenkönig durch den Mund des Weisen antworten läßt: ‚Meine Worte sind zu schwer für dich, darum kommen sie dir zu leicht vor.'"[379]

Rosenzweigs Erbe wurde in seiner Bedeutung noch nicht vollständig erfasst. Einige Worte sind zu leicht, andere zu schwer gefallen. Der Autor, der sogar noch als Hegelianer in seine Quelle eintaucht, um sie zu dekonstruieren, und im Moment der Negativität, des Restes, des Judentums innehält; der die Gewalt des Staates anprangert; der geniale Pädagoge, der Übersetzer, der Dolmetscher der jüdischen Schriften wird selten als ein und derselbe Mann wahrgenommen. Ein Teil seiner Schriften ist in Vergessenheit geraten. Andere, obwohl durch Levinas wiederentdeckt, wurden von einer christlichen Theologie vereinnahmt, die, obwohl es ihr noch nicht bewusst ist, den Rest manchmal nicht ertragen kann.

Selbst Rosenzweig kamen einige Worte zu leicht vor. Schon in den letzten Zügen der Krankheit, verstand er nicht, was 1929 in Davos geschah, und nachdem er den Kommentar in der *Frankfurter Zeitung* gelesen hatte, schrieb er den viel diskutierten Artikel *Vertauschte Fronten* (1929), in dem er Heidegger als treuen Nachkommen von Cohen einsetzte. Er war nicht der Einzige mit Blindheit geschlagene.

Rosenzweig ist ein komplexer Autor und auf seine Weise widersprüchlich: jedoch ohne Zweifel ein Autor, den es lohnt, erneut zu lesen. Sein Aufruf im *Stern* wurde vor allem von Levinas gehört, der ihn nicht nur als hauptsächliche Inspiration für seine Philosophie nannte, sondern in *Autrement qu'être ou au-delà de l'essence* auf *Reite für die Treue* zurückverwies. Treue, die auch in einem Gedicht von Celan ihr Echo findet.[380]

Echos, die auch auf seine Schriften verweisen, auf sein Sprachdenken. So sandte er auf eigenen Wunsch hin noch bei seiner Beerdigung eine Botschaft an Buber, durch die Verlesung des Psalms 73, der auch die Grabinschrift beinhaltet, die er für sich ausgesucht hatte: *Ani tamid imach*. Ich bleibe stets bei dir.

---

[378] „Schwangerschaft", in der Kabbala Seelenschwängerung – Vereinigung einer abgeschiedenen Seele mit einer von der Urwelt her verwandten, lebenden. Brief an die Mutter, 5.6.1929. Brief und Erklärung aus *GS*, Band 1-2:1215ff.

[379] Rosenzweig *GS*, Band III:161.

[380] Siehe Pöggeler 1988.

f. Magen David: Der Schild Davids

Er [ein Leser] schreibt uns: Die große Zahl der auf Tafeln verzeichneten Gefallenen fällt mir auf, es waren 176 Kriegsopfer. In meinem Gasthaus fragte ich den Wirt, ob sämtliche Gefallene Einwohner des Dorfes Zippnow gewesen seien – denn das Dorf hat nur etwa 1800 Einwohner, demnach schien mir die Zahl der Gefallenen sehr hoch. Der Wirt gab mir zur Antwort: „Etwa der zehnte Teil der Einwohner sei gefallen, es sei sogar noch einer mehr, nämlich ein Jude sei nicht auf der Gedenktafel verzeichnet." „Man wolle eben mit den Juden nichts gemein haben." Mehrere bäuerliche Besitzer, welche größere Beträge für das Denkmal gezeichnet hätten, hätten zur Bedingung gemacht, daß der Jude ausgeschlossen bliebe. (in: *Der Schild*, 1922)[381]

Der Stern Davids, der jüdische Stern musste sich manchmal in einen *Magen Davids*, einen *Schild Davids* verwandeln. „Der Schild" war zum einen der Titel der Zeitung des „Reichsbunds jüdischer Frontsoldaten" wie auch des „Vereins der jüdischen Sportler" während des Nazismus.

Noch bevor Rosenzweig seine Grabinschrift auswählte, war ein Teil der Bevölkerung schon mit der Ausradierung des Rests beschäftigt. Dies ist eine Geste, die, wie in dieser Arbeit schon wiederholt gezeigt wurde, seit Jahrhunderten wiederkehrt, und die vor allem während des Ersten Weltkriegs mit einem bis dahin unbekannten Grad der Gewalt zum Ausdruck kam. Die Erinnerung, das *Eingedenken*, das Archiv, ja selbst die Namen der Toten sollten ausradiert werden.

Rosenzweig erahnte an der Kriegsfront diese auf andere Weise mörderische Geste, die diese neue Form des Krieges mit sich brachte. Im Zweiten Weltkrieg ging es schon nicht mehr darum, die Namen von den Gräbern zu entfernen; die Opfer hatten nicht einmal das Recht, begraben zu werden.

Vom Tode, von der Furcht des Todes, hebt alles Erkennen des Alls an.
Nach der Shoa wurden die Friedhöfe geschändet, die Erinnerung ermordet. Elizabeth Weber analysiert, auf der Basis von Adorno, die Geste der Ausradierung der Namen und fragt nach den Auswirkungen:

„Die Zerstörung der Friedhöfe ist keine Ausschreitung des Antisemitismus, sie ist er selbst." Horkheimer und Adorno nennen hier „Antisemitismus" eben den Versuch, die Toten aus der Ordnung des Eingedenkens, aus der Ordnung des Symbolischen auszustreichen; den Versuch, die Erinnerung an ihren Tod, die Erinnerung daran, daß es etwas zu erinnern gibt, zu töten, letztlich, ihren Tod zu töten. [...] Antisemitismus ist der Haß auf die Söhne Sems, dessen Name im Hebräischen, Schem, gerade ‚Name' bedeutet.[382] Antisemitismus ist, so könnte

---

[381] Meldung in dem Artikel *Der totgeschwiegene Vaterlandsverteidiger* in *Der Schild. Zeitschrift des Reichsbundes jüdischer Frontsoldaten*, zitiert in E. Weber 1997:140. Weber gibt in dem gleichen Artikel ein weiteres Beispiel für die Geste der „Ausradierung", in dem eine hebräische Grabinschrift des Ersten Weltkrieges absichtlich falsch übersetzt wurde: statt „Seine Seele sei eingebettet in das ewige Leben" wird in der Zeitung *Der Nationalsozialist* „Auch sie starben für Judas Größe" angegeben. Weber sieht darin ganz richtig eine doppelte Verweigerung des Denkmals: „die Verweigerung des säkularen, nationalen Denkmals auf der einen Seite, die Schändung der religiösen Grabstätte auf der anderen."

[382] Siehe dazu Teil B: *Die Enteignung der Namen*.

man sagen, der Haß auf den Namen und gegen diejenigen, die die Einschreibung des Namens in die symbolische Ordnung wieder und wieder affirmieren, erinnern, ins Herz des Eingedenkens schreiben. [...] Wenn jüdischen Soldaten das Grab verweigert wurde, was wurde an ihrer Stelle begraben?[383]

Ani tamid imach. „Doch ich hatte gesagt, daß ich nicht nur an das erinnern wollte, was er uns von dem à-Dieu anvertraut hat, sondern ihm zuallererst *adieu* sagen wollte, ihn bei seinem Namen nennen und seinen Namen nennen wollte, seinen Vornamen, so wie er sich nennt in dem Augenblick, in dem er, sollte er nicht mehr antworten, auch in uns antwortet, im Grunde unseres Herzens, in uns, aber noch vor uns, in uns, hier vor uns – uns rufend, uns zurückrufend: *à-Dieu*."[384]

Die Namen und die Erinnerung bleiben – zwischen den Zeilen des Textes.

---

[383] E. Weber 1997:152ff.

[384] Derrida 1999:22.

BRIEF

Man weiß, daß sich von seinen drei Mördern zwei selbst richteten: der dritte – ein Werner Techow – konnte entkommen. Zurück ließ er freilich eine Mutter, die unter der Tat ihres Sohnes auf das Schmerzlichste litt. Dieser Frau schrieb Rathenaus alte Mutter, als sie von ihren Kümmernissen hörte, jenen wunderbaren Brief: „In namenlosem Schmerz reiche ich Ihnen, Sie ärmste aller Frauen, die Hand. Sagen Sie Ihrem Sohn, daß ich im Namen und Geist des Ermordeten ihm verzeihe, wie G-tt ihm verzeihen möge, wenn er vor der irdischen Gerechtigkeit sein volles, offenes Geständnis ablegt und vor der göttlichen bereut. Hätte er meinen Sohn gekannt, den edelsten Menschen, den die Erde trug, so hätte er eher die Mordwaffe auf sich selbst gerichtet als auf ihn. Mögen diese Worte Ihrer Seele Frieden geben. **Mathilde Rathenau**

[...] Dieser Techow landete in der Fremdenlegion und wurde auch nach mancherlei Umtrieben zu einer Schlüsselfigur im Kampf um die Errettung verfolgter Juden in Frankreich während des letzten Krieges. Zeugen, die ihn zuletzt in Marseille trafen, berichteten, daß er mehr als 700 Flüchtlingen den Weg in die Freiheit geebnet habe. Verantwortlich für diesen Gesinnungswandel des einstigen Antisemiten aber war der Brief von Rathenaus Mutter gewesen, von dem Techow gestand: „Er öffnete mir eine neue Welt."

(Rudolf Hagelstange[385])

---

[385] Hagelstange 1997:187.

FRONT

Zu erwähnen ist seine [Spanns] Kennzeichung des Neukantianismus, in der er sagt, es stimme traurig, daß das deutsche Volk sich an seine eigene Kantische Philosophie von Fremden habe erinnern lassen müssen, unter den ‚Fremden' verstand er Philosophen vom Range Hermann Cohens und Cassirers.
(*Nationalsozialistische Propaganda in der Münchener Universität*, in: *Frankfurter Zeitung* 25.2.1929)

Niemand sprach in Davos über Antisemitismus oder die anti-demokratische Politik der Nazis, obwohl Spanns Worte ganz sicher bis in die Höhenluft des Kurortes gedrungen waren. Doch wer in Zukunft die nicht stattgefundene Debatte zwischen Cassirer und Heidegger deuten will, muss mit diesem Unausgesprochenen beginnen.
(John Michael Krois: *Warum fand keine Davoser Debatte zwischen Cassirer und Heidegger statt?*)[386]

Während jenes Davoser Gesprächs stellte ein Student drei Fragen an Cassirer; jede seiner Antworten endete mit einem Goethezitat. Heidegger aber polemisierte gegen den faulen Aspekt eines Menschen, der die Werke des Geistes bloß benutze; er, Heidegger, wolle in die ‚Härte des Schicksals zurückwerfen'. Die Diskussion endete damit, daß Heidegger die ausgestreckte Hand seines Partners zurückwies.
(Jürgen Habermas[387])

---

[386] Kaegi/Rudolph 2002:242.
[387] Habermas 1997:123.

MAUER

Arnika, Augentrost, der
Trunk aus dem Brunnen mit dem Sternwürfel drauf, in der
Hütte, die in das Buch
– wessen Namen nahms auf
vor dem meinen? –,
die in dies Buch
geschriebene Zeile von
einer Hoffnung, heute,
auf eines Denkenden
kommendes
Wort
im Herzen, ...
Paul Celan

Als ich 1936 in Rom war, hielt Heidegger dort im italienisch-deutschen Kulturinstitut einen Vortrag über Hölderlin. [...] Tags darauf unternahmen meine Frau und ich mit Heidegger, seiner Frau und seinen zwei Söhnen, die ich als Kinder oft behütet hatte, einen Ausflug nach Frascati und Tusculum. Der Tag war strahlend, und ich freute mich schon über dieses letzte Zusammensein trotz unvermeidlicher Hemmungen. **Heidegger hatte selbst bei dieser Gelegenheit das Parteiabzeichen nicht von seinem Rock entfernt.** *Er trug es während seines ganzen römischen Aufenthalts, und es war ihm offenbar nicht in den Sinn gekommen, daß das Hakenkreuz nicht am Platz war, wenn er mit mir einen Tag verbrachte. [...] Auf die Übersendung meines Buches über Burckhardt erhielt ich ebensowenig wie auf das ein Jahr zuvor erschienene Nietzschebuch je eine Zeile des Dankes oder gar eine sachliche Äußerung. Von Japan aus schrieb ich noch zweimal an Heidegger. [...] Auf beide Briefe antwortete er nur noch durch das Schweigen. So endete meine Beziehung zu dem Mann, der mich 1928 als den ersten und einzigen seiner Schüler in Marburg habilitierte.*
1938 starb Husserl in Freiburg. Heidegger bezeugte die „Verehrung und Freundschaft", mit der er 1927 Husserl sein Werk gewidmet hatte, dadurch, daß er kein Wort des Gedenkens oder der Teilnahme verschwendet oder gewagt hat, weder öffentlich noch privat, weder mündlich noch schriftlich. Desgleichen hat sich B., der seine ganze philosophische „Existenz" – von der Habilitation bis zur Berufung nach Bonn – Husserl verdankte, der Verlegenheit durch Nichtreaktion entzogen, aus dem „schlichten" Grunde, weil sein Lehrer ein entlassener Jude war und er ein beamteter Arier. Dieser Heroismus war seit Hitler zum üblichen Verhalten der Deutschen geworden, die ihre Position einem deutschen Juden verdankten.

(Karl Löwith[388])

---

[388] Löwith 1986.

GRENZE

Irgendwo aus Frankreich meldet man den Tod des deutschen Schriftstellers Walter Benjamin [...] Den letzten Anstoß brachte sicherlich jener gespenstische, an Visionen Franz Kafkas erinnernde Mechanismus der bald geöffneten, bald wieder geschlossenen Grenzen mit seinem verwirrenden Getriebe der Austritt-, Eintritt- oder Transitvisen [...].

(in: *Die Tat*, Zürich, 16.10.1940)

Nicho N° 563

<u>Día 28 de Septiembre de 1940</u>: Es alquilado por el Juzgado Municipal de ésta, depositando el cadáver de D. Benjamin, Walter, de 48 años de edad, natural de Berlin, *transeúnte*. (Libro de registro de nichos, cementerio de Port Bou)

Nische N° 563

<u>28. September 1940</u>: Bestattung der Leiche von Herrn Benjamin, Walter, 48 Jahre alt, geboren in Berlin, *Grenzgänger*.[389] (Registerbuch des Friedhofes Port Bou)

Walter Benjamins Weg (endete) in einem Sammelgrab. Von diesem letzten Weg gibt es bis heute keinerlei urkundliche Spur.

(Manuel Cusso-Ferrer[390])

---

[389] Die Beschreibung von Benjamin als *transeúnte* (Grenzgänger oder Passant), wie sie im spanischen Dokument zu lesen ist, ist in der deutschen Übersetzung (Cusso-Ferrer 1992:163) (nicht) zufällig „verloren gegangen".

[390] Cusso Ferrer 1992:163.

TOR

Wie ein Zaun, eine Mauer oder eine Grenze ein Innen und Außen signalisieren, so thematisiert ein Tor den Übergang, die Möglichkeit, eine Grenze zu überschreiten. Während der Zaun Innen- und Außenbereiche trennt, ist im Bereich des Tores diese Trennung zumindest latent aufgehoben [...]. **Das Tor war ein sozialer Ort: eine Dienststelle, eine Station in der Einweisungszeremonie, eine Stätte der Quälerei und der Schikane.**
(Ines Rensinghoff. Auschwitz-Stammlager. Das Tor „Arbeit macht frei"[391])

eliminieren: *Vsw* „beseitigen", *erw. fremd* (17 Jh.). Entlehnt aus frz. *éliminer*, dieses aus l. *eliminare*, eigentlich **„über die Schwelle treiben**, aus dem Haus jagen", zu l. *límen* „Schwelle", das mit l. *limes*, „Querweg, Rain, Grenze" verwandt ist und l. *ex*-.

(Kluge, *Etymologisches Wörterbuch der deutschen Sprache*)

---

[391] Rensinghoff 1998:243.

ÜBERGANG

Falls man [...] sich nicht fragt, ob die Sprache vielleicht ein anderes Geheimnis birgt als jenes, das die griechische Tradition ihr bringt, und eine andere Sinnquelle hat; ob die vermeintlichen „Vorstellungen" – die sogenannten „Nicht-Gedanken" – der Bibel vielleicht mehr Möglichkeiten enthalten als die Philosophie, die sie „rationalisiert", jedoch nicht von ihnen Abschied zu nehmen vermag; ob der Sinn nicht von den Schriften abhängt, die ihn erneuern; ob das absolute Denken fähig ist, Moses und die Propheten zu umfassen; das heißt, ob es nicht angebracht ist, das System, und sei es rückwärts, durch eben die Tür zu verlassen, durch die man es, wie Hegel meint, betritt.

(Emmanuel Levinas[392])

---

[392] Levinas 1992.

4. Athen von Jerusalem aus gedacht: Emmanuel Levinas

a. Denker zwischen den Welten

Es ist verboten in einer Stadt zu leben, wo es niemand gibt, der die Kinder lehrt.
(Talmud, Senhedrin 17, 60 a)

Ein an die Lektüre von Levinas gewohnter Leser wird in den vorangegangenen Kapiteln das Echo vieler seiner Gedankengänge sowohl in den traditionellen Quellen (Tora, Talmud, Kommentare) als auch in den Auslegungen aus den Federn Mendelssohns, Cohens und Rosenzweigs gehört haben. Die absolute Priorität des Anderen (und seiner Verkörperung in den Figuren des Waisen, der Witwe, des Armen und des Fremden), aber auch Begriffe wie Antlitz, Ver-**Antwort**ung, Gastfreundlichkeit (d.h. auch Öffnung), Spur, erste Heteronomie des Gesetzes und, als deren Ergebnis, die Ethik als primäre Philosophie (die Priorität der Ethik gegenüber der Ontologie) sind ohne Zweifel in den jüdischen Quellen verwurzelt, selbst wenn sie originale Formen im Diskurs dieses Autors annehmen.[393] Dieser Exkurs möchte kurz einige Elemente seiner Philosophie und seines Lebens in Erinnerung rufen: Beide reichen vom traditionellen Judentum bis zu dem Versuch einer Philosophie nach der Shoa.[394] Sein Werk ist deshalb gleichzeitig eine unabdingbare Referenz für die heutige Ethik und die Kristallisierung dessen, was ein ethischer Entwurf, der sich auf jüdische Quellen gründet, bedeutet. Jedoch: Wie viel Gehör findet er?[395]

Levinas nannte Rosenzweig den großen Zeugen: ein Epitheton, das von allen Denkern am ehesten ihm selbst zustehen würde. Er verkörpert ein Leben zwischen den Welten: geboren in Litauen, der Wiege der *Mitnaggĕdim*,[396] des jüdischen Rationalismus Osteuropas und der vollständigsten Edition des Talmud Bavli,[397] in einer Welt, die vernichtet wurde; er studiert im Deutschland der Zwischenkriegszeit bei Husserl und in Frankreich u.a. bei Maurice Halbwachs – dem großen Theoretiker des kollektiven Gedächtnisses,[398] der in Bu-

---

[393] Nicht all seine Begriffe gründen sich auf diesen Quellen: So geschieht es z.B. mit der Idee der *Geißel* oder der Hingabe, die sich eher der Vorstellung des Martyriums nähert und die sich, wiewohl sie sich in spärlichen jüdischen Quellen, eher ausgehend von den hegemonialen Diskursen diskutieren ließe. Einige Interpreten von Levinas, und er selbst in diversen Interviews, sprechen vom Einfluss von Autoren wie Dostojewskij auf seine Philosophie. Sein Werk geht ohne Zweifel von den jüdischen Quellen aus, jedoch ist es offensichtlich, dass er sie mit anderen Aspekten seiner Bildung kombiniert.

[394] Ein großer Teil dieses Kapitels fußt auf der ausgezeichneten Biographie von Salomon Malka, einem unentbehrlichen Werk.

[395] Das Werk Levinas ist zwar inzwischen gut bekannt – ein großer Teil wurde jedoch durch christliche Theologen „vereinnahmt".

[396] Die „Gegner" der *Chassidim*, die dem jüdischen Studium und den rationalen Interpretationen treu bleiben wollten.

[397] *Schass* von Wilna: die berühmteste Talmud-Ausgabe (Bavli), die von der bekanntesten jüdischen Druckerei – der Druckerei der Familie Rom – hergestellt worden war.

[398] „[Wir studierten] Kant. Noch kein Hegel in diesen Zwanzigerjahren an der Philosophischen Fakultät in Straßburg! Durkheim und Bergson dagegen erschienen mir besonderes lebendig in ihrer Lehrtätigkeit und in der Aufmerksamkeit der Studenten. Sie waren es, die man zitierte, sie waren es, denen man sich

chenwald umgebracht wurde und dessen schmerzhafte letzte Augenblicke von Jorge Semprún beschrieben wurden.[399] Er war Zeuge des „Disputs der Giganten" in Davos, nationalisierter Franzose, fünf Jahre Kriegsgefangener in einem Stammlager nahe bei Hamburg und verlor seine ganze Familie während der Shoa. Als Schüler und erster Übersetzer Husserls ins Französische[400] und brillanter Philosoph entscheidet er im Jahr 1945 in einer ethischen, zutiefst jüdischen Geste, sein Leben der Ausbildung jüdischer Lehrer zu widmen, als Direktor der „centenaire Ecole Normale Israélite Orientale": *Der Engel des Todes wohnt in den leeren Synagogen, dort wo es keine Kinder gibt, die lernen*, so steht es im Talmud. Er selbst erwähnt die meisten dieser biographischen Angaben in dem Artikel „Signature" mit dem Kommentar: „Cet inventaire disparate est une biographie. *Elle est dominée par le pressentiment et le souvenir de l'horreur nazie.*"[401] Vielleicht ging es darum, eine Antwort auf die Vernichtung zu geben: auf Bücher, auf das Judentum und auf die Jugend zu setzen, das heißt, auf die Zukunft oder, was dasselbe ist, auf das Leben.

In diesem Exkurs wird nicht versucht, ein vollständiges Panorama der Levinas'schen Philosophie zu geben, sondern diesen Autor als Erben der deutsch-jüdischen Denker und deren Kritik an der abendländischen Philosophie einzuordnen. Sein Leben und Werk, zwischen den Welten von Ost- und Westeuropa, *Aschkĕnas* und *Sĕfarad*, Jerusalem und Athen, aber vor allem zwischen der Welt *vor* und *nach* der Shoa, soll begriffen werden als Versuch, eine Brücke zu bauen, um nach dem Schrecken weiterleben und -denken zu können.

b. Die Wunde Davos

„*Humboldt – Kultur. Humboldt – Kultur*" – und: „*Ich bin versöhnlich gestimmt.*" Wo es allein darum ging, den Dargestellten treffend zu charakterisieren, da durfte sich der Einsatz des jugendlichen Kabarettisten auf solche markanten Sprüche beschränken. Dazu schüttelte der junge Mime mit pathetischen Kopfbewegungen reichlich Mehl aus einer üppigen Mähne. Die *angeborene Grauhaarigkeit* aller bloßen Gelehrsamkeit, über die sich schon der jugendbe-

---

entgegenstellte. Sie waren unbestritten die Lehrer unserer Meister gewesen." Levinas nennt als Schwerpunkte bei Durkheim „Die Ebene der Kollektivvorstellungen" (eine Theorie der Ebenen von Sein bzw. die Irreduzibilität dieser Ebenen aufeinander), bei Bergson „Die Theorie der Dauer. Die Zerstörung des Primats der Uhrzeit" – beide Infragestellungen können auch aus den jüdischen Quellen verstanden werden. Siehe Levinas 2008:18.

[399] „Wir alle, die bald sterben würden, hatten aus Liebe zur Freiheit die Brüderlichkeit dieses Todes gewählt. Genau dies lehrte mich der Blick von Maurice Halbwachs, als er im Sterben lag." Semprún 1994:35.

[400] Dank der französischen Übersetzung Levinas' der *Méditations cartesiennes* wurde dieses Werk 1931 nicht nur in Frankreich (mit seinem enormen Einfluss u.a. auf Sartre, Merleau-Ponty, Ricœur), sondern ganz allgemein bekannt, denn Levinas übersetzte direkt aus dem deutschen Original, das während der Nazizeit zensiert worden war und das erst *posthum* nach Kriegsende erscheinen konnte.

[401] Levinas 2008:18. „Dieses disparate Inventarverzeichnis ist eine Biographie. *Sie ist beherrscht von der Vorahnung und der Erinnerung an das Grauen der Nazis*", m.Ü. Symptomatisch scheint die Tatsache zu sein, dass genau dieser Artikel, seine *Signature*, in der deutschen Übersetzung „ausradiert" ist.

wegte Friedrich Nietzsche beklagt hatte, schien den Jüngeren im Objekt ihres satirischen Angriffs verkörpert. Gemeint war Ernst Cassirer, seit 10 Jahren Ordinarius für Philosophie an der jungen Reformuniversität Hamburg, der sich mit seinem Freiburger Kollegen und Widersacher Martin Heidegger vom 16. März bis 6. April 1929 die Leitung der *Davoser Hochschulwochen* geteilt hatte. [...] Zum Abschluss jenes philosophischen *Kampfes der Giganten* zwischen zwei Denkern, die sich als Exponenten unvereinbarer gedanklicher Welten gegenübertraten, gab es dann das studentische Kabarett, in dem Otto Friedrich Bollnow die Rolle Heideggers und Emmanuel Levinas den Part Cassirers gespielt haben.[402]

Der „Kampf der Giganten" in Davos ist bereits von mehreren Autoren kommentiert worden.[403] Eine von den Folgen des Ersten Weltkriegs enttäuschte und traumatisierte Generation, die die Feinheiten der Auseinandersetzung nicht verstand, und vor allem nicht, gegen *wen* der Angriff Heideggers in seinem Vortrag eigentlich gerichtet war, fiel geblendet in die rhetorischen Netze des neuen Meisters. Toni Cassirers scharfsinniger Kommentar dazu ist bekannt.[404] Levinas nimmt als Student an der Begegnung teil und widersteht ebenfalls nicht der Genialität von *Sein und Zeit*. Sein Verhältnis zu Heidegger („das böse Genie") wird, wie für so viele andere, ein schmerzhafter Punkt in seinem Leben bleiben. Jedoch bricht er bereits 1934 zumindest teilweise mit dessen Diskurs: In seinem Artikel *Quelques réflexions sur la philosophie de l'Hitlerisme* (1934) in *Esprit* enthüllt er die „Blut-und-Boden"-Ideologie und den inhärenten Faschismus im Begriff der *Eigentlichkeit*.[405] Aber 1934 hatte Heidegger bereits seine Rektoratsrede gehalten, Bücher waren verbrannt worden, man ahnte die Katastrophe.

Die Shoa wird für Levinas, wie für so viele andere, zu einem außerordentlich schmerzhaften, unerträglichen *Tumor*[406] werden. Die Erinnerung an Davos wird dem europäischen Denken als ein frühes, ungehört verhalltes Zeichen wie ein Stachel im Gedächtnis bleiben. Wie Malka beschreibt:

---

[402] Recki 2005.

[403] Siehe v.a. Recki 2005.

[404] „Auf Heideggers merkwürdige Erscheinung waren wir ausdrücklich vorbereitet worden; seine Ablehnung jeder gesellschaftlichen Konvention war uns bekannt, ebenso seine Feindschaft gegen die Neukantianer, besonders gegen Cohen. Auch seine Neigung zum Antisemitismus war uns nicht fremd. [...] Nun saß ich also zweimal täglich mit dem sonderbaren Kauz zusammen, der sich vorgenommen hatte, Cohens Leistung in den Staub zu ziehen und Ernst wenn möglich zu vernichten. Da verfiel ich auf den Gedanken, den schlauen Fuchs – denn als solcher war er mir erschienen – zu überlisten. [...] Ich fragte ihn nach allerlei gemeinsamen Bekannten, vor allem nach seiner Kenntnis von Cohen als Menschen, und nahm schon in der Fragestellung seine selbstverständliche Anerkennung vorweg. Ich schilderte ihm ganz ungefragt Ernstens Beziehung zu Cohen; ich sprach über die schandhafte Behandlung, die dieser hervorragende Lehrer als Jude erfahren habe; ich erzählte ihm, wie kein einziges Mitglied der Berliner Fakultät seinem Sarge gefolgt wäre. [...] Ich fühlte sehr wohl, worin die Gegnerschaft zu der Marburger Schule und auch zu Ernst bestand." Toni Cassirer 1984:182ff.

[405] „Die *Eigentlichkeit* ist der *Adel* des Schwertes und des Bluts, das habe ich oft gesagt. In diesem Adel kann sich das Verbrechen verbergen. Diese Zweideutigkeit Heideggers ist eine grundlegende." Levinas, in: E. Weber 1994:123.

[406] Siehe E. Weber 1990.

Levinas hat nur wenig von Davos gesprochen und noch weniger von jener Abschlussrevue; wenn aber, immer mit Bedauern. Es blieb für ihn eine schmerzliche Erinnerung. Vor allem belastete ihn der Umstand, dass Frau Cassirer gestorben war, ohne dass er die Möglichkeit gehabt hätte, ihr sein tiefes Bedauern auszudrücken. [...] [Rosenzweig] reagierte wie Levinas – gegen Cassirer und für Heidegger – in Erwartung einer neuen Morgenröte der Philosophie, die schon bald von der Geschichte überschattet und in der das Lachen von Davos von den Tränen des Unheils überdeckt werden sollte.[407]

c. Der Palimpsest

Die biblischen Verse haben hier nicht die Funktion, als Beweise zu dienen; sondern sie bezeugen eine Tradition und eine Erfahrung. Haben sie nicht zumindest dasselbe Recht, zitiert zu werden, wie die Verse von Hölderlin und Trakl? Die Frage hat eine allgemeinere Tragweite: Haben die Heiligen Schriften, die im Abendland gelesen und kommentiert wurden, die griechische Schreibweise der Philosophen [wirklich] beeinflußt oder sind sie mit den Schriften der Philosophen nur nach Art einer Mißgeburt verbunden? Heißt philosophieren, in einem Palimpsest eine verborgene Schrift zu entziffern? (Emmanuel Levinas)

Wiewohl sich Levinas verschiedentlich selbst als einen „Übersetzer" der hebräischen Quellen ins „Griechische" bezeichnete, so hält er in Wahrheit in seiner Schreibpraxis eine gewisse Trennung (mit sehr wenigen Ausnahmen) zwischen seinen „jüdischen" (*Difficile Liberté*, die talmudische Lektüre usw.) und den philosophischen oder „griechischen" Texten aufrecht.

Die Intertextualität der jüdischen Quellen ist jedoch so direkt, dass derjenige, dessen Ohr an sie und an die anderen Autoren, die in dieser Arbeit erwähnt werden, gewöhnt ist (Rosenzweig wird von Levinas häufig genannt, nicht so Cohen oder Mendelssohn)[408], sie unmöglich überhören kann. Man versteht so die Bedeutung dieser Quellen für die Entwicklung nicht nur der jüdischen, sondern der universalen Ethik: Man denke nur an die Dimension, die die Levinas'sche Ethik in den letzten drei Jahrzehnten erreicht hat.[409] Wenn man gleichzeitig die Anschuldigungen, die Prozesse gegen den Talmud sowie seine Verbrennungen und den entstandenen Hass bedenkt, so könnte man den Satz von Adorno und Horkheimer in Erinnerung rufen: „Rücksichtslos gegen sich selbst hat die Aufklärung noch den letzten Rest ihres eigenen Selbstbewusstseins ausgebrannt."[410] Wenn man den Begriff der Aufklärung auf die gesamte abendländische Geschichte und Kultur ausdehnt, ist der Schatz des Talmud ohne Zweifel ein Rückhalt der Ethik und des Widerstands gegen den

---

[407] Malka 2003:66.

[408] Obwohl er Mendelssohn einen schönen Essay *La pensée de Moses Mendelssohn* (1982) widmete, der als Vorwort der französische Übersetzung von *Jerusalem* fungiert.

[409] Levinas widmet mehrere Exkurse in seinen jüdischen Schriften der Verteidigung der „Universalität" der jüdischen Ethik: ein Vorhaben, das dem von Hermann Cohen sehr ähnlich ist.

[410] Adorno (und Horkheimer) *GS*, Band III:8.

Totalitarismus. Levinas selbst hat den Talmud als eines der wenigen Beispiele eines rationalen Diskurses, der der Totalität widersteht, bezeichnet.[411] Die Verbrennung des Talmud war, von der spanischen Inquisition bis zum Nationalsozialismus, *buchstäblich*. Haddad hat – mit Freud – in diesem Hass auf das Buch, und damit auf das Volk des Buches, den Hass auf das Gesetz gesehen. Das Gesetz, Herz und Mittelpunkt des Judentums, repräsentiert die einzige Möglichkeit der Ethik: sei sie talmudisch oder kantianisch.

Über die Ähnlichkeiten und Differenzen zwischen beiden Ethiken ist bereits viel geschrieben worden.[412] Die Liebe Levinas' zu Kant blieb in seinen Werken nicht verborgen, auch nicht unter seinen Schülern. Malka berichtet in einer Anekdote aus der École Normale:

> Simon Sisso erzählt: „Ich selbst imitierte oft die Lehrer, vor allem zu den Festen an Chanukka oder Purim. Er liebte das besonders, denn so bekam er etwas vom Alltag in der Schule mit. Einmal hatten wir uns für die Schüler eine kleine Szene ausgedacht: Levinas legt ein Examen ab und spricht über Kant. Der Prüfer sagt: Das reicht jetzt aber mit Ihrem Kant, der scheint für Sie die Bibel zu sein! Und er antwortete: Ja, Monsieur, das ist die Bibel. *Sehen Sie, Kant rückwärts gelesen, ergibt Tanach, Bibel!* Und ich sah Levinas in der ersten Reihe in sein mächtig schallendes Gelächter ausbrechen."[413]

Die griechischen Schriften Levinas' wären wohl mit ähnlich talmudischem Geist zu lesen, von rechts nach links und zwischen den Zeilen, um das versteckte Judentum zu finden. Ähnlich wie das *Buch Esther*: Die Rabbinen lehren, dass der Name G-ttes im Text nicht ausdrücklich genannt wird, weil er überall ist – ihn niederzuschreiben wäre überflüssig. Also muss man lernen, die Stille zu lesen.

d. Die Spuren

> *Die Spur. Ein Begriff, der umso faszinierender ist, als er sich irgendwo zwischen Metaphysik und Kriminalroman ansiedelt. [...] Woher hat er diese so merkwürdige schöne Idee? [A]us der Genesis, aus dem 33. Kapitel des Exodus (2. Mose, 33), wo G-tt sich nur durch seine Spur zeigt? „Zeige mir deine Herrlichkeit!" bittet Moses. Und G-tt antwortet: „Du wirst meine Spur sehen, aber mein Angesicht kann man nicht sehen."* (Salomon Malka)

Diese kurze Spurensuche wird jedoch beide „Teile" des Werkes von Levinas (die „griechische" und die „jüdische") einbeziehen: nicht nur die versteckte

---

[411] Das Gesetz in der jüdischen Tradition kann die Differenz schützen, da es nicht auf einer Abstraktion „ohne Ansehen der Person" (was auch eine Totalisierung der Differenzen implizieren könnte) basiert, sondern auf einer starken Dialektik zwischen dem Universalen und der Interpretation je nach der konkreten Situation; etwa so wie in der Falllogik entschieden wird. Dazu sollte man beachten, dass das Gesetz im Judentum gleichzeitig auch Lehre impliziert. Daher lassen sich zum römisch-westlichen Recht nur schwer Parallelen ziehen.

[412] Siehe u.a. Chalier 2002 und García Maturano 2005.

[413] Malka 2003:104.

Anwesenheit dieser Spuren, sondern auch die sichtbare, in einem genealogischen Versuch, der ihn in unser Konglomerat von Autoren einordnet.
Eine der wichtigsten Gesten gegenüber der griechischen Theorie ist das Aufzeigen des Totalitarismus der Totalität (die Levinas von Rosenzweig übernimmt) und deren Brechung durch den Anderen, d.h. durch die Exteriorität oder Unendlichkeit – die Negativität verhindert die *Schließung*. Diese Öffnung ergibt sich für Levinas bildlich in der Disposition des *Sanhedrin*,[414] d.h. der jüdischen Gerechtigkeit:

> Unsere Mischna [...] lehrt uns, daß der Sanhedrin einen halben Kreis bildete „damit seine Mitglieder sich gegenseitig sehen könnten" [...] Das Besondere daran war, daß man vom Anderen niemals den Rücken sah; man sah sich von vorne oder im Profil. Die interpersonale Beziehung wurde in dieser Versammlung nie aufgelöst. Die Menschen sahen sich ins Antlitz. Niemals also brach, wie man heute so sagt, der „Dialog" ab oder verlor er sich in unpersönlicher Dialektik. *Versammlungen von Antlitzen, keine anonyme Gesellschaft.*
>
> Aber es ist ein halb- oder offener Kreis. Weil es für die Richter, die dort zu Gericht sitzen – wenn sie die Fälle diskutieren, die ihrer Rechtsprechung unterworfen werden, oder wenn sie ihr Urteil verkünden –, genau darum geht, für die äußere Welt offen zu sein; in der Öffnung des Halbkreises traten, wenn man den Kommentatoren glauben darf, die Prozessgegner und Zeugen vor. Dort standen auch die Gerichtsschreiber. *Offener Kreis: Die Richter, die im Herzen des Judentums sitzen, die sein „Nabel" oder sogar [...] am Nabel der Welt sind, stehen der Welt offen gegenüber bzw. leben in einer offenen Welt.*[415]

Levinas zieht es vor, diesen Widerstand des Anderen, diesen Ruf aus der Exteriorität, die die Totalität bricht, als *Transzendenz* (und nicht als Negativität) zu bezeichnen, denn „die Exteriorität, als die Essenz des Seins, bedeutet den Widerstand der sozialen Multiplizität gegenüber der Logik, die das Multiple totalisiert. [...] Die Exteriorität ist keine Negation, sondern ein Wunder."[416]. Anders ausgedrückt heißt das: „Der Andere ist nicht die Negation des Selbst, wie Hegel wollte [...], die Transzendenz oder Güte verwirklicht sich als Pluralismus."[417] Dieser Widerstand ergibt sich durch das **Antlitz des Anderen**; das Antlitz ist nicht nur bei allen in dieser Arbeit erwähnten Autoren präsent, son-

---

[414] Jüdischer Gerichtshof. Neuere Forschungen stellen die tatsächliche, historische Existenz der Institution des Sanhedrin in Frage (u.a. Jacobs 1995). Aber auch wenn es sich um eine Figur handelte, würde das die Kraft der Argumentation nicht mindern. Levinas hat schon 1968 (:136) geschrieben: „Ich nehme den Sanhedrin als das, was er diesem Text zufolge angeblich ist und lasse die ganze historische Betrachtung beiseite. Vielleicht hat er, wie er hier beschrieben wird, nie existiert. Das Wort Sanhedrin ist griechisch. Die Institution ist viel mehr das Produkt diverser äußerer Einflüsse auf das Judentum. Doch der Text muß so gelesen werden, wie er sich gibt: Durch ihn stellt sich, seit achtzehn Jahrhunderten wenigstens, die jüdische Tradition die höchste Einrichtung der Justiz vor."

[415] Levinas 1968:136ff.

[416] Levinas 1996:296ff.

[417] Ebenda:309.

dern auch mehrfach in der Tora.[418] Für Levinas fordert dieses Antlitz von mir die Einhaltung des Hauptgebots: „Du sollst (mich) nicht töten."[419]

> Le visage, lui, est inviolable; ces yeux absolument sans protection, partie la plus nue du corps humain, offrent cependant une résistance absolue où s'inscrit la tentation du meurtre: la tentation d'une négation absolue. [...] Voir un visage, c'est déjà entendre: «Tu ne tueras point.» Et entendre: «Tu ne tueras point», c'est entendre: «Justice sociale».[420]

Die prophetische Botschaft der Gerechtigkeit ist deutlich und verweist nicht nur auf die Quellen, sondern auf Cohen. „Das Streben nach einer gerechten Gesellschaft ist also im Judentum, jenseits aller individuellen Frömmigkeit, eine höchst religiöse Tat": Der wichtigste ethische Wert ist nicht die Wahrheit, sondern die **Gerechtigkeit**.[421] Es handelt sich aber zugleich darum, die Heiligkeit der Trennung (Grenze) aufrechtzuerhalten:[422] Das **Geheimnis** darf nicht getötet werden. Levinas weist auf die Gefahr des Begriffs Totalität hin, auf die Ausradierung der Differenz, welche die Konzeptualisierung des Anderen in der traditionellen Epistemologie impliziert:

> Der Andere ist eben das, was man in einem begrifflichen Inhalt nicht neutralisieren kann. Der Begriff würde mir den Anderen verfügbar machen, und er würde dadurch die Gewalt der Konversion des Anderen in das Selbst erleiden. Die Vorstellung des Unendlichen drückt die Form dieser Unmöglichkeit aus, einen Zwischenbegriff – ein Wort – zu finden, das die Alterität des Anderen mindern könnte.

Die Vernichtung des „Anderen" durch die Inkorporation in den eigenen epistemologischen Horizont (Beziehung Subjekt-Objekt statt Subjekt-Subjekt) ist eine Geste, die in den Schulbüchern häufig vorkommt: Die **Verdinglichung** des Anderen, die Geste des Museums: griechische Gewalt des Lichtes.

Levinas entwickelt seinerseits aus den Schriften eine originelle und solide Antwort auf Heidegger und dessen Sein zum Tode: „Das menschliche Wesen ist nicht lediglich in der Welt, es ist nicht allein ein *In-der-Welt-Sein*, sondern auch ein *Zum-Buch-Sein*,[423] eine Beziehung zu dem eingehauchten Wort, einem Lebens-

---

[418] Siehe 2.c.α.

[419] Entsprechend der Verschiebung, die sich aus der Ausradierung des Zweiten Gebots durch die christliche Kirche ergab (s. Kap.1), entsteht ein Ungleichgewicht in der gesamten Interpretation der Theorie, denn für die jüdische Interpretation sind die Tafeln unterteilt in die Gebote gegenüber G-tt (1. Tafel) und gegenüber den anderen Menschen (2. Tafel). Aufgrund der „Anpassung" wechselt das Gebot „Du sollst nicht töten" (im Hebräischen eigentlich „Du sollst nicht morden") von der ursprünglichen 6. Stelle auf die 5. Stelle. Das heißt, das Gebot gegenüber den übrigen Menschen wird zum Gebot gegenüber G-tt, was dem ursprünglichen jüdischen Sinn widerspricht.

[420] Levinas 1976:22.

[421] Ebenda:33.

[422] Der Begriff der Trennung als *kadosch* (heilig) ist selbst in den „griechischen" Texten noch evident: z.B. „Einer der Dimension der Höhe, *in der sich seine Heiligkeit offenbart – das heißt, seine Trennung –* dadurch verbrennt der Unendliche die Augen, die sich auf ihn richten, nicht." Levinas 1996:100, m.H.

[423] Levinas 1991.

umstand, der genau so wichtig ist für unsre Existenz wie die Straßen, die Häuser und die Kleidung."[424] So wird dem Begriff der Eigentlichkeit der der Ver**Antwort**ung gegenübergestellt. Oder, in einem Ton, der dem der Propheten eher entspricht: Man ist nicht *für sich,* sondern *für den Anderen.* Dergestalt beendet der Tod nichts, nicht nur, weil die Spur in den Kindern erhalten bleibt – sondern auch die Frucht des sonderbarsten Gebots des Judentums: die Liebe. Buch und messianische Zukunft: Territorien, die die Ontologie ausgehend vom Humanismus des anderen Menschen herausfordern. Ein Humanismus, der nicht theoretischer Natur ist, sondern wie alles Jüdische konkret verbunden mit der täglichen praktischen Ethik.

e. Die Gesten: Die *Mizwot*

„Den *rituellen Gebärden* wird keinerlei innere Macht zugeschrieben. Doch ohne sie vermag die Seele sich nicht zu G-tt zu erheben."[425] Levinas verweist auf die Handhabung der jüdischen Ethik: von einem abstrakten Moment hin zur konkreten Praxis der Geste.

> Das Judentum wollte zwischen die natürliche Spontaneität und die Natur einen Augenblick der Reflexion einführen. Dies ist der jüdische Intellektualismus, aber auch der Ritus: minimale Mauer, die uns vor den Rosen anhalten lässt. [...] Es hält uns nicht das Joch des Gesetzes an, sondern die Rosen: das Gebot der *mizwot* ist kein Verbot: es bringt Wohlgerüche des Paradieses.[426]

Die Abstraktion gehört zum Ursprung des Judentums: Selbst bei den minderen praktischen Handlungen fordert das Judentum eine Zeit des Innehaltens zwischen uns und der Natur, die Zeit, eine *Mizwa* zu erfüllen. So handelt es sich nicht um eine abstrakte Theorie, sondern um eine Lebensform, die auf täglichen Gesten basiert, die eine Ethik aufbauen. Eine ähnliche Haltung wie die Konkretisierung des kategorischen Imperativs, die Cohen vornimmt: Es ist wichtig zu hören, *wer* leidet.

Um der Handlungen von 36 Gerechten willen erhält sich die Welt: Nicht der Glaube, sondern das ethische Handeln ist die Grundlage der Existenz.

z'l. Talit, Buchstabe und Abwesenheit

> *All die vielen Jahre war er da, in der ersten Reihe, neben ihm, sein Sohn. [...] Die meiste Zeit war er in sein Buch vertieft. [...] In diesem Jahr war seine Frau nicht da. Und er selbst blieb nur eine Stunde. [...] Man sah ihn seinen Talit, den Gebetsschal, auseinanderfalten und ihn, ein wenig schräg, um die Schultern legen. Später haben sie sich alle nach ihm umgesehen. Aber er war nicht mehr da. Niemand hat es gewagt, seinen Platz einzunehmen. Er blieb leer, mit dem zusammengerollten Gebetsschal und dem Buch darauf.* (Salomon Malka)

---

[423] Srajek weist darauf hin, dass Levinas den Begriff *espace vital* entwickelt, um den Begriff des *Lebensraums* zu dekonstruieren, und somit die Nazi-Ideologie mit jüdischer Hermeneutik herausfordert. Siehe Srajek 1998:24ff.

[424] Levinas 1991:127.

[425] Levinas 1968:30.

[426] Levinas 1968:154 m.Ü.

SPUR

Wir trafen uns an einem trüben Wintermorgen auf dem Friedhof von Patin: Nieselregen, Wind, verhangener Himmel. [...] Eine der Gruppen bestand aus den Gläubigen der Synagoge, seiner wichtigsten Gemeinde, dem kleinen Kreis derer, mit denen er jeden Sabbat gebetet hatte. [...] Sie kamen, um eine vertraute Person zu beweinen, einen Banknachbarn aus der Schule, den man als „Emmanuel, Sohn des Jehiel Halevy" zur Torah aufgerufen hatte. [...] An diesem Morgen hielt Jacques Derrida seine Totenrede, mit tonloser Stimme, die im Wind kaum zu hören war, während die Familie, Michael und Simone, vor der leiblichen Hülle saß und der Oberrabbiner Gutman das Totenamt hielt, nicht ohne familiäre Erinnerungen heraufzubeschwören: „Unter den siebzig Kameraden, die das Holzfällerkommando des Lagers Fallingbostel bei Hannover bildeten, das Lager für jüdische Kriegsgefangene, das durch eine merkwürdige Koinzidenz die Nummer 1492 trug, die Jahreszahl der Vertreibung der Juden aus Spanien, lebte mein Vater fünf Jahre hindurch an seiner Seite. [...] Wie soll man in ihm nicht denjenigen wiedererkennen, der ‚zwischen den Toten und den Lebenden' stand, der uns durch sein Denken nach der Katastrophe verpflichtet, das Menschliche als Wachsamkeit, als Schlaflosigkeit, als Verantwortlichkeit neu zu denken?"

Der graue Schleier dieses Wintertages konnte doch eines nicht verhüllen, dass nämlich keine einzige offizielle Persönlichkeit gekommen war, kein Universitätspräsident, kein politisch oder kulturell Verantwortlicher. Und das, obwohl die Tageszeitung Libération anlässlich seines Todes ein Bild auf der ersten Seite, der Fernseh-Sender „France 2" die Nachricht zur Hauptsendezeit um 20 Uhr gebracht und die New York Times ihm einen langen Nekrolog gewidmet hatten.

In Paris war ein Philosoph gestorben, am 25. Dezember 1995, dem Tag, an dem die Christen Weihnachten feiern und die Juden das Chanukka-Fest beenden, das Fest der Lichter. **Nun ist die Zeit gekommen, wo das Leben in die Spur übergeht.**

(Salomon Malka[427])

---

[427] Malka 2003.

TEIL B. ÜBER DIE GESTEN

III. PFORTE:
Die Schulbücher auf der Couch

Es geht wirklich eine Erfahrung davon aus – fast könnte man sagen, der Aufsatz stelle eine Gebärde dar noch mehr als einen Gedanken. Etwa wie wenn man, verlassen auf einer Insel, verzweifelt einem davonfahrenden Schiff mit einem Tuch nachwinkt, wenn es schon zu weit weg ist zum Rufen. Unsere Sachen werden immer mehr solche Gesten aus Begriffen werden müssen und immer weniger Theorien herkömmlichen Sinns. Nur daß es eben dazu der ganzen Arbeit des Begriffs bedarf.

(Theodor W. Adorno: Brief an Max Horkheimer, 21.8.1941)

I. Einleitung

a. Die „großen Erzählungen" der Schulbücher: Autobiographie und Projektion der Nation

Mißtraut gelegentlich euren Schulbüchern! (Erich Kästner)

Warum also Schulbücher lesen, um die symbolische Gestualität einer Gesellschaft gegenüber kulturellen Minderheiten zu verstehen? Zum einem dienen sie als Quellen für die Erforschung nationaler Narrative, denn anhand dieser Bücher wird erkennbar, welche Diskurse und Stereotypen in einer Gesellschaft zirkulieren. Zum anderen ist ihre politische Bedeutung sehr groß, da diese Erzählungen als „legitime Version der Geschichte" eine große Anzahl junger Menschen erreichen und bilden. Als Quelle können sie demnach als eine Art „kollektive Autobiographie" einer Gesellschaft gelesen werden: Hier erzählt eine „Nation" (oder, wie Gramsci [1949] schrieb, ihre „organischen Intellektuellen") den Kindern von ihrer Geschichte, ihren Mythen und Symbolen, ihrer Geographie und ihrem politischen System und verbreitet so den Glauben und die Werte, die in der Erziehung der künftigen Generationen zum Tragen kommen. An den Schulbüchern kann nachvollzogen werden, welche Identifikationsfiguren den Kindern angeboten werden, welche Züge unterstrichen werden, welche Abwesenheiten und Schatten entstehen und was nicht erzählt wird. „Die Spuren unserer ersten Neugierde und unserer ersten Emotionen bleiben unverwischbar, prägen sich tief ein und sind schwer zu beseitigen" – so beschrieb Marc Ferro in seiner wegweisenden Arbeit über nationale Erzählungen in Schulbüchern die Wirkung, die diese Narrative hinterlassen.[1] Obwohl festzustellen ist, dass durch die neuen Medien der Einfluss der Schulbücher reduziert wird, bleiben sie immer noch ein wichtiges Element der Ausbildung, u.a. als Träger des „legitimen gesellschaftlichen Diskurses". Für viele Kinder ergeben sich aus den hier gebotenen Bildern die einzigen Kenntnisse, die sie von kulturellen Minderheiten haben. Wie werden diese Menschen handeln, wenn sie einmal politische Subjekte sind?

Schulbücher sind eine besondere Gattung: Sie tragen, wie gesagt, den Stempel der „Legitimität" als Erzählungen der offiziellen Geschichte einer Nation – nicht nur metaphorisch, denn sie werden von den Kultusministerien überprüft und offiziell genehmigt: nachzulesen im Amtsblatt. Die Herausgeber und Verfasser sind jedoch oftmals keine Experten auf den hier behandelten Gebieten, und dies führt zu gravierenden Problemen. Chevallard (1991) hat vor langer Zeit für die Didaktik der Mathematik empfohlen, dass eine strengere „epistemologische Wache" wünschenswert wäre, um die unzähligen Fehler zu vermeiden, die Lehrern und Schulbuchautoren während des Prozesses der „didaktischen Übersetzung" der wissenschaftlichen Erkenntnisse unterlaufen. Darüber hinaus ist problematisch, dass Schulbücher oft „recycled" werden,

---

[1] Ferro 1981:9.

weil es den Verlagen „zu teuer" ist, eine neue Edition herauszubringen. Oft werden in diesem Prozess jahrzehntelang Fehler, falsche Informationen und verzerrte Darstellungen „kopiert". Hinzu kommt ein „Trägheits-Effekt", denn da für die Schulen der Kauf neuer Exemplare eine Belastung des Haushalts bedeutet, werden ältere Editionen weiter benutzt. So wird das Leben eines Schulbuches *sehr* lang: Noch heute sind einige der in den 1970er und 1980er Jahren geschriebenen Texte in Gebrauch, und Innovationen sind schwer durchzusetzen. Wenn man berücksichtigt, dass die politischen Folgen sich weit in die Zukunft ausdehnen, da die Kinder, die heute diese Schulbücher lesen, erst in etwa zehn Jahren ihr politisches Leben anfangen werden – oder, anders gesagt, dass die derzeitigen Politiker in den 60er oder 70er Jahren zur Schule gingen und dementsprechend mit z.T. in den 50er Jahren geschriebenen Texten ausgebildet wurden –, wird das „(zu) lange Leben" (*la longue durée*) dieser Bücher mit ihren Vorurteilen, ihrem Gestus und ihren Mythen deutlich.

b. Deutsche Märchen: Darstellungen von Juden sowie Sinti und Roma in deutschen Schulbüchern

Die Geschichten der Juden sowie der Sinti und Roma in Europa sind z.T. sehr verschieden. Doch teilen sie das Wunder, eine Kultur ohne Land über tausend Jahre am Leben erhalten zu haben. Beide hatten unter ähnlichen Ausgrenzungsprozessen zu leiden: kein Aufenthaltsrecht, kein Anrecht auf Grundbesitz, keinen Zugang zu Berufsständen und Zünften; sie wurden ins Ghetto gesperrt oder galten als „vogelfrei", konnten straflos vertrieben oder ermordet werden. Als Verkörperung des Kosmopolitismus sind beide Völker als solche von den Nazis verfolgt und fast vernichtet worden. Durch ihre bloße Existenz wurde die Absurdität der „Blut und Boden"-Ideologie sichtbar.

Bis heute lösen die Wörter „Jude" und „Zigeuner" bei vielen eine Kette von Assoziationen aus, die aus Projektionen, Ängsten, Klischees und Exotisierungen bestehen, aber nichts mit den Lebenswirklichkeiten dieser Kulturen zu tun haben. Sie werden durch die Medien, die Schule und die frühe Sozialisation durch Bilder weitergegeben und bleiben ein Leben lang tief im Unbewussten als Bedeutungsschema bestehen, sei es in negativer Form als Vorurteil oder in der „positiven" durch Philosemitismus und „Zigeunerexotik".[2]

Die Dekonstruktion der Diskurse der Schulbücher, die im Folgenden dargestellt wird, hat das Ziel, gerade diese unbewussten Bilder und Assoziationen sichtbar zu machen, um alternative pädagogische Vorschläge zu entwickeln. In dieser Arbeit soll nicht behauptet werden, dass die deutschen Narrative besser oder schlechter sind als andere: Ein ähnlicher Gestus findet sich mit Sicherheit

---

[2] Um diesen negativen Darstellungen entgegenzuwirken und meiner theoretischen Arbeit einen konkreten Praxisbezug zu geben, habe ich zusammen mit Egon Schweiger und Sabrina Guttenberger das Schulprojekt *Augenblicke des Einhaltens. Argumentationshilfen gegen Antiziganismus und Antisemitismus* ins Leben gerufen. Siehe dazu die Materialien beim Landesverband der Deutschen Sinti und Roma, Baden-Württemberg.

auch in Schulbüchern anderer Länder. Es handelt sich also um eine Analyse, die nicht eine „einmalige" Sachlage, sondern vielmehr einen speziellen Fall dekonstruktivistisch kommentiert.

Die vorliegenden Untersuchungen haben daher folgende Ziele:

1. Den pädagogischen Diskursen über den „Anderen" (den kulturellen Minderheiten) – und, untrennbar davon, über das Selbst oder die eigene Nation und Kultur – seit der „Neugründung" (1949) der deutschen Staaten in ihren Konstanten und Veränderungen nachzugehen.

2. Die jeweils spezifische Situation der BRD und DDR miteinander zu vergleichen: Auf diese Weise werden das Willkürliche und die performative Kraft der Diskurse evident – aus einer gemeinsamen Vergangenheit wird ein jeweils anderes Narrativ konstruiert. Da der Schrecken dieser Vergangenheit alle traditionellen Symbole der Nation „unbrauchbar" machte, war es in beiden Fällen notwendig, eine neue rhetorische Strategie zu (er)finden, um die „nationale Identität" der Kinder bzw. die „imagined community" (Anderson) in der Schule „weiterzuvermitteln". Da diese Erfahrung und das damit verbundene Trauma gerade durch die Vernichtung des Anderen entstanden sind, setzt diese Arbeit thematisch mit der (Nicht-)Verarbeitung des Holocaust ein.

3. Die Untersuchungen nehmen eine philosophische „Werkzeugkiste" (Foucault) zu Hilfe, ein System von Ideen und Begriffen, das in einer Tradition verankert ist, die frühzeitig die Signale der Verleugnung bzw. die Problematik der „westlichen" Philosophie in der Beziehung zum „Anderen" erkannte, jedoch nicht genügend Gehör fand bzw. verdrängt wurde. Mit den Begrifflichkeiten dieser Tradition zu arbeiten, erlaubt uns, sie erneut ins Gedächtnis zu rufen, die Diskurse der Schulbücher aus einer anderen Perspektive zu überdenken und Anregungen für künftige Richtlinien zu geben.

Die Geschichte beider Minderheiten in Deutschland wird weiter hauptsächlich durch den Holocaust (und im Falle des Judentums gelegentlich durch kurze Hinweise auf die Antike Israels und die jüdische Geschichte im Mittelalter) thematisiert, wie schon Krippendorf 1960 kritisierte, mit etwas mehr Raum für das 19. Jahrhundert (siehe Marienfeld 2006). Der Leser wird gleich merken, dass sich der Großteil meiner Analyse den Darstellungen der jüdischen Geschichte widmet. Der einfache Grund dafür ist, dass Sinti und Roma (und ihre 600-jährige Geschichte in Deutschland) bis jetzt kaum Gehör in den Narrativen der Schulbücher gefunden haben. Erst in den letzten Jahren kommen allmählich einige Hinweise, die jedoch alle in Verbindung mit dem Völkermord stehen. Sie werden fast ohne Ausnahme als Fußnote zum Völkermord an den Juden gesetzt: „Sie wurden auch verfolgt" oder „Ein ähnliches Schicksal erlitten die Sinti und Roma". Dadurch fehlt nicht nur die notwendige Differenzierung und die Untersuchung spezifischer Vorurteile und Zerrbilder der Mehrheitsgesellschaft, sondern insgesamt eine angemessene Thematisierung der Geschichte dieser Gruppe. Ebenso versäumt wird dadurch eine mögliche komparatistische Analyse, die auf der Grundlage der Verfolgung beider nichtterritorialer Nationen während des Nationalsozialismus nationalstaatliche Diskurse und ihre Hintergründe pädagogisch fruchtbar in Frage stellen könnte. Somit müsste man die Geschichte der Sinti und Roma zumeist unter die Geste der „Ausradierung" subsumieren, die zwar für die jüdische Geschichte ebenfalls am Anfang in beiden deutschen Diskursen zu finden ist, jedoch mit den Jahren durch eine andere Gestualität ersetzt wurde, wie sich in der Analyse zeigen wird. Während in den Darstellungen der Geschichte des Holocaust in den DDR-Narrativen der kommunistische Widerstand hochstilisiert und dadurch ein Gründungsmythos der Nation erschaffen wurde – womit gleichzeitig die anderen Opfer und die historische Schuld der deutschen Gesellschaft „beiseite geschoben" wurden –, zeigt die vorliegende Arbeit für die alte BRD Ergebnisse, die teilweise mit denen übereinstimmen, die Shavit (1997) aus der Analyse deutscher Kinderbücher gewonnen hat.[3] Hier bestätigen sich die Narrative der Schulbücher, die die offizielle bzw. „legitime" Geschichte weitergeben, und die literarischen Erzählungen gegenseitig, auch wenn bei ersteren die Bemühung um eine politisch „korrekte" Darstellung größer zu sein scheint. Schon in den 60er Jahren analysierte Eleonore Sterling (1961a/b) die (Nicht-)Verarbeitung des Holocaust in der deutschen Literatur. Würde man diese Studie zusammen mit der Schulbuchanalyse von Eva G. Reichmann (1950) lesen, so würde man m.E. zu ähnlichen Ergebnissen kommen.[4]

Die Existenz des „Anderen" wird in den Schulbüchern der DDR, obwohl Konflikte mit „Vertragsarbeitern" keine Seltenheit waren, in der Regel nicht thematisiert: Die Auseinandersetzung mit dem Rassismus erschien überflüssig, da es sich um ein „kapitalistisches" Problem handelte, das im Sozialismus einfach „nicht existierte".[5] Die kulturelle Differenz und die „Fremdheit" waren implizit in den Kategorien der „Völkerfreundschaft" und des „Internationalismus" sowie durch die Förderung von Brieffreundschaften zwischen Kindern der DDR und UdSSR – als Teil der sozialistischen Erziehung – präsent.[6] In den

---

[3] Die Arbeit von Shavit wurde vehement mit den Argumenten kritisiert, dass erstens andere Materialien alternative Darstellungen der Vergangenheit erzielt hätten. Zweitens wäre die Leseintensität bei Kindern zurückgegangen. Und drittens wäre auch in anderen Ländern die Darstellung der Vergangenheit fragwürdig (Zuckermann 2003:10). Ich teile diese Kritik nicht. M.E. ist es wichtig, den von Shavit aufgedeckten Eigenheiten und Tendenzen der deutschen Kinderliteratur nachzuspüren – einerlei in welchem Maße sie noch im aktuellen Lesestoff für Kinder zu finden sind. Ob Kinder heute weniger lesen, darüber lässt sich streiten (siehe das Phänomen *Harry Potter*), aber auch wenn es so wäre, bliebe die Forschung gleichwohl für die Mentalitätsgeschichte relevant. Und letztlich muss nicht immer komparatistisch gearbeitet werden: Wenn die Bücher in Deutschland irritierende Inhalte aufweisen, muss dies nicht unbedingt mit der Literatur in anderen Ländern verglichen werden.

[4] Ich danke Hannah Dalby für die Hinweise auf die Artikel von Sterling und Reichmann.

[5] Siehe dazu Behrends et al. 2003. Interessanterweise fanden einige Begleitbücher zu diesem Thema, wie z.B. *Ede und Unku* von Alex Wedding (eine Erzählung über Sintikinder, die auch verfilmt wurde), überraschend viele Leser.

[6] Siehe dazu Griese/Marburger 1995. In meinen eigenen Umfragen erinnerten sich etliche in der DDR aufgewachsene Befragte an von der Schule organisierte Kampagnen, in denen Kinder Postkarten schrieben, um die Freilassung von politischen Gefangenen zu erreichen. Eine Befragte berichtete, dass sie einmal an Pinochet geschrieben hätten, um die Freilassung eines Leiters der kommunistischen Partei Chiles zu erreichen, der dann Exil in der DDR fand. Dieser Erfolg (wie zumindest die Kinder glaubten)

Schulbüchern der alten Bundesrepublik setzt erst in den 70er Jahren der Diskurs über den „Anderen" ein, nachdem die Verdrängung der Shoa etwas nachgelassen hatte: Das Paradigma der Friedenspädagogik (Freire) war in der Darstellung der kulturellen Minderheiten vorherrschend. In den 80er Jahren konzentrierten sich die Diskurse auf die soziologische Kategorie der „Minderheit", während in den 90er Jahren hauptsächlich der Begriff „Alterität" benutzt wurde, der eher philosophisch bzw. psychoanalytisch besetzt ist. In der folgenden Analyse zeigt sich jedoch, dass, unabhängig von Modebegriffen, die „Gestualität" gegenüber dem Anderen seit den 50er Jahren mit wenigen Ausnahmen eine dauerhafte, unterschwellige Kontinuität besitzt, obwohl, wie in dieser Arbeit beschrieben wird, die verschiedenen historischen Etappen jeweils über spezifische Charakteristika verfügen (wie z.B. die Entwicklichung der Shoa in den ersten Jahrzehnten der Nachkriegszeit in der alten BRD), die erst später überprüft und teilweise korrigiert wurden. In dieser Studie wird jedoch von z.T. unbewussten Mechanismen ausgegangen, die unterschwellig wirken und Spuren in der kollektiven Mentalität hinterlassen.

c. Quellenkorpus und Methodologie

Der Quellenkorpus umfasst etwa 140 Schulbücher und ca. 40 zusätzliche Materialien (Hefte für antirassistische Arbeit, Materialien zur Geschichte des Judentums etc.) – viele davon sind in deutschen Schulen noch im Gebrauch. Die für diese Arbeit untersuchten Schulbücher wurden zu 50% aufgrund ihres Verbreitungsgrades ausgewählt und zu 50% nach dem Zufallskriterium, um einen repräsentativen und gleichzeitig umfassenden Korpus zu bilden, der verschiedene Diskurse berücksichtigt. Für ein Bundesland (Baden-Württemberg) wurde der gesamte Bestand der derzeitig benutzten Schulbücher für Geschichte in die Untersuchung einbezogen.[7]

Es hat sich als vorteilhaft erwiesen, nicht nur die offiziellen Schulbücher als Quellen zu verwenden, sondern den Korpus um die sogenannte „Graue Literatur" zu erweitern, da viele Lehrer gerade mit diesen Materialien versuchen, einen Beitrag zum Antirassismus zu leisten. Zudem kommen in diesen andere Vorurteile und Stereotype ans Licht als im offiziellen Diskurs der Schulbücher. Zusätzlich wurden auf der Metaebene einige schon veröffentlichte wissenschaftliche Studien zu dieser Problematik als sekundäre Quellen mit einbezogen, in denen sich zum Teil die oben beschriebenen Gesten im

---

blieb ihr als Errungenschaft der internationalen Solidarität der Kinder in Erinnerung. Griese/Marburger (1995:106) zitieren hingegen die Selbstkritik eines resignierten Lehrers aus dem Jahr 1959 in Bezug auf die Erziehung zum proletarischen Internationalismus mittels Austausch von Briefmarken mit Schulen in anderen sozialistischen Ländern: „Kinder wollen Briefe schreiben, um Briefmarken usw. zu erhalten. Materielles Interesse stand bei Kindern im Vordergrund. Ich habe mein Ziel nicht erreicht, weil die Aufmerksamkeit der Kinder auf Nebensächliches gelenkt wurde."

[7] Die Auswahl des Korpus richtet sich nach den Zahlen des Georg-Eckert-Instituts für Schulbuchforschung. Die Bibliothekarin, Frau Gisela Teistler, stand mir mit Rat und Tat zur Seite, weshalb ich ihr zu großem Dank verpflichtet bin.

wissenschaftlichen Diskurs wiederfinden. Das besondere Interesse zielt auf die Erkenntnis, inwieweit diese Denkmuster im heutigen Bildungsgefüge der deutschen Gesellschaft verwurzelt sind.

Da es sich um eine philosophische und nicht um eine soziologische Arbeit handelt, sollen die Quellen als „exemplarische" Beispiele – im Sinne von Webers *Idealtypus* (der eher die besonderen Merkmale akzentuiert, ja fast karikiert, um die Unterschiede zu betonen) – und nicht als statistische Beweise verstanden werden; in diesem Sinne wurden auch die Zitate ausgewählt.

Der Umgang mit den Materialien mag auf den ersten Blick irritierend erscheinen, da statt einer traditionellen Darstellung der Inhalte versucht wird, zwischen den Zeilen zu lesen, etwa so wie Derrida die dekonstruktivistische Lesart beschrieb, die auf die Randzonen des Textes fokussiert – also jene Orte und Augenblicke, wo die *Aufmerksamkeit des Autors geringer sein könnte*. Wie schon erwähnt, ist es das Ziel dieser hermeneutischen Methode, einige Diskurse und Vorstellungen über den „Anderen", die in der deutschen Gesellschaft von der Nachkriegszeit bis heute zirkulieren, zu identifizieren und zu analysieren sowie die mögliche Ähnlichkeit mit dem historischen Gestus gegenüber Minderheiten (Teil A) zu überdenken. Bei der Lektüre der Texte finden sich hinter der Fassade einer „korrekten" Bezeichnung des Themas wiederholt Versprecher oder kleine Hinweise, die von anderen Diskursen zeugen und immer wieder auf die symbolischen Gesten zurückverweisen. Gerade dieser Kontinuität bzw. der Aktualität der oben genannten Gesten will diese Arbeit nachgehen. Somit handelt es sich hier um eine Problemanalyse – die bewusst den Fokus auf die verzerrten Darstellungen und die symbolischen Gesten legt, die noch immer zu finden sind. Das bedeutet nicht, dass sie aktuell und überwiegend die Diskurse der Schulbücher bestimmen. Vielmehr gilt es zu zeigen, dass unterschwellige Spuren noch vorhanden sind und in diese Diskurse hineinwirken. Die bisherigen Schulbuchanalysen basierten eher auf einer positivistischen Methode (etwa quantitativen Rastern, die Zeilen zu einem bestimmten Thema in einem Schulbuch zählen usw.), die meistens eine durchschnittliche Bewertung des Materials als Ziel haben (u.a. Schatzker 1963 und 1995, Marienfeld 2000, Pingel 2006).[8]

Eine der Hauptthesen dieser Arbeit ist schließlich, dass dem „Anderen" in den pädagogischen Diskursen der deutschen Gesellschaft oft nur *ein Platz* zugestanden wird, und zwar als „Negativ des Selbst". Das Problem ist nicht neu: Schon 1879, zu Beginn des Antisemitismus-Streits, hat Manuel Joël es in der Kernfrage seines offenen Briefes an Treitschke herausfordernd zusammengefasst: „Wozu ist dann das Judenthum da, wenn nicht, um als Folie zu dienen?"[9] Eine negative Folie, wie Krieger unterstreicht, mittels derer Treitschke seine Vision nationaler Identität und Homogenität abbildete.[10] Zwischen den

---

[8] Eine andere Art der Analyse findet sich in den ausgezeichneten Artikeln von Eva und Martin Kolinsky, die in Deutschland jedoch kaum Gehör fanden.

[9] Joël in Krieger 2003:35.

[10] Krieger 2003:24.

Zeilen finden sich auch mehr als ein Jahrhundert später immer noch Reste dieser Strategie, manchmal als unterschwelliges Weiterleben einer Tradition, die bisweilen sogar gegen den Willen der Autoren aus den Texten hervorbricht. Es verhält sich dann eher so, wie Carlo Ginzburg Papst Wojtylas Lapsus interpretierte, der diesem in seiner Rede in der römischen Synagoge im April 1986 unterlaufen war. Darin ging es um eine intertextuelle Anspielung auf Paulus' Briefe an die Römer 9,12, einem der antisemitischsten Grundtexte der Kirche:

> So bleibt die andere Hypothese: daß nämlich der Papst beim Versuch einer Definition des Verhältnisses zwischen Christen und Juden den Ausdruck „ältere Brüder" benutzt hat, ohne sich des Anklangs an Römer 9,12 bewußt zu sein. [...] Der Papst suchte nach einer Definition, und aus der Tiefe seines Gedächtnisses kam eine zum Vorschein: die traditionelle. In dem Augenblick, als er die Seite umblättern wollte, verfing er sich wieder in den alten Texten. Freud hat uns gelehrt, in Versprechern das Resultat von Trieben zu sehen, die vom bewußten Ich zensiert werden. Oft handelt es sich um aggressive Triebe. Nun wird mancher meinen, der Lapsus des Papstes enthülle dessen wahre Gefühle gegenüber den Juden. Ich glaube das nicht. Meiner Meinung nach sind die Implikationen dieses Versprechers viel schwerwiegender. [...] Um die christliche Judenfeindlichkeit auszurotten, reichen der gute Wille und der Mut eines einzelnen nicht, nicht einmal, wenn es sich um einen Papst handelt. In dem Versprecher Johannes Paulus II. hat sich die Tradition – nicht nur die antijüdische – einen Augenblick revanchiert. Vor uns liegt noch ein weiter, ein sehr weiter Weg.[11]

Die folgende Analyse kann vielleicht als Beitrag zu der Überlegung dienen, wo dieser Weg seinen Anfang nimmt und in welche Richtung er führen könnte.

2. Symbolische Gesten und Mechanismen

Unsere unwillkürlichen, kleinen Gesten verraten mehr von unserem Charakter als irgendwelche wohlstudierten Posen (Edgar Wind)

Der Gedächtnisakt ist auch ein unvorhersehbares Ereignis, ein Ereignis, das eine Verantwortung und Gesten, Taten fordert. (Jacques Derrida)

Meine Analyse der Schulbücher basiert auf den von mir oben genannten *symbolischen Gesten*. Dadurch wird es möglich, die Kontinuität dieser Gestualität innerhalb der deutsch-jüdischen Geschichte, wie sie in Teil A gezeigt wurde, bis zu den Geschichtsbüchern zu verfolgen. Darüber hinaus erlaubt dieses Vorgehen eine neue Lektüre der Diskurse der Schulbücher: Denn es geht nicht nur darum, auf fehlende oder falsche Informationen hinzuweisen, sondern eher um die Analyse der ihnen zugrunde liegenden Systematik bzw. um die Logiken und Affekte, die sie verursachen könnten. Bei der Erstellung neuer pädagogischer Materialien stehen deshalb nicht allein die notwendigen Korrekturen im Vordergrund, vielmehr ist eine Deutung dieser sich wiederholenden Erscheinungen notwendig. Oder anders gesagt: Bestimmte problematische, immer

---
[11] Ginzburg 1999:264ff.

wiederkehrende Aussagen sind durch das Prisma dieser Gestualität besser als Symptome erkennbar, die über tiefere Spannungen oder unbewusste Affekte Aufschluss geben. Dies gibt uns wiederum die Möglichkeit, genau an diesen problematischen Stellen zu arbeiten, d.h. pädagogische Materialien zu entwerfen, die diese Symptome gezielt in Frage stellen sollen.

Hier werden folgende „Gesten" für die Analyse vorgeschlagen (vgl. auch Vorwort):

1. Ausradierung (Fokussierung einer angeblichen Nicht-Existenz des „Anderen"),

2. Verdinglichung (Behandlung des „Anderen" als Objekt des Wissens statt als Subjekt des Dialogs),

3. Projektion (Exteriorisierung von etwas, das man in sich selbst nicht sehen oder haben will, also ganz im klassisch Freud'schen Sinne),

4. Identifizierung (Leugnung der Andersheit durch die Illusion der Identifikation).

Obwohl diese Gesten, ganz im Weber'schen Sinne des Idealtypus, nie „rein" zu finden sind, sondern immer in gemischten Formen auftauchen, lässt sich für die Geschichte der DDR und der BRD feststellen, dass die Ausradierung und die Projektion eher in der ersten Phase der Nachkriegszeit in Erscheinung treten – wenn auch in den beiden deutschen Staaten auf unterschiedliche Weise, wie im Folgenden gezeigt wird (folgt man den Phasen von Pingel 2006, sind hier die ersten zwei Phasen gemeint). Bis zur politischen Krise Ende der 60er dominieren die beiden Gesten der Negation der Existenz der Opfer und ihres Leidens (Ausradierung) und die Verschiebung der gesellschaftlichen Schuld auf die Opfer (Projektion). Ab den 70er und noch stärker ab Mitte der 80er Jahre scheinen sich dagegen die Gesten der Verdinglichung und danach, allmählich immer deutlicher, der Identifikation v.a. in den Diskursen der BRD zu verbreiten. Der Generationswechsel, die historische Distanz und das historische Wissen machen eine offene Negation des Geschehens unmöglich. Stattdessen wird durch die neue Gestualität, so die These dieser Arbeit, die Negation der Andersheit mit anderen Mittel z.T. weitergeführt.

Mit dem Vorhaben, die Kontinuität dieser Gestualität aufzuzeigen, wird die Analyse themenbezogen, nämlich mit Blick auf die zuvor definierten Gesten (und nicht chronologisch) präsentiert.

A. AUSRADIERUNG

So wußte ich nicht, daß Husserl von der deutschen Universität verwiesen worden war, weil er Jude war. Ich wußte auch nicht, daß „Sein und Zeit" in den Auflagen vor der Machtergreifung der Nazis Husserl gewidmet war und daß diese Widmung verschwand, als Heideggers alter Lehrer in Ungnade gefallen war, Opfer der ethnischen Säuberungen der deutschen Universität. [...] Ich konnte mich darüber weder wundern noch empören, da ich nicht wußte, daß Husserls Name darin hätte vorkommen müssen. **Ich wußte nicht, daß Heidegger ihn willentlich getilgt hatte, so wie man etwas aus seinem Gedächtnis tilgt: eine böse Erinnerung. So wie man den Namen von einem Grabstein tilgt, vielleicht.**
(Jorge Semprún)

Mit **Ausradierung** wird eine Handlung beschrieben, die intentional (wie bei Heidegger) oder durch den Mechanismus der Verdrängung (im Freud'schen Sinne) den Anderen „verschwinden" lässt. In der Geschichte der Philosophie ist dies oft in der Auflösung in die Kategorie des „universellen Subjekts" zu finden: sei es im kantischen, hegelianischen oder einem anderen System. Die *Differenzen* und die Andersartigkeit der Subjekte werden in „neuen Begriffen" (z.B. bei Marx mit der Beschreibung des Proletariats) „aufgehoben" und dadurch verdrängt. Wie im ersten Teil dieser Arbeit gezeigt wurde, haben dies schon sehr früh Autoren wie Mendelssohn (in Bezug auf Kant) oder Rosenzweig (in Bezug auf Hegel) kritisiert. Adorno nannte es in *Minima Moralia* „die Vernichtung der Differenz durch die Aufhebung".

In der NS-Zeit war die *Ausradierung* eine *politische Geste des Staates*. So schrieb z.B. der Kunsthistoriker Wilhelm Hausenstein während dieser Zeit keine Bücher mehr, und seine große Kunstgeschichte wurde eingestampft, weil er sich weigerte, die Namen der jüdischen Künstler zu entfernen.[12] Jahrzehnte nach der Shoa hat Habermas die pädagogischen Folgen einer solchen Haltung der Ausradierung beschrieben bzw. die Verantwortung, die bestimmte „organische Intellektuelle" (in diesem Fall Ernst Jünger) dafür trugen:

> Damals, als Student, habe ich nicht darüber nachgedacht; ich muß zwar zu dieser Zeit mit der Lektüre von Husserl und Wittgenstein, von Scheler und Simmel befasst gewesen sein – ohne jedoch um die Herkunft dieser Gelehrten zu wissen. Der renommierte Philosophieprofessor aber [E. Jünger], der seinen jüdischen Kollegen Produktivität absprach, *hat* darum gewusst.[13]

Die nahezu komplette Ausradierung der Existenz des Judentums in Deutschland wird erkennbar durch die einfache Tatsache, dass – mit Ausnahme der Heinrich-Heine-Universität, jedoch, wie schon weiter oben erwähnt, nach jahrzehntelangen Diskussionen über die Namensgebung – keine einzige deutsche Universität den Namen einer jüdischen Persönlichkeit trägt. Noch nicht einmal 2005, im „Einstein-Jahr", wurde daran gedacht, ein Wissenschaftszentrum in

---
[12] Siehe dazu Jacob 2006.
[13] Habermas 1997:107.

diesem Land nach dem deutsch-jüdischen Physiker zu benennen. Die deutschen Juden bleiben an den Rändern der Geschichte. Nicht aufgrund einer gedachten Handlung, sondern, was viel schlimmer ist, aufgrund einer kollektiven Verdrängung bzw. Verleugnung der Gesellschaft.

Die Geste der Ausradierung findet sich auch häufig in den Narrativen der DDR, so in der Beschreibung der Opfer des Nationalsozialismus durch eine *ideologische* Manipulation der Geschichte – paradoxerweise ein Manöver, das Marx ein Jahrhundert zuvor in seiner ganzen Komplexität beschrieben hat.

1. Die (ost)deutsche Ideologie

a. Echos aus der Bastille

Der Begriff „Ideologie" ist mehr als zweihundert Jahre alt und hat in der Geschichte der Philosophie verschiedene Bedeutungen angenommen. Als solcher wurde er in der bewegten Zeit nach der Französischen Revolution „erfunden" und bedeutet etymologisch „Studium der Ideen": „The man who actually coined the term, the French revolutionary aristocrat Destutt de Tracy, did so in a prison cell during the reign of Terror, firm in his belief that reason, not violence, was the key to social reconstruction."[14] Francis Bacon entwarf seine Lehre der Idole schon im 17. Jahrhundert, in der er Idole als Spiegel beschreibt, die die Realität deformiert reflektieren.[15] In der Zeit der Aufklärung trug die Priestertrugstheorie (d'Holbach u.a.) dazu bei, die Macht der Kirche aufzudecken. Spuren des Begriffs „Ideologie" finden sich u.a. auch in Schopenhauers Kritik der Religion und der Metaphysik, in Feuerbachs Schriften sowie in dem Projektionsmechanismus von Sigmund Freud.[16]

Die Bedeutung des Ideologiebegriffs wandelte sich im Laufe der Zeit: Als Beispiel sei hier nur die marxistische Tradition genannt, in der die Ideologie zu einem Gerüst dieses Paradigmas wurde. In dieser Arbeit wird der Begriff nur in seiner „negativen Konnotation" verwendet, d.h. wenn sie eine Wahrheit verschleiert – oder wenn sie benutzt wird, um Andere oder auch sich selbst zu täuschen. In der Definition von Dieter Birnbacher: „Sobald eine willensbestimmte Verfälschung oder Verdrehung der Wahrheit eine soziale oder politische Funktion übernimmt und diejenigen, die derart verzerrte Wahrheit für bare Münze nehmen, sich dieser Funktion nicht oder nur unvollständig bewußt sind, kann man von einer Ideologie sprechen."[17]

Als der Zweite Weltkrieg zu Ende war, entwickelten beide „neuen" deutschen Staaten ihren jeweiligen nationalen Mythos, der die „imagined commu-

---

[14] Eagleton 1994:2.

[15] Vgl. Bacon *Novum Organum* 1620. Die Ideologiekritik kommt auch in *Nova Atlantis* vor, wenn Bacon die Alchemie als Betrug kritisiert.

[16] Siehe dazu *infra* II. *Projektion.*

[17] Birnbacher 1996:51.

nity" (Anderson) zusammenhalten sollte und die schreckliche Vergangenheit (irgendwie) zu verarbeiten versuchte.[18] Den Gründern der DDR war es wahrscheinlich bewusst, dass die Notwendigkeit bestand, einen Legitimationsdiskurs zu entwerfen. „As Antonio Gramsci recognised in his celebrated concept of ‚hegemony', no successful transformation in the sphere of politics can neglect the business of influencing hearts and minds; and the science of ideology, born in the blood and turmoil of the French revolution, was the first attempt to systematise this project in the modern age."[19]

b. Die *Camera obscura* des Sozialismus

Wenn in der ganzen Ideologie die Menschen und ihre Verhältnisse wie in einer Camera obscura auf den Kopf gestellt erscheinen, so geht dies Phänomen ebenso sehr aus ihrem historischen Lebensprozess hervor, wie die Umdrehung der Gegenstände auf der Netzhaut aus ihrem unmittelbar physischen.

(Karl Marx, Die Deutsche Ideologie)

Marx beschreibt die Ideologie als eine *Camera obscura*, die durch einen technischen Mechanismus eine Illusion schafft, die auf den Kopf gestellt und verdreht erscheint, obwohl sie Spuren der Realität enthält. Im Falle der (Nicht-) Verarbeitung der Shoa im nationalen Mythos der DDR kommt diese marxistische Metapher voll zum Tragen. Dieses Mal nicht in der Umkehrung von Basis und Überbau, sondern der Rolle von Opfer und Täter. Als diese Epoche der Geschichte durch die *Camera obscura* des Sozialismus geführt wurde, um das „historische Photo" – oder die Narrative – daraus zu schaffen, ist die Geschichte in der Dunkelheit dieses Mechanismus so umgekehrt worden, dass sich die Deutschen von Tätern zu Opfern des Faschismus „entwickelten".

Um Marx in innovativer Weise zu zitieren: „Ganz im Gegensatz zur deutschen Philosophie, welche vom Himmel auf die Erde herabsteigt, wird hier von der Erde zum Himmel gestiegen." Aber dieses Mal nicht, weil ein falsches Bewusstsein die realen Bedingungen des Lebens verhüllt hatte, sondern weil die neuen DDR-Bürger von der Hölle, die sie auf der Erde umgesetzt hatten, als „tapfere Helden" bzw. als deren Erben in den Himmel der Geschichte eintreten wollten.

Ohne Zweifel hatten sich viele der DDR-Gründer als Kämpfer gegen das NS-Regime hervorgetan. Zudem wurde der Prozess der „Entnazifizierung" (die auch das Erziehungssystem betraf) in der DDR viel gründlicher und kohärenter

---

[18] Die Verarbeitung der Shoa war nicht nur für die Historiographie der DDR und der BRD eine Herausforderung, sondern auch für viele andere Länder, die in dieser Arbeit nicht berücksichtigt werden können. Von der Täterseite ausgehend wäre es interessant, einen Vergleich mit den österreichischen Schulbuchanalysen zu dieser Thematik zu machen oder aber zu untersuchen, wie Frankreich mit seiner gespaltenen Geschichte umgegangen ist. Auf der anderen Seite – für die Geschichte der Opfer, wie z.B. Israel, aber auch die Sowjetunion und Polen – spielt die Shoa auch eine wichtige Rolle.

[19] Eagleton 1994:2.

durchgeführt als in der alten Bundesrepublik.[20] Trotzdem stellt sich die Frage, warum diese Staatsmänner die Notwendigkeit sahen, ihre persönliche Geschichte des Widerstands zu einem nationalen Mythos zu erhöhen, obwohl ihnen selbst – wie auch ihren Mitbürgern – auf schmerzliche Weise bewusst war, dass die Realität eine ganz andere gewesen war:

> An die Stelle der offenen Rede über die Zeit des Nationalsozialismus trat vierzig Jahre lang der Versuch, die DDR-Bevölkerung auf die Minderheitenperspektive der kommunistischen Widerstandskämpfer, die in radikaler Opposition zum Nationalsozialismus standen, einzuschwören. Die Mehrheit der Deutschen hatte die NS-Diktatur aber eher als Unterstützer oder als Mitläufer erlebt, so dass schon früh eine Lücke zwischen den Erfahrungen und Einstellungen der Menschen und der Propaganda der SED entstand.[21]

Trotz der Bemühungen der pädagogischen Diskurse in der DDR, die historische Lücke durch den ideologischen Mythos zu schließen und die Geschichte damit dem Vergessen anheimfallen zu lassen, ist diese bei den nachkommenden Generationen – in der Logik der *Wiederkehr des Verdrängten* (Freud) – immer wieder zum Vorschein gekommen, in verschiedenen Formen und mit neuen Kräften, mit den traurigen Nebenwirkungen, die heute noch in den Zeitungen zu bemerken sind.[22] Wie Käppner treffend schreibt:

> Das herrschende Geschichtsbild hatte die DDR-Bürger lange Zeit von jeder historischen Mitverantwortung entlastet. [...] Rassenhaß und Antisemitismus blieben auf diese Weise abstrakte Phänomene ohne Bezug zur Lebenserfahrung der Bevölkerung. Es ist zwar nicht nachzuweisen, inwieweit die Welle fremdenfeindlicher und auch antisemitischer Straftaten – wie der Brandanschlag auf die ehemalige jüdische Häftlingsbaracke in der Gedenkstätte Sachsenhausen – in Ostdeutschland nach 1990 auch ein Erbe dieses verzerrten Geschichtsbildes ist. Doch spricht viel dafür, daß sich darin auch das Versagen der DDR-Historiker nachträglich widerspiegelt.[23]

Die Geschichte der Beziehung der DDR-Historiker zur Shoa durchlief mehrere Phasen, die immer von politischen Instanzen abhängig waren. Das Verhältnis der SED zu den jüdischen Mitbürgern, von denen viele aus dem Exil in die Ostzone zurückgekehrt sind – oder als Überlebende dort geblieben waren –, war in den ersten Jahren nach dem Krieg noch freundlich. Zahlreiche jüdische Mitbürger der DDR hatten wichtige Stellen in der SED. „Jedoch unterschied man in der SBZ schon 1946 zwischen 11000 Kämpfern und 30000 Opfern des Nationalsozialismus."[24] Die Unterscheidung zwischen ‚Kämpfer gegen' und

---

[20] Ein detaillierter Bericht über die Entnazifizierung der DDR-Schulen findet sich in Griese/Marburger 1995:9ff. Sie belegen u.a., dass 75% der Lehrer bis 1948 entlassen wurden. Interessanterweise war die Durchführung im Osten sehr viel gründlicher, dabei wurde der Nazijargon (oder von ihm geprägte Wörter) jedoch teilweise unreflektiert weiterbenutzt, obwohl Klemperers *LTI* schon 1947 in Dresden publiziert worden war.

[21] Behrends 2003:3.

[22] Das Problem des Neonazismus betrifft bekanntlich nicht nur die ehemalige DDR.

[23] Käppner 1999:273.

[24] Küchler 2000:39.

‚Opfer von' ist ebenfalls eine Form der *Verdinglichung*, welche auch in der BRD bei der „Ausradierung" des jüdischen Widerstandes aus den historischen Erzählungen geübt wurde. Zwischen 1946 und 1948 sind jedoch in der SBZ schonungslose Beschreibungen der Shoa publiziert worden, u.a. Rudi Jahns *Das war Buchenwald! Ein Tatsachenbericht* (Weimar 1946) und Johannes R. Bechers *Deutschland klagt an!* (1946). Käppner (1999:49) beschreibt es so:

> In dieser ostzonalen Variante des ‚J'accuse' von Émile Zola würdigte Becher die Opfer der nationalsozialistischen Diktatur, die Gefallenen, Hinterbliebenen, die Regimegegner – und die Juden: „Was den Juden geschah, wurde uns angetan. Die Judenverfolgungen, die systematische Ausrottung unserer jüdischen Mitbürger hat uns eine solche Bürde von Schmach aufgeladen, daß wir daran noch zu tragen haben werden, wenn der Staub der Naziverbrecher längst in alle Winde verweht sein wird."

Solche Texte waren in den westlichen Besatzungszonen zu dieser Zeit nicht zu finden. Doch wenige Jahre später, um 1949, änderte sich diese Haltung:

> Kritiklos übernahm man die antisemitischen Kampagnen der sowjetischen Staatsführung, die jetzt darin mündeten, dass die nationalsozialistische Barbarei und Judenverfolgung dem deutschen Volk insgesamt fremde Erscheinungen waren und sich jegliche Schuldzuweisungen an die Adresse der DDR von vornherein erübrigten. Des Weiteren seien die schuldigen Kriegstreiber im Westen zu suchen und die DDR nicht für Fragen der Wiedergutmachung zuständig.[25]

Diese neue „ideologische" Version der Geschichte spiegelte sich in den Schulbüchern wider. Obwohl sich diese in den verschiedenen Perioden der DDR der jeweiligen politischen Linie anpassten und sich in Details veränderten, blieben sie ihrer Grundposition treu. Die DDR (also die Kommunisten) wurde als Opfer des „Faschismus" dargestellt, und alle anderen Opfer (Juden, Sinti und Roma, Homosexuelle, Zeugen Jehovas, Behinderte usw.) wurden dementsprechend an den Rand der Geschichte gedrängt. Einige dieser Gruppen werden zwar gelegentlich genannt, jedoch nur als dekoratives Beiwerk der Figur im Mittelpunkt: der Kommunisten.[26] In dieser Darstellungsweise lässt sich von der rhetorischen Konstruktion her eine interessante „ideologische" Strategie erkennen: Es handelte sich nicht – im eigentlichen Sinne des Wortes – um eine Lüge, sondern um eine Akzentuierung der Geschichte, die es den Kindern unmöglich machte, die Schicksale anderer Gruppen nachzuvollziehen, so dass sie diese schließlich als „anekdotisch" unbeachtet ließen. So lesen wir z.B. in einem Buch für Heimatkunde der 4. Klasse:

---

[25] Küchler 2000:40.

[26] Für die Zeit bis 1951 ziehen Rossow/Wiegmann folgenden Schluss: „Als bemerkenswerter Befund bleibt trotzdem, daß die jüdische Geschichte und das Schicksal der deutschen und europäischen Juden wenigstens punktuell, wenn auch weitgehend zusammenhanglos und günstigenfalls in allen Schuljahren thematisiert werden sollten oder konnten. Aber auch die kaum beherrschbare stoffliche Überfrachtung ist unübersehbar." In Rossow/Wiegmann: „Die Instrumentalisierung identitätsloser Opfer. Zum Platz jüdischer Geschichte und des Genozids an den deutschen und europäischen Juden in den Geschichtslehrplänen und Büchern der SBZ und der DDR 1946–1990" in Lange 1994:116.

Die Faschisten folterten die Nichtfaschisten grausam. Sie ließen die Häftlinge hungern und frieren. Viele Häftlinge wurden krank. Viele Häftlinge starben. Die Faschisten ermordeten auch viele tausend Antifaschisten. Sie ermordeten Ernst Thälmann im KZ Buchenwald. Erzähle, wie die Faschisten die Kommunisten verfolgten! Erzähle vom schweren Leben der Antifaschisten im KZ![27]

Im ganzen Buch werden keine anderen Gruppen genannt. Diese Strategie, die im ganzen sozialistischen Ostblock verbreitet war, wurde schon 1975 in Bezug auf den polnischen Diskurs von Pierre Vidal Naquet in seiner Analyse der Ausstellung im Museum von Auschwitz als „réduction du génocide hitlérien à un épisode de la lutte entre les nations, ou même à la lutte contre le nazisme" beschrieben.[28]

Die Logik hinter der Reduktion auf die „nationale Perspektive" lässt sich deutlich in einer Tabelle „Die Opfer des zweiten Weltkrieges in den wichtigsten Ländern"[29] ablesen:

Die Opfer des zweiten Weltkrieges in den wichtigsten Ländern	
UdSSR	20,6 Millionen
Polen	6,0 Millionen
Deutschland	6,0 Millionen
Jugoslawien	1,7 Millionen
Frankreich	0,6 Millionen
Großbritannien	0,3 Millionen
USA	0,4 Millionen
In Konzentrationslagern ermordete Menschen verschiedener Staaten	11,0 Millionen

Merkwürdig ist außerdem die Benennung des Nationalsozialismus als „deutscher Faschismus": eine rhetorische Konstruktion, die unerwünschten Assoziationen mit dem Signifikanten (Saussure) „Sozialismus" vorbeugen sollte. Außerdem hat dieser Begriff den Vorteil, dass die deutsche Komponente nur als Adjektiv erscheint und damit der deutsche Faschismus als Variante des italienischen angesehen werden kann.[30] Diese Beschreibung entsprach einer vereinfachten „mar-

---

[27] *Wir lernen Heimatkunde 4*, 1977:39.

[28] Vidal-Naquet 1975:III.

[29] *Geschichte in Übersichten* 1992:420 (Bild 2).

[30] Der Historiker Ernst Nolte, der einer anderen ideologischen Ecke zuzuordnen ist, wird schon 1963 in seinem Werk *Der Faschismus in seiner Epoche* die gleiche semantische Konstruktion benutzen, um im

xistisch-ökonomischen" Begründung, die das Ganze zu einer reinen Klassenfrage erklärte und dadurch die spezifisch kulturelle Seite des Geschehens, die mit der deutschen Geschichte und Kultur verbunden war, negierte. So wird z.B. erzählt, dass „1933 die Faschisten mit Hilfe der Kapitalisten und Großgrundbesitzer zur Herrschaft gelangten. Jetzt zeigte sich, wie recht Ernst Thälmann hatte, als er alle Gegner der Faschisten aufforderte, in einer Front zu kämpfen."[31] Wie Käppner treffend beschreibt: „Die Staatsführung lehnte in solchen Ausdrücken die Verantwortung für die deutsche Vergangenheit fast durchweg ab und überließ das negative Erbe der Bundesrepublik."[32] So sind Aussagen wie diese in den Schulbüchern zu finden: „Millionen Menschen in den besetzten Gebieten wurden von den Faschisten umgebracht, aber ihre Mörder leben und regieren heute das westliche Deutschland."[33] Die Fakten, die sie nannten, waren in der Tat korrekt (ehemalige Nazimörder, die nun Abgeordnete im Parlament waren). Nur die Vergangenheit der eigenen Bürger blieb unberührt.

Doch welchen Zweck erfüllt so ein Opfer-Mythos? Haben die DDR-*Ideologen* vielleicht Ernest Renan gelesen? Im Jahre 1882 behauptete der französische Philosoph in seinem berühmten Vortrag *Qu'est-ce qu'une nation?*, dass sie „eine große Solidargemeinschaft [sei], getragen von dem Gefühl der Opfer, die man gebracht hat, und der Opfer, die man noch zu bringen gewillt ist". Die DDR-Ideologen scheinen in dieser Analyse von Renan ein „Rezept" für die Konstruktion einer „imagined community" gesehen zu haben. Wie auch in anderen nationalen Mythen,

> [...] findet sich die gleiche Konfiguration wieder: auf der einen Seite der Fremde, der das schlechthin Böse, den Feind, die Unterdrückung und das Unglück verkörpert und der sich meistens durch seine Unmenschlichkeit und seine Grausamkeit [...] auszeichnet. Auf der anderen Seite steht dagegen die unterjochte und besetzte Nation, in ihrem Überleben und in ihrer Seele bedroht, die aber im Augenblick ihrer größten Erniedrigung und häufig auch dank einer wunderbaren Retterfigur [...] den Weg der Einheit und des Widerstandes, des Kampfes und des Opfers wiederfindet und so ihre Unabhängigkeit und ihre Freiheit zurückerobert.[34]

Die Rolle der Retterfigur nimmt in den Schulbüchern Ernst Thälmann[35] ein, der in Verbindung mit dem KZ Buchenwald zum Symbol der DDR-Gründung stilisiert wurde.[36] Verwunderlich ist jedoch die Spaltung oder Schizophrenie

---

Nationalsozialismus eine Form des Faschismus zu sehen und dadurch die Singularität bzw. die spezifisch deutschen Elemente außer Acht zu lassen.

[31] *Heimatkunde: Lehrbuch für die Klasse 4*, 1987:50.

[32] Käppner 1999:11.

[33] *Bilder zur Geschichte des deutschen Volkes 1929–1960*, 1963: 57.

[34] Flacke 1998:22.

[35] Gelegentlich wurde auch die Biographie von Karl von Ossietzky erzählt. Jüdische Biographien blieben fast unerwähnt.

[36] In einer von mir durchgeführten informellen Umfrage unter Freunden, die in der DDR aufgewachsen waren, sagte jemand: „Ich bin mir sicher, wir können alle noch das Datum auswendig, als Ernst Thälmann in Buchenwald ermordet wurde. Das werden wir nie vergessen."

der Erzählung, denn das „Böse" konnte nicht auf eine andere Nation projiziert werden. Doch diesem Problem konnte man sich mit einer komplizierten diskursiven Drehung entziehen, z.B. durch Behauptungen wie „Am 9. Mai 1945 hat die Sowjetunion **uns** von den Faschisten befreit" oder „In den ersten Tagen des Friedens bestimmten unermessliches Leid, Verwüstungen und Not, Hoffnungslosigkeit und Angst, Resignation und Verwirrung das Bild Deutschlands. Es zeigte sich: *Auch die Mehrheit des deutschen Volkes gehörte zu den Opfern des faschistischen Terrors und Krieges.*"[37] An anderer Stelle heißt es:

> Das deutsche Volk mußte nach den Völkern der Sowjetunion und Polens *die größten Opfer bringen*. Unter rund 6 Millionen deutschen Toten befanden sich etwa 410.000 Luftkriegsopfer. 7,5 Millionen wurden obdachlos. Menschen jüdischer Abstammung waren bis 1941 gezwungen, aus Hitlerdeutschland auszuwandern. Von den verbliebenen rund 240.000 Juden ermordeten die Faschisten über 80 Prozent. 200.000 Deutsche kamen in faschistischen KZ und Zuchthäusern um.[38]

Diese ideologisierte Version konnten die DDR-Geschichtsschreiber zwar den Kindern in der Schule erzählen, jedoch nicht dem Rest (der Welt), insbesondere nicht den Überlebenden der Shoa. In der internationalen Arena versuchten verschiedene Gruppen und Persönlichkeiten, diese Legenden zu bekämpfen. So berichtet Simon Wiesenthal in seinen Memoiren über eine Auseinandersetzung, die er mit einem DDR-Historiker auf einem Kongress in Jerusalem führte: „Kaul suchte Zuflucht in einem pathetischen Ausbruch: ‚Der einzige Staat, der die Opfer von Auschwitz ehrt', so rief er in den Saal, ‚ist die DDR.' ‚Zumindest mit den Toten von Auschwitz sollten Sie keine politische Suppe kochen', gab ich zurück."[39]

Die DDR beharrte aber trotz allem auf ihrer Position, zum Teil (mit kleinen Veränderungen nach politischen Ereignissen wie dem Eichmann-Prozess) bis 1985. Die heldenhaften Anstrengungen einer Handvoll jüdischer Historiker, insbesondere von Helmuth Eschwege, der im Exil überlebt hatte, wurden von offizieller Seite systematisch negiert.[40] Interessanterweise ergab sich eine *Verschiebung*, denn die „zensierten" Erinnerungen erschienen nun in literarischen Texten (u.a. von A. Seghers, S. Zweig) und widersprachen damit auf ihre Weise der offiziellen Version der Geschichte. Schließlich veränderte die Perestroika in der Sowjetunion die politische Lage in der DDR und damit auch die Diskurse der Schulbücher.

Die vorher praktizierte „Einbildung" der Geschichte ging so weit, dass in der Ausstellung der Gedenkstätte Auschwitz – vor 1989 – die DDR sogar mit einem eigenen Pavillon unter den „Opfernationen" vertreten war – ein Paradox, denn die DDR existierte als Land vor 1945 noch gar nicht.[41]

---

[37] *Geschichte 9*, 1970:79, m.H.
[38] *Geschichte 9*, 1971:237, m.H.
[39] Zitiert in Käppner 1999:114.
[40] Über den einsamen Kampf Eschweges siehe Käppner 1999:135ff., sowie s.u.
[41] Siehe dazu Elon zitiert in Käppner 1999:163.

c. Das Monopol des Widerstandes

Wie schon erwähnt, gab die Regierung bereits 1946 eine offizielle Richtung vor und begann, zwischen „Opfern" und „Widerstandskämpfern" des Nationalsozialismus, d.h. zwischen (passiven) Objekten und (aktiven) Subjekten der Geschichte zu unterscheiden.

> Zu den Antifaschisten, mit denen die KPD „Seite an Seite gegen den deutschen Faschismus" geschritten war, zählten nicht die Juden. Genauer gesagt: die SED zählte die Juden nicht dazu. Kurz war die Phase, als die jüdischen Mitglieder der VVN [Vereinigung der Verfolgten des Naziregimes] auf deren Versammlungen die Fahne mit dem Davidstern schwangen. Nach der Gründung des ‚Komitees der Antifaschistischen Widerstandskämpfer' wurden ehemalige Angehörige der KPD oder der ‚antifaschistischen Widerstandsbewegung' unter Führung der KPD als ‚Kämpfer gegen den Faschismus' eingeordnet. Juden hatten darauf keinen Anspruch, denn Juden waren immer ‚Opfer', falls sie nicht in der Reihe der KPD oder als bündnisfähig anerkannte Organisationen gekämpft hatten.[42]

Die „echten Subjekte" der Geschichte, die „Väter" der DDR waren demnach (ausschließlich) die Kommunisten. Dadurch nahmen sie einen Platz in der Vergangenheit ein, der nun für andere besetzt war. Dies zeigt sich sehr deutlich in den Schulbüchern: Juden (später Roma und Sinti) kommen in einigen der Beschreibungen zwar vor, aber immer als passive Opfer.[43] Es wird geschildert, wie sie von den Nazis verfolgt, vertrieben und vernichtet wurden. Wenn aber die Rede vom Widerstand ist, bleiben sie oft unerwähnt – *ausradiert*.[44]

> Aus Sicht der SED ging es ums Prinzip: da sie die Kommunisten als Hauptziel des nationalsozialistischen Terrors betrachtete, war die Erinnerung an die jüdischen Opfer eine Art antifaschistischer Konkurrenz. Genau dasselbe galt für den Widerstand gegen diesen Terror. Und doch sollte aus der DDR der erste Beitrag kommen, der den Widerstand deutscher Juden gegen das NS-Regime beschrieb.[45]

---

[42] Käppner 1999:181. Dies ging so weit, dass „noch in den achtziger Jahren Eugen Gollomb, in der DDR Vorsitzender der jüdischen Gemeinde Leipzig, der aus Auschwitz entkommen war und sich den Partisanen angeschlossen hatte, vom Komitee der Antifaschistischen Widerstandskämpfer nicht als ‚Kämpfer gegen den Faschismus' anerkannt wurde, gegen jede Logik: Angeblich fehlten ihm ‚einige Monate im Widerstand'."

[43] Diese Unterschiede zwischen Subjekt-Objekt- bzw. Widerstandskämpfer-Opfer-Konstruktionen der Geschichte wirkten sich auch auf die Nachkommen aus, und zwar in allen Ländern. Jean-Claude Grumberg erinnert in Bezug auf die gleiche Distinktion in Frankreich daran: „Als Kind habe ich darunter gelitten, Sohn eines Deportierten zu sein unter den Kinder von Helden, den Söhnen von Erschossenen." Zitiert in E. Weber 1994:17.

[44] Eine Ausnahme findet sich in *Geschichte 9* (1971:221): „Als die SS die im Warschauer Ghetto eingepferchten Juden in die Todeslager von Auschwitz und Majdanek verschleppen wollte, erhoben diese sich am 19. April 1943 zum bewaffneten Aufstand. Brutal ermordete die SS bei seiner Unterdrückung allein in Warschau über 56.000 Juden."

[45] Käppner 1999:181. Gemeint ist das nach längerer Diskussion erschienene, von Helmut Eschwege herausgegebene Werk *Kennzeichen J: Bilder, Dokumente, Berichte zur Geschichte der Verbrechen des Hitlerfaschismus an den deutschen Juden 1933-1945*, Berlin (Ost) 1966.

Diese ideologische Verdrehung der Geschichte ging so weit, dass in einigen Büchern der Aufstand des Warschauer Ghettos als ein „kommunistischer Aufstand" gegen den deutschen Faschismus beschrieben wurde. „Aus verfolgten Juden (im Warschauer Ghetto) werden verfolgte Kommunisten. [...] In Wahrheit hatte der Aufstand im Warschauer Ghetto kaum Verbindung zum kommunistischen Untergrund in Polen."[46]

Rossow und Wiegmann (1994:120) fanden heraus, dass der Ghettoaufstand in den Lehrplänen als Beispiel von „Heldentum der Widerstandskämpfer" (1955), „Widerstand der unterdrückten Völker" (1956) oder gar als „polnischer Widerstand unter kommunistischer Führung" (1961) beschrieben wurde. Einige wenige Schulbücher erwähnten den jüdischen Aufstand nur kurz. Nach 1978 berücksichtigte die Geschichtswissenschaft der DDR das Thema, und einige Jahre später wurde in mehreren Texten – wenn auch zögerlich – über den jüdischen Widerstand berichtet. Nach der Perestroika finden sich schon ausgewogenere Berichte, wie in *Geschichte 9* (1988:172).

Derselbe Vorgang der Ausradierung kommt – nicht zufällig – in anderen Instanzen vor, die mit dem Handeln und der intellektuellen Produktion in der Geschichte zu tun haben, also von „Subjekten der Geschichte" erzählen. Ein Beispiel hierfür ist die Beschreibung der Bücherverbrennung von 1933.[47]

Am 10. Mai 1933 errichteten die Faschisten in den deutschen Universitätsstädten große Scheiterhaufen. Auf ihnen wurden Bücher verbrannt, *um alles fortschrittliche und humanistische Gedankengut zu vernichten*. Fanatisierte Studenten warfen tonnenweise Bücher ins Feuer. Mit diesem Akt der Barbarei verbannten die Nazis über 400 Werke der deutschen und Weltliteratur, der Klassiker des Marxismus-Leninismus und der Arbeiterbewegung aus den Bibliotheken. Gleichzeitig wurden zahlreiche humanistische Geistesschaffende verfolgt, eingekerkert oder außer Landes getrieben; bald waren es mehrere Tausend. Zu ihnen gehörten Albert Einstein, Heinrich und Thomas Mann. In den folgenden Jahren folterten die Faschisten Carl von Ossietzky und Erich Mühsam zu Tode. Die faschistische „Gleichschaltung" des geistigen Lebens sollte *alles fortschrittliche, humanistische Gedankengut ausmerzen* und das Volk, besonders die Jugend, auf einen neuen Krieg vorbereiten.[48]

Aufschlussreich daran ist, dass diese Szene der Bücherverbrennung trotz ihres wichtigen Stellenwerts in der Darstellung der Geschichte nur in Ausschnitten erzählt wurde. Die jüdischen Intellektuellen zählten, genau wie die Aufständischen, zu den Erben der Kommunisten.[49]

---

[46] Ebenda.

[47] Dieser Text über die Bücherverbrennung ist mit kleinen Änderungen, je nach der politischen Lage, immer wieder zu finden. In einigen Editionen werden die jüdischen Autoren genannt (wie *Geschichte in Übersichten*, 1982:377), während sie in anderen unberücksichtigt bleiben.

[48] *Geschichte 9*, 1988:108.

[49] Obwohl die Mehrheit der Geschichtsbücher in der BRD ähnliche Positionen vertritt, soll hervorgehoben werden, dass in einigen der Bücher seit ca. 10 Jahren die Darstellung der intellektuellen Leistungen deutscher Juden ihren Platz findet. Ein Beispiel hierfür stellt das folgende Zitat dar: „Die NS-Kulturpolitik brachte neben unsagbarem menschlichen Leid einen Niveauverlust in Wissenschaft und Kunst,

Das zitierte Buch aber, das nach der Perestroika herausgegeben wurde, beschreibt den Antisemitismus und die Verfolgung der Sinti und Roma:

> Die Faschisten knüpften an den Antisemitismus in vergangenen Jahrhunderten an und entwickelten ihn zur Grundlage ihrer grausamen und bestialischen Judenverfolgung und Judenvernichtung. Mit diskriminierenden Maßnahmen gingen die Faschisten auch gegen die in Deutschland lebenden Zigeuner[50] vor. Später wurden sie ins Konzentrationslager geschleppt und die meisten umgebracht (*Geschichte 9*, 1988:106).

Die staatliche Monopolisierung des Gedächtnisses erlaubte keine „Konkurrenz". Diese Strategie kann als ideologisch bezeichnet werden, und zwar auf eine Art und Weise, wie sie von Marx in der Metapher des Traums geschildert wird: Ebenso wie der Traum enthält die ideologische Version der Geschichte Teile der Realität, aber in so (des)organisierter Form, dass das Resultat ein völlig neues Bild ergibt. Diese Deformation lässt sich auch anhand der Spiegelmetapher nachvollziehen, mit der Bacon die Wirkung der Idole beschrieb. Vielleicht ist deswegen die neue Wissenschaft der Ideologie in seiner Zeit auf einen solchen Widerstand gestoßen, wie er gegenwärtig nur gegen die Psychoanalyse zu finden ist.[51] Diese beiden Theorien demonstrieren, dass trotz aller (un)bewussten Versuche Teile der Geschichte nicht ausradiert werden können und so die Illusion, dass die Vergangenheit und die Anderen auf diese Weise zu manipulieren seien, *keine Zukunft haben kann.*[52]

d. Der nationale Mythos im Zeitalter seiner institutionellen Reproduzierbarkeit

Ausgehend von einer strukturalistischen Version des Marxismus und unter dem Einfluss von Spinoza, Freud und Lacan hat Louis Althusser der Ideologie-Theorie einen neuen Aspekt hinzugefügt, der ihren institutionellen Charakter ans Licht bringt. In *Idéologie et appareils idéologiques d'État* beschreibt er die „Appareils" (AIE), welche ideologische Praktiken ausüben. Die Ideologie ist nun nicht mehr – wie bei Marx – etwas nicht Greifbares, sondern beinhaltet die konkrete Praxis der Institutionen. Dabei spielt für Althusser das Erziehungssystem eine der wichtigsten Rollen als AIE in der Gesellschaft. Einige Jahre

---

dessen Folgen bis heute andauern: Zum Anfang des 20. Jahrhunderts beherbergten deutsche Universitäten die berühmtesten Wissenschaftler der Welt, insgesamt 24 Nobelpreisträger. Viele von ihnen waren jüdische Bürger. Nach 1933 begann ihre Vertreibung. Bis 1938 besetzten die Nationalsozialisten 45% aller Hochschulstellen neu. Mit der Vertreibung der Juden verlor Deutschland auch seine Vorrangstellung als Kultur- und Wissenschaftsland in der Welt" (*Epochen und Strukturen. Grundzüge einer Universalgeschichte für die Oberstufe*, 1996:348).

[50] Nur allmählich findet die Kritik Gehör, dass das Wort „Zigeuner" eine beleidigende Fremdbeschreibung ist.

[51] Siehe dazu Eagleton 1994:3.

[52] Es gibt gewisse Parallelen zwischen den halluzinatorischen Mechanismen, wie sie von Freud in *Die Zukunft einer Illusion* beschrieben werden, und bestimmten ihnen korrespondierenden, aber elementareren Formen des religiösen Lebens sowie der Konstruktion von Nationalmythen auf Grundlage einer imaginären Vergangenheit.

später und unter Althussers Einfluss schreiben Pierre Bourdieu und Jean. P. Passeron das Buch *La Reproduction*, in dem sie diese Thesen weiter ausarbeiten und detailliert erklären, wie die Schule durch die Erzeugung eines bestimmten *Habitus* und die Verbreitung „ideologischer Weltanschauungen" das kapitalistische System reproduziert und – vor allem – legitimiert.

Die (ost)deutsche Ideologie hatte ihre eigenen „Apparate" (AIE), welche die offiziellen Versionen reproduzierten und legitimierten. In diesem spezifischen Fall aber dienten diese nicht der Reproduktion eines Unterdrückungssystems, sondern der Konstruktion eines angeblich sauberen nationalen Gedächtnisses und damit der Begründung eines Mythos. Ein weiterer Unterschied zur Theorie von Bourdieu-Passeron besteht darin, dass zwar alle Rituale, die von diesen beiden Autoren anhand des Schulsystems aufgezeigt werden, sich in den Praktiken des Erziehungssystems der DDR wiederfinden (hier sind vor allem die Rituale der Pioniere zu nennen), aber nicht eine in dem Werk als wesentlich genannte Voraussetzung für das Reproduktionssystem „Schule", nämlich dass den Lehrern die „lügnerische" Funktion der Bildungsideologie und die (Un)Wahrheit, die dahinter steckt, selber nicht bewusst sei. Dies traf auf die DDR nicht zu, zumindest nicht auf die erste Phase, deren Lehrer die in den Schulbüchern tendenziell dargestellte Geschichte miterlebt hatten.

Als AIE verbreitete die Schule Narrative, die einen „Verfremdungseffekt" in der Gesellschaft kreierten und damit eine Distanzierung von der eigenen Geschichte bewirkten. Die Folgen dieses Prozesses zeigen sich in der folgenden Beschreibung:

> 1965 reiste Amos Elon als erster israelischer Journalist durch die DDR. In der Schule einer sächsischen Kleinstadt besuchte er den Geschichtsunterricht: „Einige machten neugierige Gesichter, andere lächelten steif. Ja, gaben sie zu, ich sei der erste Jude, der ihnen begegne ... Ich fragte die Schüler, was eigentlich aus den Juden geworden sei, die vor dem Krieg hier gelebt hatten. „Viele sind ausgewandert", meldete sich ein Junge, „andere wurden im Krieg getötet." „Wer hat sie denn getötet?" „Die Faschisten." „Wer waren denn diese Faschisten? Deutsche? Spanier? Kamen sie vom Mond? Waren Leute aus dieser Stadt dabei?" Auf Veranlassung der Lehrer antwortete der Schüler mit der auswendig gelernten Dimitroff-Formel.[53]

In der Fachwissenschaft verhielt es sich nicht anders als im Geschichtsunterricht, wie schon durch den Fall des jüdischen Historikers Eschwege gezeigt wurde. Dem verzerrten Blick auf die Opfer entsprach die Unfähigkeit, sich selbst als Nachkomme des Nationalsozialismus zu begreifen.[54]

---

[53] Elon zitiert in Käppner 1999:163. Dimitroff verkündete 1935 auf dem VII. Weltkongress der Komintern die These, der Faschismus sei eine Diktatur von chauvinistischen, rassistischen und imperialistischen Elementen des Finanzkapitals.

[54] Käppner (1999:137) hat in einer brillanten und detaillierten Analyse der Diskussionen zu diesem Thema in den verschiedenen Phasen der DDR die unermüdlichen Anstrengungen der jüdischen Historiker dargestellt, „Judenverfolgung" und „jüdischen Widerstand" als legitime Themen zu etablieren. Insbesondere am Beispiel des Autors Eschwege, der mehr als 40 Jahre lang in seinen zahlreichen Büchern an der Konstruktion eines grundlegenden Werkes zu diesen Themen gearbeitet hat, lässt sich erkennen, wie schwierig diese Aufgabe war. „Die Würdigung organisierter jüdischer Reaktionen auf die Verfolgung sowie Reflektionen über die Zerstörung des reichen kulturellen Erbes der jüdischen Deut-

e. Geschichte und Klassen-(Un)Bewusstsein

Trotz ideologischer Apparate und Habitus, trotz nationaler Mythen, *trotz alldem*; die Geschichte wird auch unbewusst von Generation zu Generation weitergegeben, über die – so Freuds Bezeichnung – Erinnerungsspuren. 1923, im Jahr des Hitler-Putsches in München, hat Georg Lukács (György Löwinger) sein Buch *Geschichte und Klassenbewußtsein* veröffentlicht, in dem er dafür plädiert, das Subjekt-Bewusstsein als politische Kategorie zu fassen. Im Kontext dieser Arbeit soll jedoch die Frage nach der Notwendigkeit der Klassen oder des „nationalen Unbewussten" im Vordergrund stehen. Denn schon Freud hat gezeigt, dass die Wiederkehr des Verdrängten sich nicht vermeiden lässt, selbst wenn man die Vergangenheit hinter einer Tür mit tausend Siegeln verschlossen hält.

Die DDR hielt verschiedene Archive der NS-Vergangenheit teilweise bis 1989 unter Verschluss, vor allem diejenigen, die Dokumente zur „jüdischen Frage" beherbergten. „Die Sperrung der jüdischen Akten zeigt, daß die Forschung über jüdische Geschichte, Antisemitismus und Judenverfolgung unerwünscht war, wenn sie das Deutungsmonopol der SED über den ‚deutschen Faschismus' infrage stellte."[55] Erst zu Beginn der 80er Jahre wurden ein paar der Archive geöffnet. In Potsdam blieben sie sogar bis 1988 verschlossen, und viele Dokumente sind heute nicht mehr auffindbar.[56]

2. Verleugnung: Die „Amnesie" des Westens

Aber auch das Archiv in Bad Arolsen[57] ist erst vor kurzem geöffnet worden. Im Westen war die Umdrehung (Marx) der Geschichte bzw. ihre Ideologisierung, wenn auch mit anderen Manövern, nicht geringer. In der Tat ist dies keine Erfindung der deutsch-deutschen Nachkriegspolitik: Ähnliche Operationen waren in der Vergangenheit immer schon beliebt. Für den deutschen Fall und seine Konflikte sind sie in Bezug auf den Ersten Weltkrieg schon von Durkheim gezeigt worden, und zwar in seiner Kritik des *Livre Blanc*, der offiziellen deutschen Version über die Auseinandersetzung mit Russland:

> À cet ensemble concordant de charges accablantes, l'Allemagne oppose un système dont la Préface nous donne la version officielle: il a pour objet de rejeter sur la Russie toute la responsabilité. La discussion n'en sera pas longue: il s'écroule, dès qu'on s'est rendu compte de la méthode qui a permis de le construire. L'auteur de cette préface ne falsifie pas, au sens propre du mot, les faits dont il se sert: *il procède par omissions méthodiques*. Sans doute, on trouve

---

schen wurden in den [ablehnenden Publikationsgutachten] als ‚zionistische Gedankengänge' verworfen, da der Autor eine Geschichte der ‚sogenannten Hofjuden, also kapitalistischen Elementen' schreibe."

[55] Käppner 1999:213.

[56] Ebenda:283.

[57] In Bad Arolsen (Hessen) befindet sich das Zentralarchiv des Internationalen Suchdienstes (ITS) des Roten Kreuzes mit Informationen über mehr als 17 Millionen Personen, das erst im Juli 2006 zögerlich für Wissenschaftler geöffnet wurde, nachdem die Täter mehr als 60 Jahre gedeckt worden waren.

dans son exposé des affirmations sans preuves, d'autres qui sont manifestement contraires à la vérité; nous en avons cité plusieurs. Très souvent, les événements ne sont pas datés, et l'ordre dans lequel ils sont disposés n'a rien de chronologique; de tout cela résulte une confusion qui ne rend pas le contrôle facile. Seulement, si les faits ne sont pas outrageusement altérés, tous ceux qui démentent la thèse allemande sont soigneusement passés sous silence ou bien ils tiennent si peu de place dans le récit que l'on peut à peine les remarquer au passage.[58]

Die *methodischen Auslassungen* werden im Westen zu einer der verbreitetsten rhetorischen Praktiken, um die Blutflecken der Geschichte zu „entfernen" – zumindest bis zur politischen Krise von 1968.

a. Im Schatten des Horrors: Die „Entnazifizierung" und das „Re-education Program"

Die zentrale Rolle der Schule und der didaktischen Materialien sowohl für die Diktaturen als auch für die Wiederherstellung der Demokratie war nicht nur den Nazis bewusst (die 1936 eine Serie von Heften mit Titeln wie z.B. *Der Jude und der deutsche Mensch* oder *Erbgut, Rasse und Volk* herausgaben, die sie übergangsweise nutzten, bis neue Schulbücher gedruckt waren), sondern auch den demokratischen Intellektuellen, die oftmals im Exil lebende deutsche Juden waren. Horkheimer sandte schon 1942 ein Memorandum – *The Elimination of German Chauvinism* – an das amerikanische Außenministerium mit einem Vorschlag für Richtlinien eines „Re-education Program" für Deutschland. Darin schreibt er: „In foreign policy Germany can only be met with force, but the heritage of the Nazi spirit must be fought by *peaceful educational methods*."[59]

Der Begriff *re-education* stammt aus der Psychiatrie. 1941 schlug Brickner in seinem Buch *Is Germany Incurable?* vor, diese (psychiatrische) Behandlung auf den Fall einer Nation zu übertragen, die sich – seiner Meinung nach – wie ein Patient mit schweren paranoiden Zügen verhalte.[60] Zwischen 1942 und 1946 fand eine Debatte von renommierten amerikanischen Intellektuellen (u.a. Talcott Parsons, Allport Gordon) und exilierten Deutschen dazu statt. Sie bildete die Basis für die amerikanische Nachkriegspolitik in Deutschland.

Das Erziehungssystem war einer der Grundpfeiler des „Re-education-Programm". Dabei stellten die Schulbücher eines der Hauptprobleme dar, da die Bücher aus der NS-Zeit selbstverständlich nicht zu gebrauchen waren. Als Kompromisslösung benutzten die Alliierten für einige Zeit Texte aus der Weimarer Republik und baten gleichzeitig Textbuchautoren – meistens exilierte Deutsche –, neue Bücher zu schreiben.[61] Eva Kolinsky beschreibt in ihrem Artikel, dass diese

---

[58] Durkheim 1915:59ff. Hervorhebung des Autors.

[59] Horkheimer, *Memorandum on the Elimination of German Chauvinism*, New York 1942, zitiert in Gerhardt 2003:411. Die Autorin analysiert darin ebenfalls im Detail die darauffolgende Debatte.

[60] Ebenda. Freud hat schon 1921 in *Massenpsychologie und Ich-Analyse* einige der Merkmale beschrieben.

[61] Siehe dazu den spannenden Bericht *Decision in Germany* von Lucius D. Clay aus dem Jahr 1950.

von den Lehrern nicht gut aufgenommen wurden und sich als Schulbücher nicht durchsetzen konnten: Die Distanz zwischen Textredaktion und Realität des Klassenzimmers war zu groß.[62] In dem Bewusstsein der Unterschiede zwischen „politically correct" geschriebenen Wörtern und mündlicher, alltäglicher Ideologie wurden die Prozesse der Entnazifizierung von den Alliierten durchgesetzt. Mit ausführlichen Fragebögen versuchten sie (ohne viel Erfolg, wie sich später zeigen sollte), Personen mit einer besonders schweren NS-Vergangenheit zu identifizieren, um zu verhindern, dass diese wieder Verantwortung im öffentlichen Bereich übernehmen konnten, vor allem in der Erziehung der neuen Generationen. In der sowjetischen Zone ist dieser Prozess etwas gründlicher durchgeführt worden, in den anderen Zonen blieben die meisten Lehrer, die ein paar Jahre zuvor „Rassenlehre" unterrichtet hatten, in ihren Stellen und konnten somit, ideologisch kaum gebrochen, NS-Gedankengut „konservieren".

1948 fiel die Entscheidung, neue Schulbücher für Geschichte herauszugeben. Die Reihe *Wege der Völker* entstand noch unter Supervision der Alliierten. Obwohl in diesen Texten der Holocaust nicht verleugnet wird, ist seine Darstellung partiell und ideologisch. Die „Personalisierung" der Geschichte führt bis zur absurden Behauptung, dass die Schuld an allem Hitler trage, der „die Juden hasste". Die kollektive Verantwortung der deutschen Gesellschaft wird verschwiegen, und diese Lücke wird darüber hinaus mit dem Mythos des „Wir haben nichts gewusst" verstärkt. Zwischen den Zeilen finden sich unterschwellige antisemitische Argumente, wie etwa in folgendem Zitat:

> Leider fand **er** [Hitler] eine für den Antisemitismus vorbereitete Stimmung vor, da die *Art des Auftretens eines kleineren Kreises jüdischer Mitbürger, besonders in den Großstädten, als taktlos und mitunter als aufreizend empfunden wurde. Ein Mann wie Rathenau*[63] *hat dies an seinen Glaubengenossen mit Bedauern getadelt.*[64] Die Umwelt sah naturgemäß in erster Linie diese wenigen und nicht die Zehntausenden zurückhaltender und gutgesinnter Juden. *So konnte die antisemitische Welle weite Kreise des deutschen Volkes erfassen.* Doch zur Ehre eines großen Teiles der Bevölkerung muß gesagt werden: als der Nationalsozialismus gegenüber den Juden zu Tätlichkeiten überging, schlug die Stimmung jäh um. Der gelbe Judenstern, den jeder Jude, Mann, Frau und Kind, tragen musste, war im allgemeinen keine Gefährdung in der Öffentlichkeit. Hatte man gehofft, dadurch die „arische" (nicht jüdische) Bevölkerung zu Ausschrei-

---

[62] Siehe Kolinsky 1974:158. Der Artikel gibt einen sehr guten Überblick über die Produktion und Benutzung pädagogischer Materialien in der unmittelbaren Nachkriegszeit.

[63] Rathenau kommt in den Schulbüchern selten vor. Schatzker (1984:165ff.) hat schon früh darauf hingewiesen, dass gerade seine Ermordung ein Menetekel für die Schüler darstellen würde: „Ein Lehrstück, das sich die politische Bildung nicht entgehen lassen sollte." Leider ist seine Argumentation kaum rezipiert worden.

[64] Frappierend ist in dieser Argumentation die Wiederholung alter antisemitischer „Vorwürfe" und Vorurteile. Schon im Antisemitismus-Streit in Berlin 1888 stellte Stöcker drei „Forderungen" an die Juden: 1. „ein klein wenig bescheidener", 2. „ein klein wenig toleranter", 3. „Bitte, etwas mehr Gleichheit". Siehe dazu Krieger 2003. Die Projektionen, sowohl bei Stöcker als auch in dem hier zitierten Schulbuch, sind evident.

tungen gegen die Träger aufzureizen, *so erreichte man das Gegenteil: Mitgefühl und Hilfsbereitschaft erwachten.*[65]

Das Buch gibt nicht nur die Chronologie der Ereignisse falsch wider (das Dekret zur „Judensternpflicht" ist von 1941), sondern nennt erneut die Vorurteile, die schon oft zur Legitimation des Antisemitismus gedient hatten und die Schuld den Juden zuschoben. Dies wird besonders im ersten Teil des Zitats deutlich, im zweiten Teil wird darüber hinaus hinsichtlich des Verhaltens der Mehrheit der Deutschen gelogen („Mitgefühl und Hilfsbereitschaft"). Es folgt am Ende des Schulbuches ein Zusatzteil mit „Lebensbildern", in dem nur eine deutsche Biographie zu finden ist – und zwar die von Richard Wagner. Dass vom reichen künstlerischen und literarischen deutschen Erbe gerade drei Jahre nach Öffnung der Tore von Auschwitz ausgerechnet dieser Komponist porträtiert wird, ohne eine einzige Bemerkung zu seinen antisemitischen Schriften, stellt eine Provokation dar. Die zitierten Absätze, wie viele andere, sind durch die Zensur der Alliierten gegangen und waren Teil des ersten Geschichtsbuches für die Schule nach der Katastrophe.

b. Aufhebung der Zensur und Wiederkehr des Verdrängten seit 1950

Nach der offiziellen Gründung der beiden „neuen" Staaten 1949 hoben die Alliierten die Schulbuch-Zensur auf: Die jungen Republiken durften von nun an ihre pädagogischen Materialien selbst erstellen. Die Narrative der Schulbücher der alten Bundesrepublik zeigen seitdem einen erwartbaren, aber nichtsdestoweniger enttäuschenden Mechanismus. In den Diskursen, die sich nach Aufhebung der Zensur in den Schulbüchern finden, lassen sich pervertierende, historisch-psychologische Operationen nachweisen: Mittels einer *Verschiebung* der Tatsachen werden die Deutschen als echte Opfer des Krieges dargestellt und diejenigen aus der Geschichte ausradiert, die den Völkermord erleiden mussten. Das ist nicht besonders erstaunlich, wenn man bedenkt, dass auch in der BRD die Geschichtswissenschaft nicht anders verfahren hat, wie Nicolas Berg (2003) in seinem ausgezeichneten Buch zu dem Thema zeigt. Die Biographie des jüdischen Historikers Joseph Wulf (u.a. Ko-Autor von Leon Poliakov), die fehlende Rezeption seines Werkes in der BRD – ähnlich wie bei Eschwege in der DDR – offenbart die systematische Ausgrenzung anderer Diskurse und v.a. jüdischer Stimmen auf beiden Seiten der Berliner Mauer.

Ein Beispiel für diese BRD-Diskurse ist das Schulbuch *Grundzüge der Geschichte. Band 4*, das 1953 veröffentlicht und 1957 sowie 1966 neu aufgelegt wurde (mit minimalen Textänderungen). Obwohl hier die Verfolgung von Sozialdemokraten und Juden genannt wird (Kommunisten sowie Sinti und Roma wurden bis ca. 1980 nicht erwähnt), kommt die Shoa (weder die KZs noch die Gaskammern) nicht vor. Im Gegenteil: Die schrecklichen Momente

---

[65] *Wege der Völker*, 1949:284ff., m.H.

der Geschichte beginnen in diesem Text 1945, als die Deutschen *Opfer* der Vertreibungen aus Osteuropa werden, wie in folgendem Absatz:

> Wer nicht mehr besaß als den Trümmerschutt seines Hauses, war immer noch reicher als die Ostflüchtlinge, welche aus ihrer Heimat vertrieben wurden. Von einer „Umsiedlung auf geregelte Weise", wie es in den Potsdamer Beschlüssen hieß, konnte keine Rede sein. Jenseits der Oder-Neiße-Linie, vor allem aber in Polen und in der Tschechoslowakei setzte eine furchtbare Deutschenverfolgung ein. Die Deutschen waren Freiwild. Ihr Eigentum gehörte dem, der es raubte. Von einer Stunde zur anderen mußten sie Gehöfte und Häuser verlassen. Oft nahm man ihnen noch das kleine Bündel ab, das sie bei sich trugen. *Tausende kamen als Opfer der Volkswut um, starben in Konzentrationslagern, wurden auf dem Fluchtwege erschlagen. Bei Hunderttausenden führten Hunger, Erfrierung oder Erschöpfung zum Tode.*[66]

Diesen Diskurs, in dem die Deutschen als Opfer stilisiert werden, hat auch Arendt schon früh erkannt. In ihrem *Bericht aus Deutschland* schrieb sie 1950:

> Das einfachste Experiment besteht darin, expressis verbis festzustellen, was der Gesprächspartner schon von Beginn der Unterhaltung bemerkt hat, nämlich daß man Jude sei. Hierauf folgt in der Regel eine kurze Verlegenheitspause; und danach kommt – keine persönliche Frage wie etwa: „Wohin gingen Sie, als Sie Deutschland verließen?" oder „Was geschah mit Ihrer Familie?", sondern es folgt eine Flut von Geschichten, wie die Deutschen gelitten hatten (was sicher stimmt, aber nicht hierhergehört); und wenn die Versuchsperson dieses Experimentes zufällig gebildet und intelligent ist, dann geht sie dazu über, die Leiden der Deutschen gegenüber den Leiden anderer aufzurechnen, womit sie stillschweigend zu verstehen gibt, daß die Leidensbilanz ausgeglichen sei und daß man nun zu einem ergiebigeren Thema überwechseln könnte.[67]

Diese „Leidensbilanzierung" findet sich häufig auch in Texten, in denen offen die „Übertreibung" der Juden mit „ihrer Version" der Geschichte und die „Demokratisierung" des erlittenen Leids thematisiert wird. So „erinnert" z.B. ein Schulbuch von 1957 daran:

> Die Zuschrift eines deutschen Angestellten, welche die englische Zeitschrift „The Spectator" am 10. Februar 1939 veröffentlichte, mag einen Eindruck von den Gefühlen vieler Deutscher geben: „Sie denken, das Leben ist für uns leichter geworden? Da irren Sie sich. Alles ist viel schwerer geworden. *Sie glauben, daß nur die Juden* auf ihrer Hut sein müssen, jeden Fußtritt, den sie hören, fürchten und bei jedem unerwarteten Klopfen an der Tür zittern müssen. *Nein, für jeden einzelnen ist das Leben in ständiger Gefahr.* Wir alle stehen unter dauernder Beobachtung ... Die Wände, die Decken, die Fußböden, die Türen haben Ohren."[68]

---

[66] *Grundzüge der Geschichte 4*, Frankfurt/Berlin/Bonn 1953:149, m.H.

[67] Eine ähnliche „Leidensbilanzierung" kommt in vielen Schulbüchern vor, in denen z.B. ein Foto aus einem Konzentrationslager einem von der Bombardierung Dresdens gegenübergestellt wird. Siehe z.B. *Zeiten und Menschen*, 1966:173ff.

[68] *Wege der Völker*, 1957:91.

Die erste Nachkriegsgeneration wuchs mit einem Diskurs auf, der die Shoa verdrängte. In den hier untersuchten Darstellungen geht es jedoch nicht nur um das Verschweigen, sondern, mehr noch, um die Stilisierung der Täter als Opfer. Die Beschreibung der Qualen, die die Deutschen, den entsprechenden Schulbüchern zufolge, durchleiden mussten, ähnelt verdächtig den Qualen der Gruppen, die tatsächlich unter den Deutschen während des NS-Regimes gelitten hatten. In dieser „revisionistischen" Version der Geschichte werden sogar die Nürnberger Prozesse und die Entnazifizierung mit Ressentiment beschrieben:

> Da jeder deutschen Behörde eine alliierte vorgesetzt war, konnte es zunächst zu keiner freien Entfaltung des politischen Lebens kommen. Parteien, Presse, Verlagswesen, Rundfunk und Kulturindustrie durften nur nach den genauen Richtlinien der Sieger arbeiten. [...] Im bisherigen Völkerrecht gab es keine Strafgesetze, worauf sich die Anklagen stützen konnten. Die Alliierten stellten die entsprechenden Gesetze erst auf. *Sie waren Gesetzgeber, Ankläger und Richter zugleich.* [...] Der „Fragebogen" mit seinen über 100 Fragen blieb jahrelang der Schrecken aller Deutschen. [...] Die Entnazifizierung hat kaum dazu beigetragen, das deutsche Volk demokratisch zu erziehen.[69]

Das betreffende Buch verliert – wie fast alle anderen auch – insgesamt kein Wort über Vernichtung, Konzentrationslager, Zwangsarbeiter, Gaskammern oder ähnliches. Diese Einstellung hat sich über Jahrzehnte beharrlich gehalten. 1957 heißt es unter der Überschrift „Die Ausweisung der deutschen Bevölkerung aus den Gebieten östlich der Oder-Neiße-Linie":

> Die Wirkung des Zugeständnisses, das Amerika und England der Sowjetunion mit Artikel XIII des Potsdamer Abkommens gemacht hatten, war furchtbar; *denn jetzt begann eine Massenaustreibung in einem Umfang und in so brutaler Weise, wie sie die Welt bis dahin nicht gesehen hatte.*[70]

Ein Jahrzehnt später hat sich der Ton nur wenig geändert, wie z.B. erkennbar in *Wir leben in Freiheit*, das 1965 veröffentlich wurde:

> Der Zweite Weltkrieg ist zu Ende. Deutschland hat die größte Katastrophe seiner Geschichte erlebt und ist nun ein besetztes Land. Die *Überlebenden* [hier sind die Deutschen gemeint, LRF] müssen die Folgen der Hitler-Diktatur tragen. Die Sieger-Mächte teilen Deutschland in vier Besatzungszonen.[71]

Sogar in Schulbüchern, die nach 1968 geschrieben wurden, finden sich manchmal noch ganz ähnliche Absätze:

---

[69] *Grundzüge der Geschichte*, 1953:150ff., m.H.
[70] *Die neueste Zeit. Geschichtsbuch für deutsche Schulen, Wege der Völker.* Reihe D 1957:129. In einem DDR-Schulbuch ist hingegen zu lesen: „Dieser Prozeß zeigte allen Völkern, wer die Feinde der Menschheit sind. Er ist eine Mahnung für alle friedliebenden Menschen, stets wachsam zu sein und nicht mehr zuzulassen, daß von den Militaristen ein neuer furchtbarer Krieg entfesselt wird!" *Lehrbuch der Erdkunde für die 6. Klasse*, 1965:73.
[71] *Wir leben in Freiheit. Sozialkunde*, 1965:191.

Wofür starben Deutsche? *Sechs Jahre kämpften ungezählte deutsche Soldaten tapfer und opferbereit in fremden Ländern*, in die Hitler sie geschickt hatte, weil sie überzeugt waren, sie müssten ihr Vaterland *verteidigen*.[72]

Im Verlauf der weiteren Jahrzehnte lässt die Entwirklichung etwas nach, und die Shoa fängt an, wenn auch marginal, in den Diskursen zu erscheinen. Antisemitische Vorurteile kommen in den Beschreibungen gleichwohl noch erstaunlich häufig vor, wie in folgendem Absatz:

> Bis Anfang 1938 waren etwa 130.000 Juden aus Deutschland ausgewandert. Sie klammerten sich an die Hoffnung, daß ihnen eine Kulturnation wie die deutsche die Möglichkeit zum Leben – wenn auch unter großer Minderung ihrer Rechte – nie ganz rauben werde. *Andere scheuten vor dem Vermögensverlust zurück; denn die Gestapo förderte zwar die Auswanderung, verhinderte aber weitgehend die Mitnahme von Schmuck und Geld.* Auch war die Aufnahmebereitschaft des Auslandes gering.[73]

Auch wenn die Vernichtung indirekt genannt wird, erlauben es rhetorische Strategien, sich von der historischen Schuld zu distanzieren – ähnlich wie unter Kontrolle der Alliierten. Die Sätze sind in Passiv-Form geschrieben: Die Juden „leiden" unter Deportationen, „sterben" in Konzentrationslagern, „lassen ihr Leben" in der Gaskammer. Fast nie wird ein Subjekt genannt, das verantwortlich für diese Aktionen ist[74] (und wenn, dann wird es durch die Namen Hitler, Himmler oder Rosenberg personalisiert).[75] Die Texte erzählen von dem Betrug an der deutschen Bevölkerung, die gutwillig alles geglaubt und unter der Diktatur schrecklich gelitten habe; so z.B. im Schulbuch *Um Volksstaat und Völkergemeinschaft*, das 1966 veröffentlicht wurde:

> Das deutsche Volk und auch die Weltöffentlichkeit erfahren von diesen Verbrechen erst *nach* der Besetzung Deutschlands 1945. In Nürnberg bekundet später ein amerikanischer Richter: „Die Aussagen derer, die an der fürchterlichen planmäßigen Massenausrottung beteiligt waren, zeigen mit großer Wahrscheinlichkeit, *daß nicht mehr als hundert Personen* im ganzen von der Sache überhaupt unterrichtet waren.[76]

---

[72] *Menschen in ihrer Zeit*, 1969:115, m.H. Die Debatte, die in den letzten Jahren von der Ausstellung „Verbrechen der Wehrmacht" des Hamburger Instituts für Sozialforschung ausgelöst wurde, zeigt, dass solche Diskurse immer noch tief in der deutschen Gesellschaft verwurzelt sind.

[73] *Zeit und Menschen*, 1966:138.

[74] Dies wurde schon von Eva und Martin Kolinsky bemerkt. Siehe Kolinsky 1974:172ff.

[75] Diese Strategie der Personalisierung wird jedoch nicht nur bei der „Konstruktion" der deutschen Geschichte angewandt. In Bezug auf den italienischen Faschismus ist z.B. schon in den Kapitelüberschriften zu lesen: „Mussolini errichtet die faschistische Diktatur in Italien." Siehe *Wege der Völker*, 1949:272. Interessanterweise wird Jahrzehnte später in einigen wenigen Schulbüchern dieses Manöver thematisiert. 1971 ist zu lesen: „Der Nationalsozialismus ist oft als ‚Hitlerismus' beschrieben worden, als eine politische Bewegung und eine Herrschaftsform, die allein von den Gedanken und Taten eines Mannes hervorgerufen und bestimmt worden sei. Eine solche Bezeichnung läßt die politischen und gesellschaftlichen Ursachen außer acht, sie entschuldigt und beruhigt zugleich: Die Diktatur kam und ging mit Hitler" (*Spiegel der Zeiten*, 1971:78).

[76] *Zeit und Menschen*, 1966:193. Noch 1969 heißt es in *Menschen in ihrer Zeit 4*:121: „Diese ‚Aktionen' wurden sorgfältig *geheimgehalten*. Sie waren so fürchtbar, daß die wenigen Nichtbeteiligten, die

Die Behauptung ist absurd, bedenkt man, dass im vorherigen Absatz desselben Textes von mehreren Millionen Opfern berichtet wurde.

Zehn Jahre zuvor hieß es schon in Vorwegnahme des Arguments von Ernst Nolte :

> In den folgenden Jahren wurden mancherlei Bedenken gegen den Nürnberger Prozeß und einige andere Kriegsverbrecherprozesse laut, denn Ankläger und Richter waren allein von den vier Siegermächten und ohne Beteiligung neutraler Juristen gestellt worden. Auch hatte das Gericht manche Taten, die nicht durch allgemein anerkanntes Völkerrecht verboten waren, nachträglich zum Verbrechen erklärt. Zudem hatte sich zumindest eine der anklagenden Nationen, nämlich die russische, einer Reihe der gleichen Verbrechen schuldig gemacht, über die sie in Nürnberg zu Gericht saß.[77]

Bis zur politischen Krise von 1968 ähnelt sich der Ton in den meisten Schulbüchern. Der weltweite Studentenprotest war in Deutschland auch eine Form der Rebellion der Söhne gegen die Väter: gegen ihre Geschichte und ihr Schweigen.[78] Gerade durch ihr Schweigen setzen einige Schulbücher nach 1968 diese „Leidensbilanzierung" fort, und zwar in den Abbildungen: *Geschichte für morgen. Band 3* (1992:110) zeigt z.B. ein Foto von Häftlingen aus Buchenwald an einem Tisch, auf derselben Seite darunter eine bildliche Darstellung der „Tagesration eines ‚Normalverbrauchers' im Sommer 1947": „Wir haben alle gelitten" scheint eine Überzeugung zu sein, die auf unterschiedlichste Weise die Seiten der Schulbücher immer wieder durchzieht.

---

zufällig von ihnen erfuhren, sie nicht glauben mochten. " Bei den neueren Schulbüchern ist diese Einstellung nicht mehr zu finden, siehe ein Zitat von 1994: „Ohne die Mitwirkung zahlreicher Menschen und vieler Behörden, etwa der Reichsbahn, hätte der Massenmord an den Juden nicht verwirklicht werden können. Auch die beiden Kirchen protestierten nicht" (*Entdecken und verstehen 3*, 1994:86).

[77] *Wege der Völker*, 1957:131.

[78] Trotzdem wird diese Opfer-Darstellung unterschwellig immer weiter in einigen der Bücher vorkommen. So ist z.B. in *Oldenbourg Geschichte 6* (1992: 7) unter dem Titel „Bilanz des 2. Weltkrieges" zu lesen: „Die Zahlen über Tod und Zerstörung können kaum das menschliche Elend ausdrücken. [...] Bei den Deutschen kam zu all den anderen Nöten noch als besondere Belastung die Angst vor der Rache der Sieger hinzu." Interessant scheint zu sein, dass im selben Buch die Frage *Niederlage oder Befreiung?* gestellt wird, ohne sie jedoch zu beantworten.

B. PROJEKTION

Jemand setzt sich zur Aufgabe, die Welt abzuzeichnen. Im Laufe der Jahre bevölkert er einen Raum mit Bildern von Provinzen, Königreichen, Gebirgen, Buchten, Schiffen, Inseln, Fischen, Behausungen, Werkzeugen, Gestirnen, Pferden und Personen. Kurz bevor er stirbt, entdeckt er, daß dieses geduldige Labyrinth aus Linien das Bild seines eigenen Gesichts wiedergibt.

(Jorge Luis Borges)

Dem Begriff Projektion hat Freud nie eine bestimmte Definition gegeben, obwohl er in seinem gesamten Werk eine wichtige Rolle spielt. Auf jeden Fall handelt es sich darum, etwas nach außen zu werfen, was man in sich selbst zu erkennen oder selbst zu sein sich weigert. Die Projektion ist ein Abwehrmanöver, durch das das Subjekt dem Anderen Züge unterstellt, die es bei sich ablehnt. Es gibt verschiedene Varianten dieses Mechanismus, wie die Romantisierung (Projektion der inneren idealen Wünsche und Bilder) sowie Phobien und Paranoia. In jedem Fall scheint er weniger mit dem Anderen als mit dem Labyrinth der eigenen Psyche zu tun zu haben.

1. Ignoranz, Exotismus und Instrumentalisierung

Ich bin ein ungläubiger Jude. Nicht eine einzige der zahllosen Riten, die den Alltag und den Festtag der Gläubigen beherrschen, hat für mich noch Geltung. Desungeachtet habe ich nie die geringste Neigung empfunden, mein Judentum zu verleugnen oder mich ihm zu entziehen. Nicht religiös und nicht ein Israeli – was bin ich dann für ein Jude? (Manès Sperber)

Sperbers Frage, die gerade eine der spannungsreichsten Eigenschaften des Judentums ausdrückt, dieses Zugehörigkeitsgefühl, das weder durch die Religion noch durch den Nationalstaat begründet ist, wird von den meisten Schulbuchautoren offensichtlich nicht verstanden. Viele jüdische Intellektuelle haben ihr Judentum ähnlich beschrieben, am eindrücklichsten Sigmund Freud, besonders in dem viel zitierten Vorwort der hebräischen Fassung von *Totem und Tabu* (1930):

> Keiner der Leser dieses Buches wird sich so leicht in die Gefühlslage des Autors versetzen können, der die heilige Sprache nicht versteht, der väterlichen Religion – wie jeder anderen – völlig entfremdet ist, an nationalistischen Idealen nicht teilnehmen kann und doch die Zugehörigkeit zu seinem Volk nie verleugnet hat, seine Eigenart als jüdisch empfindet und sie nie anders wünscht.[79]

Diese Art von Jude-Sein wird nicht verstanden, weil dem ein *epistemologisches Hindernis* (Bourdieu et al. 1983) im Weg steht: Sie stellt die eigene abendländische Tradition der Schulbuch-Autoren in Frage – es ist zum Beispiel

---

[79] Freud in ders. 2000 Band IX, 293. Diese Vorrede wurde zuerst in deutscher Sprache 1934 in den Gesammelten Schriften Bd 12, 385, veröffentlicht.

theoretisch nicht möglich, ein „ungläubiger Christ" zu sein. Anscheinend entschlossen sich die betreffenden Autoren zu einer Definition des Judentums, die ihr eigenes Selbstverständnis bestätigt. Diese Logik findet sich z.B. in dem nicht uninteressanten Werk *Was können Christen vom Judentum lernen?*, insbesondere in dem Kapitel *Lernen, wie die Juden sich selbst verstehen*, in der folgenden begrifflichen Zuweisung:

> Jude-Sein ist Leben in der Wechselbeziehung zwischen dem G-tt Israels, dem Volk Israels und seiner wechselvollen Geschichte sowie in der Bindung an das Land Israel. Wenn ich feststellen soll, ob ich es mit einem Juden zu tun habe, *dessen Judentum in einem verhältnismäßig guten Zustand ist*, dann beobachte ich sein oder ihr Verhalten. Wenn er oder sie den Sabbat einhält, koscher ißt, häufiger in die Synagoge geht, kein gesäuertes Brot während der Passazeit (sic) ißt usw., kann ich einigermaßen sicher über sein oder ihr Judentum sein.[80]

a. Über Hähne und Parodien: Die Konstruktion der Fremdheit

Jude heißt also *religiöser Jude*. In anderen Materialien wird die Definition des Juden bis zum Exotismus zugespitzt. Dabei spielen die *Chassidim* eine wichtige Rolle, da sich an ihnen augenscheinlich die Fremdheit am besten bestimmen lässt. So widmet das Buch *Jüdisches Leben* ihnen eine ganze Einheit – andere religiöse Strömungen oder kulturelle Traditionen werden nicht erwähnt. Die Autoren schlagen den Lehrern vor:

> Als Einstieg in die Unterrichtseinheit „Chassidismus" kann die Lehrkraft ein Bild von chassidischen Juden präsentieren (Anhang 1) oder den Begriff „Chassidismus" in den Mittelpunkt stellen und so Vorwissen und Assoziationen der Schüler abklären. Als besonders hilfreich hat sich die Motivation der Schüler durch ein jiddisches Lied erwiesen: „Scha, Schtil" (Anhang 2) thematisiert Lebensfreude wie G-ttesbezogenheit des Chassidismus anhand eines tanzenden Rabbi.[81]

Im Anhang 1 wird ein Bild, in dem zwei „orthodoxe" Juden ein „Ritual" mit einem Hahn vollziehen, gezeigt. Dann wird die Zeremonie, die *Kappara* als Sühneopfer für eigene Vergehen, erklärt. Danach heißt es: „Dieser Brauch findet am Vortag von Yom Kipur statt und dient zur Vorbereitung auf diesen hohen Feiertag",[82] so als wäre dieser umstrittene Brauch, einen Hahn oder ein Huhn zu schlachten, die übliche Vorbereitung aller Juden auf *Jom Kippur*.

Im Anhang 2 wird das Lied „Scha, schtil", das in einer phonetischen Übertragung aus dem Jiddischen wiedergegeben ist, wie folgt erläutert: „ [...] erzählt von einem Rabbi der Chassidim, bei denen Singen und Tanzen bis zur Extase Teil des G-ttesdienstes sind. Die Gläubigen klatschen mit den Händen dazu und stampfen mit den Füßen den Takt. Wenn der Rabbi dann predigt, hö-

---

[80] Zitat nach Michael Wyschogrod: *Kirche und Israel* in Lohrbächer 1994:74, m.H.
[81] Münchenbach 1998:424.
[82] Ebenda:435.

ren alle ehrfürchtig zu."⁸³ Die Autoren ignorieren, dass „Schah, schtil" kein chassidisches Lied ist, sondern eben eine Parodie des Chassidismus, ebenso wie das Stück „Der Rebbe Elimelech", das Moishe Nadir, ein feiner jiddischer Humorist, 1927 komponierte.⁸⁴

Schlimmer als die Ignoranz ist die bewusste Instrumentalisierung der jüdischen Religion. Etwa in folgendem Vorschlag:

> [...] auch ist ein Vergleich der Bedeutung des charismatischen Rebbe Baal Schem Tow mit Jesus Christus *aufschlußreich für die Behandlung der zentralen Figur des Christentums.* [...] So ähnlich sich die beiden Figuren allerdings auch hinsichtlich der ethischen Zielrichtung sind, scheint eine Differenzierung notwendig: *Bei aller Aufgabe der Selbstvervollkommnung in Frömmigkeit und Demut gegen G-tt betont Jesus noch stärker die Vergebung und die Liebe G-ttes, die bei allem Versagen den Menschen auffängt und trägt.*⁸⁵

Schon Ende des 19. Jahrhunderts hat Moritz Güdemann, einer der ersten Schüler des Breslauer Seminars, dieses rhetorische Manöver entdeckt: „Ob Glaube oder Kritik, das Resultat ist immer dasselbe: die Vollendung oder Erfüllung der Religion Israels ist das Christentum."⁸⁶

In anderen Materialien steht in einem etwas milderem Tonfall: „Rabbi Hillel könnte ein Zeitgenosse Jesu gewesen sein. Findet Parallelen in der Lehrauffassung von Hillel und Jesus."⁸⁷ In bester hegelianischer Tradition wird das Judentum als Wurzel des Christentums gesehen, die aber schon lange aufgehoben worden sei. Die Texte sagen nichts über das Judentum selbst: Sie spiegeln die Vorurteile der Autoren und instrumentalisieren das Judentum, um die christliche Lehre zu bestärken. Ein letztes Beispiel bestätigt dies in aller Klarheit.

b. Projekt(ions)-Woche Israel

Unter dem Namen *Projekt-Woche Israel* hat die Bundeszentrale für Politische Bildung 1998 eine umfangreiche Publikation herausgegeben, die als zusätzliches Material für den Unterricht dienen soll. Die Autoren sind eine Gruppe deutscher Lehrer/innen, die zwei Wochen in Israel verbracht hatten. Zwischen kreativen Darstellungen finden sich immer wieder die oben genannten Vorurteile und Instrumentalisierungen. So zum Beispiel in der Unterrichtseinheit „Die Menorah vor der Knesset" (Ursula Fritz). Hier widmet sich ein Abschnitt, in Anlehnung an eines der Motive auf der Menorah, vorgeblich dem Aufstand im Warschauer Ghetto. Er ist überschrieben: „Jossel Rakower spricht zu G-tt (ein Brief im Angesicht des Todes im Warschauer Ghetto geschrieben). Aufstand im Warschauer Ghetto. Hiob und seine Freunde."

---

[83] Ebenda:437.
[84] Siehe Roskies 1999:114.
[85] Münchenbach, m.H.
[86] Zitiert in Adelmann (Manuskriptvorlage).
[87] Fritz 1998:42.

Der Autorin gelingt es hier über zwölf Seiten, den Überlebenskampf der Warschauer Juden nicht einmal zu erwähnen – obwohl der Aufstand doch ihr eigentliches Thema ist, das sie aus den Darstellungen auf der *Menorah* ausgewählt und ihrem Kapitel vorangestellt hat. Sie wandelt das Motiv bzw. das historische Ereignis in eine religiöse Legende um und beschränkt sich auf den – ohne Zweifel – wunderbaren Text von Zvi Kolitz, *Jossel Rakovers Wendung zu G-tt*, sowie auf einen Auszug aus dem Buch Hiob. Am Ende stellt sie die „pädagogische Aufgabe": „Vergleicht die Beziehung, die Hiob und Jossel Rakower zu G-tt haben, und erläutert, wie sie ihr Jude-Sein verstehen."[88]

Die Projektion und die Instrumentalisierung des Leidens der jüdischen Menschen im Ghetto sind offensichtlich. Der konkrete Aufstand wird völlig ignoriert – besonders die Tatsache, dass die Aufständischen gerade keine religiösen Juden waren, die ihr „Schicksal" akzeptierten und trotzdem ihrem Glauben treu blieben.[89] Marek Edelman, der stellvertretender Kommandant während des Ghettoaufstands war und immer konsequent gegen die Idealisierung und Instrumentalisierung des Schreckens Zeugnis ablegte, sagte in einem Interview mit polnischen Journalisten:

> Wenn G-tt sich von Polen abwenden und man in den Kirchen die Menschen abschlachten würde – nicht einfach mit Schlagstöcken verprügeln, da ist ja nichts dabei, nein, wenn man hunderttausend von der Kirche weg vergasen würde – dann wären die Kirchen leer, und die Fahnen blieben zurück, glaubt mir. Im Ghetto war es genauso, die Religion verschwand. Diese ganzen Geschichten, die man erzählt, daß die Juden gebetet hätten, als der Aufstand ausbrach, das sind schöne, literarische Erfindungen. [...] Wie stellt Ihr Euch das vor? Meint Ihr, wenn Christus 20 Millionen Polen ermorden läßt, werden die Polen noch an ihn glauben?[90]

Auch wenn dieses Zitat – das übrigens schon lange auf Deutsch in einem Band mit Materialien zum Antisemitismus vorliegt – nicht die Realität aller Juden im Ghetto beschreiben mag, ist es doch ein Zeugnis eines der exponiertesten jüdischen Widerstandskämpfer, das jegliche ideologische Spekulation zurückweist. Ein zweites Problem kommt bei der Darstellung hinzu: Der „Brief im Angesicht des Todes im Warschauer Ghetto geschrieben" ist kein historisches Dokument, sondern ein literarischer Text, der von Zvi Kolitz 1947 in Buenos Aires (und nicht in Warschau) auf Jiddisch verfasst und publiziert wurde. Eine spanische Übersetzung von Ben Mosché ist in der Zeitschrift *Heredad* 1947 ebenfalls in Buenos Aires erschienen und erwähnt Kolitz ausdrücklich als Au-

---

[88] Ebenda:15.

[89] In der jüdischen Tradition ist die Beziehung zwischen Religion und Kultur nicht immer einfach zu verstehen. Aber es gibt wunderschöne Texte, die diese Verwebungen beschreiben, z.B. die Aussage von Lilly Scherr: „Man spricht immer von der Revolte des Warschauer Ghettos. Derjenige, der die Ehre der Juden des Warschauers Ghettos getragen hat, Mordechai Anielewicz, war ein marxistischer Atheist. Und für mich war er es, der die Tora trug." Zitiert in E. Weber 1994:31.

[90] Marek Edelman: „*Es ist besser, etwas zu tun als nichts zu tun.*" (Interview mit Marek Edelman) in: Claussen 1987a:247, m.H.

tor.⁹¹ Peter Badde hat dann 1993 (fünf Jahre vor dem Erscheinen der *Projekt-Woche Israel*) die seltsame Geschichte dieses Dokuments untersucht⁹² und daran erinnert, dass auch Levinas bereits Jahrzehnte zuvor einen Hinweis gab, dass es sich um einen literarischen Text handle („Wir lasen soeben einen schönen und wahren Text, so wahr, *wie allein die Fiktion es sein kann.*").⁹³

Der Text von Kolitz ist ohne Zweifel literarisch wertvoll und könnte bestimmt als solcher im Unterricht bearbeitet werden. Aber ihn als historische Quelle anzugeben, ist schlicht falsch. Diese Verzerrung der Geschichte spielt letztlich jenen Revisionisten in die Hände, die Darstellungen der NS-Verbrechen aus nationalapologetischen Motiven als „Fälschungen" entlarven wollen. Und dies, wo doch absolut kein Mangel an historischen Dokumenten über das Warschauer Ghetto herrscht – man denke nur an das Ringelblum-Archiv, das bis heute in keinem Schulbuch Aufnahme gefunden hat.⁹⁴

Die Mechanismen der Projektion und die Instrumentalisierung liegen auf der Hand. Ob aus Ignoranz oder ideologischem Interesse – der jüdische Glaube und die jüdische Geschichte werden so lange verdreht, verfälscht oder vereinfacht, bis die Autorin beide mit ihrem eigenen religiösen bzw. ideologischen Hintergrund in Einklang gebracht hat.

2. Verschiebung der „Schuld": Über Genealogie und Sündenböcke

Wenn nicht vom Aufstand im Warschauer Ghetto gesprochen wird, wird auch nicht von den Nazis, von dem Völkermord, von der Schuld gesprochen. Und wenn über *Schuld* gesprochen wird: dann wie? Unter dem oben erwähnten Foto der *Kappara*-Zeremonie schreiben die Autoren: „Diese Abbildung kann auch vertiefend im Unterricht ausgewertet werden, um das Thema der Verarbeitung von Schuld zu behandeln: Wie soll der Mensch sich mit denen aussöhnen, die ihm Unrecht getan haben, wie mit jenen, denen er Leid zugefügt hat?"⁹⁵ Im Kontext der deutschen Geschichte (eine andere Einheit in diesem Buch berichtet über die Shoa) lädt dies zu Missverständnissen ein. Hier wird erzählt, dass in der jüdischen Tradition der Hahn die menschliche Schuld übernehmen würde: Eine mögliche „Übertragung" auf die deutsche Geschichte und damit die Frage nach dem Umgang mit der historischen Schuld/Verantwortung dort bleibt dem Leser überlassen.⁹⁶

---

⁹¹ Zvi Kolitz: *La invocación a D-s de Iosl Racóver*, traducción del ídish por Ben Moshé. In *Heredad*, Buenos Aires 1947:31–44.

⁹² Magazin der *Frankfurter Allgemeinen Zeitung*, 23.04.1993. Peter Badde veröffentlichte eine überarbeitete Version von Kolitz' Original und eine Geschichte des Textes, Zürich 1994.

⁹³ Levinas: *Die Thora mehr lieben als G-tt* in ders. 1992:109, m.H. Das französische Original ist 1976 herausgegeben worden.

⁹⁴ Zu Ringelblums Archiv siehe u.a. *Oneg Schabbat* und Roskies *Ringelblum's Time Capsules* in ders. 1999:26–40.

⁹⁵ Münchenbach 1998:436.

⁹⁶ Einige wenige Autoren versuchen sich jedoch mit der Problematik auseinanderzusetzen; Diskussionen über den Historikerstreit, die Goldhagen-Debatte oder die Ausstellung „Verbrechen der Wehrmacht" sind in einigen Schulbüchern zu finden.

Die Strategie der Schuldverschiebung bzw. Entschuldung findet sich häufig und in unterschiedlichen Formen in den Materialien. In zahlreichen Büchern wird der Neid auf den „mächtigen reichen Juden" als Grund für den Antisemitismus angegeben, beispielsweise sogar in dem eigentlich kritischen Buch *Wir machen Geschichte 3* (1992:75ff.): „Bei diesem Antisemitismus spielte auch Neid auf den Wohlstand einiger Juden und die Angst vor dem eigenen wirtschaftlichen Abstieg eine Rolle", mit der „pädagogischen" Nachfrage: „Warum konnte der Antisemitismus Fuß fassen?" So wird auch der Antisemitismus mit der Figur des Sündenbocks erklärt, um anschließend festzustellen, dass historisch gesehen der Sündenbock eine „jüdische" Erfindung sei: „Der Begriff geht auf einen altjüdischen Brauch zurück, einmal jährlich einen Bock symbolisch mit den eigenen Sünden zu beladen und ihn dann in die Wüste zu jagen."[97] In *Politik 3* wird sogar das 3. Buch Mose 16:20-22 zitiert, um danach zu fragen: „Erkläre, wie es zu der Bezeichnung ‚Sündenbock' gekommen ist."[98] Fazit: Juden litten unter einem Mechanismus, den sie selber einst eingeführt hatten.

Eine weitere Form der Projektion bzw. der Verschiebung der Schuld auf Andere ist die direkte Anklage des Anderen als eigentlich „Verantwortlichen" für das geschehene Unrecht. Durch die Verlagerung der Ursachen nach außen wird das Selbst geschützt. Ein klassisches Beispiel dafür ist die „Erklärung" der antisemitischen Wellen in der europäischen Geschichte. Von der Schwarzen Pest wird z.B. berichtet:

> Die Menschen waren dem Schwarzen Tod hilflos ausgeliefert. Da weder Ärzte noch Priester die schauerliche Krankheit erklären konnten, griff man auf alte Deutungen zurück: Entweder war es eine Strafe G-ttes oder Hexerei, oder Bösewichter hatten die Brunnen vergiftet. In jedem Fall machte man die Juden haftbar. Denn: Wer den Herrn Jesus Christus ans Kreuz geschlagen hat, schreckt auch nicht davor zurück, Brunnen zu vergiften, zu hexen oder G-ttes Strafen zu provozieren. So wurde die Verzweiflung der Menschen in Haß gegen die Minderheit der Andersgläubigen umgemünzt, die sich durch ihre geheimnisvollen Riten stets verdächtig gemacht hatten. Frage: Überlege anhand der Quelle, warum gerade die Juden für die Pest verantwortlich gemacht wurden.[99]

In Bezug auf den mittelalterlichen Antisemitismus ist außerdem zu lesen:

> Die Juden in den Städten führten ein Eigenleben, ihr Glauben trennte sie von den Christen.100 Andererseits standen sie seit den Karolingern unter dem besonderen Schutz der deutschen Könige. **Da sie im Gegensatz zu den Christen für ausgeliehenes Geld Zins nehmen durften (nicht selten bis zu 50 Pro-**

---

[97] *Arbeitsbuch Politik*, 1997:287.

[98] *Politik 3*, 1983:149.

[99] *Politik 1*, 1989:136, m.H.

[100] In einer anderen Version heißt es: „Die Judenfeindschaft in Europa ist alt und hat ihren Ursprung wohl in dem allgemeinen Unbehagen der Mehrheit der Gesellschaft *über das religiöse, kulturelle und wirtschaftliche Eigenleben einer Minderheit mit starkem Zusammengehörigkeitsgefühl.*" In *Deutschland zwischen Diktatur und Demokratie. Weltpolitik im 20. Jahrhundert*, 1996:37.

zent), wurden viele reich, und das steigerte die Abneigung der Christen, manchmal den Haß, während die Könige, auf Geldanleihen bedacht, den Juden Zugeständnisse machten. Die ‚kaiserlichen Kammerknechte', wie sie auch hießen, erhielten zum Beispiel Zoll- und Handelsfreiheiten, in Speyer sogar das Recht der eigenen Gerichtsbarkeit. Die Juden blieben **ungeachtet ihres Reichtums** gewöhnlich aus der städtischen Gemeinschaft ausgeschlossen. [...] Der spitze Judenhut und gelbe Kleidung **sonderten** die Juden auch äußerlich vom christlichen Bürgertum ab. Lernfragen: „Kennst du jüdische Mitbürger? Welche Berufe haben sie? Warum durften Christen keinen Zins nehmen? Denk an das Gebot der Barmherzigkeit!"[101]

Gegenüber anderen kulturellen Minderheiten ist ein ähnlicher Gestus feststellbar. So begründen z.b. die Bielefelder Soziologen in einem wissenschaftlichen Text, der eigentlich dazu dienen soll, Schulbuchautoren über das Thema Fremdenfeindlichkeit aufzuklären, die Schwierigkeiten der Integration der jungen Türken in der Bundesrepublik: „Türken unterscheiden sich von Deutschen nicht nur durch ihre eigene Sprache, Religion, Kultur und Geschichte, sondern auch durch ihre überwiegende Herkunft aus einer vormodernen, agrarischen, patriarchalischen und statischen Sozialstruktur."[102] Auch aktuelle Schulbücher erklären die Schulproblematik der Einwanderer mit der gleichen Geste: „Viele Ausländer legen mehr Wert darauf, schnell Geld zu verdienen als noch länger die Schulbank zu drücken."[103]

C. VERDINGLICHUNG [104]

Nachdem ich als Person, also als Subjekt „aufgehoben" wurde, darf ich, zum Objekt pervertiert, als „Thema" weiterleben: als herkunftsloser Steppenwolf zumeist, mit weithin erkennbaren jüdischen Zügen. Was von mir kommt, gelangt zur Distribution – jüngst auch mein Judentum [...] Ich sage nicht mehr. Sie erinnern sich an Will Vesper: die anonyme Loreley. (Paul Celan)[105]

Dieser Gestus beschreibt die Behandlung des Anderen als Objekt des Wissens statt als Subjekt des Dialogs. Diesen typischen Umgang des abendländischen Denkens mit der Differenz hat als einer seiner Begründer Francis Bacon mit dem Motto „to know ist to dominate" auf den Punkt gebracht.[106] Die Ge-

---

[101] *Die Geschichtliche Weltkunde*, Band 1 1976, m.H. Zitiert auch in Huhnke 2001. Huhnke hat in ihrem ausgezeichneten Artikel schon auf den latenten Antisemitismus in dieser und anderen Textstellen hingewiesen. Diese Kritik fand, wie so viele andere, wenig Gehör.

[102] L. Hoffmann 1981:40.

[103] *Politik 3*, 2003:79.

[104] „Verdinglichung ist eine Tendenz der Gesellschaft." Adorno 1966.

[105] Erst vor kurzem wurde die Behauptung, die Nazis hätten in den Schulbüchern die Loreley als „anonymes Gedicht" beschrieben, in Frage gestellt. Der Mechanismus, den Celan in seinem Brief beschreibt, bleibt gleichwohl nachvollziehbar.

[106] Schon Adorno und Horkheimer kritisierten die Formel Bacons am Anfang der *Dialektik der Aufklärung*.

schichte Europas ist durchzogen von solchen Beispielen: So hat z.B. de Gerando im 16. Jahrhundert vorgeschlagen, die Indios aus Amerika nach Paris zu translozieren, damit die europäischen Wissenschaftler keine Unbequemlichkeiten im Prozess ihrer Erforschungen erleiden sollten.[107] Claussen beschreibt einen ähnlichen Gestus für die sogenannte Emanzipation im 18. Jahrhundert:

> Im Begriff der Emanzipation fallen die widersprüchlichen Tendenzen von Aufklärung wieder zusammen – gerade die Durchsetzung des Allgemeinen macht die Juden zum Objekt. [...] Die bürgerliche Gesellschaft belegt die Juden mit einem Assimilationszwang, der den Druck der Durchsetzung allgemeiner Gesetze ansonsten übertraf. In der Judenemanzipation können die Juden sich *nicht als kämpfende Subjekte* befreien, sondern *sie werden zum Objekt der Befreiung*. Eine Anerkennung fand nicht statt. Emanzipation wandelte sich in den Zwang zur Assimilation an eine unfreie Gesellschaft.[108]

Schon das Wort Emanzipation kommt etymologisch aus dem Verb *emancipare*, das das Entlassen eines Sklaven oder Sohnes aus der Gewalt des Herrn bzw. Vaters (*mancipium*) bezeichnete. Auf Deutsch gibt das etymologische Wörterbuch bezeichnenderweise den ersten Gebrauch (1833) von Ludwig Börne (Löb Baruch) an, der sich auf die Situation der Juden in Deutschland bezieht.[109]

Als Objekte erforscht und analysiert: So geschieht das, was u.a. schon H. Cohen (1919), Sartre (1946) und Levinas (1971) als *Verdinglichungsprozess* bezeichnet haben, d.h. dass die Anderen zu einem Objekt der Geschichte reduziert und dadurch ihrer Eigenschaften als Subjekte beraubt werden. Levinas beschreibt es als die Vernichtung des Anderen durch die Inkorporation in den eigenen epistemologischen Horizont (Beziehung Subjekt-Objekt statt Subjekt-Subjekt), während Sartre (1946) diese Verdinglichung durch den Blick des Anderen erklärt.

Trotz allem ist es notwendig, darauf hinzuweisen, dass es sich in den verschiedenen Fällen um unterschiedliche Arten der Objektivierung und Verdinglichung handelt und dass die Verwandlung in ein Objekt des Wissens nicht unbedingt eine Ausübung von Macht impliziert, die den Anderen verdinglicht und gleichzeitig seinen menschlichen Charakter und seine Handlungen negiert (die Humanwissenschaften erforschen den Menschen – die Frage ist nur, wie sie es tun).

In den Schulbüchern ist dieser Gestus in den verschiedensten Ausprägungen immer noch nachzulesen. So berichtet das Leo-Baeck-Institut 2003 in Bezug auf die Darstellung der Juden (die Analyse trifft auch auf andere Minderheiten zu): „*Juden erscheinen zumeist nur als Objekte, Verfolgte und Opfer des Holocaust. Das Positive und die aktive Rolle der Juden in der langen deutsch-jüdischen Geschichte bleiben vielfach ausgeblendet. Deutsch-jüdische Geschichte ist jedoch integraler Bestandteil der deutschen Geschichte.*"[110]

---

[107] Todorov 1991:38.

[108] Claussen 1987b:26.

[109] Siehe Kluge op.cit.:242

[110] Leo Baeck Institut 2003:2, m.H.

1. Sezieren

Wir sind die Letzten.
Fragt uns aus.
Wir sind zuständig
Wir tragen die Zettelkasten
Mit den Steckbriefen unserer Freunde
Wie einen Bauchladen vor uns her.
Forschungsinstitute bewerben sich
Um Wäscherechnungen Verschollener.
Müssen bewahren die Stichworte unserer Agonie
wie Reliquien unter Glas auf.
Wir, die wir unsre Zeit vertrödelten,
aus begreiflichen Gründen,
sind zu Trödlern des Unbegreiflichen geworden.
Unser Schicksal steht unter Denkmalschutz.
Unser bester Kunde ist das
Schlechte Gewissen der Nachwelt.
Greift zu, bedient euch,
Wir sind die Letzten.
Fragt uns aus.
Wir sind zuständig.
(Hans Sahl)

Eine der extremsten Formen der Verdinglichung kann man als „sezieren" bezeichnen: der anthropologische Erkenntniszwang, alles sehen und verstehen zu müssen. Das Bild *Die Anatomievorlesung* von Rembrandt aus dem 16. Jahrhundert zeigt dies in aller Deutlichkeit: Der tote Körper des Anderen wird geöffnet und seziert, und dieser Vorgang erweckt eine unheimliche Faszination voller Gewalt. Diese Geste war schon bei der Eroberung Amerikas präsent, z.B. in den „anthropologischen" Forschungen von Bernardino de Sahagún.[111] Das Öffnen, Zerstören der Körper bzw. der Kultur des Anderen mit dem „wissenschaftlichen" Ziel, alles in Museen, Enzyklopädien oder großen Traktaten einzuschließen. Kennen, forschen, ohne sich darum zu kümmern, ob in diesem Prozess der Körper des Anderen in ein Objekt verwandelt oder wie eine Leiche behandelt wird.

---

[111] Vgl. Feierstein 2008d.

a. Aufklärungszwang

Weißt du – sagte der Meister zu seinem Schüler –, warum die Bücher unserer Weisheit, wie auch die Gebetsbücher, so klein sind? Weil es geheime Bücher sind und man ein Geheimnis nicht verbreitet. (Edmond Jabès)

Im Zusammenhang mit der Sezierung lässt sich noch eine andere Form der Verdinglichung erkennen, die hier „Aufklärungszwang" genannt wird: die Legitimation, im Namen der Aufklärung das Recht zu haben, alles wissen und in Frage stellen zu dürfen. Diese Geste basiert auf der Überzeugung, dass Intoleranz und Rassismus durch Unwissen verursacht werden. Die Geschichte hat diese These schon mehrfach widerlegt. So wollten auch die Nazis zwei Museen über das Judentum eröffnen, ganz zu schweigen vom *Institut zur Erforschung der Judenfrage*, was beweist, dass die Kenntnis des Anderen nicht unbedingt mit einer respektvollen Behandlung einhergehen muss. Trotzdem ist der Glaube an diese „Aufklärung" noch immer sehr stark in den Diskursen der Gesellschaft (und damit auch in den Schulbüchern) verankert. Gleichzeitig wird durch diese Geste die Verantwortung für intolerantes Verhalten gegenüber den kulturellen Minderheiten diesen selbst zugeschoben, denn nur weil sie sich der Mehrheit nicht genug „zeigen" (man denke z.B. an den Vorwurf von M.* an Mendelssohn, s.o.) oder „erklären", kommt es zu Missverständnissen.[112] Dieser Haltung hält Jabès das Recht auf das Geheimnis entgegen und plädiert dafür, sich eben nicht ständig „erklären" zu müssen und einiges „für sich" behalten zu dürfen.

Levinas fügt hinzu, dass im Judentum der wichtigste ethische Wert nicht die Wahrheit, sondern die Gerechtigkeit ist. Das *Geheimnis der Kultur* darf nicht getötet werden. Hierin zeigt sich für Levinas gerade der Unterschied zwischen der griechischen Ethik und dem hebräischen *kadosch*: Letzterer nennt die Heiligkeit der *Trennung*.[113] Statt des Begriffs *episteme*, der die Wahrheit als *aletheia* (Ent-deckung) beinhaltet, konzipiert das Jüdische die Begriffe von *emet w'emunah,* die den Glauben und das ethische Prinzip des Guten mit einbeziehen.[114]

---

[112] In den realen Interaktionen mit Anderen findet man oft eine Kombination verschiedener Gesten: hier z.B. die „Verschiebung der Schuld".

[113] Siehe *supra* Teil A.

[114] Siehe Sperling 1995:165ff.

2. Austauschbarkeit

Ihr könnt eine große Landkarte zeichnen, in die ihr durch Symbole, Bilder und Texte eintragt, woher die Familien der ausländischen Mitschülerinnen und Mitschüler in eurer Klasse kommen, wie Heimat und Leben in deren Heimat aussehen, welche Erfahrungen sie hier in Deutschland gemacht haben. (TatSache Politik 2, 1997)[115]

Höhne et al. zeigen in ihrer Analyse aus dem Jahr 2000, dass Schulbuch-Autoren oft nur die deutschen Schüler ansprechen, die Anderen sind da, aber nur als Objekte des Wissens – gerade in den Textstellen, in der die Integration gefördert werden soll. So wird eine „Kartographie des Fremden" (Höhne) konstruiert, in der die Welt durch die dichotomische Konstruktion „wir versus sie" geordnet wird und darüber hinaus die Einwanderer (sowie Juden, Sinti und Roma in den Geschichtsbüchern) in das „Ghetto eines eigenen Kapitels" verbannt oder in die „entsprechenden ‚Unterkapitel', ‚Absätze' und ‚Sätze'" einsortiert werden, als wäre ihre Präsenz und Wirkung nicht konstitutiv für die deutsche Geschichte und Politik – und nicht zuletzt auch für das Schulbuch.[116]

Diese Dichotomie wird meistens von einer **Verkleinerung** des Anderen begleitet: Hier wird der „Fremde" wie ein unmündiges Kind betrachtet, das nicht selbstverantwortlich handeln kann. Die angebliche „Unmündigkeit" war lange rechtlich verankert – man denke nur an den Leibzoll, s.o.. Noch heute ist dies im rechtlichen „Status" (Asylbewerber, Flüchtlinge usw.) sowie in einer gewissen Haltung gegenüber u.a. kulturellen Minderheiten spürbar.

Der Andere wird oft aus dieser Perspektive beschrieben, auch in wissenschaftlichen Arbeiten, die eigentlich für dieses Thema sensibilisieren sollen, beispielsweise wie folgt: „*Wir* müssen deswegen lernen, mit Menschen zusammenzuleben, die nur wenig Deutsch können und die manche andere Schwierigkeiten in der Bundesrepublik Deutschland haben."[117] Und das in einer wissenschaftlichen soziologischen Studie, die theoretisch ein Instrumentarium gegen die Diskriminierung u.a. für Schulbuchautoren bieten sollte. Dort werden aber Einwanderer, Aussiedler und Asylbewerber oft als „Opfer und Träger schwerer sozialer Probleme"[118] beschrieben, die etwa Mitleid und Verständnis bräuchten. In dieser Kartographie werden auch symbolische Grenzen gezogen, denn: „Sie *alle* haben – zum Teil sehr große – Schwierigkeiten, im *fremden* Land Bundesrepublik. *Sie haben Schwierigkeiten mit uns, wir haben Schwierigkeiten mit ihnen.*"[119]

---

[115] Zitiert in Höhne et al. 2000:30.

[116] Höhne et al. 2000. Bauman (1989) beschreibt eine ähnliche Praxis der Verbannung in getrennte Institute in Bezug auf die Studien zur Shoa, als würden sich diese nicht mit konstitutiven Ereignissen der europäischen Geschichte beschäftigen.

[117] *Gesellschaft und Politik*, 1982, m.H.

[118] *TatSache Politik 2*, 1997:48.

[119] *Arbeitsbuch Politik* I, 1997:Unterkapitel 3, m.H.

In einigen Diskursen wird auf der Basis der oben genannten dichotomischen Wir/sie-Struktur eine Logik der „Austauschbarkeit" entwickelt, in der die Anderen als generalisierbarer Platzhalter für alles „Fremde" (kulturelle Minderheiten, Behinderte usw.) fungieren. So ist in einem Bericht der Universität Bielefeld (Institut für Soziologie) aus dem Jahr 1981 über junge Türken in der Bundesrepublik zu lesen:

> Die affektive Bindung an die Türkei wird durch die Verleugnung der Zukunft von Handlungskonsequenzen entlastet, ohne gleichzeitig entwertet zu werden. Umgekehrt werden dadurch störende Interventionen der Heimatbindung vor den pragmatischen Beziehungen zur BRD ferngehalten, ohne dass dies für eine Identität folgenreiche Aufwertung erfahren müsste. Die Heimatbindung nimmt dadurch gleichsam religiöse Züge an. *Sie erinnert an den Brauch der Juden, die sich bei jedem Osterfest gegenseitig versichern, das nächste Ostern in Jerusalem zu feiern, und dennoch im Exil durch Generationen ungestört ihren Geschäften nachgehen.*[120]

An dieser Logik der *Austauschbarkeit* lassen sich zumindest drei Problemkreise aufzeigen: Zum einen wird jegliche Differenz zwischen einer Gruppe und den dazugehörenden Individuen ausgelöscht (*alle* Türken empfinden so), zum anderen werden die Unterschiede zwischen den Gruppen und ihren Kulturen aufgehoben (Türken und Juden), und schließlich ist diese Logik antisemitisch: nicht nur wegen des Inhaltes („ungestört ihren Geschäften nachgehen"), sondern weil der „conceptual Jew" (Bauman) der Fremde *par excellence* für die abendländische Kultur ist, an dem sich scheinbar alles Fremdartige erklären lässt.

Eine andere Version der *Austauschbarkeit* kombiniert Fremdheit mit Krankheit. So schreiben die bereits zitierten Bielefelder Soziologen:

> Ohne das Bild strapazieren zu wollen, ist ihre Lage [der türkischen Jugendlichen in Deutschland] *mit dem der Legastheniker vergleichbar*: Alle Kinder haben Schwierigkeiten, lesen und schreiben zu lernen: der Legastheniker hat aber zusätzliche Schwierigkeiten, überhaupt die Regeln und Inhalte des Lernprozesses, mit denen die Schwierigkeiten des Lesens überwunden werden, zu erfassen.[121]

Auch in Schulbüchern wird oft auf solche Metaphern zurückgegriffen, nicht selten in der Darstellung der Shoa, in der keine Differenzierung zwischen den Opfern und der „Begründung" für ihre Ermordung vorgenommen wird. So z.B. in der Beschreibung des sogenannten „Euthanasie-Programms" des Nationalsozialismus:

> Rassenlehre: Wer wird ausgegrenzt?
>
> Euthanasie-Programm
>
> Hans Frank, geboren am 2. Februar 1925 in Dortmund, war jüdischer Herkunft. Als kleiner Junge hatte Hans einen so schweren Unfall, daß er fortan geistig be-

---

[120] L. Hoffmann 1981:78, m.H.
[121] Ebenda:31.

hindert blieb [...] „Juden" und „Zigeuner" (Bürger jüdischen Bekenntnisses, Sinti und Roma) wurden als Sündenböcke ausgegrenzt. *Beschreibt die Situation für Behinderte am Beispiel von Hans Frank.*[122]

Hans Frank war ein behindertes Kind jüdischer Herkunft. Indem die Autoren des Buches beide Tatsachen vermischen, bleibt dem Schüler unverständlich, wer von den Nationalsozialisten, mit welcher „Ausrede", umgebracht wurde.

Mit derselben Logik, aber „auf die Gegenwart angewendet" (eine an sich ethisch sehr fragwürdige rhetorische Strategie der Autoren), funktionieren Vergleiche zwischen Juden und Türken und Titel wie z.b. „Von Auschwitz zum Türkenwitz", die keine Seltenheit sind, so z.b. auch in dem ansonsten ausgewogenen Buch *Entdecken und verstehen 3* (1994:86), in dem in der Einheit „Massenmorde in Vernichtungslagern" als pädagogische Aufgabe vorgeschlagen wird:

> 2. Versucht herauszufinden, ob es in der Nähe eures Schulortes Konzentrations- oder Vernichtungslager [sic] gab. Überlegt, ob ihr eine Gedenkstätte, etwa Bergen-Belsen, besucht.
>
> 3. Auch heute gibt es unwahre Parolen gegenüber Minderheiten, z.B. den Türken. Überlegt, was man tun kann, wenn man diesen Parolen Einhalt gebieten will.

In anderer, noch direkterer „Übertragung" heißt es: „Ihr könnt die in der Arbeit mit dem Buch gemachten Erfahrungen auf die heutige Zeit übertragen. [...] Daher schlagen wir Euch vor, aus dem Buch ‚Damals war es Friedrich' das Projekt ‚Heute ist es Nasrin' zu machen."[123]

3. Die Verdinglichung der Opfer durch die Entwirklichung der Shoa

In diesem Unterkapitel wird der Fokus auf den Umgang mit der Shoa gerichtet, wobei ein Konglomerat von „Gesten" zu erkennen ist. Zum einen, weil diese Thematik quantitativ den größten dem Anderen und besonderes dem Judentum gewidmeten Raum in den untersuchten Quellen einnimmt, zum anderen, weil qualitativ unterschiedliche Gesten in Kombination erscheinen. Einige dieser komplexen Aspekte werden hier beispielhaft dargestellt.

a. Die Enteignung der Namen

> *Als Namenloser gehört man dem Tod an: ohne Eigenschaften noch Schatten, traumlos, phantasielos, seelenlos.* (Esther Cohen)

Die Namenspolitik war eine der Strategien der Nationalsozialisten, um die Opfer zu verdinglichen. Erst der erzwungene Namenszusatz „Israel" und „Sara" als „jüdisches Merkmal" – danach, im Lager, der Raub des Namens

---

[122] *Geschichte Konkret 3*, 1997:102ff.
[123] Literaturkartei *Damals war es Friedrich*, 1993:45.

durch die Tätowierung einer Nummer in die Haut.[124] Die Schatten dieser Politik lassen sich auch in den nächsten Generationen spüren, denn: „Schwerer ist es, das Gedächtnis der Namenlosen zu ehren als das der Berühmten."[125]

Ein durchgängiges Manko der Schulbücher ist, dass die Darstellung der Shoa auf Dokumenten (Texten, Fotos) basiert, die von den Tätern stammen. Immer noch bilden die „Täterquellen" (etwa Auszüge aus dem Tagebuch des Auschwitzkommandanten Höß, lange Zitate aus *Mein Kampf*, antisemitische Plakate usw.) den größten Teil der Informationen in den Schulbüchern.[126]

Einige Autoren haben diese Kritiken ernst genommen und versucht, „jüdische Quellen" bzw. „die Stimmen der Opfer" in die Texte zu integrieren.[127] Gerade hier äußert sich jedoch ein symptomatischer Vorgang: Diese „Juden" haben oft keine Namen. Folgende Sätze sind dann zu finden: „,Wo war G-tt in Auschwitz?', wurde dort gefragt. *Ein Jude* antwortete darauf einmal, die Frage sei falsch gestellt. Sie müsse lauten: ‚Wo war der Mensch in Auschwitz?'"[128] Oder: „*Ein Jude* Jahrgang 1916, der später ins KZ *kam*, auf die Frage: ‚Haben Sie schon vor 1933 Hitler-Reden gehört oder gelesen?' – ‚Ja, ich habe sie gehört und gelesen. Aber so ganz ernst hat sie wohl niemand genommen, oder kaum jemand.'"[129] Dieses letzte Zitat scheint besonders bedeutungsvoll, da unmittelbar danach die Aussage einer ehemaligen BDM-Führerin zitiert wird, die, wie die Schüler erfahren können, einen Namen hat: „Melita Maschmann berichtet über ihre Erwartungen als Schülerin 1933."[130] Danach kommt die Aussage eines „Historikers", der, wie alle anderen Juden, keinen Namen hat. Die Zitatenfolge entlastet zugleich die Handlung der BDM-Führerin – wenn nicht einmal die „betroffenen Juden" die Gefahr des Nationalsozialismus erkannten, wie sollten dann die Deutschen das überhaupt ahnen können. Dazu kommt noch, dass die Juden als *pars pro toto* im Kollektivsingular erscheinen: *Ein Jude* gleicht *allen* Juden – der „conceptual Jew". Das Symptom der Namenlosigkeit der Opfer ist in vielen anderen Büchern zu finden, wie auch in *Doppelpunkt* (2000), wo berichtet wird: „*Eine Jüdin* erzählt über das Warschauer Ghetto."[131]

---

[124] Siehe dazu Feierstein 2002.

[125] Walter Benjamin: *Vorarbeiten und Notizen zu den Thesen Über den Begriff der Geschichte*, zitiert in Missac 1991:20.

[126] Die Problematik, die diese Darstellungsweise mit sich bringt, ist von anderen Autoren schon erörtert worden, u.a. Kolinsky 1974 und 1991.

[127] Es muss jedoch gesagt werden, dass einige wenige Schulbücher interessante Berichte der Opfer in respektvoller Weise mit einbeziehen, wie z.B. *Wir machen Geschichte*, 1998, in dem das Leben des Germanisten Günther Stern erzählt wird.

[128] *Quer. Geschichte* 3, 1998:31, m.H.

[129] *Unsere Geschichte*, 1986:144.

[130] Die kontroverse Autobiographie von Maschmann *Fazit: Kein Rechtfertigungsversuch* (1963) haben mehrere Schulbuchautoren als Referenz benutzt. Das Buch war eine Art Bestseller und ist nach jeder politischen Krise wieder aufgelegt worden (1979, 1980, 1981, 1983). Sayner (2005) hat schon dargestellt, dass die nationalsozialistische Ideologie unterschwellig darin zu finden ist.

[131] *Doppelpunkt: Geschichte/Gemeinschaftskunde 9*, 2000:99, m.H.

In seiner Analyse „Der Namenlose" hat Lyotard die nachträgliche Politik der Auslöschung der Namen der Opfer beschrieben. Diese würde durch den zum Eigennamen gewordenen Begriff „Auschwitz" durchgeführt, einen namenlosen Namen, der die individuellen Namen und sogar den kollektiven Namen „Jude/Jüdin" auszulöschen versucht. Den Grund für diesen Vernichtungswillen sieht Lyotard, in Einklang mit Adorno und anderen hier zitierten jüdischen Autoren, in dem Zeugnis der Juden für das Nicht-Darstellbare, das Nicht-Identifizierbare, der Unmöglichkeit der totalen Repräsentation. Die Träger dieser Namen und der kollektive Name selbst sollen ausgelöscht werden, parallel zur Verdrängung des Bilderverbots.[132]

Die Namenspolitik des Nationalsozialismus scheint auch durch andere Strategien in den Schulbüchern nachzuwirken, nicht nur durch die Anonymisierung, sondern ebenso durch den erwähnten Zwang, einen stigmatisierenden Namenszusatz tragen zu müssen. So wird in einem Bericht über den Nationalsozialismus neben das Foto eines Ausweises geschrieben: „Kennkarte für Sara Blumenthal. Seit 1935 wurden die Personalausweise jüdischer Bürger mit einem großen ‚J' gekennzeichnet."[133] Auf dem Ausweis ist aber klar zu sehen, dass diese Frau einen anderen Namen trug (der jedoch unlesbar ist), und dass „Sara" wahrscheinlich von den Nazibehörden hinzugefügt wurde. Für die Schulbuchautoren ist dies Grund genug, die Frau Sara zu nennen, da in der Nazi-Logik sowieso alle Jüdinnen Sara hießen. Solche Nachwirkungen finden sich auch in dem Material *Auf den Spuren unseres Glaubens* (2000), in dem ein israelisches Mädchen abgebildet ist, das nicht etwa Orit oder Inbal, sondern Sara heißen muss. Und *Sara* lebt in *Israel*. Man könnte mit Lacan'scher Ironie fragen, welche ungebrochene Kraft diese Signifikanten immer noch in der deutschen Gesellschaft haben.

b. Negation des Subjekt-Status: *Widerstand* gegenüber dem Widerstand

Wenn Subjekte verdinglicht werden, dann können sie auch nicht Subjekt ihrer Geschichte sein. In Bezug auf die Shoa scheint es einen großen Widerstand (im Freud'schen Sinne) zu geben, zu akzeptieren und zu berichten, dass die Minderheiten sich als historische Subjekte gegen den Nationalsozialismus gewehrt haben. Entweder wird diese Tatsache einfach ignoriert wie im Text von Ursula Fritz[134], oder sie wird durch Freud'sche Versprecher so verzerrt dargestellt, dass sie letztendlich doch geleugnet wird.[135]

---

[132] Siehe dazu Lyotard 1989:173.

[133] *Mitmischen in Geschichte und Politik*, 2000:241.

[134] Andere Schulbücher stellen den Widerstand dar, ohne ein einziges Wort über den jüdischen Widerstand zu verlieren. Siehe *Von der Französischen Revolution bis zum Nationalsozialismus* 1996.

[135] Eine würdige Ausnahme fand Renn in *Minderheit und Mehrheit*, 1979. Es ist das einzige Buch, das die Weigerung Finnlands erwähnt, seine Juden auszuliefern, sowie den Generalstreik in den Niederlanden, den französischen, italienischen und griechischen Widerstand der Staatsbeamten und Bürger und den jüdischen Widerstand (wenn auch nur auf das Ghetto beschränkt). Renn 1993:487ff.

Deutliches Beispiel hierfür ist der Aufstand im Warschauer Ghetto, dessen Verdrängung eine Konstante in der Schulbuchkritik bildet.[136] Die Mehrheit der Schulbuchautoren reagierte darauf, indem sie einfach eine knappe Erwähnung[137] oder aber das immer gleiche Foto mit überlebenden Juden, die nach dem Aufstand deportiert worden waren, einfügten. Ohne richtige Erklärung und Quellenangabe steht es irgendwo im Text auf einer Seite, die über etwas völlig anderes berichtet. Dadurch bleibt es für die Schüler ein Rätsel, was eigentlich in Warschau passiert ist bzw. wird das Bild mit irgendeiner Deportation assoziiert. Mit diesem Foto scheinen die Schulbuchautoren die Kritik an der fehlenden Darstellung der jüdischen Gegenwehr berücksichtigt zu haben, ohne aber den jüdischen Widerstand wirklich explizit oder überhaupt in verständlicher Weise zu benennen.[138]

Andere Verfasser nahmen diese Kritik ernster, indem sie zumeist dem Kapitel über den Völkermord einen Unterpunkt „Jüdischer Widerstand" hinzufügten. Aber das Unbewusste scheint hier wiederum stärker als der gute Wille zu sein. Was in den Texten geschildert wird, ist meistens kein „jüdischer Widerstand" im eigentlichen Sinne. Als „jüdische Widerstandskämpfer" werden zum Beispiel die Frauen von der Rosenstraße und ein Aufstand von Zwangsarbeitern beschrieben.[139] Oder unter dem Titel „Juden organisieren Flucht und Widerstand" wird neben der gerechtfertigten Erwähnung der Gruppe Baum nicht nur von den Frauen aus der Rosenstraße, sondern auch die Geschichte Oskar Schindlers erzählt. Subjekte und Objekte werden hier so getauscht, dass die Autoren, die über die Juden, die Widerstand organisierten, sprechen wollten, letztendlich von Deutschen, die Juden „retteten", berichten.[140]

In *Die Menschen und ihre Geschichte* erscheint das berühmte Foto von den Warschauer Juden auf einer Seite, auf der unter dem Titel „Ein Zeichen des Widerstands" nur über das Attentat des 20. Juli referiert wird.[141] Die Verdrängung setzt sich in der Einheit „Deutsche und Polen im 20. Jahrhundert" fort, in der ein Foto vom Kniefall Willy Brandts vor dem Mahnmal des ehemaligen Warschauer Ghettos durch ein verkürztes Zitat Brandts erläutert wird: „Das *polnische* Volk hat Unsagbares erleiden müssen. Der Krieg und seine Folgen haben beiden Völkern, *auch uns Deutschen*, unendlich viele Opfer abverlangt." Da weder das Ghetto noch die polnischen Juden genannt werden, ist die Zu-

---

[136] U.a. Krippendorf 1960, Kolinsky 1974, *Deutsch-israelische Schulbuchempfehlungen* 1985, Schatzker 1992, Kolinsky 1992, Marienfeld 2000, Hunke 2001, Leo-Baeck-Institut 2003, Marienfeld 2006. Von den hier untersuchten Büchern versuchen nur ganz wenige, die Ereignisse zu beschreiben.

[137] z.B. *Spiegel der Zeiten* 1971.

[138] z.B. *Zeitreise*, 2001:79ff. Dagegen wird „deutschen" Widerständlern wie der Gruppe „Die weiße Rose" und dem fragwürdigen Attentat des 20. Juli großzügig Platz eingeräumt.

[139] *Historia 4. Das 20.Jahrhundert*, 1999:149ff.

[140] Ebenda.

[141] *Die Menschen und ihre Geschichte*, 1993:143ff. Interessanterweise stellt ein Buch diesen Mythos auch in Frage, und zwar in einer Einheit mit den Namen: „Es gab nicht nur den 20. Juli. ...", *Bsv-Geschichte* 4, 1997:106.

sammenstellung nur so zu verstehen, dass Brandts Kniefall für die Polen gedacht war.[142]

Einige wenige Bücher haben den Aufstand aufgenommen und ausführlich beschrieben, wie z.B. *Expedition Geschichte*. Leider wird jedoch immer noch ein Auszug des Tagebuchs des SS-Führers Stroop, der die Niederschlagung des Aufstandes leitete, als Quelle benutzt.[143]

Der Widerstand in Deutschland, wie auch in anderen Ländern (z.B. osteuropäische Partisanen, die Untergrundgruppierungen in Frankreich, die Rettungsaktionen der Juden, der Fall Dänemark) nehmen in den letzten 15 Jahren immer mehr Raum in den Schulbuchtexten ein. Renn hat 1993 eine Hypothese zu den Vorbehalten gegenüber (und gerade deshalb der Notwendigkeit einer Auseinandersetzung mit) dem Thema Widerstand im Unterricht in den deutschen Schulen aufgestellt:

> While this may appear less than spectacular to the Western observer [das Fehlen des Themas Widerstand], it is useful to recall the strong tradition of law and order in the history of the German Machtstaat. One may also add that education in Germany is carried out under the authority of the Länder governments, and teachers are employees of the state. This adds the difficulty to teach resistance to state authority based on conscience, even if that authority exceeds in its powers. In this respect the German schoolbooks are only beginning to teach the right of civil disobedience and opposition to abuses of state power.[144]

Eine erfreuliche Ausnahme ist jedoch in dem Buch *Grundriß der Geschichte* (Klett 1992) zu finden, das eine faire und ausführliche Darstellung der verschiedenen Widerstandsformen beinhaltet und das Thema zur zentralen Achse wählt.

c. Musealisierung

> *In a perversely ironic twist, these artefacts also force us to recall the victims as the Germans have remembered them for us: in the collected debris of a destroyed civilisation. [...] For, by themselves, these remnants rise in a macabre dance of memorial ghosts. Armless sleeves, eyeless lenses, headless caps, footless shoes:* **victims are known only by their absence, by the moment of their destruction**. (James Young)

Die Geste der Musealisierung ist in den Büchern sowie in den Gedenkstätten zu finden, in denen Erinnerung nach „didaktischen" Überlegungen in Form von Objekten „ausgestellt" wird. An beiden Orten werden, zu einem großen Teil, Fotos von Opfern in Vorbereitung oder im Moment ihrer Vernichtung und ihre persönliche Habe (Berge von Zahnbürsten, Brillen usw.) „ausgestellt". Wir erfahren dadurch jedoch nichts von den Opfern als Menschen.

---

[142] Ebenda, m.H. Eine ähnliche Zusammenstellung über den Kniefall Brandts findet sich in *Politik 2*, 2003:274.

[143] *Expedition Geschichte*, 2003:210.

[144] Renn 1993:487.

Einen extremen Fall der Verdinglichung stellt ein Foto der Schuhberge in Auschwitz mit dem Untertitel „Was von den Toten übrigblieb"[145] dar – eine Geste, die unbewusst den mörderischen Wunsch der Täter wiederholt.

Wer weder Namen noch Stimme hat, kann nichts sagen. In fast keinem Schulbuch wird zu einem aktiven Dialog mit Mitgliedern der Minderheiten motiviert: Die liebste Beschäftigung ist die „Spurensuche". Ein Name, der schon an sich etwas verkehrt darstellt: Denn normalerweise werden bei den Spurensuchen in der Kriminologie die Täter gesucht. In diesem Fall möchten aber die Pädagogen die Opfer wiederfinden – oder wenigstens ihre Geschichte. Die Fragen nach der Verantwortung (der Familienmitglieder, der Schule, der Gemeinde) bleiben somit ungestellt: Man geht (mit einigen tapferen Ausnahmen) der Verfolgung, aber nicht den Verfolgern nach.

Die Idee, etwas mehr vom Leben der Opfer zu berichten, ist an sich nicht schlecht. Sie erlaubt es wenigstens, etwas über den Moment der Vernichtung hinaus darzustellen, und somit werden die historischen Vorstellungen einen Teil menschlicher. Diese Methode bringt aber eine andere Problematik mit sich: Die Toten können nicht widersprechen, und so können (auch unbewusst) alle hier analysierten Gesten (Verdinglichung, Projektion, Identifizierung) ohne Gegenwehr ausgeübt werden.

Das Leben von Juden oder Sinti und Roma nach der Shoa wird in den Büchern selten beschrieben – obwohl in den letzten Jahren eine erfreuliche Zunahme solcher Darstellungen zu verzeichnen ist. Fast kein Text benennt die Existenz von Überlebenden oder Exilanten unmittelbar nach der Shoa – so als wäre der Völkermord *total* gewesen. Die Problematik der Displaced Persons fehlt ebenso – so als wären die Anderen 1945 *absolut verschwunden*. Gerade diese Kapitel der Geschichte wären wichtig, um eine Lehre gegen den Totalitarismus zu erreichen, denn kein Genozid kann absolut sein – es bleibt immer ein *Rest*. Das so gerne beschriebene „deutsche Wirtschaftswunder" ist nichts im Vergleich zu dem Wunder der Überlebenden. Darüber zu sprechen würde auch **bedeuten,** über die „zweite Schuld" (R. Giordano) zu sprechen, den Mythos der **sogenannten** „Stunde Null" zu brechen und die Kontinuitäten zu thematisieren.[146]

In einem sonst interessanten Lehrerband *Ich bin gefragt 7/8* wurde genau in diesem Sinne der Bogen von *Spurensicherung des Verbrechens* zum Staat Israel geschlagen:

---

[145] *Fragen an die Geschichte 4*, 1984:59, genauso in *Geschichte für morgen*, Band 3, 1992:83.

[146] Eine dieser Kontinuitäten zeigt sich übrigens bei manchen Schulbuchverlagen selber. Diesterweg beispielsweise hat Nazimaterialien veröffentlicht wie *Deutschland: Sein Schicksal und seine Auferstehung. Grundlagen zur nationalpolitischen Erziehung*, Frankfurt, 1939 oder *Volk und Führer. Geschichte für Mittelschulen. Klasse 2:Arier und Germanen*, Frankfurt, 1940. Dasselbe gilt für Oldenbourg (u.a. *Deutsche Geschichte für Mittelschulen. Neue Kräfte im Ringen um die Gestaltung von Volk und Reich*, München/Berlin, 1944) und Ferdinand Schöningh (z.B. *Familienforschung und Sippenkunde*, Paderborn o. J.), um nur einige zu nennen. Zum Verhalten der deutschen Verlage während der NS-Zeit siehe u.a. Friedlander u.a.2002, Blänsdorf 2004, Wittmann 2008 (der jedoch im Falle von Oldenbourg etwas beschönigt).

Jüdisches Leben vor Ort – Spurensicherung.

Der Kapitelabschluss ist von projektartigen Ideen zur „*Spurensicherung*" jüdischen Lebens vor Ort geprägt. Die Aufgabenvorschläge konzentrieren sich auf das *Schicksal* der Juden im 20.Jahrhundert, schlagen aber auch den Bogen in eine (hoffentlich) bessere Zukunft. Ergänzend ruft die Collage anhand einer Gedenk-Szene in Berlin (mit Namen von Konzentrationslagern auf einer Tafel) sowie literarischer Hinweise (Roman, Selbstzeugnis und Sachbuch) die *Hypotheken* der Vergangenheit in Erinnerung: sie macht zugleich auch auf Formen deutsch-jüdischer Begegnungen aufmerksam, die Hoffnungen auf erfreulichere Zeiten wecken: Zu sehen sind Jugendliche beim Ernteeinsatz in einer israelischen Kollektivsiedlung („Kibbuz") und als Teilnehmer/innen an einem Schüler/innenaustausch.[147]

Noch einmal schleicht sich das Unbewusste zwischen die Zeilen. Die ausgewählten Metaphern stammen aus der Kriminalistik (Spurensicherung ist noch einmal stärker als die bloße Suche), „markieren" aber die Opfer und ihr Leben statt die Täter. Es folgt die ethische Verwechslung von Schuld und Schulden, ablesbar an der Metapher „Hypotheken der Vergangenheit" aus der Finanzsprache, die nicht nur auf die antisemitischen Darstellungen des jüdischen Bankiers und des jüdischen Finanzkapitals anspielt, sondern die kollektive Schuld einer Gesellschaft in Schulden „ummünzt" – und damit die kontroverse Diskussion über die „Wiedergutmachung" einfließen lässt. Schließlich wird die deutsch-jüdische Begegnung in Israel oder auf einen Schüleraustausch reduziert: keinesfalls wieder in Deutschland mit den hier lebenden Juden. Die Elision der Überlebenden wird hier fortgeführt. Von 1945 geht es direkt nach Israel.

Obwohl immer öfter Schulbücher versuchen, das Schweigen und die Brüche zu korrigieren – es sind leider nur sehr wenige. Die ethische Dimension dieser Auslassungen und ihre stille Botschaft an die Schüler muss noch analysiert werden.

---

[147] *Ich bin gefragt 7/8*, 1998: Lehrerband:125.

4. Die Beharrlichkeit der Vergangenheit: Freud'sche Fehler

Bezüglich der Shoa kommen, wie schon erwähnt, die verschiedensten „Gesten" vor. Zusammen mit der Verdinglichung ist oft eine (un)bewusste Haltung zu finden, die durch den spezifischen Gebrauch der Sprache und bestimmter „Fehler" eine gewisse Weltanschauung zwischen den Zeilen weitergibt. Hier werden solche Haltungen als Freud'sche Fehler interpretiert. Von den vielen fragwürdigen Darstellungen werden nur zwei Beispiele – Sprachgebrauch und Geschichtserzählung – herausgegriffen, um das Problem zu verdeutlichen.

a. Lingua Tertii Imperii – Unkritische Benutzung des Nazi-Jargons

Das Gift der LTI deutlich zu machen und vor ihm zu warnen – ich glaube, das ist mehr als bloße Schulmeisterei. Wenn den rechtgläubigen Juden ein Essgerät kultisch unrein geworden ist, dann reinigen sie es, indem sie es in der Erde vergraben. Man sollte viele Worte des nazistischen Sprachgebrauchs für lange Zeit, und einige für immer, ins Massengrab legen. (Victor Klemperer)

Nicht nur die Namenspolitik des Nationalsozialismus scheint in den Schulbüchern noch lebendig zu sein, sondern auch seine Sprache – die Klemperer ironisch *Lingua Tertii Imperii* nannte. Wie schon in den zitierten Beispielen gezeigt wurde, kommt sie immer zwischen den Zeilen vor, paradoxerweise meistens dann, wenn die Autoren einen antirassistischen Text zu verfassen versuchen. In den Glossaren und in den Worterklärungen scheint die LTI ihren liebsten Platz gefunden zu haben. Folgende Definitionen, ohne Anführungszeichen oder irgendeine Distanzierung sind üblich: „Arier: Angehörige der arischen Rasse, bei Hitler Angehöriger der germanisch nordischen Rasse."[148] Oder noch deutlicher: „Rasse: Angehörige einer Art, die sich durch bestimmte erbliche Merkmale von anderen Arten unterscheiden. *Auch bei Menschen lassen sich solche Arten, die sogenannten Menschenrassen, unterscheiden.* [...] Bei den Nazis wurde die Rassenkunde dazu mißbraucht, die Überlegenheit der eigenen Rasse gegenüber den Juden *nachzuweisen*."[149]

Auch in den pädagogischen „Aufgaben" ist die LTI präsent, wie etwa: „Beschreiben Sie das *Schicksal der Juden und anderer Rassen* sowie von Andersdenkenden in Deutschland während des Dritten Reiches!"[150] Das gleiche Buch präsentiert weiterhin einen „Bericht von Petra S., einer *Halbjüdin*", in dem die rassistische Kategorisierung immer noch aktuell ist – die Autoren rauben nicht nur Petra ihren Familiennamen, sondern ignorieren, dass es im Judentum keine „Halbjuden" gibt.

Die Benutzung der LTI mit ihrer rassistischen Weltanschauung nimmt in einigen Texten erschreckende Dimensionen an. So in der folgenden Passage,

---
[148] *Entdecken und Verstehen 3*, 1994:113.
[149] *Politik 1*, 1989:293, m.H.
[150] *Geschichte mit Gemeinschaftskunde für Berufsschulen*, 1989:145, m.H.

die den Titel trägt „Bilden die Juden eine Rasse?" und von der Sächsischen Landeszentrale für politische Bildung 1993 herausgegeben wurde:

> Juden sind Menschen, deren Zusammenhang durch die gemeinsame Geschichte und Religion bestimmt wird. [...] In alter Zeit wurden die Juden immer wieder von den herrschenden Großmächten unterdrückt. Das brachte leidvolle Erfahrungen, zu denen auch Zwangsumsiedlungen gehörten, über dieses Volk. [...] Oftmals *gründeten sie* eigene Siedlungen und lebten in Ghettos. Damit *grenzten sie sich* von einer andersartigen oder auch feindlichen Umgebung ab. Doch kam es zu Vermischungen mit der bereits ansässigen Bevölkerung. *So besitzen 49% der polnischen Juden blondes Haar, 30% der Wiener Juden haben helle Augen. Selbst die angeblich typisch jüdische Adlernase weisen nur 44% der Juden auf.* Die vorurteilsfreie Untersuchung zeigt, daß es keine jüdische Rasse gibt.[151]

Ein Schulheft aus der NS-Zeit beschreibt es verblüffend ähnlich:

> Dazu [zum Gettho] schreibt der jüdische Professor Sombart: „*Die Juden selbst haben das Gettho geschaffen*, das ja – ein Vorrecht, nicht eine Feindseligkeit bedeutete. *Sie wollten abgesondert leben*, weil sie sich erhaben dünkten über das gemeine Volk ihrer Umgebung."[152]

Die LTI ist nicht nur als Sprache präsent: Die Bezeichnung „Halbjuden" zeigt, dass die jüdische Angehörigkeit immer noch nach den Kriterien der Nazis definiert wird. So erzählt ein ansonsten progressives Schulbuch die Geschichte des Holocaust am Beispiel einer „deutschen Familie jüdischen Glaubens", „Familie Spiro": „*Schicksal* einer deutschen Familie jüdischen Glaubens. Hans Spiro hatte nie damit gerechnet, von den Nazis einmal *in ein KZ gesteckt zu werden.*[153] Er wurde am 15.7.1898 in Landau geboren. *Am 6. Januar 1902 wurde er getauft.*"[154]

Obwohl zu begrüßen ist, dass die Autoren sich bemühen, eine politisch korrekte Definition des Judentums wiederzugeben, die weder verfremdet noch aus der deutschen Gesellschaft ausschließt, ist sie in diesem Fall einfach falsch. Die Bemühung gerät letztendlich in eine Falle, da sie die historischen Fakten ausblendet („Am 6. Januar 1902 *wurde er getauft*") und die „biologische" Definition der Nürnberger Gesetze wiederholt.

Eine ähnliche Wiederaufnahme von Begriffen und Argumentationen der Nazis findet sich in historischen „Erklärungen". Ein deutliches Indiz dafür: Mindestens die Hälfte der ausgewählten Bücher rechtfertigen den Pogrom in der sogenannten „Kristallnacht" als „Rache" für die Ermordung des deutschen Diplomaten von Rath in Paris durch *einen Juden*[155] (nur selten wird Herschel Grynszpan mit Namen erwähnt). Etwa so: „Dies war ein *Racheakt* für die Er-

---

[151] *Deutschland den Deutschen? Parolen und Argumente*, Sächsische Landeszentrale für politische Bildung 1993:45ff., m.H.

[152] Siehe Herrmann: *Der Jude und der deutsche Mensch*, 1936:9, m.H.

[153] „In ein KZ gesteckt zu werden" ist ein anderes Beispiel der euphemistischen Sprache.

[154] *Entdecken und Verstehen 3*, 1994:80, m.H.

[155] *Geschichte für morgen*, Band 3, 1992:79.

245

mordung eines deutschen Botschaftssekretärs in Paris durch *einen Juden*."[156] Diese „Erklärung", die eigentlich von Goebbels stammt, wird in einigen Texten als die historische Begründung angeführt.[157] Dagegen scheint der Text von 1966 etwas gerechter zu sein, wenn auch der Name Grynszpans nicht genannt wird: „*Ein junger Pole*, dessen Eltern zu diesen Ausgewiesenen gehörten, erschoß aus Rache in Paris einen deutschen Diplomaten. Diese unglückselige Tat kam den Nationalsozialisten sehr gelegen."[158]

Die LTI ist in den Texten zu präsent, um in diesem Absatz die gesamte Begrifflichkeit umfassend wiederzugeben. Ein Beispiel soll an dieser Stelle das ganze Ausmaß illustrieren: „Während sich die ‚Weimarer Republik' der Fähigkeiten jüdischer Mitbürger im weitesten Umfang bedient hatte, galten im NS-Staat das *Finanzjudentum*, die jüdischen Beamten, Schriftsteller und Künstler als die Mitverantwortlichen für den Untergang des Reiches."[159]

Eine andere häufige rhetorische Strategie basiert auf der Idee des „Schicksals" der Opfer. Schicksale scheinen demzufolge in gewisser Weise von vorneherein angelegt bzw. „geschrieben" und können nicht geändert werden, wie in der Aussage: „Die Zurückgebliebenen [nach der Kristallnacht] gingen einem furchtbaren Schicksal entgegen."[160] Die Protagonisten tragen, wie in der antiken griechischen Auffassung, weder Verantwortung, noch können sie das Schicksal ändern. So wird noch einmal von der historischen Schuld entlastet, wie in der folgenden Passage deutlich wird: „Es gab aber auch Menschen, die nach wie vor zu Juden ein gutes Verhältnis hatten und sich mit ihnen verbunden zeigten, ohne damit das *Schicksal* der Juden insgesamt verändern zu können."[161]

b. Rochade

Einige Schulbücher versuchen aktuelle historische Forschungen zu berücksichtigen und Themen wie die Olympiade in Berlin 1936 kritisch zu bearbeiten. Es sollen sowohl persönliche Biographien (in Bezug auf politische Verantwortung, ethische Fragen usw.) als auch die Ausgrenzungspolitik gegenüber den Juden dargestellt werden. In *Zeit für Geschichte 4* (2003) wird dieses wichtige Thema unter dem Titel „Helene Mayer siegt für Deutschland" angesprochen. Statt über die systematische Verhinderung der Teilnahme deutschjüdischer Sportler an der Olympiade zu sprechen, wird Folgendes erzählt:

---

[156] *Leben und Alltag im ... Dritten Reich*, 1999:19.

[157] Renn (1987:63ff.) hatte zu dieser Zeit bereits eine detaillierte Analyse der Darstellung der sogenannten „Kristallnacht" veröffentlicht, die jedoch von den Schulbuchautoren kaum rezipiert wurde.

[158] *Zeiten und Menschen*, 1966:138. In *Wir machen Geschichte* (1998:142) heißt es: „In Wirklichkeit waren die Ausschreitungen von der NSDAP organisiert worden, doch fanden sich überall Menschen, die diese Verbrechen ausübten."

[159] *Die Stadt „D"*, 1984:23, m.H.

[160] *Zeiten und Menschen*, 1966:139.

[161] *Entdecken und verstehen 3*, 1994:82, m.H.

Das nationalsozialistische Deutschland präsentierte sich als „neues Deutschland" und wollte den Besuchern aus aller Welt ein möglichst perfektes Bild vermitteln. Kein offen zur Schau gestellter Antisemitismus sollte dieses Bild trüben. Was könnte denn besser sein, als eine aussichtreiche jüdische Sportlerin im deutschen Olympiakader aufzubieten?[162]

Die Geschichte wird wieder auf verschiedene Weisen verdreht. Im Prinzip hatten die Nazis kein Problem damit, ihre „Rassenlehre" öffentlich zu verkünden. Erst nachdem ein internationaler Boykott drohte, „milderten" sie die Bestimmungen für die Olympiateilnahme. Sie entschieden, einige jüdische Athleten nach Deutschland unter Zwang „zurückzuholen", um sie für alle Eventualitäten für die internationale öffentliche Meinung „bereit zu haben". In den Worten von Gretel Bergmann, die aus London wieder „zurückgekommen" war: „Die Nazis brauchten einen herausragenden jüdischen Sportler, um der Welt zu zeigen, dass es bei den Olympiaden keine Diskriminierung gab. Und so wurde ich zum Lockvogel, zur Schachfigur in Hitlers politischem Täuschungsmanöver."[163] Die jüdischen Sportler waren schon 1933 aus allen deutschen Vereinen verbannt worden, und 1936 wurden sie nicht zum Vorentscheid zugelassen. Der Ausschluss gelang nicht vollständig, denn die Leichtathletin Gretel Bergmann schaffte es trotz aller Hindernisse, die Olympiaqualifikation durch einen Deutschland-Rekord zu erreichen. In einem Interview mit Egon Friedler erzählte sie: „Ich war so wütend: je wütender ich war, desto höher sprang ich. Ich sagte mir: Zum Teufel mit denen, mir ist alles egal. Ich will denen zeigen, was eine Jüdin leisten kann."[164] Da sie als „Volljüdin" eingestuft war, wurde sie von den Nazis einige Tage vor den Spielen einfach „krank gemeldet"[165], denn ihre Teilnahme hätte die Rassenideologie „vor den Augen der Welt ad absurdum geführt".[166] Aber, wie Friedler betont,

> eines konnten die Nazis nicht verhindern: Bei der Olympiade in Berlin 1936 standen zahlreiche farbige und jüdische Sportler auf den Siegertreppchen. Der legendäre schwarze Läufer Jesse Owens wurde zum Publikumsliebling und gewann vier Goldmedaillen. Eine besondere Ironie der Geschichte liegt darin, daß im Hochsprung, wo die Nationalsozialisten unter allen Umständen eine jüdische

---

[162] *Zeit für Geschichte 4*, 2003:89ff.

[163] Bergmann 2003:99. Zu dem hoch interessanten Fall von Gretel Bergman siehe ihr autobiographisches Buch: *Ich war die große jüdische Hoffnung. Erinnerungen einer außergewöhnlichen Sportlerin* (2003).

[164] Aus einem Interview Eric Friedlers mit Gretel Bergmann 1997, zitiert in Friedler 1998:91.

[165] Gretel Bergmann fügt hinzu: „Es war geradezu unheimlich, wie präzise der Plan der Nazis funktionierte, den sie zweifellos schon hatten, als sie mich aus England zurückbefahlen. Um absolut sicherzugehen, dass nichts schiefgehen würde, wurde der Ablehnungsbescheid erst abgeschickt, als das amerikanische Olympiateam die Vereinigten Staaten per Schiff bereits verlassen hatte – am 15. Juli. Die Annahme der Nazis, dass das US-Team, sobald es unterwegs war, nicht mehr umkehren würde, erwies sich als zutreffend. Statt der üblichen drei würden eben nur zwei deutsche Frauen beim Hochsprung antreten, darunter Dora (Hermann!) Ratjen" (Bergmann 2003:127). Besonders ironisch erscheint die Tatsache, dass die Nazis einen Mann (eben Hermann Ratjen) als Frau verkleidet zum Olympiatraining schickten, der aber den Rekord von Bergmann nicht überbieten konnte.

[166] Friedler 1998:91.

Olympiasiegerin verhindern wollten, die ungarische Jüdin Ibola Csak den ersten Platz belegte.[167]

Statt die Geschichte der jüdischen Sportler zu erzählen, wird der widersprüchliche Fall von Helene Mayer hergenommen, einer Alibi–Jüdin der Nazis. Gretel Bergmann, die beste Hochspringerin Deutschlands, wird dagegen nicht einmal erwähnt. Dafür wird aber bei Mayer ihr Olympiasieg hervorgehoben und – obwohl ihre Biographie nicht wiedergegeben wird: Sie war nach jüdischem Gesetz nicht jüdisch, sie beschrieb sich selbst als „arisch" und verabscheute ihren jüdischen Vater[168] – auf ein „ethisches Dilemma" hingewiesen: Hätte sie die Teilnahme/den Hitlergruß ablehnen sollen?[169]

Ludger Heid erinnert an die Bermerkung Victor Klemperers dazu in dessen Tagebuch: „Die silberne Fechtmedaille für Deutschland hat die Jüdin Helene Mayer gewonnen (ich weiß nicht, wo die größere Schamlosigkeit liegt, in ihrem Auftreten als Deutsche des Dritten Reiches oder darin, dass ihre Leistung für das Dritte Reich in Anspruch genommen wird)."[170]

Dass diese Kritik und das Thema der Olympischen Spiele 1936 in den letzten Jahren in der Gesellschaft ankommen, ist an dem neuen Film *Berlin 1936* zu sehen. Nur scheint auch hier die kollektive Verdrängung zu gelingen, denn genau die Ironie der Geschichte, d.h. die Goldmedaille von Ibola Csak sowie die Rekorde von Owens als schwarzem Athleten in Nazi-Deutschland, werden nicht erwähnt. Das Ende ist fast traurig geschildert, da der Transvestit, der für die Nazis gewinnen sollte, besiegt wurde.

Dasselbe oben erwähnte Buch nennt ein paar Kapitel später ein weiteres ethisches Dilemma, das sich bei einer bewussten Entscheidung ergibt. Unter dem Titel *Musste man mitmachen?* ist der Brief eines Soldaten zu lesen, in dem er schreibt, dass ihm außer einer Beschimpfung nichts passiert sei, nachdem er sich geweigert habe, Gefangene umzubringen.[171] Hier stellt sich wiederum die Frage: Warum lassen kritische Schulbuch-Autoren, die einerseits solche historischen Dokumente abbilden, an anderer Stelle eine Person wie Gretel Bergmann aus der Geschichte „verschwinden"? Freuds Hypothese der Arbeit des Unbewussten wird in dieser Diskussion verstärkt angeführt – und gerade hier besteht die Möglichkeit, auf die Bedeutung und die Schwierigkeit des Zuhörens hinzuweisen, um die Diskurse, die immer noch unterschwellig in der deutschen Gesellschaft kursieren, zu verarbeiten.

---

[167] Ebenda:93.

[168] Ebenda.

[169] *Zeit für Geschichte 4*, 2003:89ff. Helene Mayer hat eine „Schulbuch-Karriere" gemacht: So wird sie auch als Heldin unter „Beiträge deutscher Juden zu Kultur und Wissenschaft" in *Ich bin gefragt 7/8* (1998:95) neben Albert Einstein abgebildet.

[170] Siehe dazu Heid *Trügerische Spiele*. In *Süddeutsche Zeitung*, 21.09.2009:16.

[171] Ebenda:126.

D. IDENTIFIZIERUNG

Was uns trennt – schrieb ein Weiser –, sind die Mauern [...]. Indem sie radikal zwischen dem Drinnen und dem Draußen scheiden, zwischen denen, die drinnen sind, und denen, die draußen sind, gewöhnen sie uns daran, dass wir uns nicht kennen. Der Fremde ist draußen. In unseren Zellen, die wir nach unserem Geschmack hergerichtet haben, ist nur Platz für uns. (Edmond Jabès)

Diese symbolische Geste ist definiert durch die Verleugnung der Andersheit mittels der Illusion einer Identifikation. Freud hat gezeigt, dass der Vorgang der Identifizierung schon in der frühen Kindheit zu finden ist, durch die Introjektion eines Objekts ins Ich:

> Ein solcher Vorgang läßt sich gelegentlich am kleinen Kind unmittelbar beobachten. Kürzlich wurde in der Internationalen Zeitschrift für Psychoanalyse eine solche Beobachtung veröffentlicht, daß ein Kind, das unglücklich über den Verlust eines Kätzchens war, frischweg erklärte, es sei jetzt selbst das Kätzchen, dementsprechend auf allen Vieren kroch, nicht am Tisch essen wollte usw.[172]

Im Fall der Schulbücher handelt es sich um Diskurse, die versuchen, die Kinder „auf den Platz des Anderen zu rücken", mit dem Ziel, eine gewisse „Empathie" zu entwickeln. Auch bei dieser Art des Umgangs mit dem Anderen werden die kulturellen Minderheiten und ihre Differenzen negiert, denn dieses Verfahren beschäftigt sich nur mit dem Selbst. Statt den Dialog mit den Anderen zu suchen, wird versucht, sie in der eigenen Imagination zu verstehen.

Die Differenz zur „Ausradierung" besteht darin, dass der Andere zuerst genannt wird, aber danach sein „Platz" übernommen und dadurch die Alterität wieder zerstört wird. Der Andere wird nur als „Spiegel des Selbst" benutzt – um letztendlich einen Monolog des Selbst *über* den Anderen zu gestalten. Schon viele Psychologen haben vor dieser Identifikation mit dem Anderen gewarnt, besonders in Bezug auf die Opfer der Shoa:

> Es geht aber auch nicht darum, sich mit den Opfern zu identifizieren, denn im Versuch der Identifikation wird unweigerlich der brutale Anschlag auf die Identität der Opfer, welche die traumatische Erfahrung kennzeichnet, zugunsten der psychologischen Befriedigung der Zuhörer durch die Projektion des Selbst auf andere übergangen oder verkannt.[173]

Dieser Gestus ist leider in den pädagogischen Diskursen so weit verbreitet, dass es schwierig wird, ihn den Autoren abzugewöhnen, wie im nächsten Punkt dargestellt wird.

---

[172] Freud *Die Identifizierung* in ders. *GS*, Band IX:102.
[173] Baer 2000:19.

1. *Das Wilkomirski-Syndrom. Eingebildete Eriunnerungen, oder von der Sehnsucht, Opfer zu sein*

Unter diesem Titel hat das Moses-Mendelssohn-Institut der Universität Potsdam 2001 eine Tagung organisiert, die sich mit der „eingebildeten Erinnerung" an die Shoa beschäftigte (auch „Wilkomirski-Syndrom" genannt, nach dem berühmten Fall von Bruno Grosjean alias Benjamin Wilkomirski).[174] Grosjeans imaginiertes Gedächtnis ist kein Einzelfall. Verschiedene Forschungsarbeiten belegen die „familiären, eingebildeten Erinnerungen", in denen die Kinder der Täter die Biographie ihrer Vorfahren verdrehen, „[...] um ihre Versionen einer Vergangenheit zu erfinden, in denen diese stets als integre, gute Menschen auftreten. Ich nenne den Vorgang, in dem aus antisemitischen Großeltern und Eltern in den Augen ihrer Kinder und Enkel Widerstandskämpfer werden, ‚kumulative Heroisierung'".[175]

Was passiert aber, wenn diese eingebildete Erinnerung Teil eines nationalen Mythos wird, wenn der Staat diese Lüge institutionalisiert und als „offizielle Geschichte" behandelt? Freud hat einmal über den *familiären Roman* gesprochen, in dem Kinder sich andere, „bessere" Eltern wünschen und sie sich daher einbilden.[176] Für beide deutsche Staaten könnte man vielleicht von einem *nationalen Roman* ausgehen, der durch die „Identifikation" eine *saubere* Geschichte, frei von Blut und Schuldflecken, erfand. In genau dieser Kluft zwischen den realen historischen Ereignissen und den Narrativen in den Schulbüchern sind einige Generationen sozialisiert worden. Dieser Gestus kann als die *korrekte politische* Fortsetzung der eigenen Selbststilisierung als Opfer (siehe *supra*) gesehen werden. Da es ab einem bestimmten Zeitpunkt nicht mehr möglich war, die Deutschen weiterhin als Opfer der Geschichte darzustellen, konnte man im Vorgang der Identifizierung sich selbst immer noch als Opfer „verstehen".

Ein aktuelles Beispiel dieser Identifikation ist das Material *Klagelieder, ein Videoprojekt gegen Rechtsradikalismus und Fremdenhass*, ein Bericht von einem Projekt mit deutschen Jugendlichen. So beschreibt die Lehrerin ihre Erfahrung:

> Das Interview mit Frau H. (einer ehemalig aus Rostock stammenden Jüdin, die in England das Dritte Reich überlebte und deren Eltern in Auschwitz ermordet wurden) war inhaltlich eine große Bereicherung für die Jugendlichen. [...] Sie erfuhren von ihr etwas über jüdische Feste und Feiertage, wie z.B. **das Chanukkafest, ein achttägiges Lichterfest** *kurz vor Weihnachten*. Auch wie Frau

---

[174] Benjamin Wilkomirski veröffentlichte im Jahr 1995 das Buch *Bruchstücke* über seine Erinnerungen an seine Kindheit in Auschwitz. Das Buch war zunächst ein großer Erfolg. Dann jedoch entdeckte 1998 ein Schweizer Journalist, dass die Geschichte vollständig erfunden war und Wilkomirski, der eigentlich Bruno Grosjean heißt, Auschwitz und Majdanek nur als Tourist kannte. Siehe dazu Mächler 2000, Ganzfried 2002, Dieckmann-Schoeps (Hg. 2002).

[175] Welzer 2001:57.

[176] Freud *Der Familienroman der Neurotiker* (1909). Jacques Revel hat seinerseits über den *Roman der Nation* geschrieben, siehe dazu Flacke 1998.

H. zur NS-Zeit die **Sanktionen** gegen Juden erlebt hatte, war von großem Interesse. [...] **da Frau H. an diesem Tag einen starken Schnupfen hatte und sich häufig die Nase putzen musste, kam bei Andreas, der das Interview führte, der Eindruck auf, sie würde bei ihrem Bericht weinen.** Seine Fragen wurden merklich leiser und unsicherer. Besonders als er mit ihr über die Emigration und die Nachricht vom Tod ihrer Eltern sprach, war die Befangenheit **von Andreas** deutlich zu spüren.[177]

Über das jüdische Fest *Chanukah* wird nur berichtet, dass es vor Weihnachten stattfindet und Lichter angezündet werden. Wichtig ist vor allem, dass die Lehrerin in ihrem Bericht die Betroffenheit der Überlebenden gar nicht ernst zu nehmen scheint („starken Schnupfen") – dagegen empfindet sie Empathie mit dem deutschen Jungen, der sich eine solche Geschichte anhören muss.[178]

2. Vereinnahmung

> *[...] die Sabbatruhe macht den Arbeiter zum Menschen. Deutlich ist an dieser dritten Idee des Judenthums ihr Einfluß auf die moderne Cultur zu bemerken. In der neusten Zeit hat man sogar politisches Capital für das Ansehen und den Nutzen anderer Religionen daraus geschlagen.* **Und wenn wir nicht unmittelbar darunter litten, könnte man sich an diesem crassen Beispiel weltgeschichtlichen Humors belustigen, daß diese eigenste Idee, diese Culturerfindung des Judenthums in neuester Zeit als „praktisches Christenthum" bezeichnet** *(Heiterkeit) und der Sabbat und die ganze Socialgesetzgebung des Pentateuch als Erzeugung des Christenthums erklärt wird, –* **eine Verletzung des literarischen Eigenthums, die vielleicht anderweitig dadurch entsühnt wird, daß die geistigen Urheber des Sozialismus Juden sind** *(Beifall).*

(Hermann Cohen)

Eine andere Form der Identifizierung ist die Vereinnahmung: das Verschlingen von Elementen anderer Kulturen, um diese Elemente sodann in „eigene" zu verwandeln und ihrer originären Kultur Unproduktivität oder Diebstahl vorzuwerfen – ein für das kulturelle Plagiat üblicher Mechanismus, wie Grafton (1991) in Bezug auf die Autorenschaft gezeigt hat. Dieser Gestus ist insbesondere in Schulbüchern für das Fach Religion mindestens bis in die 90er Jahre anzutreffen: in der alten hegelianischen Variante, die in der jüdischen Religion eine überwundene Etappe sieht, eine positive Moral der Sklaven, die im Christentum „aufgehoben" worden sei.

---

[177] *Zivilcourage* 2001:17, m.H.

[178] Eine ähnliche Verschiebung findet sich z.B. in der sozialen Darstellung des „Leidens" während des Zweiten Weltkriegs. Wie Katrin Paehler (2008) gezeigt hat, wird das Bild von der „Ostfront" durch die Schlacht um Stalingrad beherrscht. Es stilisiert den Gipfel des Leidens und der Selbstopferung des deutschen Volkes. Die Belagerung Leningrads dagegen wird praktisch ignoriert oder als militärische Notwendigkeit gerechtfertigt. Dieses ideologische Manöver lässt das Bild der jungen deutschen Wehrmachtssoldaten unbefleckt und vermeidet die Konfrontation mit dem Leiden des Anderen. Die ca. 25 Millionen Toten aus der Sowjetunion haben noch keinen Erinnerungsplatz in den deutschen Narrativen des Zweiten Weltkrieges.

Diese Vereinnahmung verknüpft sich mit dem Gestus des Ausradierens, allein weil der Andere durch die Umwandlung in das Selbst zum Verschwinden gebracht wird. Oder, was auf das Gleiche hinausläuft, niemals existiert zu haben scheint. Eines der deutlichsten Beispiele in dieser Hinsicht ist der unglaubliche Erfolg von *Andorra* von Max Frisch in den deutschen Schulbüchern für das Fach Deutsch. Dieses Drama wird in mehr als der Hälfte der derzeit benutzten Schulbücher für die entsprechende Altersstufe behandelt.[179] In *Deutschbuch 9* (Cornelsen 1999) wird es z.b. auf 25 Seiten unter dem Titel „Du sollst dir kein Bildnis machen" – interessanterweise dem ausradierten 2. Gebot – besprochen. Die pädagogischen Aufgaben stellen Fragen wie „Stellt Situationen, in denen ihr erlebt habt, dass jemand die Eigenschaften übernimmt, die andere ihm zuschreiben" (1999:236). All dies soll den Mechanismus der Entstehung von Vorurteilen aufklären. Doch schon andere Autoren haben auf das zentrale Problem dieses umstrittenen Theaterstückes hingewiesen: Was wäre passiert, wenn der „falsche Jude" in Wahrheit ein jüdisches Kind gewesen wäre? Wären dann die Vorurteile gerechtfertigt?

1962 schrieb Georg Kreisler eine Parodie dieses Werkes (*Sodom und Andorra*. Eine Parodie, Hörspiel), die ebenso der Ausradierung zum Opfer gefallen ist und deswegen heute nur noch wenigen bekannt ist. Er resümiert und dekonstruiert meisterhaft jene Gesten, die ich analysiert habe. Er nennt sie: *Ein Stück über die Juden ohne Juden*. Das Lachen bleibt einem im Halse stecken, wenn Kreisler schreibt: „Die Lehre dieses Stückes ist, dass beim nächsten Pogrom man sich vergewissern sollte, dass die Kinder richtige Juden sind, bevor man zuschlägt." Es ist wie in Rosenzweigs Kritik an *Nathan der Weise*, wo die Tochter am Ende auch nur „adoptiert" war: Die Leser können am Ende des Stücks immer aufatmen, es gibt doch keinen Anderen! Man hat es nur geglaubt! Ein nicht-jüdischer Autor schreibt über das schreckliche Schicksal eines nicht-jüdischen Kindes, das von allen *ungerechterweise* als Jude behandelt wurde. Andorra ist ein ausgezeichnetes Beispiel dafür, wie ein Autor, den man in keiner Weise des Rassismus verdächtigen würde, in dem Wunsch, der Aufklärung zu dienen, ohne sich darüber bewusst zu sein, Gesten wiederholt, die eine jahrhundertelange Tradition haben.

Nachdem wiederholt Kritik an der Behandlung von *Andorra* in den Schulbüchern geübt worden ist, haben sich manche Autoren und Verlage entschieden, es durch Auszüge aus *Der Vorleser* (B. Schlink) zu ersetzen. Dieser Text ist genauso problematisch wie der andere – auf die seltsame Position des Autors zum Judentum hat schon Matthias Lorenz aufmerksam gemacht. Es scheint jedoch fast unmöglich, die deutschen Schulbuchautoren dazu zu bringen, Juden und Sinti eine Stimme in den Materialien zu geben – Mangel an Büchern und Erinnerungen über die Shoa kann wirklich nicht der Grund dafür sein.

---

[179] Diese Information verdanke ich Christina Dieterle. Reemtsma (2007) hat schon auf die Problematik dieses Stückes aufmerksam gemacht.

Das zuletzt genannte Schulbuch fährt fort mit der Einheit: „Schuld und Vergeltung: Eine Kriminalerzählung im Kontext des 19. Jahrhunderts". Unter diesem Titel wird nicht nur Annette von Droste-Hülshoffs Novelle *Die Judenbuche*, sondern auch „Das Bild des Juden in Erzähltexten des 19. Jahrhunderts" (am Beispiel der Gebrüder Grimm und Heinrich Heines) behandelt. Die Assoziation aber bleibt bestehen: Vor allem im Kontext von Kriminalerzählungen soll man hier über das Bild des Juden nachdenken. Obwohl der Text kritische Momente beinhaltet, ist die Verknüpfung deutlich. Auch Huhnke (2001) hat diese Assoziation in ihrem Beitrag *Bazillus 116 > Juden* festgestellt.

3. „Ich bin der Andere": Ein fragwürdiges Spiel

Eine andere häufig verwendete Technik, die die Identifizierung beinhaltet, baut auf den sehr verbreiteten „Rollenspielen" auf. Z.B. wird in der Einheit „Die Verfolgung der Juden" vorgeschlagen: „Versetzt euch in die Lage eines Juden. Was dachte er sich wohl beim Betrachten dieser Verbote?"[180] Durch diese Spiele wird versucht, den Kindern die Erfahrung anderer Menschen, in diesem Fall von kulturellen Minderheiten, nahe zu bringen. Die Plumpheit dieser Methode liegt auf der Hand: Die Realität, in ihrer Komplexität, ist kein Spiel.

Folgende Vorschläge sind oft zu finden:

> Der Lehrer schildert kurz einen Brandanschlag mit ausländischen Opfern. [...] Die *deutschen* Schüler stellen sich vor, sie seien selber ausländische (z.B. türkische) Jugendliche; jetzt beschreiben sie ihre Gefühle (z.B. in einem Brief an einen Freund); dann fragen sie ihre ausländischen Mitschüler nach deren Gefühlen.[181]

Interessant ist die Rolle, die den „ausländischen Mitschülern" in dem Ganzen zugeschrieben wird – „Mitspielen" dürfen sie jedenfalls nicht. Abgesehen von einer Herkunftsdifferenzierung und Diskriminierung im Klassenzimmer ist nicht nachvollziehbar, welche anderen Konsequenzen diese pädagogischen Übungen bewirken sollen.

Einige Autoren erhoffen sich, damit einen Beitrag gegen Vorurteile zu leisten. Vielleicht ist es aber leider so, dass sie dadurch genau diese Vorurteile verstärken. So z.B. in *Politik 3*:

> Eine Form der Reduktion von Vorurteilen: [...] hierbei übernehmen die Teilnehmer wechselnde Rollen (Minderheiten – Mehrheiten – Rolle). [...] Da aktuelle oder überdauernd relevante Thematiken aus dem jeweiligen sozialen Umfeld der Kinder und Jugendlichen ausgewählt werden könnten *(z.B. Rollen von Gastarbeitern, Behinderten, Zigeunern, Nichtsesshaften)*, sind derartige Techniken von ihrer Grundkonzeption empfehlenswert.[182]

---

[180] *Geschichte für morgen*, Hauptschulen, Band 3, 1992:79.
[181] Heigl 1996:16, m.H.
[182] *Politik 3*, 1988:89.

Die „problematischen Gruppen" sind dabei austauschbar: „Gastarbeiter", Behinderte, „Zigeuner" usw. Alles ist gleich bzw. verkörpert das Nicht-deutsch-Sein. Häufig wird vorgeschlagen (vor allem in den Schulbüchern für Politik), dass die Kinder ein Kopftuch umbinden sollten, um die Situation der islamischen Frauen zu verstehen, oder sich einen gelben Stern anheften sollten, um sich in die Lage der Juden in den vierziger Jahren versetzen zu können. Eine solche Bagatellisierung der Geschichte, Kultur und vor allem des Leidens des Anderen ist erschreckend.

In folgendem Beispiel, dessen Titel schon eine Bedeutung vorgibt (Gastarbeiter: Menschen zweiter Klasse?), sieht man das Bild einer Frau mit Kopftuch. Bei genauerer Betrachtung entdeckt man die Bildunterschrift „Marianne Schulz als Türkin *verkleidet*".[183] Die ganze Einheit handelt also von einem deutschen Mädchen, das als Türkin „verkleidet" auf die Straße geht und Erfahrungen sammelt. Die Autoren geben vor, den Kindern zu erklären, wie sich eine Türkin in ihrem deutschen Alltag „fühlt", indem sie Marianne Schulz interviewen. Der Andere existiert nicht, das verkleidete Selbst gibt Auskunft. Der „Andere" hat keine Stimme. Und seine Differenz ist so klein, dass man sie durch ein einfaches Spiel „verstehen" kann.

Diese „Identifikation" mit den Anderen, die von der absurden Annahme ausgeht, „alles über den Anderen zu wissen", ist auf besondere Weise bei Schulbuchautoren erkennbar, die thematische Einheiten oder spezielle Materialien über andere Kulturen verfassen: Sie versuchen das Judentum oder den Islam zu erklären, ohne überhaupt viel davon zu verstehen. Von allen hier untersuchten Schulbüchern, in denen das Judentum behandelt wird, ist nur ein einziges von einem jüdischen Autor geschrieben worden, keine einzige Einheit über den Islam wurde von einem Muslim verfasst. Die Stimme des Anderen wird systematisch negiert. Die Texte beinhalten eine ganze Sammlung von Unstimmigkeiten und Vorurteilen und legitimieren somit die Ignoranz schon in der Schule. Ein Fall von „purer" Ignoranz soll hier kurz vorgestellt werden. Er ist in einem Buch enthalten, das auch ansonsten einen sehr interessanten Modus verfolgt. Im Abschnitt über die Geschichte der deutschen Juden wird auf die emblematische Figur Moses Mendelssohns verwiesen: „Moses Mendelssohn gehörte zu den wenigen Juden seiner Zeit, *die an einer Universität studieren durften. Er lernte dort Sprachen.* [...] Mendelssohn schrieb *nicht* auf Hebräisch, wie es andere Juden taten."[184] Dies ist nicht einmal eine von Vorurteilen belastete oder böswillige Beschreibung: Sie ist ganz einfach falsch. Dies kann man in einem Brief von Mendelssohn nachlesen:

> Übrigens bin ich nie auf einer Universität gewesen, habe auch in meinem Leben kein Kollegium lesen hören. Dieses war eine der größten Schwierigkeiten, die ich übernommen hatte, indem ich alles durch Anstrengung und eigenen Fleiß erzwingen mußte. In der Tat trieb ich es zu weit, und habe mir endlich durch

---

[183] *Arbeitsbuch Politik 2*, Cornelsen/Schwann 1988:171.

[184] *Ich bin gefragt 7/8*, Ethik 1998:94.

Unmäßigkeit im Studieren seit Jahren eine Nervenschwäche zugezogen, die mich zu aller gelehrten Beschäftigung schlechterdings unfähig macht ... (Berlin, den 1. März 1774).

Dass Mendelssohn nicht wenige seiner Werke auf Hebräisch verfasste, erfährt man, wenn man auch nur eine einzige Biographie dieses Autors aufschlägt.

Es soll noch ein weiteres Beispiel herangezogen werden: In dem Unterrichtswerk *Menorah* wird das wichtigste jüdische Gebet *Sch'ma Israel* wie folgt übersetzt: „Höre Israel: der Herr unser G-tt ist *ein Herr*",[185] auch dies ist nicht böswillig, aber falsch. Die Verwirrung und Verunsicherung der Kinder durch den Fehler in der Übersetzung ist vorprogrammiert, da das *Sch'ma Israel* gerade aufgrund der Idee von der Einheit/Einzigkeit G-ttes wichtig ist.

Das Problem, seine eigenen und die Grenzen des Anderen nicht anzuerkennen, das Heilige der Differenz (wie sie in Teil A beschrieben wurde) nicht wahrzunehmen, offenbart sich in diesen Beispielen. Das Selbst ist nicht der Andere, und oftmals weiß es nicht viel von der Kultur und der Geschichte des Anderen. Warum wird ihm keine Stimme (als Mensch und in den Medien) gegeben, damit er sich selbst zu Wort melden kann? Wir hätten nicht nur besseres pädagogisches Material, sondern würden mit dieser Geste unseren Schülern eine dialogische Haltung des Respekts beibringen, die auf die Differenz hört, ohne diese nach unseren eigenen Schemata (die in den meisten Fällen täuschen) zu definieren. Dies ist eine Herausforderung und erfordert hohen Einsatz.

Extrem und unheimlich werden Bei-Spiele dieser Art, wenn sie den Völkermord behandeln. Während in dem Buch *Quer.Geschichte 3* am Ende der Einheit ein „Spiel" abgedruckt ist, in dem die Schüler „verdeckte Begriffe" wie „Auschwitz" entdecken müssen, lesen wir in dem neuen pädagogischen Spiel über die „Zigeuner" (*Attention. Tsiganes!*) , wenn man auf der Nummer 5 landet:

> Du bist ein deutscher „Zigeuner" im Jahr 1939. Dr. Robert Ritter, ein Forscher aus Berlin, kommt Dich besuchen, um etwas über Deine Kultur und Lebensweise zu erfahren. Er ist sehr freundlich und spricht Romanes. Du vermutest nichts Böses und gibst dem Wissenschaftler Auskunft über Deine Abstammung und Familienverhältnisse. Ritter ist aber ein Rassenforscher, der für die Nationalsozialisten die deutschen „Zigeuner" registriert und untersucht. Auf dieser Grundlage verfolgen die Nationalsozialisten später die „Zigeuner" **und lassen sie in sogenannten Konzentrationslagern ermorden.** *Setze eine Runde aus.*[186]

Setze eine Runde aus. Wie viel Unmenschlichkeit kann ein pädagogisches Spiel beinhalten?

---

[185] *Menorah* 1999:13.

[186] Spiel: *Achtung, Zigeuner! Geschichte eines Missverständnisses* (2007).

Fazit. Wie erziehen die Deutschen heute ihre Kinder?

Im Jahr 1950, fast noch auf den Trümmern der Katastrophe, leitete mit dieser Frage die im Exil überlebende jüdische Soziologin Eva G. Reichmann einen Artikel über die Schulbücher im Nachkriegsdeutschland ein. „Welche Chance gibt es, daß eine neue Generation ohne jenen aggressiven nationalistischen Geist aufwächst, der die Welt in das Chaos stieß und den europäischen Juden den Ruin brachte? Eine Untersuchung der heute in Bayern gebrauchten Schulbücher soll uns helfen, diese Frage zu beantworten."[187] Dieser Artikel wurde in der *Jüdischen Wochenschau*, einer Zeitschrift der emigrierten Deutschen in Argentinien, abgedruckt und ist danach in Vergessenheit geraten. Jedoch hat ihre Frage, wie die neuen nationalen Narrative in der jungen Bundesrepublik konstruiert wurden, bis heute ihre Aktualität nicht verloren. Gleichwohl bestehen große Unterschiede zwischen den aktuellen Schulbüchern und denen aus den 50er und 60er Jahren, als selbst der Begriff *Jude*, geschweige denn Sinti und Roma, kaum zu finden war. Obwohl seitdem Verbesserungen und Versuche einer „korrekten" Darstellung von kulturellen Minderheiten in den Schulbüchern vorgenommen wurden, sind, wie in diesem Kapitel gezeigt wurde, noch immer Spannungen spürbar – die im Folgenden konzeptuell kurz erörtert werden sollen.

1. Eine Angst ohne Grenze: Variationen über die Identität

> *The conceptual Jew was a semantically overloaded entity, comprising and blending meanings which ought to be kept apart, and for this reason a natural adversary of any force concerned with drawing borderlines and keeping them watertight. The conceptual Jew was visqueux (in Sartrean terms), slimy (in Mary Douglas' terms) – an image construed as compromising and defying the orders of things, as the very epitome and embodiment of such defiance (of the mutual relation between the universal cultural activity of boundary-drawing and the equally universal production of sliminess)* (Zygmunt Bauman)

Baumans Beschreibung der antisemitischen Vorstellungen im vormodernen Europa von dieser *schleimigen Figur*, die nur aus Projektionen und Vorurteilen besteht und in der alles „gemischt" gesehen wird, könnte auch auf die Darstellung kultureller Minderheiten in einigen deutschen Schulbüchern zutreffen. Anders als in der Nachkriegszeit oder in den Schulbüchern der ehemaligen DDR widmen sie jüdischen Themen viel Raum (noch nicht den anderen Minderheiten) und zeigen gewisse Anstrengungen, sich in der öffentlichen Sphäre „*politically correct*" zu äußern. Hört man aber diesen Schulbuchnarrativen mit Freud'schen Ohren zu, findet sich zwischen den Zeilen eine Mischung von anti-/philosemitischen Diskursen, von Exotismus, Rassismus und Ignoranz. Sie

---

[187] Eva G. Reichmann: *Das Erziehungswesen in Deutschland*. In: *Jüdische Wochenschau* 13.1.1950, Buenos Aires, S.5.

bildet eine Art „conceptual Jew", eine abstrakte Figur, die eher von den Vorurteilen der Schulbuchautoren zeugt, aber nichts mit den konkreten Menschen und ihren Kulturen gemeinsam hat.

Nach Bauman erweckten die Juden ein „Unbehagen" (Freud), indem „[…] they came to undermine the most basic of differences: the difference between ‚us' and ‚them'. Jews, indeed, were the very epitome of Simmel's strangers – always in the outside even when inside, examining the familiar as if it was a foreign object of study, asking questions no one else asked, questioning the unquestionable and challenging the unchallengeable."[188] Der Hauptthese dieser Arbeit zufolge dienen die Klischees, die in den Schulbüchern vorkommen, unter anderem dazu, das von Bauman skizzierte „Unbehagen", das die jüdische Geschichte und Kultur allein durch ihre Präsenz in den Narrativen der Nationalstaaten hervorruft, wieder zu „neutralisieren".

Bei Betrachtung der Schulbücher lassen sich drei „Spannungsfelder" identifizieren, innerhalb derer die Verdrängungstätigkeit dieser Klischees wirksam wird:

* Die *Infragestellung des Zusammenhangs zwischen Nation und Territorium* bzw. die Möglichkeit der Existenz einer „no national nation": Das subversive Potential, das die Existenz des Judentums in der Diaspora verkörpert, wird annulliert, indem die historischen Ereignisse Antisemitismus / Holocaust / Staat Israel so dargestellt werden, dass sie eine Art „Kontinuum" bilden, in dem etwa Israel als „das Land, das Ursprung und Ziel jüdischer Existenz in der Diaspora ist", beschrieben wird.[189] Die Geschichte der europäischen Juden scheint somit eher eine Episode oder ein „Unfall" zu sein, der mit der Gründung des Staates Israel „korrigiert" wurde. Diese selektive Wahrnehmung der jüdischen Geschichte in einem national-territorialen Kontext verkennt alle anderen politischen Strömungen und Erfahrungen. Da auch die andere in Deutschland lebende *no-national nation*, die Sinti und Roma, ignoriert wird und ebenso die „Gastarbeiter" immer noch als Fremde (Gast) angesehen werden, können nach dem Holocaust die Reinheitsphantasien des deutschen Nationalstaats weiterhin gelehrt werden.[190]

* Die *Möglichkeit, säkulares Mitglied einer religiösen Kultur zu sein* (nichtgläubige Juden): In den Darstellungen von Juden werden die religiösen Züge unterstrichen und auf eine exotische Weise hervorgehoben. Durch dieses Manöver wird die eigene Weltanschauung bestätigt bzw. wiederhergestellt: So kann man die Juden entweder als territoriale Nation (Israel) oder als *fremde* Religion (aber meistens und paradoxerweise als schon aufgehobene „Wurzel des Christentums") verstehen. Aber nicht *anders*, d.h. nicht als eine Kultur, die nach einer anderen Logik ihr Dasein und ihre Zugehörigkeit definiert und trotzdem weder exotisch noch eine lebendige Trümmerlandschaft ist.

---

[188] Bauman 1989:52ff.

[189] Lohrbächer 1994:73.

[190] Stöber hat schon vorgeschlagen, die kulturellen und räumlichen Dimensionen im Unterricht zu trennen bzw. zu problematisieren. Siehe dazu G. Stöber „*Kulturerdteile", „Kulturräume" und die Problematik eines räumlichen Zugangs zum kulturellen Bereich"* in ders. 2001:138–155.

* Die „*historische Schwierigkeit*", als Deutsche über die Shoa zu berichten bzw. didaktische Materialien zu diesem Thema zu entwickeln: Nicht nur die Komplexität und der Schrecken der Geschichte machen es schwierig, sondern auch die Position der Autoren, die nicht immer reflektiert genug bzw. manchmal vorurteilsvoll und verzerrt schreiben. Es ist frappierend in diesem Kontext, wie oft zwischen den Zeilen die *Lingua Tertii Imperii* (Klemperer) vernehmbar ist.

a. Die „Reise nach Jerusalem": Die Beharrlichkeit der „Blut-und-Boden"-Ideologie

There is a land which figures on no map of the world, a strange, unknown land of almost unreal inmensity, whose ever-changing frontiers traverse continents and oceans. It is the land of Yiddish. How many claim this language is their own, from New York to Moscow, from Buenos Aires to Warsaw, from Jerusalem to Paris, from Melbourne to Johannesburg? Millions!(Chajm Sloves)

Auf keiner europäischen Karte sind *Aschkĕnas* oder *Sĕfarad* zu finden, aber diese jüdischen „Territorien" bzw. Orte haben – und vor allem hatten – eine Existenz, die durch *andere* geographische, historische und politische Ereignisse und Grenzen definiert ist.[191] Sie sind, mit Foucault (1984) gesprochen, *Heterotopien* – Orte, die *zwischen* oder *am Rande* der „traditionellen" Orte liegen und sie dadurch in Frage stellen.[192] Schulbuchautoren ignorieren diesen alternativen Begriff des Vaterlandes, das im Judentum seit der Zerstörung des Zweiten Tempels als Buch und nicht als ein konkretes Territorium figuriert (siehe Teil A). Sie „normalisieren" das Judentum, indem sie es in eine Geographie einfügen, die die Regeln der „Blut-und-Boden"-Ideologie nicht verletzt. Mit einer binären Konstruktion, die nur homogene Gruppen und klare Grenzen akzeptiert, wird in Schulbüchern versucht, nationale Homogenität zu vermitteln. Wenn also die zwei Kulturen, die der Nationalsozialismus am stärksten verfolgte, nämlich Juden sowie Sinti und Roma, in der Geschichtsschreibung der eigenen Nation ausradiert werden, dann wird gleichzeitig die Konfrontation mit den Grundpfeilern des Nationalstaats vermieden.

„Obwohl die Juden vor 2000 Jahren mit Gewalt von den Römern aus ihrem Land vertrieben worden seien, hätten sie die Verbindung zu dem Land ihrer Väter niemals aufgegeben. Immer wieder hätten sie für die Rückkehr gebetet."[193]

---

[191] Silvain (1999:7) beschreibt einige „Eigenschaften" von *Jiddischland* wie folgt: „The question is, whatever Yiddishland is, a mythic country or not. It has no capital, no government, no ministers, offices, administration or bureaucracy. It is a cultural concept emanating from Yiddish, a Jewish language spoken by around eleven million people on the eve of the Second World War. Yiddishland was, quite simply, the land where Yiddish was spoken. Around the Yiddish language there was a Yiddishkeit, a pluralist cultural amalgam. Yiddishland was more than a country, it was an unknown continent."

[192] Siehe dazu Feierstein 2007.

[193] *Entdecken und verstehen 3* 1989.

Sätze wie dieser sind oft zu finden. Sie sind *an sich* nicht falsch – gewiss hat ein Teil der Juden für die „Rückkehr" gebetet –, aber sie stellen meistens nur eine, hier aber als *einheitlich* verallgemeinerte jüdische Haltung in der Geschichte dar. Das vorliegende Beispiel wäre dahingehend richtigzustellen, dass der Zionismus in Deutschland nie eine verbreitete politische Einstellung unter der Juden war. Solche Bilder leugnen die historischen Fakten und verhindern, die Vielfalt des Judentums zu verstehen, besonders wenn sie eindeutig falsch sind wie im folgenden Beispiel: „Der Glaube an den Messias, der zur Welt kommen und Israel retten wird, inspirierte besonders *die Zionisten*."[194] Weiter heißt es hier:

> Sie forderten die Rückkehr des jüdischen Volkes nach Israel und die Gründung des Staates Israel. *Der G-tt Israels, das Volk Israel und das Land Israel bilden eine Einheit.* Für viele gläubige Juden ist der 1948 gegründete Staat Israel Teil des Weges, den G-tt mit seinem Volk geht. Für die Mehrheit der säkularen Juden sind Land und Staat Israel Teil ihrer Geschichte. *Auch für die, die nicht in das Land Israel zurückkehrten, bedeutete und bedeutet der Staat Israel die Erfüllung ihrer Sehnsucht.*[195]

So finden der *Bund* (jüdische Arbeiterbewegung) und andere nicht-zionistische Organisationen wie auch das gegenwärtige jüdische Leben in der Diaspora – und in Deutschland – kaum Erwähnung.[196] Adorno schrieb einmal, dass *die Fremdwörter die Juden der Sprache* seien. Die Schulbuch-Geschichtsschreiber gestatten es sich und ihren Lesern nicht, dass man die Nation in anderen Grammatiken und nach anderen Regeln formulieren kann. Die *Reise nach Jerusalem* wird immer noch gespielt.

Manchmal werden sogar Opfer des Holocaust auf diese „Reise" geschickt. Offenbar finden die Ermordeten nicht immer ihren Ort in der deutschen Erinnerungslandschaft; *auch die Toten werden vor dem Feind, wenn er siegt, nicht sicher sein.*[197] Auch nicht vor der symbolischen Abschiebung. In dem erwähnten Buch *Projekt Israel* wird die Geschichte der deutsch-jüdischen Familie Eisenstädt erzählt.[198] Das Bild auf dem Umschlag zeigt die Proklamation der Unhabhängigkeit Israels, in das ein Familienfoto der Eisenstädts von 1920 mit dem Titel „Eine israelische Familie mit deutschen Wurzeln" montiert wurde. Beim Lesen erfahren die Schüler dann aber, dass die Personen auf dem Foto bis auf eine Ausnahme (Hermann Eisenstädt) nie in Israel gewesen sind. Sie wurden in Auschwitz bzw. Theresienstadt ermordet. Aber in der Logik der Territorialität des Nationalstaats scheint noch immer der Nazi-Slogan zu gel-

---

[194] Fritz, op.cit.:55, m.H.

[195] Ebenda.

[196] Nur eines von den untersuchten Büchern erwähnt die jüdische Gemeinde in Deutschland heute. Jedoch zeigen sich auch hier große Wissenslücken. Hier wird eine Skizze der Geschichte des Zionismus präsentiert, in der sich die Begriffe „Assimilierte (sic) Antizionisten" und „Orthodoxe Antizionisten" finden, jedoch ohne weitere Erklärungen.

[197] Benjamin *Über den Begriff der Geschichte*, These VI, in ders. *GS*, Band I-2:695.

[198] Graz 1999.

ten: „Jedem das Seine." So betitelte auch *Der Spiegel* in Januar 2004 ein Dossier über das Holocaust-Mahnmal in Berlin[199]: *Auch die Toten werden vor dem Feind, wenn er siegt, nicht sicher sein. Und dieser Feind hat zu siegen nicht aufgehört.*[200]

b. Die territoriale Dimension der Identität im Osten

> *Was mich an eine jüdische Geschichte erinnert hat: In einer belgischen Kaserne sagt der Werbeoffizier: „Wallonen nach links, Flamen nach rechts", der Soldat Abramowitch fragt daraufhin: „Und die Belgier, wohin sollen sie?"*
>
> (Pierre Vidal Naquet)

In der DDR zeigte, wie schon erwähnt, die antisemitisch-paranoide Kampagne Stalins Wirkung. Damit lässt sich jedoch die Geschichtsdarstellung in der DDR nicht vollständig erklären, zumal Stalin bereits 1953 gestorben war. Es ist trotzdem wichtig zu erwähnen, dass der Slansky-Prozess (1952) eine massive Emigration der Juden aus der DDR zur Folge hatte und die Zahl der Mitglieder der Gemeinden dort in den Jahren danach von 3500 auf 362 sank. Dass die DDR in der internationalen Politik hauptsächlich eine anti-israelische Position einnahm, spielte in diesem Zusammenhang auch eine Rolle. Man könnte aber eine andere – riskantere – Hypothese ins Spiel bringen, die auch, wie im Falle der Bundesrepublik, mit dem Begriff des Nationalstaates zusammenhängt, der in dem Narrativ der sozialistischen Länder nicht in Frage gestellt wurde. Man sprach hier zwar vom „sozialistischen Lager", ein Konstrukt, das alle sozialistischen „Bruderländer" mit einbeziehen sollte, aber die überkommenen Grundlagen und Einrichtungen der Nationalstaaten wie Territorium, Grenze usw. wurden kaum kritisiert. Die Schulbücher der DDR versuchten, durch eine schon einzigartige „dialektische Spannung" zwischen dem „proletarischen Internationalismus" und dem „sozialistischen Patriotismus" beide Zugehörigkeitsgefühle (zur Nation und zum Sozialismus) zu entwickeln.

In den Lehrplänen sind häufig Lernziele zu finden wie: „Patrioten zu erziehen, die ihrer Heimat, ihrem Volke, der Arbeiterklasse und der Regierung treu ergeben sind"; oder die Schüler sollen zu „glühender Vaterlandsliebe entzündet" werden. Und im *Jugendlexikon Philosophie* findet sich die folgende Aussage: „Der proletarische Internationalismus bildet eine untrennbare Einheit mit dem sozialistischen Patriotismus."[201]

Die Übernahme und Verteidigung der Grundprinzipien des Nationalstaates konnte man schon in Stalins Kampagne gegen den *Kosmopolitismus* finden, die von der DDR übernommen wurde: „Als eines der wichtigsten politischen Instrumente für die Disziplinierung Osteuropas und des eigenen Staates diente

---

[199] Der Spiegel 5.1.1994
[200] Benjamin *Über den Begriff der Geschichte*, These VI, in ders. GS, Band I-2:695.
[201] Vgl. Griese und Marburger 1995:135ff.

Stalin die Kampagne gegen den ‚Kosmopolitismus'."[202] Als Kosmopoliten galten vermeintlich unpatriotische und deshalb prowestlich eingestellte Bürger der sozialistischen Staaten. Kosmopoliten versuchten angeblich, den nationalen Stolz der Sowjetvölker zu untergraben.[203] Die antisemitischen Züge dieser Kampagne sind allgemein bekannt.

2. Nationale „Homogenität": Der ausgeschlossene Dritte

> *Eine binäre Struktur durchzieht die Gesellschaft [...]. Die großen pyramidenförmigen Beschreibungen, die das Mittelalter oder die philosophisch-politischen Theorien der Gesellschaftskörper lieferten, diesem großen Bild des Organismus oder des menschlichen Körpers, das Hobbes zeigen wird, oder der dreigliederigen Organisation (in drei Stände) [...] tritt eine binäre Gesellschaftsauffassung entgegen – nicht unbedingt zum ersten Mal, aber zum ersten Mal in einer historisch präzisen Artikulation. In ihr stehen sich zwei Gruppen, zwei Kategorien, zwei Individuen gegenüber.* (Michel Foucault)

Michel Foucault beschreibt, wie sich in der Moderne während der Entstehung der Nationalstaaten eine *Genealogie des Rassismus* ausbildet, die auf einer binären Logik basiert – was hier als Folge des Prinzips des ausgeschlossenen Dritten (Parmenides) interpretiert wird –, welche diese Gegensätze verfestigt. Sie lässt dem Anderen nur *einen* Platz, und zwar als Negation des Selbst („Wir/sie-Konstruktionen"), die ihre schrecklichste und paranoideste Verkörperung im Nationalsozialismus fand. In den „imagined communities" der Nationen (Anderson) verkörpern jene kulturellen Minderheiten, die in mehreren Sprachen und Kulturen *gleichzeitig* leben, eine Art *drittes Element* (*weder* wir *noch* sie), das die nationalen Narrative in Frage stellt und dadurch ein *Unbehagen* erweckt. Als *Drittes* eröffnet es Zwischenräume, in denen In- und Exklusionsdiskurse aufweichen und das Prinzip des ausgeschlossenen Dritten zerbricht. Auch nach der Entstehung der „neuen" deutschen Staaten wirkte dieses *Unbehagen* weiter. Sowohl die DDR als auch die Bundesrepublik gaben sich Mühe, alle Spuren zu verwischen, die die Möglichkeit einer nicht-territorialen Nation erkennbar werden ließen. Obwohl Bauman diesen Prozess für eine andere Epoche beschreibt, lässt sich seine Argumentation auf die Geschichtsdarstellung in der DDR übertragen: „Whatever remained of old boundaries needed desperate defense, and new boundaries had to be built around new identities. [...] figthing the ‚slime', the archetypal enemy of clarity and security of borderlines and identities, had to be a major instrument in the implementation of both tasks."[204] Der Prozess der Verdinglichung hat so dazu beigetragen, dass die Grenze des Nationalstaats und das nationale Denken unberührt blieben, weit entfernt von der Bedrohung des Anderen.

---

[202] Käppner 1999:71.
[203] Käppner 1999:71ff.
[204] Bauman 1989:40.

Beide deutsche Staaten (er)fanden nach dem Holocaust neue „nationale Narrative", die wiederum auf der Logik von In- und Exklusion basierten. Auf diese Dichotomien stützen sich auch die Schulbücher: Die Juden werden immer noch als „Fremde" dargestellt, egal ob sie als deutsche Juden, jüdische Mitbürger oder Deutsche jüdischen Glaubens bezeichnet werden.[205] So wird zum Beispiel unter dem Titel *Familie in der NS-Zeit* berichtet: „Die Nationalsozialisten verkündeten, daß die Familie heilig sei. [...] Bei *fremden Völkern* hatten die Nationalsozialisten andere Vorstellungen. Jedes Mittel war recht, um die [fremden] Familien zu zerstören [...]. Viele jüdische Familien wurden im KZ ermordet."[206]

Die „Fremdheit" wird in einigen Fällen mit rassischen Gründen erklärt. So definiert ein 1999 herausgegebenes Schulbuch die „Rassenlehre":

> Die Juden standen am Ende dieser Skala: „Untermenschen". Sie sollten gehorchen und arbeiten *oder sogar ausgerottet werden*. Aufgrund der Rassenlehre kam es zum Mord an Millionen Juden, Sinti und Roma und anderen *Angehörigen fremder Völker* [...]. Das heißt, Angehörige *fremder Rassen* wurden abgelehnt, die *eigene arische Rasse* als besonders wertvoll dargestellt.[207]

Die Autoren bestätigen die nationalsozialistische Rassenideologie, indem sie aus einer scheinbar „neutralen Position" keine Distanz – weder in der Textform (indirekte Rede, Anführungszeichen etc.) noch im Inhalt (Bewertung, Erläuterung) – einnehmen. Dies ist ein Beispiel für das, was hier ein Freud'scher Versprecher genannt wird: Während der Text einen Beitrag zum Antirassismus zu leisten versucht, bringt er unbewusst die Nazi-Ideologie wieder zur Sprache. Sigmund Freud hat in *Das Unheimliche* (1919) darauf hingewiesen, dass gerade das *Ähnliche* oder das *Bekannte* Angst erwecken und dass das *Unheimliche* eigentlich von etwas *Heimlichem* spricht, das verfremdet bzw. auf Andere projiziert wird. In vielen Büchern wird das Judentum verfremdet oder exotisch beschrieben; auf diese Weise wird die (alte) Grenze zwischen wir/sie wiederhergestellt und die Reinheitsphantasien der Nation aufrechterhalten: Die Juden, die anders sind, so wird unterstellt, wollen und sollen auch woanders leben. Israel ist ihre Heimat – woanders, etwa in Deutschland, sind sie *in der Fremde*. So wird zum Beispiel in den Materialien *Projekt-Woche Israel*[208] unter dem Titel *Land der Verheißung* folgender Witz erzählt:

> Ein Jude wird im kommunistischen Polen verhört. „Sie haben Verwandte im Ausland?" „Nein." „Was heißt: nein? Wer ist David Cohn in Tel Aviv?" „Das ist mein Bruder." „Wer ist Chaja Goldbaum in Haifa?" „Das ist meine Schwester." „Zum Donnerwetter, ich frage nochmals: Haben Sie Verwandte im Ausland, ja oder nein?" „Nein, bestimmt nicht! Von der ganzen Familie bin ich der einzige, der im Ausland lebt."[209]

---

[205] Andere Minderheiten werden meistens nicht erwähnt, und wenn doch, dann auch als „Fremde".
[206] *Quer. Geschichte 3*, 1998:13, m.H.
[207] van der Gieth 1999:7, m.H.
[208] Bundeszentrale für politische Bildung 1998.
[209] Helmut Granz *Eine israelische Familie mit deutschen Wurzeln* in BPB *Menora* 1999 (CD).

Der Witz mag unter jüdischen Bekannten ein Grinsen hervorrufen, im Kontext der pädagogischen Materialien über die Geschichte der deutschen Juden ist jedoch für die Schüler die Moral klar: Wenn nicht in Israel, dann leben die Juden als „fremdes Volk im Ausland". Das Echo von Argumentationen der Nazi-Zeit ist nicht zu überhören. In dem „pädagogischen" Heft *Der Jude und der deutsche Mensch* hieß es 1936:

> In keinem Lande der Erde, wo der Jude auch hinkommen mag, findet er eine Heimat, er bleibt fremd. Vergleiche dazu folgende Bibelstellen: 1. Mose 26, 3: Bleibe ein Fremdling in diesem Lande, 2. Mose 34, 12. Hüte dich, dass du nicht einen Bund machest mit den Einwohnern des Landes.[210]

3. Die Geschichte einer Taubheit

Als Eva G. Reichmann deutsche Schulbücher der Nachkriegszeit 1950 erstmals einer Kritik unterzog, ahnte sie bestimmt, welche politische Bedeutung diese Texte in der Konstruktion neuer nationaler Narrative haben würden. Seitdem hat sich ein mitunter bizarrer Nicht-Dialog entwickelt – der hier die *Geschichte einer Taubheit* genannt werden soll. Immer wieder sind neue Kritiken geschrieben worden, die jedoch kein großes Gehör fanden. Fortlaufend sind skandalöse Stellen abgeändert worden, aber die Grundhaltung blieb.

Um nur einige dieser Kritiken zu nennen: 1960 wurde eine umfassende Publikation von Ekkehard Krippendorf gedruckt. 1974 veröffentlichten Eva und Martin Kolinsky einen fundierten Artikel in *Yad Vashem Studies*. 1985 hat die Deutsch-Israelische Schulbuch-Kommission ein Dokument mit Schulbuchempfehlungen herausgegeben, in dem noch einmal die falschen Inhalte, die Verdinglichung, die unkritische Benutzung der Nazi-Terminologie sowie die Abwesenheit jüdischer Quellen kritisiert worden sind. 1992 schrieb Chaim Schatzker einen komplementären Artikel zu den Ergebnissen der Kommission: *Was hat sich verändert, was ist geblieben?* Dort kommt er zu dem Schluss, dass seither „keine signifikanten Änderungen" vorgenommen wurden.[211] Im gleichen Jahr stellte Eva Kolinsky eine neue Analyse in den *Yad Vashem Studies* vor. Im Jahr 2000 führte Wolfgang Marienfeld eine weitere Untersuchung durch und kam zu einem etwas widersprüchlichen Fazit, das er „erfreuliche und bedenkenswerte Befunde" nennt. Jedenfalls gab er zu bedenken, dass Zweifel blieben, ob die deutsch-israelischen Schulbuchempfehlungen bei der Bearbeitung der Schulbücher überhaupt eine Rolle gespielt hätten oder ob sie im Wesentlichen nur von denjenigen berücksichtigt worden seien, die sie ausgesprochen hätten.[212] Schließlich hat das Leo-Baeck-Institut 2003 eine Orientierungshilfe publiziert, die noch einmal vehement die beharrliche Taubheit konstatiert. Zusätzlich wurde vom Institut eine „Orientierungshilfe für

---

[210] *Der Jude und der deutsche Mensch* 1936:17.

[211] Schatzker 1992.

[212] Marienfeld 2000:44.

Lehrplan- und Schulbucharbeit sowie Lehrerbildung und Lehrerfortbildung" erarbeitet, die dazu beitragen soll, mit der jüdischen Geschichte besser umzugehen. Ob das helfen wird?

Die Zahl der Untersuchungen ist groß, die Diskussion wird seit Jahrzehnten geführt. Und dennoch stellt sich die Frage, warum die Schulbuchautoren diese einerseits nicht zur Kenntnis nehmen wollen und andererseits sich krampfhaft an der Oberfläche politischer Korrektheit bewegen. Dieser zirkuläre Umgang mit dem Thema – Kritiken, die nur kosmetische Korrekturen zur Folge haben, die wiederum neue Kritiken hervorrufen usw. – muss andere Gründe haben als bloßen Informationsmangel. Augenscheinlich liegt das Problem nicht nur auf einer epistemologischen Ebene (die mit einer guten Ausbildung zu lösen wäre), sondern und vor allem auf einer affektiven (un)bewussten bzw. ethischen.

Vielleicht sollte man diese verfehlten Diskurse anders begreifen: als Symptome einer Wiederkehr des Verdrängten, das zwischen den Zeilen immer wieder an der Oberfläche auftaucht. Die obsessiven Projektionen der Anti- bzw. der Philosemiten haben ihren Grund nicht im realen Verhalten der Juden, sondern sind den inneren Beweggründen jener geschuldet, die – aus welchen Motivlagen und Rechtfertigungszwängen auch immer – ihre Deutungen in die soziale Welt hineintragen. Die Ursachen dafür liegen nicht nur in der – freilich existenten – Ignoranz der zitierten Autoren gegenüber jüdischer Geschichte und Kultur, sondern gerade in den eigenen unaufgeklärten gesellschaftlichen Konflikten und Denkweisen oder etwa in kollektiven Mythen der Nation wie Territorialität, Abstammung und Homogenität.

Schon Ende des 19. Jahrhunderts hatte Gustav Schmoller, ein ehemaliger Gegner Treitschkes im Antisemitismus-Streit, argumentiert, dass seine „Schwerhörigkeit" ihn daran hindere, seine Position gegenüber den Juden seit dem Antisemitismus-Streit zu verändern. Obwohl das Argument etwas merkwürdig klingt, bringt es schon sehr früh die Metapher dieser (viel mehr geistigen als psychischen) Taubheit ans Licht.

Um solchen Ursachen und Phänomenen entgegenzuarbeiten, wäre ein Geschichtsbewusstsein zu entwickeln, das sich weniger mit der Fremdheit des Anderen und mehr mit der eigenen auseinandersetzt. Plakativ: Vielleicht braucht es weniger Reisen nach Israel als vielmehr eine intensivere Aufarbeitung der eigenen Geschichte und der selbst gehegten Vorurteile. Wenn dieser Versuch nicht gewagt wird, besteht die Gefahr, in der beschriebenen zirkulären Logik stehen zu bleiben und mit den immer neu retuschierten Schulbüchern nur eine forgesetzte Sammlung von Zerrbildern des „conceptual Jew" zu reproduzieren.

Der erste Schritt zu einem solchen veränderten Geschichtsbewusstsein wäre aber, zu akzeptieren, dass ein solches Problem überhaupt *besteht*. Hier taucht eine eigenartige *Taubheit* auf: Für einen großen Teil der deutschen Gesellschaft scheint alles, was mit Judentum und Antisemitismus zu tun hat, „gelöst" bzw. kein Problem mehr zu sein.

> Alle diese Schulbücher predigen den Pazifismus […]. Das ist schon ein beachtlicher Fortschritt, wenn man bedenkt, welchen Geist selbst die Schulbücher der (Weimarer) Republik atmeten. **Wenn wir aber dagegen eines der ehemaligen Nazi-Schulbücher öffnen, dann sehen wir doch, daß das von ihnen ausgestreute Gift lange nicht ausreichend durch Gegenmittel abgeschwächt wird.**[213]

Eva G. Reichmann hatte Recht: 1950 und leider z.T. auch heute noch. Und ihr damaliges Urteil über die „neuen" Schulbücher der Bundesrepublik ist traurigerweise immer noch aktuell: „Denn ohne die Vorzüge der neuen Bücher herabmindern zu wollen, muß man doch sagen, daß ihr Wert noch mehr in dem liegt, was sie nicht mehr bringen, als in dem, was sie schon bringen."[214]

Wie erziehen die Deutschen heute ihre Kinder? Mehr als ein halbes Jahrhundert später muss ihre Frage erneut gestellt werden.

4. Mal d'Archive

Mal de mémoire, mal d'Archive. Die Politik der Archive ist eine Basis der politischen Macht, die ohne die Kontrolle des Gedächtnisses nicht funktionieren kann. Archive sind Orte, in denen das *archaion* aufbewahrt wird, in denen die offiziellen Dokumente unter den Blicken der *archontes* – ihrer Bewacher und gleichzeitig ihrer Besitzer – lagern.[215] Aber die Spuren des in der Vergangenheit Geschehenen sind nicht nur in den Dokumenten enthalten, sondern sie sind, trotz des Versuches, sie dort zu beseitigen, weiterhin auch als Inschrift des *Wunderblocks* präsent.[216]

Mal de mémoire. Wie Vittoria Borsò schreibt: „Der Prozeß des Erinnerns ist in dieser Perspektive mehr als bloße Konstruktion oder Re-Konstruktion, wie dies Assmann mit dem Gedächtnis als Wiederherstellung im Sinne einer Kontinuität nach einem Bruch meinen. Die materiellen Manifestationen des Gedächtnisses tragen Spuren der Auseinandersetzung mit dem Ausgeschlossenen, mit dem Verdrängten, Spuren von Traumata und von der Gewalt am Fremden."[217] Diese Spuren sind Fragmente, Splitter, die der Totalität des Totalitarismus widerstehen.

---

[213] Reichmann op.cit.

[214] Ebenda.

[215] Vgl. Derrida 1995.

[216] Freud *Eine Notiz über den Wunderblock* (1925) in ders. Studienausgabe, Band 3:Psychologie des Unbewussten, 363-369. Der *Wunderblock* ist ein kleines Gerät, auf dem man schreiben kann. Die Schrift kann danach auf der Oberfläche gelöscht werden, es bleiben jedoch Spuren davon. Freud hat den *Wunderblock* als Methapher benutzt: „Denkt man sich, daß, während eine Hand die Oberfläche des Wunderblocks beschreibt, eine andere periodisch das Deckblatt desselben von der Wachstafel abhebt, so wäre das eine Versinnlichung der Art, wie ich mir die Funktion unseres seelischen Wahrnehmungsapparats vorstellen wollte."

[217] Borsò 2001:48.

Walter Benjamin hat behauptet, dass mit diesen Fragmenten, mit diesen vergessenen Abschnitten, mit diesen verlorenen Worten, mit allem, was der universalistische und homogenisierende Blick in die Mülldeponie der Geschichte geworfen hat, die Geschichte neu geschrieben werden sollte. „Daher sollte der Historiker, so wie auch der Dichter und der Lumpensammler, sich während langer Spaziergänge auf der Mülldeponie ermüden, dort, wo die Machthaber das Gedächtnis der Unterworfenen entsorgen."[218]

Stefan Hermlin beschreibt eine Szene im Frankfurt der Nachkriegszeit, in der die Alliierten vor der Ausgabe von Lebensmittelkarten den deutschen Bürgern einen Dokumentarfilm über Dachau und Buchenwald zeigten. „Im halben Licht des Projektionsapparates sah ich, wie die meisten nach Beginn des Films das Gesicht abwandten und so bis Ende der Vorstellung verharrten. Heute scheint mir, das abgewandte Gesicht sei die Haltung von Millionen geworden und geblieben."[219] Diese Geste ähnelt der, die in den Schulbüchern vorkommt: die Abwendung des Antlitzes vor dem Horror der Geschichte. Die *Verarbeitung* dieser Geschichte und die daraus resultierende ethische Verantwortung würde genau die Gegen-Geste implizieren: statt das Gesicht abzuwenden, das Antlitz jedes Anderen, der leidet, zu sehen oder, mit Levinas gesprochen, dieses Antlitz genau in dem Augen*blick* zu erblicken, in dem es das Gebot „Töte (mich) nicht" ausdrückt. Die Philosophie der Alterität dieses Denkers, mit der Schmerzenstinte der Shoa geschrieben, könnte uns helfen, nachzudenken, wie dieser Schmerz in Texten, die nach der Barbarei zu schreiben sind, seinen Ausdruck findet.

---

[218] Forster 1991:32.

[219] Zitiert in Frank Stern 1991:15.

NachWort. Odradek: Der lachende Dritte

Die einen sagen, das Wort Odradek stamme aus dem Slawischen, und sie suchen auf Grund dessen die Bildung des Wortes nachzuweisen. Andere wieder meinen, es stamme aus dem Deutschen, vom Slawischen sei es nur beeinflußt. Die Unsicherheit beider Deutungen aber läßt wohl mit Recht darauf schließen, daß keine zutrifft, zumal man auch mit keiner von ihnen einen Sinn des Wortes finden kann.

Natürlich würde sich niemand mit solchen Studien beschäftigen, wenn es nicht wirklich ein Wesen gäbe, das Odradek heißt. Es sieht zunächst aus wie eine flache sternartige Zwirnspule, und tatsächlich scheint es auch mit Zwirn bezogen; allerdings dürften es nur abgerissene, alte, aneinandergeknotete, aber auch ineinanderverfilzte Zwirnstücke von verschiedenster Art und Farbe sein. Es ist aber nicht nur eine Spule, sondern aus der Mitte des Sternes kommt ein kleines Querstäbchen hervor, und an dieses Stäbchen fügt sich dann im rechten Winkel noch eines. Mit Hilfe dieses letzteren Stäbchens auf der einen Seite, und einer der Ausstrahlungen des Sternes auf der anderen Seite, kann das Ganze wie auf zwei Beinen aufrecht stehen.

Man wäre versucht zu glauben, dieses Gebilde hätte früher irgendeine zweckmäßige Form gehabt und jetzt sei es nur zerbrochen. Dies scheint aber nicht der Fall zu sein; wenigstens findet sich kein Anzeichen dafür; nirgends sind Ansätze oder Bruchstellen zu sehen, die auf etwas Derartiges hinweisen würden; das Ganze erscheint zwar sinnlos, aber in seiner Art abgeschlossen. Näheres läßt sich übrigens nicht darüber sagen, da Odradek außerordentlich beweglich und nicht zu fangen ist.

Er hält sich abwechselnd auf dem Dachboden, im Treppenhaus, auf den Gängen, im Flur auf. Manchmal ist er monatelang nicht zu sehen; da ist er wohl in andere Häuser übersiedelt; doch kehrt er dann unweigerlich wieder in unser Haus zurück. Manchmal, wenn man aus der Tür tritt und er lehnt gerade unten am Treppengeländer, hat man Lust, ihn anzusprechen. Natürlich stellt man an ihn keine schwierigen Fragen, sondern behandelt ihn – schon seine Winzigkeit verführt dazu – wie ein Kind. „Wie heißt du denn?", fragt man ihn. „Odradek", sagt er. „Und wo wohnst du?" „Unbestimmter Wohnsitz", sagt er und lacht; es ist aber nur ein Lachen, wie man es ohne Lungen hervorbringen kann. Es klingt etwa so wie das Rascheln in gefallenen Blättern. Damit ist die Unterhaltung meist zu Ende. Übrigens sind selbst diese Antworten nicht immer zu erhalten; oft ist er lange stumm, wie das Holz, das er zu sein scheint.

Vergeblich frage ich mich, was mit ihm geschehen wird. Kann er denn sterben? Alles, was stirbt, hat vorher eine Art Ziel, eine Art Tätigkeit gehabt und daran hat es sich zerrieben; das trifft bei Odradek nicht zu. Sollte er also einstmals etwa noch vor den Füßen meiner Kinder und Kindeskinder mit nachschleifendem Zwirnsfaden die Treppe hinunterkollern? Er schadet ja offenbar niemandem; aber die Vorstellung, daß er mich auch noch überleben sollte, ist mir eine fast schmerzliche. (Franz Kafka, Die Sorge des Hausvaters)

Odradek, geheimnisvolles Wesen, in dessen Namen mehrere Sprachen und Kulturen anklingen, lebt – als Bürger der *Passagen* – an den *Rändern* und in den *Zwischengängen* und wird gelegentlich „wie ein Kind" behandelt. Er antwortet auf Fragen, indem er *lacht*.

Durch dieses Lachen bewirkt er eine *Konversion* oder Umkehrung: Freud hat uns gelehrt, dass „der Humorist [...] sich in die Rolle des Erwachsenen, gewissermaßen in die Vateridentifizierung [bewege] und die anderen zu Kindern herabdrücke [...]. Er will sagen: Sieh' her, das ist nun die Welt, die so gefährlich aussieht. Ein Kinderspiel, gerade gut, einen Scherz darüber zu machen."[220] Nun lokalisiert Freud den Humor im Über-Ich: nicht zufällig dort, wo auch die ethische Dimension ihren Platz findet. Auf die Gefahr eines Denkens, das keinen Humor kennt, hat Toni Cassirer in ihrem scharfsinnigen Kommentar über Heidegger hingewiesen: „Für mich war sein tödlicher Ernst und seine Humorlosigkeit das Bedenklichste."[221] Dies wie ein Echo auf Wittgensteins Bemerkung von 1948: „Humor ist keine Stimmung, sondern eine Weltanschauung. Und darum, wenn es richtig ist, zu sagen, im Nazi-Deutschland sei der Humor vertilgt worden, heißt das nicht so etwas wie, man sei nicht guter Laune gewesen, sondern etwas viel Tieferes und Wichtigeres."[222]

Hermann Cohen hingegen entdeckte in der Kraft des Humors eine ethische Kategorie[223], so wie Haddad den Talmud „das große Buch des Humors" nannte: „In einem darniederliegenden Judäa, kurz vor dem verhängnisvollen Exil, entdeckten die Pharisäer, diese Meister, diese Giganten, daß die einzig mögliche Rettung des jüdischen Volkes in dem unauslöschlichen Potenzial des Lachens bestand."[224]

Die Kraft des Lachens tröstet nicht nur auf eine liebevolle Art und Weise, so wie Freud es beschrieben hat, sondern befreit durch eine Dislokation sowohl von autoritären Systemen (man denke nur an das verbotene, vergiftete Buch in *Der Name der Rose*: Aristoteles' Traktat über die Komödie) als auch von der Logik selbst: vor allem vom **griechischen Prinzip des ausgeschlossenen Dritten**. Etwa so, wie in dem traditionellen jüdischen Witz von dem Rabbi, der seine Brille vermisst und sich auf der Suche nach ihr dieses Prinzips bedient:

> Da die Brill ist nicht da, ist sie entweder weggelaufen, oder es hot sie einer genommen. Lächerlich, wie kann sie sein weggelaufen, wo sie doch hot ka Füss? Wenn sie hot einer weggenommen, hot sie entweder einer weggenommen, der hot a Brill oder es hot sie einer weggenommen, der hot ka Brill. Wenn es ist einer gewesen, der hot ka Brill, ist es entweder einer gewesen, der hot ka Brill und seht, oder es ist einer gewesen, der hot ka Brill und seht nisht. Wenn er hot ka Brill und seht, wus braucht er da e Brill? Es ist also gewesen einer, der hot ka Brill und seht nisht. Wenn es ist gewesen einer, der hat ka Brill und seht nisht,

---

[220] Freud *Der Humor* in ders. 2000, Band IV:281ff.
[221] Toni Cassirer 1984:182ff.
[222] Ludwig Wittgenstein *Vermischte Bemerkungen* (EA 1948).
[223] Siehe dazu Poma 1997b.
[224] Haddad 1990:218.

kann er doch nicht finden die Brill? Wenn sie hat keiner weggenommen, der hot a Brill und seht und es hot sie keiner weggenommen, der hot ka Brill und seht nisht, und wenn sie ist nisht weggelaufen, weil sie hat ka Füss, muss doch die Brill da sein! Ich seh aber doch, sie ist nisht da! Ich seh? Also hab ich doch a Brill! Wenn ich hab a Brill, ist sie entweder mei Brill oder a fremde Brill! Wie kommt aber a fremde Brill auf meine Nas? Da ich hab ka fremde Brill, ist es mei Brill![225]

Das Lachen Odradeks klingt wie Rascheln in (gefallenen) Blättern – vielleicht aus einem Text wie diesem. Odradek, pure Textur, ist, wie auch die Feder Kafkas, zwischen den Zeilen dieser Arbeit zu finden und zeugt für das Weiterleben des Anderen. Hoffentlich wird er, trotz der Sorgen des Hausvaters, uns alle überleben.

---

[225] Auch hier handelt es sich um eine mündliche Überlieferung aus meiner Kindheit. Diese Version habe ich im Text von Michael Titze *Wie unlogisch ist doch die logisch!* in: *http://www.michael-titze.de/content/de/texte_d/text_d_04.html* gefunden.

Literaturverzeichnis

Adelmann, Dieter: Vorträge und Aufsätze (unveröff. Manuskript).

Adorno, Theodor W. (1998): Gesammelte Schriften, Darmstadt:
Band 3: Dialektik der Aufklärung.
Band 4: Minima Moralia.
Band 5: Drei Studien über Hegel.
Band 6: Negative Dialektik/Jargon der Eigentlichkeit.
Band 11: Noten zur Literatur.

Albertini, Francesca (2003): Das Verständnis des Seins bei Hermann Cohen. Vom Neukantianismus zu einer jüdischen Religionsphilosophie, Würzburg (zugl. Diss. Univ. Freiburg / Brsg. 2001).

Althaus, Hans (2002): Mauscheln: Ein Wort als Waffe, Berlin.

Althusser, Louis (1976): Idéologie et appareils idéologiques d'État, in: (Ders.:) Positions (1964–1975), Paris, 67-126.

Anderson, Benedict (1996): Imagined Communities. Reflections on the Origin and Spread of Nationalism, London u.a.

Arendt, Hannah (1950):Besuch in Deutschland. Die Nachwirkungen des Naziregimes, in: (Dies.:) Zur Zeit. Politische Essays (1999), Hamburg, 43–70.

— (1960): Von der Menschlichkeit in finsteren Zeiten. Rede über Lessing, München.

— (1976): Die verborgene Tradition. Acht Essays, Frankfurt a.M.

— (EA 1979/1986): Elemente und Ursprünge totaler Herrschaft, München.

Ariès, Philippe (EA 1960): L'Enfant et la vie familiale sous l'Ancien Régime, Paris.

Ascher, Saul (1788): Bemerkungen über die bürgerliche Verbesserung der Juden veranlaßt, bei der Frage: Soll der Jude Soldat werden? o.O. (MF, Bibliothek der deutschen Literatur, München u.a. 1990–1994).

Asper, Barbara; Brüggemann, Theodor (1994): Über eine frühe Erzählung von Else Ury „Im Trödelkeller", in: *Die Mahnung*, 2, 41. Jg. 1994, 1.2.1994, 6-7.

Assmann, Aleida und Jan (1987) (Hg.): Kanon und Zensur. Beiträge zur Archäologie der literarischen Kommunikation II, München.

Assmann, Jan (1998): Moses der Ägypter. Entzifferung einer Gedächtnisspur, München.

Avineri, Shlomo (1988): Rosenzweig's Hegel Interpretation: Its Relationship to the Development of His Jewish Reawakening, in: Schmied-Kowarzik, Wolfdietrich (Hg.) (1988), 831–838.

Bacon, Francis (EA 1620, 1974): Novum Organum, Neues Organ der Wissenschaften, Darmstadt.

Baeck, Leo (1958a): Von Moses Mendelssohn zu Franz Rosenzweig. Typen jüdischen Selbstverständnisses in den letzten beiden Jahrhunderten, Stuttgart.

— (1958b): Aus drei Jahrtausenden. Wissenschaftliche Untersuchungen zur Geschichte des jüdischen Glaubens, Tübingen.

Baer, Ulrich (Hg.) (2000): Niemand zeugt für den Zeugen. Erinnerungskultur nach der Shoa, Frankfurt a.M.

Barié, Paul (Übersetzer): Einhundertsechsundvierzigste Novella aus dem Corpus iuris civilis Justinians aus dem Jahr 553 n. Chr. (unveröff. Manuskript).

Bauman, Zygmunt (1989): Modernity and the Holocaust, New York.

Barthes, Roland (1968): La mort de l'auteur, Paris.

Bechtoldt, Hans-Joachim (2005): Jüdische deutsche Bibelübersetzungen. Vom ausgehenden 18. bis zum Beginn des 20. Jahrhunderts, Stuttgart.(zugl. Habil.-Schr. Universität Mainz 2005).

Behm, Britta (2002): Moses Mendelssohn und die Transformation der jüdischen Erziehung in Berlin (=Jüdische Bildungsgeschichte in Deutschland, 4), Münster u.a. (zugl. Diss. Univ. Hamburg 2001).

Behrends, Jan C.; Lindenberger, Thomas; Poutrus, Patrice G. (Hg.) (2003): Fremde und Fremd-Sein in der DDR. Zu den historischen Ursachen der Fremdenfeindlichkeit in Ostdeutschland, Berlin.

Belke Ingrid (1983): In den Katakomben: Jüdische Verlage in Deutschland 1933–1938, in: *Marbacher Magazin* 25, 1–18.

Benjamin, Walter (unter Pseudonym Detlef Holz) (1936): Deutsche Menschen: eine Folge von Briefen, Zürich.

— (1985): Aufklärung für Kinder. Rundfunkvorträge, Frankfurt a.M.

— (1991): Gesammelte Schriften, Frankfurt a.M.:

Band I: Über den Begriff der Geschichte.

Band II: Aufsätze, Essays, Vorträge.

Band III: Kritiken und Rezensionen.

Band IV: Einbahnstraße – Berliner Kindheit um Neunzehnhundert – Denkbilder.

Bensussan, Gérard (1991): Preface, in: Franz Rosenzweig: Hegel et l'État, Paris.

Berg, Nicolas (2003): Der Holocaust und die westdeutschen Historiker. Erforschung und Erinnerung, Göttingen.

Bergmann, Gretel (2003): „Ich war die große jüdische Hoffnung". Erinnerungen einer außergewöhnlichen Sportlerin, Karlsruhe.

Bergmann, Werner (1997): Antisemitismus in öffentlichen Konflikten. Kollektives Lernen in der politischen Kultur der Bundesrepublik 1949–1989, Frankfurt a.M. (zugl. Habil.-Schr. FU Berlin 1996).

— (2003): Bewältigung der Vergangenheit? Die Deutschen und der Holocaust, Vortrag veröffentlicht auf der Homepage des Goethe-Instituts Helsinki (Stand 1.12.2003).

Berinstein, Judith (2006): Los diez mandamientos, in: www.jccenters.org (Stand 6.2.2007).

— (2007): Polifonías para el shabat, in: www.jccenters.org (Stand 7.2007).

Birnbacher, Dieter (1992): Theodor W. Adorno: Negative Dialektik, in: (Ders.:) Hauptwerke der Philosophie – 20. Jahrhundert. (=Universalbibliothek, Interpretationen), Stuttgart, 335–361.

Birnbaum, Pierre (2004): Géographie de l'espoir. L'exil, les Lumières, la désassimilation, Paris.

Blänsdorf, Agnes (2004): Lehrwerke für Geschichtsunterricht an Höheren Schulen 1933–1945. Autoren und Verlage unter den Bedingungen des Nationalsozialismus, in: Lehmann, Hartmut; Oexle, Otto Gerhard (2004)(Hg.): Nationalsozialismus in den Kulturwissenschaften, Bd. I, Göttingen, 273–370.

Blatt, Roberto (2001): En el comienzo era el rumor, in: *Revista de Occidente*, 3/ 2001.

Boehlich, Walter (Hg.) (1965): Der Berliner Antisemitismusstreit, Frankfurt a.M.

Bogdal, Klaus-Michael, Holz, Klaus, Lorenz, Matthias (Hg.) (2007): Literarischer Antisemitismus nach Auschwitz, Stuttgart.

Borsò, Vittoria (2001): Gedächtnis und Medialität: Die Herausforderung der Alterität, in: Borsó, Vittoria et al (Hg.): Medialität und Gedächtnis. Interdisziplinäre Beiträge zur kulturellen Verarbeitung europäischer Krisen, Stuttgart, 23–54.

— (2004): Grenzen, Schwellen und andere Orte... La géographie doit bien être au coeur de ce dont je m'occupe, in: Borsò, Vittoria; Görling, Reinhold (Hg.): Kulturelle Topographien, Stuttgart, 13–41.

Bourdieu, Pierre (2001): Wie die Kultur zum Bauern kommt. Über Bildung, Schule und Politik (Schriften zu Politik & Kultur 4), Hamburg.

— und Passeron, Jean-Claude (1970): La reproduction: Éléments pour une théorie du système d'enseignement, Paris.

— und Chamboredon, Jean-Claude; Passeron, Jean-Claude (1983): Le métier de sociologue. Preálables épistémologiques, Paris.

Boyarin, Daniel (1990): Intertextuality and the Reading of Midrash, Bloomington, Indiana.

Brasser, Martin (Hg.) (2004): Rosenzweig als Leser. Kontextuelle Kommentare zum „Stern der Erlösung" (=Conditio Judaica, 40) Tübingen.

Brenner, Michael (2000): Jüdische Kultur in der Weimarer Republik, München.

— (2006): Propheten des Vergangenen. Jüdische Geschichtsschreibung im 19. und 20. Jahrhundert, München.

Breslauer, Bernhard (1911): Die Zurücksetzung der Juden an den Universitäten Deutschlands, Denkschrift des Verbands der deutschen Juden, Berlin.

Breuer, Isaac (1934) : Der neue Kusari. Ein Weg zum Judentum, Frankfurt a.M.

Bruckstein, Almut (1997): On Jewish Hermeneutics: Maimonides und Bachya as Vectors in Cohen's Philosophy of Origin, in: Moses/Wiedebach, 1997, 35–50.

— (2001): Die Maske des Moses. Studien zur jüdischen Hermeneutik, Berlin.

Brumlik, Micha (2000): Deutscher Geist und Judenhass. Das Verhältnis des philosophischen Idealismus zum Judentum, München.

— (2001): Vernunft und Offenbarung. Religionsphilosophische Versuche, Berlin.

Borges, Jorge Luis (1999ff.): Obras completas, Buenos Aires.

Cansinos-Assens, Rafael (Hg.) (1988): Bellezas del Talmud, Buenos Aires.

Cassirer, Ernst (EA 1946, posthum): The Myth of the State, New Haven.

Cassirer, Toni (1981): Mein Leben mit Ernst Cassirer, Hildesheim.

Chalier, Catherine (2002): Por una moral más allá del saber. Kant y Levinas, Madrid.

Chevallard,Yves (1991): La transposición didáctica. Del saber sabio al saber enseñado, Buenos Aires.

Claussen, Detlev (1987a): Vom Judenhaß zum Antisemitismus. Materialien einer verleugneten Geschichte, Darmstadt.

— (1987b): Grenzen der Aufklärung. Zur gesellschaftlichen Geschichte des modernen Antisemitismus, Frankfurt a.M.

Clay, Lucius D. (1959): Decision in Germany, New York.

Cohen, Esther (1994): La palabra inconclusa. Ensayos sobre cábala, Mexiko.

— (1999): El silencio del nombre – Interpretación y pensamiento judío, Barcelona.

Cohen, Hermann (1924): Jüdische Schriften, Berlin (3 Bände).

— (1977ff.): Werke, Hildesheim.

— (EA 1880): Ein Bekenntniß in der Judenfrage, in: Krieger 2003, Nr. 36, 337–360.

— (EA 1888): Die Nächstenliebe im Talmud:ein Gutachten dem Königlichen Landgerichte zu Marburg erstattet, Marburg.

— (EA 1888, Manuskriptvorlage): Das Judentum als Weltanschauung.

— (EA 1904): Ethik und Religionsphilosophie in ihrem Zusammenhange. Schriften der „Gesellschaft zur Förderung der Wissenschaft des Judentums", Berlin.

— (EA 1909): Ethik Maimunis.

— (EA 1919/1995): Religion der Vernunft aus den Quellen des Judentums, Wiesbaden.

— (1929): Briefe (hrg. von Bertha und Bruno Strauß), Berlin.

(2003): Ethics of Maimonides. Translat. and Comment. by Almut Bruckstein, Madison.

Constantini, Humberto (1986): Cuestiones con la vida, Buenos Aires.

Cusso Ferrer, Manuel (1992): Benjamins letzte Grenze. Sequenzen einer Annäherung, in: Scheurmann, Ingrid und Konrad (Hg.): Für Walter Benjamin. Dokumente, Essays und ein Entwurf, Frankfurt a.M., 158–167.

Dagan, Haggai (2002): The Motif of Blood and Procreation in Franz Rosenzweig, in: *AJS Review* 26:2, 241–249.

Darnton, Robert (2000): The Great Cat Massacre and Other Episodes in French Cultural History, New York.

Davies, Philip R. (1998): Scribes and Schools: The Canonization of the Hebrew Scriptures, Louisville.

Derrida, Jacques (1967): L'écriture et la différence, Paris.

— (1972b): Marges de la philosophie, Paris.

— (1974): Glas, Paris.

— (1980): La Carte Postale. De Socrate à Freud et au-delà, Paris.

— (1984): El lenguaje y las instituciones sociales, Buenos Aires

— (1985): Des tours de Babel, in: Graham, Joseph (Hg.): Difference in Translation, Cornell University Press, 165–207.

— (1986) : Parages, Paris.

— (EA 1988): Interpretations at War. Kant, der Jude, der Deutsche, in: Weber, E. et al (Hg.)1997, 71–139.

— (1991): Circonfession, Paris.

— (1995): Mal d'Archive. Une impression freudienne, Paris.

— (1996): Le monolinguisme de l'autre ou la prothèse d'origine, Paris.

— (1999): ‚Qu'est-ce qu'une traduction „relevante"', in: Quinzièmes assises de la traduction littéraire, Actes Sud Arles, 21–48.

— (1999): Adieu: Nachruf auf Emmanuel Levinas, München.

Deuber-Mankowsky, Astrid (2000): Der frühe Walter Benjamin und Hermann Cohen. Jüdische Werte, Kritische Philosophie, vergängliche Erfahrung (zugl. Diss. Humboldt-Univ. Berlin 1999), Berlin.

— (2007): Repräsentationskritik und Bilderverbot, in: *Babylon*, 22, 109–117.

Deutscher, Isaac (1998): Der nichtjüdische Jude. Essays, Berlin.

Diekmann, Irene; Schoeps, Julius H. (Hg.) (2002): Das Wilkomirski-Syndrom. Eingebildete Erinnerungen oder von der Sehnsucht, Opfer zu sein, Zürich.

Dietrich, Peter; Lohmann, Ute: „Daß die Kinder aller Confessionen sich kennen, ertragen und lieben lernen". Die jüdische Freischule in Berlin zwischen 1778 und 1825, in: Lohmann/Weiße 1994, 37–47.

Dubnow, Simon (EA1920): Die neueste Geschichte des jüdischen Volkes 1789–1914, Berlin.

Dujovne, León (1980): El judaísmo como cultura, Buenos Aires.

Durkheim, Émile (1915): „Deutschland über alles". Die deutsche Gesinnung und der Krieg, Lausanne (Abhandlungen und Dokumente über den Krieg).

— et Denis, E. (1915): Qui a voulu la guerre? Les origines de la guerre d'après les document diplomatiques, Paris (Etudes et documents sur la guerre).

Eagleton, Terry (1994): Ideology, an Introduction, London and New York.

Eben Shoshan, Abraham (1997): HaMilon Hachadash, Jerusalem (hebräisch).

Edery, Mordejai (1994): La idea de justicia en el judaísmo, in: *Raíces* 1–4, 5752/1992, 28–30.

Elon, Amos (2002): Zu einer anderen Zeit: Porträt der jüdisch-deutschen Epoche, München.

Engelhardt, Arndt (2005): Ordnungen des Wissens und Kontexte der Selbstdefinition. Zur Besonderheit deutsch-jüdischer Enzyklopädieprojekte im 19. Jahrhundert, in: *Leipziger Beiträge zur jüdischen Geschichte und Kultur* 3 (2005), 81–100.

Erler, Hans (Hg.) (2003): „Gegen alle Vergeblichkeit". Jüdischer Widerstand gegen den Nationalsozialismus, Frankfurt a.M.

—, Ehrlich, Ernst und Heid, Ludger (Hg.) (1997): „Meinetwegen ist die Welt erschaffen". Das intellektuelle Vermächtnis des deutschsprachigen Judentums, 58 Portraits, Frankfurt a.M.

Esch, Michael (2006): Der Traum von der hermetischen Grenze, in: Hecker 2006, 27–42.

Espeel, Urs (2008): Das Wort als Emphase des Gebotes: Die Unmöglichkeit des Mordes nach E. Levinas, in: *Judaica* 64 N.2/3, 162–182.

Fackenheim, Emil L. (1969): Hermann Cohen. After Fifty Years (=Leo Baeck Memorial Lecture 12), New York.

Flacke, Monika (Hg.) (1998): Mythen der Nationen: Ein europäisches Panorama, München.

Feinberg, Anat (2007): Vom bösen Nathan und edlen Shylock. Überlegungen zur Konstruktion jüdischer Bühnenfiguren in Deutschland nach 1945, in: Bogdal et al. 2007, 263–282.

Feiner, Shmuel (2002): Haskalah and History – The Emergence of a Modern Jewish Historical Consciousness, Oxford.

Feierstein, Liliana Ruth (2002): Nor er redt nish arois kejn Vort ...(Name, Memory, Silence: Darkness of the Shoah), in: *Jewish Studies Quarterly*, Vol. 9/2, London, 109–120.

— (2005a): Las fronteras invisibles: soñar el gueto, in: Feierstein/Sadow 2005, 220–225.

— (2005b): Los territories de la memoria. Sefarad y Ashkenas como lugares de florecimiento, destrucción e identidad, in: Majshavot, Seminario Rabínico Latinoamericano, Buenos Aires, 35–46.

— (2006) „So habe ich eines seiner Gehäuse, dessen Bausteine Bücher sind ...": Bedeutungen von Schrift und Buch in der jüdischen Tradition, in: Dehnel, Regine (Hg.): Jüdischer Buchbesitz als Raubgut, (=Zeitschrift für Bibliothekswesen und Bibliographie, Sonderheft 88), Frankfurt a.M., 169–175.

— und Furman, Liliana (2006): Die Brücke aus Papier: Jüdische Antworten auf die Zerstörung, in: Dehnel, Regine (Hg.): Jüdischer Buchbesitz als Raubgut, Frankfurt a.M., 176–196.

— (2008a) Die Reise nach Jerusalem. Darstellungen von Juden, Judentum und Israel in deutschen Schulbüchern, *Text und Kritik*, Sommer 2008, 103–114.

— (2008b) Das portative Vaterland: Das Buch als Territorium, in: Witte, Bernd (Hg.) Topographien der Erinnerung, Würzburg, 216–225.

— (2008c) German Books on the Analyst's Couch: Freudian Slips and Distorted Images in the Representation of the Shoa and the Survivors in Germany, in: Steinert, Johannes D.; Weber-Newth, Inge (Hg.): Beyond camps and forced labour. Current International Research on Survivors of Nazi Persecution, Proceedings of the International Conferences 2006, Osnabrück, 572–581.

— (2008d): Astillas en la memoria. De fantasmas, heridas y ausencias en los discursos de educación indígena, Buenos Aires.

Feierstein, Ricardo; Sadow, Steve (Hg.) (2005): Crecer en el gueto, crecer en el mundo, Buenos Aires.

Ferraro, Agustín (2000): La ética del positivismo jurídico, Buenos Aires.

Ferro, Marc (1981): Comment on raconte l'Histore aux enfants à travers le monde entier, Paris.

Feuchtwanger, Lion (1925): Jud Süß, München.

Fiorato, Pierfrancesco (2003): Sul paradigma del commento nel pensiero di Walter Benjamin, in: *Nuova Corrente* 50, 349–366.

Flaig, Egon (2003): Ritualisierte Politik. Zeichen, Gesten und Herrschaft im Alten Rom, Göttingen.

Flasch, Kurt (2000): Die geistige Mobilmachung: die deutschen Intellektuellen und der Erste Weltkrieg. Ein Versuch, Berlin.

Flusser, Vilém (1994): Gesten. Versuch einer Phänomenologie, Frankfurt a.M.

— (1995): Jude sein. Essays, Briefe, Fiktionen, Mannheim.

Forster, Ricardo (1991): W. Benjamin/Th.W. Adorno: El ensayo como filosofía, Buenos Aires.

Foucault, Michel (1966): Les mots et les choses, Paris.

— (1969a): L'archéologie du savoir, Paris.

— (1969b) : Qu'est-ce qu'un auteur?, Paris.

— (1993) Wahnsinn und Gesellschaft. Eine Geschichte des Wahns im Zeitalter der Vernunft, Frankfurt a.M.

— (1994): Des espaces autres, in: (Ders.:) Dits et écrits, Bd. 4, Paris, 752–762.

— (1999): In Verteidigung der Gesellschaft. Vorlesungen am Collège de France (1975–76), Frankfurt a.M.

Freud, Sigmund (2000): Studienausgabe, Frankfurt a.M.

Band II: Die Traumdeutung.

Band III: Psychologie des Unbewußten.

Band IV: Psychologische Schriften.

Band X: Bildende Kunst und Literatur.

Frieden, Ken (1997): Freud's Passover Dream Responds to Herzl's Zionist Dream, in: Gilman/Zipes 1997,240–248.

Friedlander, Albert H. (Hg.) (1999): Out of the Whirlwind. A Reader of Holocaust Literature, New York.

Friedländer, Saul u.a. (2002): Bertelsmann im Dritten Reich. Bd 1: Bericht, München

Friedler, Eric (1998): Makkabi Chai – Makkabi lebt. Die jüdische Sportbewegung in Deutschland 1898–1998, Wien.

Friedman, Michael (2004): Carnap, Cassirer, Heidegger. Geteilte Wege, Frankfurt a.M.

Funkenstein, Amos (1995): Jüdische Geschichte und ihre Deutungen, Frankfurt a.M.

Furman, Liliana (2005): An Alternative Midrash on the Origin of the Maccabee Rebellion, in: www.jjcenters.org (Stand 10.2008).

Fynsk Christopher (2001): Jean-Francois's Infancy in: *Yale French Studies* 99/2001, 44–61.

Ganzfried, Daniel (2002): ... alias Wilkomirski. Die Holocaust-Travestie. Enthüllung und Dokumentation eines literarischen Skandals, Berlin.

García Maturano, Angel (2005): E. Levinas y Kant, in: *Revista Latinoamericana de Filosofía* 61, 929–949.

Gay, Peter (1970): Die Republik der Außenseiter. Geist und Kultur in der Weimarer Zeit 1918–1933 , Frankfurt a.M.

Geisel, Eike und Broder, Henryk M. (1992): Premiere und Pogrom. Der jüdische Kulturbund 1933–1941, Berlin.

Gerhardt, Uta (2003): Das Re-education Programm der USA, in: Erler, Hans et al. 2003, 407–431.

Gersonides [d.i. Levi ben Gerson] (EA 1329) (1914): Die Kämpfe Gottes [Milchamot ha-schem], Übers. u. Erkl. d. handschriftl. rev. Textes von Benzion Kellermann (Schriften der Lehranstalt für die Wissenschaft des Judenthums, Berlin), Berlin

Gibbs, Robert (1992): Correlations in Rosenzweig and Levinas, Princeton.

Gilman, Sander (1991): The Jew's Body, New York.

— (1993): Jüdischer Selbsthass. Antisemitismus und die verborgene Sprache der Juden, Frankfurt a.M.

— and Jack Zipes (1997): Yale Companion to Jewish Writing and Thought in German Culture 1096–1996, New Haven and London.

—, Jütte, R. und Kohlbauer-Fritz, G. (Hg.) (1998): „Der shejne Jid": Das Bild des jüdischen Körpers in Mythos und Ritual, Wien.

— und Schmölders, C. (Hg.) (2000): Gesichter der Weimarer Republik. Eine physiognomische Kulturgeschichte, Berlin.

Ginzburg, Carlo (1999): Holzaugen. Über Nähe und Distanz, Göttingen.

— (2002): Spurensicherung: die Wissenschaft auf der Suche nach sich selbst, Berlin.

Giordano, Ralph (1987): Die zweite Schuld oder Von der Last Deutscher zu sein, Hamburg.

Glasenapp, Gabriele von; Nagel, Michael (1996): Das jüdische Jugendbuch. Von der Aufklärung bis zum Dritten Reich, Stuttgart, Weimar.

Goldin, Simha (1997): Near the End of the Thirteenth Century, a Body of Literature Emerges to Help Acquaint Children with the Text and Traditions of Judaism, in: Gilman/Zipes 1997, 35–41.

Goodman-Thau, Eveline (Hg.) (1995): Bruch und Kontinuität: jüdisches Denken in der europäischen Geistesgeschichte, Berlin.

Gordon, Peter Eli (2003): Rosenzweig and Heidegger. Between Judaism and German Philosophy, Berkeley.

Grab, Walter und Friesel, Uwe (1973): Noch ist Deutschland nicht verloren: Eine historisch-politische Analyse unterdrückter Lyrik von der Französischen Revolution bis zur Reichsgründung, München.

Grafton, Anthony (1991): Fälscher und Kritiker. Der Betrug in der Wissenschaft, Berlin.

Gramsci, Antonio (EA 1949, 1960): Los intelectuales y la organización de la cultura, Buenos Aires.

Guttmann, Julius (1894): Über Dogmenbildung im Judenthum, Breslau.
Haddad, Gérard (1990a): Les Biblioclastes. Le Messie et l'autodafé, Paris.
— (1990b): L'enfant illégitime. Sources talmudiques de la psychanalyse, Paris.
— (1996): Comer el libro, Buenos Aires.
Habermas, Jürgen (1997): Der deutsche Idealismus der jüdischen Philosophen, in: Koch 1997, 107–137.
Hagelstange, Rudolf (1997): Rathenau – ein Jude in der deutsche Politik, in: Koch 1997, 165–187.
Hall, Stuart/Haug, W. F./Pietilä, V. (1984): Die Camera obscura der Ideologie, Berlin.
Hanak, Werner (Hg.) (1999): Eden – Zion – Utopia. Zur Geschichte der Zukunft im Judentum, Wien.
Handelman, Susan (1991): Fragments of Redemption. Jewish Thought and Literary Theory in Benjamin, Scholem and Levinas, Bloomington.
Hecker, Hans (Hg.) (2006): Grenzen. Gesellschaftliche Konstitutionen und Transfigurationen, Essen.
Heidegger, Martin (1957): Identität und Differenz, Tübingen.
Heine, Heinrich (1978): Werke in fünf Bänden, Berlin.
Heitmann, Margret (1997): Hermann Cohen (1842–1918) in: Erler et al 1997, 102–111.
Herlitz, Georg/Kirschner, Bruno (Hg.) (1927ff.): Jüdisches Lexikon; ein enzyklopädisches Handbuch des jüdischen Wissens in vier Bänden, Berlin (4 Bände).
Heschel, Abraham Joshua (1951) The Sabbath: its meaning for modern man, New York.
Hilfrich, Carola (2000): „Lebendige Schrift": Repräsentation und Idolatrie in Moses Mendelssohns Philosophie und Exegese des Judentums, München.
Hinske, Norbert (1990): Was ist Aufklärung: Beiträge aus der Berlinischen Monatsschrift, Darmstadt.
Hobsbawm, Eric (Hg.) (2009): The Invention of Tradition, Cambridge.
Hoffmann, Daniel (2002): Handbuch zur deutsch-jüdischen Literatur des 20. Jahrhunderts, Paderborn.
— (2005): Bruchstücke einer großen Tradition: gattungspoetische Studien zur deutsch-jüdischen Literatur, Paderborn.
Hoffmann, Detlef (Hg.) (1998): Das Gedächtnis der Dinge. KZ-Relikte und KZ-Denkmäler 1945–1995, Frankfurt a.M.u.a.
Holzhey, Helmut (1969): Zwei unbekannte Briefe von Hermann Cohen, in: *Bulletin des LBI* 12, 183–204.
— (Hg.) (1994): Hermann Cohen, Frankfurt a.M.

— und Wolfgang Röd (2004): Geschichte der Philosophie. Band XII. Die Philosophie des ausgehenden 19. und des 20. Jahrhunderts ; 2. Neukantianismus, Idealismus, Realismus, Phänomenologie, München.

Honneth, Axel (2005): Verdinglichung. Eine anerkennungstheoretische Studie , Frankfurt a.M.

Idelsohn, Abraham Zwi (1914): Erinnerungen an Hermann Cohen, in: *Jüdischer Almanach* 2001/5761, 65–78 .

Jabès, Edmond (1993): Ein Fremder mit einem kleinen Buch unterm Arm, München.

Jakob, Dieter (Hg.) (2006): Vorbilder. Sein und/oder Design? (Wilhelm-Hausenstein-Symposium 2004), München.

Jaspers, Karl (1967): Antwort. Zur Kritik meiner Schrift „Wohin treibt die Bundesrepublik?", München.

Jay, Martin (1996): The dialectical Imagination: a history of the Frankfurt School and the Institute of Social Research 1923–1950, Berkeley.

— (1984): Adorno, Cambridge.

Joël, Manuel (EA 1861): Über den wissenschaftlichen Einfluss des Judenthums auf die nichtjüdische Welt, Breslau.

— (EA 1862): Lewi ben Gerson (Gersonides), Breslau.

— (EA 1876): Die Religionsphilosophie des Mose ben Maimon (Maimonides), Breslau.

Kaegi, Dominic und Rudolph, Enno (Hg.) (2002): Cassirer – Heidegger. 70 Jahre Davoser Disputation, Hamburg.

Kafka, Franz (1994): Gesammelte Werke, Frankfurt a.M.

Kant, Immanuel (1977): Werke in zwölf Bänden. Band 11, Frankfurt a.M.

Kaplan, Marion und Beate Meyer (Hg.) (2005): Jüdische Welten. Juden in Deutschland vom 18.Jahrhundert bis in die Gegenwart [Festschrift für Monika Richarz](Hamburger Beiträge zur Geschichte der deutschen Juden 27) Göttingen.

Käppner, Joachim (1999): Erstarrte Geschichte. Faschismus und Holocaust im Spiegel der Geschichtswissenschaft und Geschichtspropaganda der DDR (Forum Zeitgeschichte, Bd.9), Hamburg.

Kaufmann, David (1884): Die Sinne. Beiträge zur Geschichte der Physiologie und Psychologie im Mittelalter aus hebräischen und aramäischen Quellen, Jahresbericht der Landes-Rabbinerschule, Budapest.

Kelsen, Hans (EA1934): Reine Rechtslehre: Einleitung in die rechtswissenschaftliche Problematik, Leipzig u. Wien.

Kisch, Guido (1963) (Hg.): Das Breslauer Seminar: Jüdisch-Theologisches Seminar (Fraenckelscher Stiftung) in Breslau 1854–1938, Gedächtnisschrift, Tübingen.

Klemperer, Victor (EA 1947/1975): LTI. Notizbuch eines Philologen, Leipzig.

Kluge (2002): Etymologisches Wörterbuch der deutschen Sprache, 24. Auflage, Berlin.

Koch, Thilo (Hg.) (1997): Porträts zur deutsch-jüdischen Geistesgeschichte, Köln.

Kofman, Sarah (1998): Camera Obscura: Of Ideology, London.

— (1989): Konversionen: der Kaufmann von Venedig unter dem Zeichen des Saturn, Wien.

— (1990): Die lachenden Dritten. Freud und der Witz, München.

Kol: Thunder, Shofar and the Voice of God. Drama at Mount Sinai, in: www.jhom.com (Stand 3.2007)

Kolitz, Zvi (1947): La invocación a D-s de Iosl Racóver, traducción del ídish por Ben Moshé, in: *Heredad*, Buenos Aires 1947:31–44.

— (1994): Jossel Rakovers Wendung zu G-tt (Jiddisch-Deutsch), Zürich.

Korczak, Janusz (1978): Verteidigt die Kinder! Erzählende Pädagogik, Gütersloh.

— (EA 1939/1989): Die Kinder der Bibel, Gütersloh.

— (2000): Ohne Kinder wäre Nacht, Gütersloh.

Krieger, Karsten (2003) (Hg.): Der „Berliner Antisemitismusstreit" 1879–1881. Eine Kontroverse um die Zugehörigkeit der deutschen Juden zur Nation. Kommentierte Quellenedition, München (2 Bände).

Kristeva, Julia (1990): Fremde sind wir uns selbst, Frankfurt a.M.

Krochmalnik, Daniel (1998): Das Zeremoniell als Zeichensprache. Moses Mendelssohns Apologie des Judentums im Rahmen der aufklärerischen Semiotik, in Simon, Josef; Stegmaier, Werner (Hg): Fremde Vernunft, Frankfurt a.M., 238–285.

— (2000): Sokratisches Judentum. Moses Mendelssohns philosophische Konzeption des Judentums im zeitgenössischen Kontext, in: Stegmaier 2000, 351–375.

— (2006): Im Garten der Schrift: Wie Juden die Bibel lesen, Regensburg.

Kronauer, Ulrich (2003): Gegenwelten der Aufklärung, Heidelberg.

Kugelmass, Jack and Jonathan Boyarin (1983, eds.): From a Ruined Garden: the Memorial Books of Polish Jewry, Bloomington.

Lässig, Simone (2004): Jüdische Wege ins Bürgertum. Kulturelles Kapital und sozialer Aufstieg im 19. Jahrhundert, Göttingen.

Legendre, Pierre (1989): „Die Juden interpretieren verrückt". Gutachten zu einem klassischen Text, in: *Psyche. Zeitschrift für Psychoanalyse und ihre Anwendungen*, Nr. 43, 20–39.

Le Goff, Jacques (1986): Die Intellektuellen im Mittelalter, Stuttgart.

Leiserowitz, Ruth (2006): Schmuggel als Lebensform an der Grenze, in: Hecker 2006, 103–114.

Lessing (EA 1780/1997): Zur Erziehung des Menschengeschlechts, Berlin.

Levin Goldschmidt, Hermann (1957): Das Vermächtnis des deutschen Judentums, Frankfurt a.M.

Levinas, Emmanuel(EA1961): Totalité et infini. Essai sur l'extériorité, Den Haag.

— (EA 1968): Quatre Lectures Talmudiques, Paris.

— (EA1976/1983):Difficile liberté : essais sur le judaïsme, Paris.

— (1982): Préface, in: Mendelssohn, Moses: Jérusalem ou Pouvoir religieux et judaïsme (franz. Übersetzung), Paris.

— (1983): Die Spur des Anderen. Untersuchungen zur Phänomenologie und Sozialphilosophie, Freiburg.

— (1987): Hors sujet, Paris.

— (1989): Humanismus des anderen Menschen, Berlin.

— (1991): Entre nous. Essais sur le penser-à-l'autre, Paris.

— (1992) : Schwierige Freiheit. Versuch über das Judentum, Frankfurt a.M.

— (1995): El otro, la utopía y la justicia, in: *Etiem* 1, 23–27, Buenos Aires.

— (1996): Jenseits des Buchstabens, Frankfurt.

— (2008): Ethik und Undendliches. Gespräche mit Philippe Nemo, Wien.

Lévy, Benny (2005): Être juif. Étude lévinassienne, Paris.

Levy, Ze'ev (1997): Immanuel Kant und die moderne jüdische Ethik, in: Mosès/Wiedebach 1997,133–143.

Liebeschütz, Hans (1967): Das Judentum im deutschen Geschichtsbild von Hegel bis Max Weber (Schriftenreihe wissenschaftlicher Abhandlungen 17, Leo-Baeck-Institut), Tübingen.

—(1970): Von Georg Simmel zu Franz Rosenzweig. Studien zum jüdischen Denken in deutschen Kulturbereich (Schriftenreihe wissenschaftlicher Abhandlungen 23, Leo-Baeck-Institut), Tübingen.

Locke, John (EA 1689/1991): A Letter Concerning Toleration, London.

Lohmann, Ingrid und Weiße, Wolfram (Hg.) (1994): Dialog zwischen den Kulturen: erziehungs-historische und religionspädagogische Gesichtspunkte interkultureller Bildung, Münster.

Loycke, Almut (Hg.) (1992): Der Gast, der bleibt. Dimensionen von Georg Simmels Analyse des Fremdseins, Frankfurt a.M.

Löwenthal, Leo (1990): Judaica, Vorträge, Briefe (Schriften, Band 4), Frankfurt a.M.

Löwith, Karl (1946): Les implications politiques de la philosophie de l'existence chez Heidegger, in: *Les temps modernes* 1946/47, 343–360.

— (1947): M. Heidegger und F. Rosenzweig. Ein Nachtrag zu Sein und Zeit. In: (Ders.:) Gesammelte Abhandlungen, Stuttgart, 1960.

— (1986): Mein Leben in Deutschland vor und nach 1933: Ein Bericht, Stuttgart.

Löwy, Hanno und Andrzej Bodek (Hg.) (1997): Les Vrais Riches. Notizen am Rand. Ein Tagebuch aus dem Ghetto Lódz (Mai bis August 1944), Leipzig.

Loewy, Michael (1988): Rédemption et Utopie. Le judaïsme libertaire en Europe centrale, Paris.

Luther, Martin (EA1530): Sendbrief vom Dolmetschen, in: (Ders.:) (1951): Die Hauptschriften, Berlin, 345–356.

Lyotard, Jean-François (1989): Das Inhumane. Plaudereien über die Zeit, Wien.

—(2005): Heidegger und „die Juden", Wien.

Mächler, Stefan (2000): Der Fall Wilkomirski: über die Wahrheit einer Biographie, Zürich.

Mack, Michael (2003): German Idealism and the Jew. The Inner Anti-Semitism and the German Jewish Responses, Chicago.

Malka, Salomon (2003): Emmanuel Levinas. Eine Biographie, München.

Marx, Karl und Friedrich Engels (EA1845/46): Die deutsche Ideologie, in: (Dies.:) (2004) Die Deutsche Ideologie. Artikel, Druckvorlagen, Entwürfe, Reinschriftenfragmente und Notizen zu I. Feuerbach und II. Sankt Bruno, Berlin.

Maschmann, Melita (1963): Fazit: Kein Rechtfertigungsversuch, Stuttgart.

Mattenklott, Gert (1993): Über Juden in Deutschland, Frankfurt a.M.

Mendelssohn, Moses (EA 1783): Jerusalem oder über religiöse Macht und Judentum, Berlin.

—(1972 ff.): Gesammelte Schriften. Jubiläumsausgabe, Stuttgart.

Meyer, Michael (1975): Where does the Modern Period of Jewish History begin?, in: *Judaism* 95, 329–338.

— (1994): Von Moses Mendelssohn zu Leopold Zunz. Jüdische Identität in Deutschland 1749–1824, München.

Mirabeau (EA1787/1853): Sur Moses Mendelssohn, sur la reforme politique des Juifs, London.

Missac, Pierre (1991): Walter Benjamins Passagen, Frankfurt a.M.

Mosès, Stéphane (1985): System und Offenbarung. Die Philosophie Franz Rosenzweigs, München.

— (1987): Spuren der Schrift: von Goethe bis Celan, Frankfurt a.M.

— (1994): Der Engel der Geschichte. Franz Rosenzweig, Walter Benjamin, Gershom Scholem, Frankfurt a.M.

— und Hartwig Wiedebach (1997): Hermann Cohen's Philosophy of Religion, Hildesheim u.a.

Munk, Michael (1930): Esra. Der Schriftgelehrte nach Talmud und Midrasch (Inaugural-Dissertation, Universität Würzburg), Frankfurt a.M.

Munk, Rainier (1997): The Self and the Other in Cohen's Ethics and Works on Religion, in: Mosès/Wiedebach 1997, 161–181.

— (2006): Mendelssohn and Kant on Judaism, in: *Jewish Quarterly Studies* 3/2006, 215–222.

Naranjo, Rubén (2001): Janusz Korczak, maestro de la humanidad, Buenos Aires.

Neumann, Franz (EA 1944/1983): Behemot.The Structure and Practice of National Socialism 1933–1944, New York.

Niborski, Itzhok/Wieviorka, Anette (1983): Les livres du souvenir. Mémoriaux juifs de Pologne, Paris.

Niewöhner, Friedrich (1977): Primat der Ethik oder erkenntnistheoretische Begründung der Ethik? Thesen zur Kant-Rezeption in der jüdischen Philosophie, in: Schulz, Günter (Hg.): Judentum im Zeitalter der Aufklärung (Wolfenbütteler Studien zur Aufklärung Bd. IV), Wolfenbüttel, 119–161.

— (1988): Lessings Toleranzparabel und das Buch Von den drei Betrügern, Heidelberg.

Nolte, Ernst (1963): Der Faschismus in seiner Epoche, München.

Offe, Sabine (2005): Translozierungen. Schwierigkeiten einer Ausstellung mit deutsch-jüdischer Geschichte, in: Kaplan und Meyer 2005, 397–412.

Orlik, Franz (Bear. 1992): Hermann Cohen, Marburg.

Ouaknin, Marc (1995): Les symboles du judaïsme, Paris.

Paehler, Karin (2008): The Wrong Grad, the Wrong Victims: Investigating the (West)German Historiographical Discourse on the Siege of Leningrad, in: Bonner, Withold/Rosenholm, Arja (eds.): Recalling the Past – (Re)constructing the Past: Collective and Individual Memory of World War II in Russia and Germany, Helsinki, 31–42.

Pasley, Malcolm (1990): Franz Kafka: Der Proceß. Die Handschrift redet, in: *Marbacher Magazin*, 52/1990.

Petit, Marc (2005): Die verlorene Gleichung. Auf den Spuren von Wolfgang und Alfred Döblin, Frankfurt a.M.

Pöggeler, Otto (1988): Rosenzweig und Hegel, in: Schmied-Kowarzik 1988 Bd II, 839–853.

Poliakov, Leon (1988): Historia del antisemitismo, Buenos Aires (5 Bände).

— und Joseph Wulf (1989): Das Dritte Reich und die Juden, Wiesbaden.

—, Christian Delacampagne, Patrick Girard (1992): Rassismus. Über Fremdenfeindlichkeit und Rassenwahn, Hamburg.

Poma, Andrea (1997a): The Critical Philosophy of Hermann Cohen, New York.

— (1997b) Humor in Religion: Peace and Contentment, in: Mosès/Wiedebach 1997, 183–204.

— (2002): Einleitung, in: Cohen, Hermann: Werke, Band 10, Hildesheim.

Preuss, Julius (EA 1911/1992): Biblisch-talmudische Medizin. Beiträge zur Geschichte der Heilkunde und der Kultur überhaupt, Wiesbaden.

Rawls, John (1971): A Theorie of Justice, Cambridge.

Recki, Birgit (2005): Kampf der Giganten. Die Davoser Disputation 1929 zwischen Ernst Cassirer und Martin Heidegger, Ernst-Cassirer Arbeitsstelle, http://www.warburg-haus.de/eca/ (Stand 11.2005).

Reemtsma, Jan Philipp (2007): Ist Max Frischs „Andorra" antisemitisch (wie Georg Kreisler behauptet hat)? Vortrag an der Universität Bielefeld 1.2007, unveröff.

Reich-Ranicki, Marcel (1973): Heines Ruhm braucht die Gunst einer Universität in Nordrhein-Westfalen nicht, wohl aber brauchte diese Universität seinen Namen, in: *FAZ* 18.12.1973.

— (1993) Über Ruhestörer. Juden in der deutschen Literatur, Frankfurt a.M.

Renan, Ernest (EA 1882): Qu'est-ce une nation?, Paris (collection électronique de la Bibliothèque Municipale de Lisieux).

Reyes Mate, Manuel (1997): Memoria de Occidente: actualidad de pensadores judíos olvidados, Barcelona.

Rensinghoff, Ines (1998) : Auschwitz-Stammlager. Das Tor „Arbeit macht frei", in : D. Hoffman (Hg.) 1998, 240–265.

Rose, Gillian (1993): Hermann Cohen – Kant among the Prophets, in: *The Journal of Jewish Thought and Philosophy,* Vol. 2, 1993, 185–199.

Rosenzweig, Franz (EA 1920), Hegel und der Staat, München und Berlin.

— (EA 1921/2006): Stern der Erlösung, Frankfurt a.M.

— (1924) Einleitung, in: Cohen, Hermann: Jüdische Schriften Band I, Berlin.

— (1937): Kleinere Schriften (KS), Berlin.

— (1979): Der Mensch und sein Werk. Gesammelte Schriften, Den Haag, 5 Bände.

— (2002): Die 'Gritli'-Briefe. Briefe an Margrit Rosenstock-Huessy, Tübingen.

Roskies, David G. (1999): The Jewish Search for a Usable Past, Bloomington.

Sachar, Howard Morley (1963): The Course of Modern Jewish History, Delta Book.

Saperstein, Marc (1997): March 23, 1782 (Shabbat ha-Gadol, 5542). Chief Rabbi Ezekiel Landau responds to the Austrian Emperor's Edict of Toleration (Toleranzpatent), in: Gilman/Zipes 1997, 84–87.

Sartre, Jean Paul (EA 1946): Réflexions sur la question juive, Paris.

Sayner, Joanne (2005): Man muß die bunten Blüten abreißen … Memories of Fascism in Melita Maschmann's Fazit, in: *Forum for Modern Language Studies, Special Issue, Representations of War* 41 (2), 213–225.

Schindler, Renate (2007): Zeit, Geschichte, Ewigkeit in Franz Rosenzweigs „Stern der Erlösung", Berlin.

Schmied-Kowarzik (Hg.) (1988): Der Philosoph Franz Rosenzweig (1886–1929). Internationaler Kongreß-Kassel 1986, Freiburg/München, 2 Bände.

— (1991): Franz Rosenzweig. Existentielles Denken und gelebte Bewährung, Freiburg/München.

Schmirr Noerr, Gunzelin (1997): Gesten aus Begriffen. Konstellationen der Kritischen Theorie, Frankfurt a.M.

Schoeps, Julius H. (1979): Moses Mendelssohn, München.

Scholem, Gershom (1963): Judaica I, Frankfurt a.M.

— (EA 1944/1997): Die Wissenschaft vom Judentum, Frankfurt a.M.

Schulte, Christoph (2002): Die jüdische Aufklärung. Philosophie, Religion, Geschichte, München.

Schwarzschild, Steven S. (1970): Franz Rosenzweig's Anecdotes about Hermann Cohen, in: Herbert Strauss et al. (Hg., 1970): Gegenwart im Rückblick. Festgabe für die Jüdische Gemeinde zu Berlin 25 Jahre nach dem Neubeginn, Heidelberg.

— (1979): Germanism and Judaism. Hermann Cohen's Paradigm of the German-Jewish Symbiosis, in: Bronsen, David (ed.): Jews and Germans from 1860 to 1933: The Problematic Symbiosis Heidelberg, 129–172.

— (1981): Einleitung, in: Cohen, Hermann: Ethik des reinen Willens, Werke, Band 7, Hildesheim.

— (1986): Franz Rosenzweig and Martin Heidegger: The German and the Jewish Turn to Ethnicism, in: Schmied-Kowarzik 1988 Bd II, 887–899.

— (1990): The Pursuit of the Ideal: Jewish Writings of Steven Schwarzschild (Hg. von M. Kellner), Albany.

Schwarzfuchs, Simon (1979): Napoleon, the Jews and the Sanhedrin, London.

Semprún, Jorge (1994): L'écriture ou la vie, Paris.

— (1989): De la perplejidad a la lucidez, in: *Raíces* 6, 22–27.

— und Wiesel, Elie (1997): Schweigen ist unmöglich, Frankfurt a.M.

Sennett, Richard (1996): Flesh and Stone. The Body and the City in Western Civilization, London.

Shakespeare, William (EA 1600/1982): The Comical History of the Merchant of Venice, or Otherwise Called the Jew of Venice, London.

Shavit, Zohar (1997): Schlüssel der Erinnerung – Deutsche Geschichte aus Kinderbüchern, in: *Tel Aviver Jahrbuch für deutsche Geschichte XXVI*, 411–433.

Sieg, Ulrich (1988): Die Geschichte der Philosophie an der Universität Marburg von 1527 bis 1970, Marburg.

— (1994): Aufstieg und Niedergang des Marburger Kantianismus. Die Geschichte einer philosophischen Schulgemeinschaft, Würzburg.

— (2001): Jüdische Intellektuelle im Ersten Weltkrieg: Kriegserfahrungen, weltanschauliche Debatten und kulturelle Neuentwürfe, Berlin.
— (2007): Deutschlands Prophet. Paul de Lagarde und die Ursprünge des modernen Antisemitismus, München.
Sievers, Wiebke (2007): Contemporary German Prose in Britain and France (1980–1999): A Case Study of the Significance of Otherness in Translation, London.
Silvain, Gérard/Minczeles, Henri (1999): Yiddishland, Paris.
Simmel, Georg (EA 1908/1992): Exkurs über den Fremden, in: Loycke 1992, 9–16.
— (1927) Hauptprobleme der Philosophie, Leipzig.
— (1957): Brücke und Tür, Stuttgart.
Simon, Ernst (EA 1931/1965): Brücken, Heidelberg.
— (1980): Entscheidung zum Judentum, Frankfurt a.M.
Smith, Barry (1985): Wittgenstein und das ethische Gesetz, in: Dieter Birnbacher et al (Hg.): Sprachspiel und Methode. Zum Stand der Wittgenstein-Diskussion, Berlin/New York, 191–211.
Sneh, Perla (2001): La impureza como huella, in: *Nadja* 3, 99–118.
— und Cozaka, Juan Carlos (2000): La Shoah en el siglo (del lenguaje del exterminio al exterminio del discurso), Buenos Aires.
Sorkin, David (1997): The final volume of Moses Mendelsohn's edition of the Pentateuch appears, in: Gilman/Zipes 1997, 93–99.
Sperber, Manès (1983): Churban oder Die unfassbare Gewißheit, München.
Sperling, Diana (1991): La metafísica del espejo. Kant y el judaísmo, Buenos Aires.
— (1995): Genealogía del odio, Buenos Aires.
— (2005): La centralidad del borde, in: Feierstein/Sadow 2005, 53–63.
Srajek, Martin (1998): The Margins of Deconstruction. Jewish Conceptions of Ethics in Jacques Derrida and Emmanuel Levinas, Boston.
Stegmaier, Werner (Hg.) (2000): Die philosophische Aktualität der jüdischen Tradition, Frankfurt a.M.
Steiner, George (1975): After Babel. Aspects of Language and Translation, Oxford.
— (1969): K, in: Alvarez, Jorge (Hg.): *Kafka*, Buenos Aires.
— (1996): Der Garten des Archimedes. Essays, München und Wien.
Stemberger, Günter (1989): Midrasch. Vom Umgang der Rabbinen mit der Bibel, München.
— (1992): Einleitung in Talmud und Midrasch, München.
— (1997): Vollkommener Text in vollkommener Sprache, in: *Jahrbuch der biblischen Theologie* 12, 53–65.

Stern, Frank (1991): Am Anfang war Auschwitz. Antisemitismus und Philosemitismus im deutschen Nachkrieg (Schriftenreihe des Instituts für Deutsche Geschichte an der Universität Tel Aviv 14), Göttingen.

Sucasas, Alberto (2001): El rostro y el texto. La unidad de ética y hermeneútica, Barcelona.

Teistler, Gisela (Hg.) (2006): Lesen lernen in Diktaturen in den 1930er und 1940er Jahren, Hannover.

Theunissen, Michael (1970): Die Verwirklichung der Vernunft. Zur Theorie-Praxis-Diskussion im Anschluß an Hegel, in: *Philosophische Rundschau*, Beiheft 6, Tübingen.

Titze, Michael:Wie unlogisch ist doch die logisch! in :http://www.michaeltitze.de/content/de/texte_d/text_d_04.html (stand 08.2008).

Todorov, Tzvetan (1991): Nosotros y los otros, Mexiko.

— (1992): La conquista de América, Mexiko.

Venuti, Lawrence (1995): The Translator's Invisibility. A History of Translation, London.

Vogel Ettin, Andrew (1994): Speaking Silences: Stillness and Voice in Modern Thought and Jewish Tradition, London.

Völpel, Annegret; Shavit, Zohar; HaCohen, Ran (2002): Deutsch-jüdische Kinder- und Jugendliteratur. Ein literaturgeschichtlicher Grundriß, Stuttgart.

Voltaire (EA 1763/2003): Traité sur la tolérance: à l'occasion de la mort de Jean Calas, Paris.

Vidal-Naquet, Pierre (1975): Des musées et des hommes, in: Marienstras Richard: Être un peuple en diaspora, Paris.

(1996): Los judíos, la memoria y el presente, Mexiko.

Walzer, Michael et al (eds.) (2000ff.): The Jewish Political Tradition, Yale, 2 Bände.

Wassermann, Jakob (1921): Mein Leben als Deutscher und Jude, Berlin.

Weber, Annette; Friedlander, Evelyn und Armbruster, Fritz (1997): Mappot ... gesegnet, der da kommt. Das Band jüdischer Tradition, Osnabrück.

Weber, Elizabeth (1990): Verfolgung und Trauma: zu Emmanuel Lévinas' „Autrement qu'être ou au-delà de l'essence", Wien.

— (Hg.) (1994): Jüdisches Denken in Frankreich, Frankfurt a.M.

— und Tholen, Georg Christoph (Hg.) (1997): Das Vergessen(e). Anamnesen des Undarstellbaren, Wien.

Welzer, Harald (2001): Kumulative Heroisierung. Nationalsozialismus und Krieg im Gespräch zwischen den Generationen in: *Mittelweg* 36, 2/2001, 57–73.

— und Moller, Sabine; Tschuggnall, Karoline (2003): „Opa war kein Nazi". Nationalsozialismus und Holocaust im Familiengedächtnis , Frankfurt a.M.

Wiedebach, Hartwig (2002): Einleitung, in: Cohen, Hermann: Werke. Kleinere Schriften VI. 1916–1918, Bd. 17.

— (2000): Die Hermann-Cohen-Bibliothek, in: Cohen, Hermann: Werke. Supplementa, Band II, Hildesheim.

Wiehl, Reiner (2000): Subjektivität und System, Frankfurt a.M.

Wiese, Christian (1999): Wissenschaft des Judentums und protestantische Theologie im Wilhelminischen Deutschland. Ein Schrei ins Leere?, Tübingen.

Wilke, Carsten (2003): ‚Den Talmud und den Kant'. Rabbinerausbildung an der Schwelle zur Moderne, Hildesheim.

Witte, Bernd (2002): Jüdische Aufklärung. Zu Moses Mendelssohns Schrift „Jerusalem oder religiöse Macht und Judentum", in: Stieg, Gerald (Hg.): *Passerelles et passeurs. Festschrift für Gilbert Krebs und Hansgerd Schulte*, Paris, 415–428.

Wittgenstein Ludwig (EA 1948/1994):Vermischte Bemerkungen. Eine Auswahl aus dem Nachlaß, Frankfurt a.M.

Wittmann, Reinhard (2008): Wissen für die Zukunft. 150 Jahre Oldenbourg Verlag, München.

Wolfson, Elliot R. (1994): Through a Speculum that Shines. Vision and Imagination in Medieval Jewish Mysticism, Princeton.

Wurmser, León (2001): Ideen- und Wertewelt des Judentums. Eine psychoanalytische Sicht, Göttingen.

— (2005) Das „böse Auge" und das „leuchtende Antlitz (Vortrag in Jena, 22. Sept. 2005, unveröff.)

Yerushalmi, Yosef Hayim (1982): Zakhor. Jewish History and Jewish Memory, Washington.

— (1993): Ein Feld in Anatot. Versuche über jüdische Geschichte, Berlin.

— (1997): Haggadah and History. A Panorama in Facsimile of Five Centuries of the Printed Haggadah, New York.

— (1999): Freuds Moses. Endliches und unendliches Judentum, Berlin.

— et al. (1989): Usos del olvido, Buenos Aires.

Young, James (1993): The Texture of Memory. Holocaust Memorials and Meaning in Europe, Israel and America, Yale.

Yovel, Yirmiyahu (1998): Dark Riddle. Hegel, Nietzsche, and the Jews, Cambridge.

— (2000): Mendelssohns Projekt: Vier Herausforderungen, in: Stegmaier 2000, 331–350.

Zevi, Bruno (1974): La concepción espacio-temporal en el judaísmo, in: *Raíces* 3 (1991), Buenos Aires.

Zuckermann, Moshe (Hg.) (2003): Deutsche Geschichte des 20. Jahrhunderts im Spiegel der deutschsprachigen Literatur, Göttingen.

Schulbuchanalyse und wissenschaftliche Materialien (chronologisch)

Reichmann, Eva G. (1950): Das Erziehungswesen in Deutschland, in: *Jüdische Wochenschau*, 13.1.1950, Buenos Aires, 5.

Krippendorff, Ekkehart (Hg.) (1960): Erziehungswesen und Judentum. Die Darstellung des Judentums in der Lehrerbildung und im Schulunterricht, München.

Sterling, Elenore (1960): New guidance for schools, in: *World Jewry,* Vol. IV, nr. 3, April 1960.

— (1961): The „Jewish Question" in German post-war Books, in: *World Jewry*, Vol. IV, nr. 9.

Schatzker, Chaim (1963): Jüdische Geschichte in deutschen Geschichtslehrbüchern, Braunschweig.

Redhardt, Jürgen (1970): NS-Zeit im Spiegel des Schulbuchs. Konzeptionen und Fehlkonzeptionen für westdeutsche Schüler, dargestellt am hessischen Beispiel, Frankfurt a.M.

Kolinsky, Martin und Eva (1974): The Treatment of the Holocaust in West German Textbooks, in: *Yad Vashem Studies* X, 149–216.

Jochum, Herbert/Kremers, Heinz (Hg.) (1980): Juden, Judentum und Staat Israel im christlichen Religionsunterricht in der BRD, Paderborn.

Böhmer, Torsten (1981): Informationen über Geschichte und Lebensbedingungen der Sinti und Roma in heutigen Schulbüchern. Analyse von Schulbüchern und Unterrichtsmaterialien für die Fächer Geschichte und Sozialkunde, in: *Zeitung für Kulturaustausch* 4, 434–450.

Schatzker, Chaim (1981) Die Juden in den deutschen Geschichtsbüchern. Schulbuchanalyse zur Darstellung der Juden, des Judentums und des Staates Israel, Bonn.

Hoffmann, Lutz (1981): ‚Wir machen alles falsch': Wie türkische Jugendliche sich in ihren Alltagstheorien mit ihrer Lage in der BRD auseinandersetzen, Universität Bielefeld – Zentrum für Wissenschaft und berufliche Praxis.

Pingel, Falk (1984): Vergessene Verfolgte. Anmerkungen zu ‚Empfehlungen für die Behandlung von Geschichte und Kultur der Sinti und Roma im historisch-politischen Unterricht in: *Internationale Schulbuchforschung* 6, 28–37.

GEI (1985): Deutsch-israelische Schulbuchempfehlungen, *Studien zur Internationalen Schulbuchforschung* 44, Braunschweig.

Schatzker, Chaim (1986): Geschichte lernen und lehren, Hannover.

Renn, Walter (1987): Textbooks: Treatment of the Holocaust and Related Themes, New York.

Kolinsky, Eva (1991): Geschichte gegen den Strom. Zur Darstellung des Holocaust in neuen Schulgeschichtsbüchern, in: *Internationale Schulbuchforschung*, 1991/I.

— (1992): Remembering Auschwitz: A Survey of Recent Textbooks for the Teaching of History in German Schools, in: *Yad Vashem Studies* 22, 1992, 288–310.

Schatzker, Chaim (1992): „Was hat sich verändert, was ist geblieben?". Erweiterte Edition der Schulbuchkommission-Empfehlungen.

Renn, Walter (1993): The Holocaust in the School Textbooks of the Federal Republic of Germany, in: Friedman, Saul S. (ed.): Holocaust Literature, London, 481–520.

Borre Johnsen, Egil (1994): Libros de texto en el caleidoscopio, Barcelona.

Lange, Thomas (Hg.) (1994): Judentum und jüdische Geschichte im Schulunterricht nach 1945: Bestandsaufnahmen, Erfahrungen und Analysen aus Deutschland, Österreich, Frankreich und Israel, Wien.

Schatzker, Chaim (1994): Juden, Judentum und Staat Israel in den Geschichtsbüchern der DDR, Bonn.

Battefeld, Kerstin (1995): Das Bild vom Eigenen und vom Fremden in deutschen Schulgeschichtsbüchern von 1925 bis 1943 (eine Untersuchung zur Mentalitätsgeschichte), Münster.

Griese, Christiane/Marburger, Helga (1995): Zwischen Internationalismus und Patriotismus. Konzepte des Umgangs mit Fremden und Fremdheit in den Schulen der DDR, Frankfurt a.M.

Häder, Sonja; Tenorth, Heinz-Elmar (Hg.) (1997): Bildungsgeschichte einer Diktatur. Bildung und Erziehung in SBZ und DDR im historisch-gesellschaftlichen Kontext, Weinheim.

Schweiger, Egon (1998): Zur Darstellung und Wahrnehmung der Geschichte und Gegenwart der Sinti und Roma in den Schulbüchern, in: Landeszentrale für politische Bildung BW (Hg.): Zwischen Romantisierung und Rassismus. Sinti und Roma – 600 Jahre in Deutschland, 56–62.

Ehrenreich, Monika (1999): Zerrbild und Wunschbild. Zur Darstellung der Juden in der nationalsozialistischen und jüdischen deutschsprachigen Kinder- und Jugendliteratur des Dritten Reiches, Regensburg.

Pingel, Falk (1999): UNESCO Guidebook on Textbook Research and Textbook Revision, Hannover.

Höhne, Thomas; Kunz, Thomas; Radtke, Frank-Olaf (1999): Zwischenbericht Bilder von Fremden. Formen der Migrantendarstellung als der „anderen Kultur" in deutschen Schulbüchern von 1981–1997, Frankfurt a.M.

— (2000): 'Wir' und 'sie' - Bilder von Fremden im Schulbuch, in: *Forschung Frankfurt a.M. Wissenschaftsmagazin* 2/2000,16–25.

Müller, Isabel (1999): Judentum und deutsch-jüdische Geschichte vom Beginn der Neuzeit bis zum Ende des 2. Weltkrieges in deutschen Geschichtslehrbüchern (Sekundarstufe I), Manuskript.

Weißer, Ansgar (1999): Die Darstellung des Dritten Reiches und des Holocaust in Geschichtslehrbüchern und Unterrichtsmaterialien der DDR 1949 bis 1989, Manuskript (Bibliothek GEI).

Küchler, Stefan (2000): DDR-Geschichtsbilder – Zur Interpretation des Nationalsozialismus, der jüdischen Geschichte und des Holocaust im Geschichtsunterricht der DDR, in: *Internationale Schulbuchforschung* 22, 31–48.

Neuner, Gerhart (2000): Ein neues Verhältnis zur Geschichte? Das DDR-Bild in Geschichtsbüchern der späten neunziger Jahre, in: *Internationale Schulbuchforschung* 4/2000, 431–447.

Marienfeld, Wolfgang (2000): Die Geschichte des Judentums in deutschen Schulbüchern (Theorie und Praxis, Band 72) Hannover.

Pingel, Falk (2000) (Hrg.): Unterricht über den Holocaust, Hannover.

Teistler Gisela/Lass, Hanna-Luise (2000): Der Zweite Weltkrieg in deutschen Schulbüchern seit den 50er Jahren (Dokumentation zur Ausstellung des Georg-Eckert-Instituts 1999), Braunschweig.

Huhnke, Brigitta (2001):„~Bazillus 116 > Juden", in: *Konkret*, Heft 04/2001.

Stöber, Georg (Hg.) (2001): „Fremde Kulturen" im Geographieunterricht, Hannover.

Leo Baeck Institut (2003): Deutsch-jüdische Geschichte im Unterricht: Orientierungshilfe für Lehrplan- und Schulbucharbeit sowie Lehrerbildung und Lehrerfortbildung, Frankfurt a.M.

Marienfeld, Wolfgang (2006): Jüdische Geschichte im deutschen Schulbuch im historischen Vergleich zwischen Gegenwart und kaiserlichem Deutschland, *Internationale Schulbuchforschung* 28, 139–161.

Pingel, Falk (2006): From Evasion to a Crucial Tool of Moral and Political Education: Teaching National Socialism and the Holocaust in Germany, in: Foster, Stuart J. Und Crawford, Keith A.: What Shall We Tell the Children? International Perspectives on School History Textbooks, Greenwich/Conn., 131–153.

Stachwitz, Reinhard (2006): Der nationalsozialistische Völkermord an den Sinti und Roma in aktuellen deutschen Geschichtsschulbüchern, in: *Internationale Schulbuchforschung* 28, 163–175.

QUELLEN (chronologisch)

NS-Publikationen

Familienforschung und Sippenkunde, Ferdinand Schoeningh Verlag, Paderborn, o.J.

Erbe, Rasse und Nation. Ein Lese- und Arbeitsbogen für den Schulgebrauch, Breslau, 1934.

Nationale Lebensraumkunde, Friedrich Grosch (Hg.), Leipzig, 1935.

Der Jude und der deutsche Mensch, Verlag von Heinrich Handel, Breslau, 1936.

Hitlers Deutschland. Die Grundgedanken der nationalsozialistischen Weltanschauung und ihre Verwirklichung bis 1936 (Heft 83 a/b), Verlag von Heinrich Handel, Breslau, 1936.

Alfred Grunzky: Der Einbruch des Judentums in der Philosophie, Berlin, 1937.

Deutschland: Sein Schicksal und seine Auferstehung. Grundlagen zur nationalpolitischen Erziehung, Moritz Diesterweg, Frankfurt a.M., 1939.

Volk und Führer. Geschichte für Mittelschulen. Klasse 2: Arier und Germanen. Verlag Moritz Diesterweg, Frankfurt a.M., 1940.

Grundgedanken des Nationalsozialismus (Heft 26), Breslau, 1941.

Deutsche Geschichte für Mittelschulen. Neue Kräfte im Ringen um die Gestaltung von Volk und Reich. Verlag von R. Oldenbourg, München u. Berlin, 1944

DDR (Verlag Volk und Wissen)

Geschichte

Materialien zum Geschichtsunterricht zum Lehrbuch für den Geschichtsunterricht, Oberschule 10. Klasse, ohne Datum.

Bilder zur Geschichte des deutschen Volkes 1929–1960 (für die 9. und 10. Klasse der Oberschule), 1963.

Geschichte 9, (Ausgabe 1963, 1964, 1965, 1966, 1968, 1969, 1970, 1971, 1987, 1988).

Geschichte 10, (Ausgabe 1971, 1985).

Geschichte in Übersichten, 1982.

Staatsbürgerkunde

Heimatkunde 3, 1970.
Wir lernen Heimatkunde 4, Ausgabe 1977, 1987.
Heimatkunde 4, 1985.
Staatsbürgerkunde, Berufsausbildung 2, 1985.
Staatsbürgerkunde, Berufsausbildung 1, 1988.

Geographie/Erdkunde

Sozialistische Länder Europas einschließlich Sowjetunion. Lehrbuch der Erdkunde für die 6. Klasse, 1960.
Die DDR. Unser sozialistisches Vaterland – Lehrbuch der Erdkunde für die 5. Klasse, 1965.
Lehrbuch der Erdkunde für die 6. Klasse – Westdeutschland/Sowjetunion und andere sozialistische Länder Europas, 1965.
Geschichte in Übersichten, 1982.
Geographie 6. Länder Europas außer DDR und der Sowjetunion, 1984.
Wir lernen Geographie 9, 1985.

Andere Materialien

Materialsammlung für die antifaschistisch-demokratische Ordnung im Gebiet des heutigen Bezirkes Frankfurt a.M./O. – Bezirkskabinett für Weiterbildung der Lehrer und Erzieher, ohne Datum.
„Wenn die Heimat spricht, spricht das Herz". Lehrstoffe für den heimatkundischen Deutschunterricht der Schulen des Kreises Auerbach, 1960.
Reich und stark ist unsere Republik. 4. Klasse, 1961.
Günther, Karl Heinz/Uhlig, Gottfried: Zur Entwicklung des Volksbildungswesens auf dem Gebiet der DDR 1946–1949, 1968.
Das politisch-organisierte Kinderkollektiv im Erziehungsprozeß, 1970.
Unsere Muttersprache 3, Dresden, 1970.
SED-Kreisleitung Potsdam: Die lebendige Bewahrung der revolutionären Traditionen der Arbeiterklasse an den Schulen im Stadt- und Kreisgebiet Potsdam, Heft 2, 1972.
Wedding Alex (Grete Weiskopf, EA 1931) Ede und Unku, 1975.
Hübner, Gerald: Mein Freund, Nemez, Der Kinderbuchverlag, Berlin Ost, 1985.
Studienmaterial für Freundschafts-Pionierleiter, 1986.

Alte Bundesrepublik

Die mit einem * markierten Bücher sind die am meisten benutzten, nach Angaben der Bibliothek des Georg-Eckert-Instituts für Schulbuchforschung in Braunschweig. Die anderen Bücher sind nach dem Zufallsprinzip gewählt worden, um eine breitere Palette der Darstellungen zu gewinnen.

Geschichte

Wege der Völker, Band IV: Demokratie im Werden. Geschichte der neuesten Zeit von 1849 bis in die Gegenwart*. Pädagogischer Verlag Berthold Schulz Berlin/Hannover, 1949.
Geschichte aus der Frühzeit unseres Volkes – Arbeitsheft für das 6. Schuljahr, Verlag Lambert Lensing, Dortmund, 1950.
Grundzüge der Geschichte*. Band 4, Diesterweg 1953.
Um Volkstaat und Völkergemeinschaft, Klett 1956.
Die neueste Zeit. Geschichtsbuch für deutsche Schulen, Wege der Völker. Reihe D*, Diesterweg 1957.
Der Nationalsozialismus und der Zweite Weltkrieg, Diesterweg 1959.
Grundzüge der Geschichte*. Einheitsausgabe für mittlere Klassen, Band 4, Diesterweg 1959.
Die Sachkunde. Brücken zur Welt, Schroedel 1960.
Die Reise in die Vergangenheit IV, Ebeling 1961.
Schuld oder Verhängnis? (Hannah Vogt), Diesterweg 1961.
Geschichte unseres Volkes, Teil I, 5. Schuljahr, Verlag Oldenbourg 1962.
Damals und Heute (Ausgabe für Volksschulen), Klett 1965.
Grundriß der Geschichte II: Die moderne Welt, Klett 1965.
Zeit und Menschen: Europa und die Welt. Das 20 Jahrhundert*, Schöningh/Schroedel 1966.
Zeiten und Menschen, Diesterweg 1967.
Menschen in ihrer Zeit, 4. In unserer Zeit*, Klett 1969.
In unserer Zeit, Klett 1971.
Spiegel der Zeiten*. Ausgabe B. Band 4: Von der russischen Revolution bis zur Gegenwart, Diesterweg 1971.
Grundzüge der Geschichte. Von der Urzeit bis zur Gegenwart, Diesterweg 1975 (dieselbe Ausgabe 1983).
Die Geschichtliche Weltkunde, Band 1*, Diesterweg 1976.
Die Geschichtliche Weltkunde, Band 3*: Von der Zeit des Imperialismus bis zur Gegenwart, Diesterweg 1976.
Mit eigener Kraft I und II, Unterrichtswerk für Volksschulen, Klett 1978.

Die Praxis. (Hauptschule) 9. Jahrschule, Geschichte/Erdkunde, Ehrenwirth 1982.

Erinnern und Urteilen*. Band IV, Klett 1982.

Reise in die Vergangenheit (Bremen), Westermann 1983.

Zeiten und Menschen. Band IV, Schöningh, 1983.

Fragen an die Geschichte. Die Welt im 20. Jahrhundert* (Sekundarstufe I), Hirschgraben 1984.

Zeiten und Menschen. Band II, Schöningh 1984.

Bsv Geschichte in vier Bänden. Band 4N. Das 20. Jahrhundert*, Bayerischer Buchverlag 1986.

Geschichte für morgen (Ausgabe für Realschulen BW). Band 4, Hirschgraben 1986.

Unsere Geschichte. Band 3. Von der Zeit des Imperialismus bis zur Gegenwart*, Diesterweg 1986.

Die Menschen und ihre Geschichte in Darstellungen und Dokumenten I (Ausgabe für Gymnasien in Niedersachsen), Cornelsen/Hirschgraben 1987.

Die Menschen und ihre Geschichte in Darstellungen und Dokumenten IV (Ausgabe für Gymnasien in Niedersachsen), Cornelsen/Hirschgraben 1987.

Geschichte, Politik, Gesellschaft, Hirschgraben 1987.

Die Menschen und ihre Geschichte IV (Niedersachsen), Cornelsen/Hirschgraben 1988.

Unser Weg in die Gegenwart IV, 10. Klasse Gymnasium, Buchner 1988.

Entdecken und verstehen I, Cornelsen/Hirschgraben 1989.

Entdecken und verstehen II, Cornelsen/Hirschgraben 1989.

Entdecken und verstehen III, Cornelsen/Hirschgraben 1989.

Geschichte in der Gegenwart, Gehlen 1989.

Geschichte mit Gemeinschaftskunde für Berufsschulen, Gehlen 1989.

Menschen, Zeiten, Räume (Realschulen) 7/8.

Menschen, Zeiten, Räume (Realschulen) 9/10.

Kursbuch Geschichte 12, Cornelsen.

Politik/Sozialkunde

Sehen, beurteilen, handeln, Hirschgraben 1960.

Politik und Recht, Arbeitsbuch für Sozial- und Gemeinschaftskunde, Diesterweg 1965.

Wir leben in Freiheit, München 1965.

Bürgerkunde. Grundlage des politischen und sozialen Lebens Deutschlands, W. Bornschein-Heckners 1966.

Politik und Recht, Diesterweg 1966.
Unsere Zeit. Ein Lesebuch für politische Bildung, W. Hagemann 1966.
Europa. Idee und Wirklichkeit. Um Weltfrieden und übernationale Gemeinschaft (Neue Gemeinschaftskunde für Gymnasien), Schroedel 1968.
Sehen, beurteilen, handeln 7/10, Hirschgraben 1969.
Sehen, beurteilen, handeln 5/6, Hirschgraben 1972.
Sehen, beurteilen, handeln (Lese- und Arbeitsbuch zur Sozialkunde und Gesellschaftslehre), 5./6. Schuljahr, Hirschgraben 1972.
Mensch und Gesellschaft (5./6. Klasse), Metzlerscher Verlag 1973.
Lernfeld Gesellschaft, Diesterweg 1974.
Minderheit und Mehrheit, Westermann 1979.
Politik 2, Schöningh 1981.
Gesellschaft und Politik (Klassen 7 bis 9/10 aller Schulen), Metzler 1982.
Politik 1, Schöningh 1982.
Sehen, beurteilen, handeln 5/6, Hirschgraben 1982.
Politik 3, Schöningh 1983.
P wie Politik, Schöningh 1984.
Arbeitsbuch Politik 2, 7.–10. Schuljahr, Cornelsen/Schwann 1988.
Einführung in die Politik (Sozialkunde Sekundarbereich I), Metzler 1988.
Politik 3, Schöningh 1988.
Politik 1, Schöningh 1989.
Politik 2, Schöningh 1989.
P wie Politik- HS 8, Gemeinschaftskunde/Wirtschaftslehre in Baden-Württemberg, Schöningh 1990.
Politik. Lernen und handeln für heute und morgen. Band I, Diesterweg 1990.

Religion/Ethik

Exodus. Religionsunterricht 4. Schuljahr (katholisch), Patmos 1974.
Philosophie, Welt, Religionen, Zeitprobleme. Texte zum Ethik-Unterricht, L. Auer, 1981.
Zusätzliche Materialien
Der Lesespiegel 4, Klett 1965.
Wir leben in Freiheit, Sozialkunde, München, 1965.
Lesebuch 65. 7. bis 9. Schuljahr, Schroedel 1965.

Neue Bundesrepublik

Geschichte
Zeiten und Menschen I, Band I, Schöningh 1991.
Zeiten und Menschen I, Band 4, Neue Ausgabe B, Schöningh 1991.
Grundriß der Geschichte, Klett 1992.
Oldenbourg Geschichte für Gymnasien 10*, Oldenbourg 1992.
Die Menschen und ihre Geschichte in Darstellungen und Dokumenten*, Cornelsen 1993.
Geschichte für morgen (Ausgabe für Hauptschule), Band III, Cornelsen 1993.
Entdecken und verstehen 3 (BW), Cornelsen 1994.
Entdecken und verstehen 3, Realschulen (BW), Cornelsen 1994.
Die Reise in die Vergangenheit II, Westermann 1995.
Deutschland zwischen Diktatur und Demokratie, Buchner 1996.
Epochen und Strukturen, Grundzüge einer Universalgeschichte für die Oberstufe, Diesterweg 1996.
Rückspiegel. Band 4, Schöningh 1996.
Anno 4, Westermann, (BW) 1997.
Bsv Geschichte 4, 1997.
Geschichtsbuch 4. Die Menschen und ihre Geschichte in Darstellungen und Dokumenten, 1997.
Geschichte konkret 3, (BW), Schroedel 1997.
TatSache Politik 2, Diesterweg 1997.
Das europäische Geschichtsbuch. Von den Anfängen bis heute, Klett 1998.
Expedition Geschichte I, Diesterweg 1998.
Quer, Geschichte 3, Schöningh 1998.
Wir machen Geschichte 4* (Gymnasium), Diesterweg 1998.
Das waren Zeiten 4, Buchner 1999.
Fragen an die Geschichte. Das 20. Jahrhundert, Cornelsen 1999.
Historia 4. Das 20. Jahrhundert*, Schöningh 1999.
Damals, heute, morgen, Klett 2000.
Der Nationalsozialismus, Cornelsen 2000.
Doppelpunkt: Geschichte/Gemeinschaftskunde 9, Schroedel 2000.
Mitmischen in Geschichte und Politik 2 (HS NRW), Klett 2000.
Doppelpunkt 9, Schroedel 2001.
Geschichte plus 9, Volk und Wissen 2001.
Zeitreise 9/10, Klett 2001.
Zeitsprünge, Kieser 2001.

Das waren Zeiten 4. Das 20. Jahrhundert (Ausgabe B), Buchner 2002.
Expedition Geschichte G3*, Diesterweg 2002.
Geschichte, Geschehen, Sekundarstufe II, Klasse 12, Klett 2002.
Geschichte. Herausforderungen der Moderne 12, Schroedel 2002.
Zwischen demokratischem Aufbruch und totalitärer Herrschaft, Buchner 2002.
Expedition Geschichte, Diesterweg 2003.
Geschichte kennen und verstehen 9, Oldenbourg 2003.
Horizonte II (Oberstufe), Westermann 2003.
Zeit für Geschichte*, Band 4 Auslage A, Schroedel/Diesterweg 2003.
Zeitlupe 3, Schroedel 2003.
Schauplatz Geschichte 3. Arbeitsbuch für Rheinland-Pfalz, Cornelsen 2004.

Politik/Ethik

P wie Politik, 7. Schuljahr, Gemeinschaftskunde Realschule, Schöningh 1994.
Entdecken und verstehen, Cornelsen 1996.
Menschen, Zeiten, Räume (Realschulen 7/8), Cornelsen 1996.
Arbeitsbuch Politik, Cornelsen 1997.
Menschen, Zeiten, Räume (Realschulen 9/10), Cornelsen 1998.
Politik 1, Schöningh 2000.
Politik 3, Schöningh 2002.
Politik 2, Schöningh 2003.
Ich bin gefragt 7/8, 1998
Ich bin gefragt 7/8 Lehrerband, 1998, Volk und Wissen.

Andere

Seidler, Burkhard: Die Welle ... und andere Bewegungen, Verlag an der Ruhr 1992.
Vogelsaenger, Wolfgang: Damals war es Friedrich, Literaturkartei zum Buch „Damals war es Friedrich, Verlag an der Ruhr 1993.
Heimat und Welt (Weltatlas), Westermann 1995.
Deutschbuch. Grundausgabe 8, Cornelsen 2001.
Deutschbuch 9, Cornelsen 1999.

Antirassistische Arbeit und „Graue Literatur"

HELP (ohne Datum): „... mir bricht's Herz ...". Materialien zum Unterricht, Geschichte und Gegenwart deutscher Sinti und Roma, Sekundarstufe I, Hessisches Landesinstitut für Pädagogik.

Fohrbeck, K./Wiesand, A./Zahar, R. (1974): Heile Welt und Dritte Welt, Opladen.

Hagemann (1982): Die weltweite Flüchtlingsnot.

Screttenbrunner (1982): Gastarbeiter. Ein europäisches Problem.

Anschauung und Ideologie. Schulwandbilder der NS-Zeit aus Duisburg (1983), Niederrheinisches Museum der Stadt Duisburg.

Die Stadt „D". Unterricht und Materialien Nr.1. „Alltag in NS" (1984), Rheinland Verlag.

FES (1986): Ausländer: Unsere Sündenböcke? – Friedrich Ebert-Stiftung, Dezember.

Schnurer, Jos (1986): Lustig ist das Zigeunerleben, Köln.

Comenius Institut (1987): Unterrichtshilfen zum Thema Judentum. (2 Bände), Münster.

Amnesty International (1988): Antisemitismus und Asylrecht-Unterschiede auf der Straße, Bonn.

Lauber, LPB-BW (1988): Die Nacht, in der im Deutschen Reich die Synagogen brannten, Villingen.

Rudolf Schmidt (Hg.) (1989): Dritte Welt in der Grundschule, Frankfurt a.M.

HILF (1990): Ausländerfeindlichkeit und Rassismus – Wie kann die Schule damit umgehen?, Hessisches Institut für Lehrerfortbildung.

GEW Baden-Württemberg (1990): Der ewige Jude: Vorurteile, Rassismus, Antisemitismus, Stuttgart.

KMNR (1990): Wir diskutieren Rechtsextremismus, Kultusministerium Nordrhein-Westfalen.

WIS (1991): Flagge zeigen – aber richtig! Bin ich stolz, ein(e) Deutsch(e) zu sein? Handreichungen zu einer Unterrichtseinheit über Nationalgefühl, Nationalbewusstsein und Nationalismus, Wissenschaftliches Institut für Schulpraxis, Bremen.

HILF (1992): Ausländerfeindlichkeit und Rechtsradikalismus, Hessisches Institut für Lehrerfortbildung.

Wolffsohn, Michael (1992): Geschichte der Juden in Deutschland, München.

Launhardt, Werner (1993): Fremdfeindlichkeit und Gewalt – Nicht mit uns!, Hannover.

Sächsische Landeszentrale für politische Bildung (1993): Deutschland den Deutschen? Parolen und Argumente, Dresden.

Lohrbächer, Albrecht et al. (1994): Was Christen vom Judentum lernen können. Modelle und Materialien, Freiburg.

Ohlemacher, J./Schutze, H. (1994): Die Ausgrenzung des Fremden (Antisemitismus und Fremdenhass), Loccum.

Wipperman, Wolfgang (1995): Geschichte der Sinti und Roma in Deutschland. Darstellung und Dokumente, Berliner Institut für Lehrerfort- und weiterbildung und Schulentwicklung, Berlin.

Heigl, Wunibald (1996): Arbeitsbuch gegen Ausländerfeindlichkeit, Beltz Verlag, Weinheim und Basel.

Laning, Jonas (1996): 100 Projekte gegen Ausländerfeindlichkeit, Rassismus und Gewalt, AOL Verlag.

Heigl, Wunibald (1996): Arbeitsbuch gegen Ausländerfeindlichkeit, Beltz-Praxis.

Wochenschau (1997): An den Rand gedrängt? Wochenschau für Erziehung-, Sozial- und Gemeinschaftskunde, März/April 1997, Schwalbach.

Bundeszentrale für Politische Bildung (1998): Projekt-Woche Israel, Bonn.

Hessisches Landesinstitut für Pädagogik (1998): Antiziganismus. Materialien zum Unterricht (Sekundarstufe I), Wiesbaden.

Landeszentrale für Politische Bildung (1998): Bausteine: „Zwischen Romantisierung und Rassismus". Sinti und Roma – 600 Jahre in Deutschland, Landeszentrale für politische Bildung Baden-Württemberg, Stuttgart.

Münchenbach, Siegfried (Hg.) (1998): Jüdisches Leben. Landesgeschichte, Beispiele, Materialien, Unterrichtshilfen, Dillingen.

Brumlik, Micha u.a. (Hg.) (1999): Die Menora. Ein Gang durch die Geschichte Israels, Erev-Rav, Wittingen.

Landeszentrale für Politische Bildung (1999): Sinti und Roma. Eine deutsche Minderheit (für Sekundarstufe I/II), Landeszentrale für politische Bildung Rheinland-Pfalz/Pädagogisches Zentrum Rheinland-Pfalz.

van der Gieth, Hans Jürgen (1999): Leben und Alltag im ... Dritten Reich, Kempen.

Bever, Hans-Ulrich/Dröpper, Wolfgang/Brumann, Uta (2000): Auf den Spuren unseres Glaubens. Eine Arbeitsmappe zur Bibel und ihren historischen Hintergründen, Mühlheim an der Ruhr.

Marc, S./Stuckert, G. (Hg.) (2001): Nationalsozialismus und Zweiter Weltkrieg, pb Verlag.

Thäger, K. (Hg.) (2001): Zivilcourage: In Projekten lernen, Volk und Wissen.

Huse (2003): Interkulturelles Lernen, Westermann.

Stadt Mannheim-Jugendamt (2003): Ohne Gewalt läuft nichts! ... oder doch? Angebote zur Gewaltprävention an Mannheimer Schulen.

Bundeszentrale für Politische Bildung, Deutsches Institut für Menschenrechte, Europarat (2005): Kompaß. Handbuch zur Menschenrechtsbildung für die schulische und außerschulische Bildungsarbeit.

Anne Frank Haus (2007): Mehrheit, Macht, Geschichte. Sieben Biographien zwischen Verfolgung, Diskriminierung und Selbstbehauptung.

Musée d'histoire de la Ville de Luxembourg (2007): Achtung, Zigeuner! Geschichte eines Mißverständnisses, Katalog, Spiel und Begleitheft.

Bundeszentrale für Politische Bildung u. Zentrum für Antisemitismusforschung (2008): Antisemitismus in Europa. Vorurteile in Geschichte und Gegenwart, Bonn.

Die jüdische Presse – Kommunikationsgeschichte im europäischen Raum

Herausgegeben von Susanne Marten-Finnis und Michael Nagel

Bd 1: Die jüdische Presse im europäischen Kontext 1686-1990. Hg. von Susanne Marten-Finnis und Markus Winkler.
ISBN 978-3-934686-36-6 – 284 S., zahlreiche Abb. – Hardcover – 2006 – Euro 34,00

Bd. 2: Die jüdische Presse – Forschungsmethoden – Erfahrungen – Ergebnisse. Hg. von Susanne Marten-Finnis und Markus Bauer unter Mitarbeit von Markus Winkler.
ISBN 978-3-934686-45-8 – 188 S. – Hardcover – 2007 – Euro 34,00

Bd. 3: Frauen und Frauenbilder in der jüdischen Presse von der Aufklärung bis 1945. Hg. von Eleonore Lappin und Michael Nagel.
ISBN 978-3-934686-46-5 – 287 S. – 2007 – Hardcover – Euro 39,80

Bd. 4: Markus Winkler: Jüdische Identitäten im kommunikativen Raum. Presse, Sprache und Theater in Czernowitz bis 1923.
ISBN 978-3-934686-56-4 – 300 S., zahlr. Abb. – 2007 – Hardcover – Euro 39,80

Bd. 5: Presse und Stadt. Zusammenhänge – Diskurse – Thesen. Herausgegeben von Susanne Marten-Finnis und Markus Winkler.
ISBN 978-3-934686-61-8 – 250 S., zahlr. Abb., Farbtafeln – 2009 – Hardcover – Euro 44,80

Bd. 6: Deutsch-jüdische Presse und jüdische Geschichte: Dokumente, Darstellungen, Wechselbeziehungen. – German-Jewish Press and Jewish History Documents, Representations, Interrelations. Band 1: Die Bedeutung von Presse und Publizistik für die jüdische Identität, Nation und Sprache. Hg. von Eleonore Lappin und Michael Nagel.
ISBN 978-3-934686-59-5 – 432 S., zahlr. Abb. – 2008 – Hardcover – Euro 44,80

Bd. 7: Deutsch-jüdische Presse und jüdische Geschichte: Dokumente, Darstellungen, Wechselbeziehungen. – German-Jewish Press and Jewish History Documents, Representations, Interrelations. Band 2: Debatten über Religion und Politik, Reaktionen auf Antisemitismus, Faschismus und Nationalsozialismus, Neuorientierung nach der Shoah. Hg. von Eleonore Lappin und Michael Nagel.
ISBN 978-3-934686-60-1 – 308 S., zahlr. Abb. – 2008 – Hardcover – Euro 44,80

Bd. 8: Irmtraud Ubbens: *Sein Kampf für Recht, Freiheit und Anstand war notorisch*. Moritz Goldstein – „Inquit". Journalist und Gerichtsberichterstatter an der Berliner „Vossischen Zeitung".
ISBN 978-3-934686-69-4 – 494 S., zahlr. Abb. – 2009 – Hardcover – Euro 44,80

Bd. 9: Liliana Ruth Feierstein: Von Schwelle zu Schwelle. Einblicke in den didaktisch-historischen Umgang mit dem Anderen aus der Perspektive jüdischen Denkens.
ISBN 978-3-934686-77-9 – 300 S., 2010 – Hardcover – Euro 39,80

Bestellungen per e-mail oder Fax 0421 36 48 704 an:

edition.lumiere@arcormail.de

Das vollständige Verlagsprogramm

http://www.editionlumiere.de